U0453386

国家社科基金一般项目(项目批准号:13BYY054)

山西晋语代词及其连用和重叠研究

武玉芳 著

中国社会科学出版社

图书在版编目（CIP）数据

山西晋语代词及其连用和重叠研究/武玉芳著.—北京：中国社会科学出版社，2022.8

ISBN 978-7-5227-0837-9

Ⅰ.①山… Ⅱ.①武… Ⅲ.①晋语—代词—方言研究—山西 Ⅳ.①H172.2

中国版本图书馆 CIP 数据核字（2022）第 166149 号

出 版 人	赵剑英
责任编辑	孔继萍 高 婷
责任校对	周 昊
责任印制	郝美娜
出　　版	中国社会科学出版社
社　　址	北京鼓楼西大街甲 158 号
邮　　编	100720
网　　址	http://www.csspw.cn
发 行 部	010-84083685
门 市 部	010-84029450
经　　销	新华书店及其他书店
印　　刷	北京君升印刷有限公司
装　　订	廊坊市广阳区广增装订厂
版　　次	2022 年 8 月第 1 版
印　　次	2022 年 8 月第 1 次印刷
开　　本	710×1000　1/16
印　　张	21.75
字　　数	357 千字
定　　价	128.00 元

凡购买中国社会科学出版社图书，如有质量问题请与本社营销中心联系调换
电话：010-84083683
版权所有　侵权必究

目 录

绪 论 …………………………………………………………… (1)
 第一节 研究内容和研究方法 ……………………………… (1)
 第二节 山西晋语代词研究概述 …………………………… (4)
 第三节 汉语代词连用和重叠研究概述 …………………… (7)
 第四节 语料来源和体例说明 ……………………………… (9)

第一章 山西晋语的三身人称代词 ……………………………… (14)
 第一节 山西晋语的第一人称代词 ………………………… (14)
 第二节 山西晋语的第二人称代词 ………………………… (69)
 第三节 山西晋语的第三人称代词 ………………………… (92)

第二章 山西晋语人称代词的连用和重叠 …………………… (112)
 第一节 北区晋语领属代词复数和单数的连用 ………… (112)
 第二节 北区晋语三身代词单数的重叠 …………………… (119)
 第三节 山西晋语"人家"义代词的形式及其连用 ………… (122)
 第四节 山西晋语人称代词和"咱(们)"的连用 ………… (136)

第三章 山西晋语的指示代词 ……………………………… (142)
 第一节 北区晋语的指示代词 …………………………… (142)
 第二节 中区晋语的指示代词 …………………………… (158)
 第三节 西区晋语的指示代词 …………………………… (179)
 第四节 东南区晋语的指示代词 ………………………… (195)

第四章　山西晋语指示代词的连用和重叠 …… (205)
　　第一节　山西晋语指示代词的连用 …… (206)
　　第二节　山西晋语指示代词的重叠 …… (223)

第五章　山西晋语疑问代词及其连用和重叠 …… (234)
　　第一节　北区晋语的疑问代词 …… (234)
　　第二节　中区晋语的疑问代词 …… (241)
　　第三节　西区晋语的疑问代词 …… (248)
　　第四节　东南区晋语的疑问代词 …… (258)
　　第五节　山西晋语疑问代词的连用和重叠 …… (262)

第六章　代词重叠和连用的类型学比较 …… (267)
　　第一节　代词重叠的类型学比较 …… (267)
　　第二节　代词连用的类型学比较 …… (287)
　　第三节　代词重叠和连用的共性特点 …… (294)

第七章　北区晋语代词的语法化及其语音形式 …… (300)
　　第一节　北区晋语人称代词的语法化及其语音形式 …… (301)
　　第二节　北区晋语指示代词的语法化及其语音形式 …… (310)
　　第三节　北区晋语疑问代词的语法化和词汇化 …… (318)

结　语 …… (323)

参考文献 …… (329)

后　记 …… (343)

绪　　论

第一节　研究内容和研究方法

一　关于研究对象

1985年，李荣先生在《官话方言的分区》一文中把分布在山西省及其毗连地区有"入声"的方言从北方官话中分离出来，称作"晋语"。按照省级行政区划，学界习惯上把山西、河北、内蒙古、陕西等有"入声"的方言分别称为山西晋语、河北晋语、内蒙古晋语和陕北晋语等。山西晋语不同于山西方言。按《中国语言地图集》（1987）和沈明（2006；2008），山西省的汉语方言包括晋语和官话，其中晋语包括并州片、吕梁片、上党片、五台片、大包片五个小片。侯精一、温端政主编的《山西方言调查研究报告》（1993：6）将山西方言分为六个区：中区、西区、北区、东南区、南区和东北区，这个分区基本上体现出了各区在山西的地理方位。除东北区（属冀鲁官话区）和南区（属中原官话区）外，其余四区都属于山西晋语区，大致对应关系如下：北区对应大包片和五台片，中区对应并州片，西区对应吕梁片，东南区对应上党片。我们研究的中心是山西晋语，山西境内的官话方言只作为类型学比较的对象，不作专门讨论。因本研究的重心不在于给山西方言分区，所以后文在对山西晋语表述时我们将采取地理方位分区说，分别称之为北区晋语、中区晋语、西区晋语和东南区晋语，有时也会简称为北区、中区、西区、东南区。我们按这样分区描写的目的，是想从地理分布和方言接触这两个角度观察山西晋语的代词形式，以便厘清目前代词研究中记录的歧异。

二 关于"重叠"和"连用"

本书将借助语言类型学的研究成果,以山西晋语代词的连用和重叠现象为主要研究对象,并对与此相关的人称代词做领属语、人称代词和指示代词同形、代词的语法化等现象进行全面深入的研究。

重叠(reduplication)是语言中一种很常见的语言手段。据王芳(2012:1),在世界语言结构图册(WALS: The World Atlas of Language Structures)样本库的 368 种样本语言中,只有完全重叠式的语言有 35 种,既有完全重叠式也有部分重叠式的语言有 277 种,没有能产的重叠式的语言有 56 种。由此可见重叠这一语言手段分布的广泛性。关于对"重叠"概念的认识,国外语言学界一般认为是一种形态操作手段,比如 Singh(2005:263-281)认为:"重叠是一种形态操作,是说话者将词语的整体或部分重复,并将其邻接于原词以构成新词的过程。"Inkelas(2006:417-419)认为:"重叠指的是通过词语的部分或完全重复而实现的形态构词过程。"国内汉语语法学界在讨论这一现象时也曾有过不同观点,但目前基本形成一个共识,认为重叠是一种构词的形态手段。马庆株(2000)指出:"重叠是指同一语言单位的接连出现,但又不形成基本句法结构。"孙景涛(2008)认为:"重叠是一种形态构词手段。重叠过程中,一个形式得到重复,由此产生一个新的意义。重叠的运作是为了给某特定意义以形式载体。"据此,我们将山西晋语的代词重叠限定为:基式是能独立使用的代词,以重叠手段构成了代词重叠式。重叠的方式包括两大类:一类是原形重叠,另一类是变形重叠。原形重叠又可分为完全重叠和不完全重叠两个小类:完全重叠是指基式中的每个语素都重叠,如"这儿这儿""哪哪"等;不完全重叠,也叫部分重叠,即只重叠部分语素,如"这阵阵""那些些""兀来来"等。变形重叠包括变声、变韵或变调重叠,如"我我""兀兀"等。而那些没有相应的基式、由叠音后缀构成的代词如"这霎霎这会儿""兀捻捻那么一点儿"等不在我们的讨论范围。

我们所说的代词"连用",指的是两个代词毗邻出现,并且在同一语法结构中充当同一语法成分,如"佤我""这个这"等。代词连用主要包括两个代词的同类连用(主要发生在指示代词、人称代词两类)和跨类连用（主要是疑问代词同人称代词、指示代词连用）两种情况。

三　研究内容

方言语法研究的基本任务是对方言语法事实做出全面准确的描写，并尽可能地对方言语法现象做出合理的解释。这也是本书追求的目标。我们的研究内容主要有以下几个方面：

1. 梳理山西晋语的代词系统。从语音形式、构成形式、句法功能等方面对代词的各个小类进行系统梳理，内部比较，从而厘清记录的歧异。

2. 描写山西晋语代词的连用和重叠现象，分析代词的连用和重叠形式在句法、语义和语用等方面的表现。从认知语法尤其是语言象似性的角度探讨山西晋语代词连用和重叠的动因。

3. 山西晋语代词重叠和连用的类型学比较，主要从两个方面进行比较：

（1）词类比较。将代词置于汉语实词系统中，把山西晋语代词的连用和重叠现象与其他词类的同类现象作比较。

（2）类型学比较。跨方言比较，和已报道的汉语方言指示代词重叠现象作比较；跨语言比较，和汉藏语系代词的重叠现象作比较；跨时代比较，和古代汉语代词、明清时山东方言代词的相关现象作比较。通过类型学比较，归纳出代词连用和重叠的语言共性特征。

4. 讨论山西晋语代词的语法化现象，结合其他词类的语法化，讨论语法化后的形式在语音上的表现。

四　研究方法

刘丹青（2003）指出："语言类型学有广狭松严不同的种种含义，但都离不开一个'跨'字，即它必须有一种跨语言（及跨方言、跨时代）的研究视角，才能称其为类型学研究。中国境内的上百种民族语言，汉语自身丰富多变的方言，还有汉语数千年有记载的演变历史，都为类型学的展开准备了充足的语言食粮。即使是同一类型或同一谱系内的跨语言比较，甚至同一语言（如汉语）内部的跨方言或跨时代比较，也能获得富有价值的发现。由此得到的一些局部性的共性，有时反映的就是人类语言的普遍性，在今后更大范围的跨语言比较中就会获得验证，有时反映的则是某一类型或谱系内部的特点，这同样具有类型学的意义。"我们正是基于这样的理论认识，利用相关的研究成果，力图在类型学视野下考察、分析山西晋语代词连用和重叠现象的规律和特点，通过跨语言、跨方言、跨时代比较，归纳出山西晋语代词连用和重叠的语言共性特征。

第二节 山西晋语代词研究概述

一 现代汉语方言代词研究现状

在现代汉语方言研究史上，学界在前期的研究中比较关注方言语音，人们关注的焦点是方言语音的差异，方言语法的研究曾在一段时间内被忽视。这主要是因为人们认为方言的差别在语音方面比较明显，在语法上的差别比较小。如赵元任（2001：13）所说："在所有汉语方言之间最大程度的一致性是在语法方面。"在方言语法研究没有得到充分重视的时期，代词研究也毫不例外，同样没有引起研究者们的广泛关注。汪化云（2008）曾对20世纪关于代词的相关研究做过调查："从上个世纪40年代末到70年代末的30年间，在《中国语文》上发表的汉语方言代词的文章只有10篇。"可见，20世纪70年代末，包括方言代词的汉语方言语法研究还比较薄弱。直到20世纪80年代，方言研究的重心开始转向词汇和语法，方言代词的研究也取得了很大的进展。吕叔湘（1985）的《近代汉语指代词》一书，被誉为是近代汉语代词研究的里程碑著作。该书亦成为后来汉语方言代词探源和比较研究的高被引经典著作。从此，有关汉语方言代词研究的成果数量激增，除了大量单篇论文以及冠以"××方言（语法）研究"为题的著作中设专章讨论外，还出现了一些代词研究的论文集和专著，论文集如李如龙、张双庆（1999）主编的《代词》、伍云姬（2000）主编的《湖南方言的代词》；专著如张惠英（2001）的《汉语方言代词研究》、卢小群（2004）的《湖南土话代词研究》、汪化云（2008）的《汉语方言代词论略》、孙立新（2010）的《关中方言代词研究》、张俊阁（2011）的《明清山东方言代词研究》等等。这些研究一方面显示了学界对汉语方言代词研究的重视，另一方面也显示出汉语方言代词研究的不断深化。到目前为止，关于代词研究主要集中在以下几个方面：(1) 对某个方言点代词用法的共时描写。(2) 对方言人称代词复数形式构成的研究。(3) 对方言代词语源上的考证。(4) 指代词分型现象的研究。(5) 代词的语法化研究。(6) 汉语方言代词的比较研究。曹凤霞 (2004)、汪化云 (2008：1-7)、周敏莉 (2017) 等先后对汉语方言代词的研究进行过较为系统的总结和客观中肯的评述，我们不再赘述。我们注意到，近些年，不少学者还运用语言类型学、功能语言学、认知语言学等理论和方法，对汉语方言代词进行了研究，如陈玉洁 (2010) 从类型学的角度对汉语中包括指示代词在内的所有指示词进行了深入研究，盛益民 (2013) 从类型学视角考察了吴语人称代词复数标记的来源，刘丹青 (2013；2017) 从语言库藏类型学的角度探讨了汉语方言中的领属结构类型、汉语指代词的类型学特征，等等。这些研究视野广阔，理论先进，成果卓著，必将引领汉语方言代词研究的进一步深化。

二　晋语代词研究现状

晋语自与北方官话分离之日起，其研究便备受学者们的关注，晋语的代词研究也一直是学界研究的热点，主要集中在以下几个方面：

(1) 从全局着眼，对整个山西方言代词或晋语某一区域的代词进行研究，通过归类、比较等揭示晋语代词的特点。如乔全生 (1996；2000：114-134) 描写了山西境内大多数方言的代词，总结了山西方言人称代词的一些特点。董育宁 (2002) 以山西晋语的指示代词为研究对象，通过分析近指、远指代词的语音对应以及语法功能，揭示了山西晋语指示代词的特点。史秀菊 (2010) 从主语和宾语位置上单复数的转换、领属位置上专职的领格形式、复数词尾等方面比较了山西晋语区与官话区人称代词的不同。邢向东 (2006：30-67) 对陕北晋语黄河沿岸七县（府谷、神木、绥德、佳县、吴堡、清涧、延川）的代词进行了深入系统的研究。此类研究大多着眼于晋语区或区域分片，具有较强的概括性，其中不乏真知灼见，成为后来者继续研究的重要参考。这些研究对人们了解晋语代词的总体特点非常有益。

(2) 对某个方言点的代词系统进行共时研究。这方面的研究成果比较丰富，不一而足，现只列举一二：如杨增武 (1982) 详细描写了山阴方言的人称代词和指示代词；宋秀令 (1992) 从单数人称代词，复数人称代词，其他人称代词，人称代词的虚指、任指和转换这四个方面描写了汾阳方言的人称代词；郭校珍（1997）描写了娄烦方言人称代词的形式、用法，讨论了词缀"家"的用法；李小平（1999）分析了山西临县方言亲属领格代词"弭"的复数性；邢向东（2002：555-579）通过对神木方言内部各点的人称代词、指示代词和疑问代词进行了系统的研究，比较了方言内部的差异，并探讨了部分词的来源；乔全生、王晓燕（2003）从人称代词的表现形式、语法功能、语用功能方面较为全面地描写了中阳方言城关话中的人称代词，等等。这些研究成果为学界提供了丰富而可靠的语料。

（3）对人称代词复数形式构成的研究

晋语人称代词复数形式比较复杂，也引起了学界的高度关注，这方面的研究也一直是代词研究的热点。乔全生（1996）认为："山西方言人称代词复数词尾的读音虽然看起来五花八门，但如果从音理中推论只有两个：一个是'们'，一个是'家'。"有的复数形式是"合音变韵"。乔全生（1996）认为，所谓的"合音变韵""指的是某一些后缀因意义的虚化而引起语音的弱化，最后与前面语根的末音节合并造成该音节的韵母按一定模式的变化。"山西方言人称代词复数形式表现为词尾的整齐化和语音表现形式的复杂性。史秀菊（2010）认为山西方言人称代词单数和复数之间转换主要有附加、合音、变调、异根四种方法，这些方法可单纯使用，也可并行或叠加在一起使用。还可同时使用几种说法，这几种说法有的可自由替换，有的形成互补分布，并把山西方言人称代词复数的表现形式概括为单纯型、并用型、叠加型、叠用型和叠置型五种。白云、石琦（2014）通过分析音义、句法功能等之间的联系，归纳出晋南中原官话、晋语上党片人称代词的复数标记"都"是古代表复数义的助词"等"语法化的结果。王锡丽、吴继章（2015）认为，今冀南以及晋南、晋东南方言中的人称代词复数标记"-都"是中古"-曹"的继承和发展。这些研究结论为我们进一步研究人称代词复数形式的构成提供了广阔的思路。

（4）指示代词的二分、三分现象的研究

对指示代词的研究，有一个很重要的方面是讨论指示代词的分型问题。汉语方言指示代词多数地区是二分的，即：近指和远指。乔全生

(2000：126-127)指出,山西方言有将近四分之一的方言点指示代词三分,用不同的指示代词分别指称事物的近、中、远或近、远、更远。史秀菊(2010)认为在盂县方言中指代处所、人、物和时间的指示代词存在"近指、较远指、更远指、最远指"的四分状况。汪化云(2002)指出山西方言"中指代词"都可以用于远指,实质上是另一远指代词,"那"的叠置造成的是两个远指代词并存,并不是什么"三分"。张维佳(2005)从方言指示代词的历史来源及二分系统与三分系统之间的关系着眼,通过分析它们的地理和结构分布,认为晋语中指示代词的三分系统来自"这/那"系统和"这/兀"系统的叠加,是两种二分系统在地理上竞争的结果。

第三节 汉语代词连用和重叠研究概述

一 普通话代词的连用和重叠

据笔者陋见,有关汉语普通话代词连用的研究不多。王海棻(1983)讨论了古代汉语两个代词或同类或跨类连用的情况,认为古汉语中两个连用的代词已粘合成了一个"复合代词"。张惠英(1993)认为早期白话中的"兀底""兀那"是指示词"底""那"与指示词"兀"的连用,她称之为"重合形式"。刘丹青等(2005)将崇明方言指示词的连用看作是"复合指示词"。

关于普通话中"代词能否重叠"这个问题语法学界有不同的看法。大部分学者认为代词不能重叠,如石毓智(1996)认为代词由于语义的限制,整个词类都不能重叠。有的学者认为部分代词由于表达的需要可以重叠,如于细良(1964)认为疑问代词用于疑问的时候不能重叠,只有用于非疑问的时候才能重叠,表示很多、不必列举或不用列举的意思;赵静贞(1984)指出代词没有重叠的语法特点,但由于表达的需要,有些疑问代词和指示代词在一定条件下可以重叠,重叠后有夸张强调、含蓄委婉等表达作用;尹世超(1987)指出疑问代词"谁"重叠后具有"隐姓埋名"的作用,表示不必或不便称名道姓的人;邢公畹(1992)、邢福义(1996)认为疑问代词在活用时可以重叠使用,结果是"把分别列举的事项笼统化";华玉明(1994;2001)指出,人称代词一般不能重叠,疑问代词和指示代词重叠一般含有"多"义,并附有描写意味;白雁(2008)指出大部分代词重叠主要是出于语用的需要。徐默凡(2010)讨论了疑问代词指代用法的重叠,指出疑问代词的泛指用法和借指用法的重叠开始走上主观化和语法化的历程,逐步具备了语法重叠的雏形,而疑问代词任指用法的重叠更像修辞上的一种重复现象。

二 汉语方言代词的连用和重叠

孙立新(2002;2008)报道了中原官话户县方言处所指代词的重叠现象,卢小群(2004)指出湖南土话的远指代词可以重叠,表示更远的距离。

张俊阁(2011)以明清时期具有山东方言背景的白话文献为语料,讨论了其中的代词连用和重叠的现象,认为这种现象主要集中在指示代词,疑问代词的用例较少,人称代词没有用例。代词的连用或重叠,可以有效地增强文章的韵律感。

三 晋语代词连用和重叠的相关研究

晋语指示代词连用的现象,见于山西山阴话(杨增武,1982)、文水话(胡双宝,1984),河北涿鹿话、怀来话(宗守云,2005)等。晋语代词的重叠现象见于山西大同话(马文忠等,1986)、陕西神木话(邢向东,2002)、内蒙古丰镇话(薛宏武,2005)中指示处所的代词。近年来还有学者发现晋语领属人称代词可以重叠(范晓林,2012)。

四 目前研究存在的问题

就研究现状来看,目前主要存在两方面问题:一是没有充分重视和深入挖掘晋语代词连用和重叠的现象。晋语代词的连用和重叠的材料比较零散,在以往的研究中大多是一句带过。由于受普通话代词研究框架的影响,晋语代词的一些特点如领属人称代词复数和单数连用等现象在以往研究中还没有被发掘出来;二是缺乏类型学视野。用语言类型学的方法和调查框架,通过跨语言、跨方言、跨时代的代词比较,有可能发掘出晋语中更多和代词连用、重叠现象相关的特点,这些特点的背后很可能是深层次的人类语言共性。

第四节 语料来源和体例说明

一 方言语法语料获取的困难

方言语法方面的语料获得相较语音、词汇来说，调查难度要大得多。关于方言语法调查的困难，陆俭明（2004）曾说："一种方言语法之错综复杂和精细奥妙之处，难以为非母方言者所体察，难以为非母方言者所了解，难以为非母方言者所调查，不像调查语音或词汇那样，三问两问就能问得出来的。而对于操该方言而又缺乏语法知识的人来说，习惯成自然，又觉察不到自己母方言在语法上的错综复杂和精细奥妙之处。因此，非母方言者难以全面、准确、深入地调查了解该方言的真实面貌；而操该方言但又缺乏语法知识的人也难以全面、准确、深入地调查了解该方言的真实面貌。"宗守云（2016）在讨论方言语法研究的框架参照和语感诉求时，特别强调了方言研究者的语感，他说："对方言语法研究来说，研究者应该具有特定方言地区的方言语感，才能对方言语法做出深入的研究。方言语法的调查研究，比较理想的状况是，由母方言者参照一定的调查框架做出调查研究。对非母方言的调查者来说，由于缺少所调查方言的语感，对语法的调查总是存在缺陷的，大面上的问题比较容易把握，比如双宾句、比较句等，但特殊的或者同时拥有两种表达的方言现象往往调查不出来。"此说我们深以为然！

方言语法的调查，不仅对调查者有很高的要求，对被调查者也有很高的要求，否则很难调查出我们想要的语料。关于对被调查者的选择，刘丹青（2017：25-26）曾有一个经验之谈，既道出了方言语法调查的难度，同时也说出了理想的发音合作人的难寻难觅。由此我们也可看出，理想的方言语法语料提供者的选择非常关键。刘丹青先生的这个调查经验也是大多数方言语法调查者在调查时常遇到的问题。刘先生此处虽是举例性质，其实也显示出了汉语方言代词的调查尤为困难。方言语法调查同时对调查者和被调查者提出了很高的要求。

二 方言语法参照框架

宗守云（2016）指出，研究方言语法，以方言语法为参照框架非常对口。以方言语法为参照框架，并不是以哪一种现成的方言语法为参照框架。方言语法研究者应该在调查的基础上，编写一个方言语法提纲，供自己和其他学者调查方言语法使用。事实上，因为每个研究者调查目的不同，关注的内容不同，别人编写的调查提纲也大多未必完全能为我所用，每个方言语法研究者都必须对已有的调查提纲进行增删，编写出适用于自己调查目的的调查问卷来。带着目的性设计的问卷，优点是针对性强，大多能够较快调查出某方言某方面的语法特点来。我们非常赞同宗先生的上述观点，故在正式调查之前，便根据试调查的结果，依据黄伯荣（2001）主编的《汉语方言语法调查手册》和刘丹青编著（2008）的《语法调查研究手册》，编写了"山西晋语代词调查问卷"。

当然，对调查者而言，无论采用什么样的调查问卷，如果被调查对象领会不了你的调查意图时，就比较费周折。有时候，即使被调查者能基本领会你的调查意图，但若遇到一些特殊的方言现象时，发音人也难以反应过来或者习焉不察，甚至有时候会否认该方言中有这种现象。比如，2016年夏，我们在神池县调查代词的连用和重叠现象时，一个老派发音人表示神池话没有这样的说法。某天晚上，我们住宿的酒店忽然停电，当大家都着急出去查问情况时，酒店老板6岁的女儿蹦跳着跑过来指着闸盒说："是这个这坏了。"一个6岁的孩子竟然在无意中为我们提供了语料线索。可见，方言语法调查决不能依一地一人而定，需要我们尽可能多找一些发音人，最好是我们能深入当地人群之中，听录他们大量的自然语料，通过广泛的征询来确定语法事实。

三　语料获取途径

从前文可知，方言语法调查研究者最好是母方言人，这个要求对单点方言语法调查是可行的。若研究对象是一个较大范围的方言片区，调查者所调查的方言不可能都是自己的母方言，那么，方言语法研究者如何进行方言语法调查呢？尤其是已有的研究成果中又几乎没有提供相关的材料，方言语法调查者几乎相当于拓荒。为解决这个矛盾，我们采取了一个迂回的办法，制定了这样的调查方案：本书调研的中心主要是山西境内的晋语，由于我们所在学校的学生大多来自晋语区，我们就先寻找所需方言语料点的学生，找到一些方言语感好并对语言研究感兴趣的学生，先让他们做发音人并培训他们,给他们讲解调查问卷,讲解我们的调查意图,让他们充分理解每一个例句设置想要的信息。一般来说,经培训后的学生通过调查家庭所在地的老人后都能提供一些语料线索,我们再根据线索顺藤摸瓜进行田野调查,由此获取了大量的第一手材料。与此同时,我们也以已有研究成果为基础,先核实该方言点的代词形式,再进一步调查代词的连用和重叠情况。这样便能部分避免因调查者缺乏语感造成的调查障碍。基于这个调查方案,本书研究所用的山西晋语语料,除了我们自己进行的部分调查外,也主要参考了以下两类材料,我们在此一并列出,不再在参考文献中列出了。

①温端政主编(1982—1995)《山西方言志丛书》(《语文研究》增刊,语文出版社、山西高校联合出版社)之30种:平遥(侯精一,1982)、太谷(杨述祖,1982)、祁县(杨述祖、王艾录,1984)、孝义(郭建荣,1989)、文水(胡双宝,1988)、清徐(潘耀武,1990)、寿阳(赵秉璇,1984)、介休(张益梅,1991)、孟县(宋欣桥,1991)、和顺(田希诚,1987)、左权(王希哲,1991)、临县(李小平,1991)、汾西(乔全生,1990)、蒲县(蔡权,1994)、忻州(温端政,1986)、定襄(陈茂山,1995)、原平(金梦茵,1989)、大同(马文忠、梁述中,1986)、天镇(谢自立,1990)、朔县(江荫褆,1991)、灵丘(江荫褆、李锡梅,1995)、山阴(杨增武,1990)、长治(侯精一,1985)、晋城(沈慧云,1983)、陵川(金梦茵,1983)、长子(高炯,1995)、屯留(张振铎,1991)、襄垣(陈润兰、李唯实,1984)、沁县(张振铎,1990)、武乡(史素芬、李奇,1990)。此外,还有中阳(胡福汝,1990,学林出版社)、阳曲(孟庆海,1990,社会科学文献出版社)

②乔全生主编《山西方言重点研究丛书》。目前已正式出版50部。具体书目如下(以出版时间为序):乔全生《洪洞方言研究》(中央文献出版社,1999年);第一辑(2部):杨增武《平鲁方言研究》、史素芬《武乡方言研究》(山西人民出版社,2002年);第二辑(3部):史秀菊《河津方言研究》、崔容《太原北郊区方言研究》、郝小明《太原城区与郊区方言比较研究》(山西人民出版社,2004年);第三辑(5部):崔淑慧《代县方言研究》、李建校《静乐方言研究》、郭校珍等《娄烦方言研究》、白静茹等《高平方言研究》、孙玉卿《山西方言亲属称谓研究》

（山西人民出版社，2005 年）；王文卿《晋源方言研究》（语文出版社，2007 年）；第四辑（4 部）：杨增武等《山阴方言研究》、李建校等《榆社方言研究》、王利《长治县方言研究》、蒋文华《应县方言研究》（山西人民出版社，2007 年）；第五辑（8 部）：乔全生等《汾西方言研究》、李雅翠《平陆方言研究》、孙小花《五台方言研究》、余跃龙等《浮山方言研究》、崔容等《大宁方言研究》、史秀菊等《孟县方言研究》、白云等《浑源方言研究》、李建校等《永和方言研究》（九州出版社，2009 年）；第六辑（8 部）：原慧艳等《上党地区方言研究（晋城城区及泽州卷）》、吴斗庆《上党地区方言研究（阳城卷）》、张向真《山西方言民俗研究（绛县卷）》、孙玉卿《山西方言民俗研究（晋北方言与民俗卷）》、白云等《山西东部方言研究（左权卷）》、王利《山西东部方言研究（壶关卷）》、武玉芳等《朔州方言研究（右玉卷）》、崔霞等《朔州方言研究（朔城区卷）》（九州出版社，2012 年）；第七辑（8 部）：史秀菊等《交城方言研究》、余跃龙等《清徐方言研究》、张洁等《吉县方言研究》、刘芳等《古县方言研究》、延俊荣等《平定方言研究》、史秀菊等《兴县方言研究》、李小萍《原平方言研究》、冯良珍等《霍州方言研究》（北岳文艺出版社，2014 年）；第八辑（10 部）：乔全生等《阳高方言研究》、孙宏吉《天镇方言研究》、李繁等《安泽方言研究》、鲁冰等《永济方言研究》、王晓婷等《襄汾方言研究》、李雅翠《闻喜方言研究》、常乐等《榆次方言研究》、李卫锋《汾阳方言研究》、王晓婷等《运城盐湖区方言研究》、高晓莉《灵石方言研究》（北岳文艺出版社，2017 年）。

其他语言或方言的相关语料主要来源于公开出版的相关论著。在引用其他语言的相关材料时，尽量尊重原作者的描写，书写均按原文。

四 符号和体例说明

（一）符号。国际音标一律加"[ ]"号。"□"代替有音无字的音节，字的右上角加" = "表示同音代替字。"/"表示"或"。白读音用下划单横线表示，文读音用下划双横线表示。两字用 [ ] 表示合音，如"[我家]"。其余符号随文说明。

（二）例句。各章节例句按一个相对完整的内容进行排序。例句中，有音无字的用"□"表示，并在"[ ]"号内注国际音标；整句话用小一号字随文释义。转引的例句用楷体字显示。

（三）引文中，笔者从原文献引文的，用"作者名、著作名、出版时间、页码"的顺序注明。如果是转引自他人著作，则尽量保持原著引文体例不变，并用楷体字显示。

（四）表序。表格先按章再按节排序。如表 1-3-1，表示第一章第三节的第一个表格。

第 一 章

山西晋语的三身人称代词

第一节 山西晋语的第一人称代词

一 北区晋语的第一人称代词

《山西方言调查研究报告》(侯精一、温端政,1993)中,山西北区方言一共25个方言点。按侯精一(1986)、《中国语言地图集》(1987)和沈明(2006;2008)(后文对山西晋语的分区均据此,不再另行说明),这25个方言点分属山西晋语大包片和五台片。因属冀鲁官话广灵方言的代词在形式和功能方面与晋语区的浑源、灵丘等方言基本相同,我们在此一并讨论。

(一) 北区晋语第一人称代词形式

表 1-1-1　　　　　　北区晋语第一人称代词①

		主、宾语		领属语+"亲属—集体名词"	
		单数	复数(排除式)	亲属关系	社会关系、集体等
大包片	大同	我 vo⁵⁴	我们 vo⁵⁴ məʔ³²	我 vəʔ³²	我们 vo⁵⁴ məʔ³²
	阳高	我 vɤ⁵³	我们 vɤ⁵³ məʔ³²	我 vəʔ³²	我们 vɤ⁵³ məʔ³²
	天镇	我 vɤ⁵⁴	我们 vɤ⁵⁴ məʔ³²	我 vəʔ³²	我们 vɤ⁵⁴ mə?³²
	怀仁	我 vɤ⁵³	我们 vɤ⁵³ mə?⁴³	我 vəʔ⁴³	我们 vɤ⁵³ mə?⁴³

---

① 本表语料来源参考:代县(崔淑慧,2005)、原平(李小萍,2014)、定襄(范慧琴,2007)、五台(孙小花,2009)、保德(袁俊芳2006)、繁峙(姚菊芳,2013)、宁武(温旭霞,2010)。崔霞提供了河曲、五寨的部分材料,其余材料为我们调查所得。后文再涉及这些方言点的语料来源同此,不再另行说明。

续表

		主、宾语		领属语 + "亲属—集体名词"	
		单数	复数（排除式）	亲属关系	社会关系、集体等
大包片	左云	我 vo^{53}	我们 vo^{53} mə$ʔ^4$	我 və$ʔ^4$	我们 vo^{53} mə$ʔ^4$
	右玉	我 vo^{53}	我们 vo^{53} mə$ʔ^4$	我 və$ʔ^4$	我们 vo^{53} mə$ʔ^4$
	山阴	我 vo^{52} 俺 næ^{52}	伍$^=$（们）va^{52}（mə$ʔ^4$） 俺们 næ^{52} mə$ʔ^4$	我 və$ʔ^4$ 俺 næ^{52}	伍$^=$（们）va^{52}（mə$ʔ^4$） 俺们 næ^{52} mə$ʔ^4$
五台片	应县	我 vo^{55} 俺 nɛ̃^{55}	我们 vo^{55} mə$ʔ^{43}$ 俺们 nɛ̃^{55} mə$ʔ^{43}$	我 və$ʔ^4$ 俺 nɛ̃^{55}	我们 vo^{55} mə$ʔ^{43}$ 俺们 nɛ̃^{55} mə$ʔ^{43}$
	浑源	我 vo^{52} 俺 næ^{52}	俺们 næ^{52} mə^0	我 və$ʔ^4$ 俺 næ^{52}	俺们 næ^{52} mə^0
	灵丘	我 vo^{44} 俺 nɛ^{44}	俺们 nɛ^{44} mə$ʔ^0$	俺 nɛ^{44}	俺们 nɛ^{44} mə$ʔ^0$
	朔州	我 və^{213}	囊$^=$ nɒ^{213}	我 və$ʔ^{35}$	囊$^=$ nɒ^{213}
	平鲁	我 və^{213}	囊$^=$ nɒ^{213} 往$^=$ vɒ^{213}	我 və$ʔ^{34}$	囊$^=$ nɒ^{213} 往$^=$ vɒ^{213}
	偏关	我 vᴀ^{213}	往$^=$ vɔ^{213}	我 və$ʔ^4$	往$^=$ vɔ^{213}
	神池	我 vɔ^{13}	吾$^=$ vu^{13}	我 və$ʔ^4$	吾$^=$们 vu^{13}
	宁武	我 və^{213}	往$^=$ vɔ^{213}	我 və^{213}	往$^=$ vɔ^{213}
	五寨	往$^=$ vɒ^{31}	往$^=$们 vɒ^{31} mə^0	往$^=$ vɒ^{31}	往$^=$们 vɒ^{31} mə^0
	岢岚	我 vɤ^{13}	我们 vɤ^{213} mə^0	我 vɤ^{13}	我们 vɤ^{213} mə^0
	河曲	我 vɤ^{213}	□们 ma^{313} məŋ^0	我 vɤ^{213}	□们 ma^{313} məŋ^0
	保德	我 vɤ^{214}	我们 vɤ^{214} məŋ^0	俺 ã^{214}	我们 vɤ^{214} məŋ^0
	代县	我 uɤ^{213}	俺 nɛ^{213} 俺们 nɛ$^{213-54}$ mɤŋ^{40}	俺 nɛ^{213}	俺 nɛ^{213}
	繁峙	我 vɤ^{53}	俺 næ^{53} 俺们 næ^{53} məŋ^0	俺 næ^{53}	俺 næ^{53} 俺们 næ^{53} məŋ^0
	原平	我 ŋɤ^{213}	俺们 ŋɛ̃^{213} məŋ^{21}	俺 ŋɛ̃^{213}	俺 ŋɛ̃^{213} 俺们 ŋɛ̃^{213} məŋ^{21}
	忻州	我 ŋɛ^{313}	俺们 ŋã^{313} məŋ^0	俺 ŋã^{313}	俺 ŋã^{313} 俺们 ŋã^{313} məŋ^0
	定襄	我 ŋɔ^{214}	们 məŋ^{214}	们 məŋ^{214}	们 məŋ^{214}
	五台	我 ŋɔ^{213}	们 məŋ^{214}	们 məŋ^{214}	们 məŋ^{214}
	广灵	我 vo^{44} 俺 næ^{44}	俺们 næ^{44} mə^0	俺 næ^{44}	俺们 næ^{44} mə^0

表1-1-1中的代词形式，我们主要是按代词的语义和句法功能调查得来的。本章所有人称代词表中的代词形式都是按照其语义和句法功能调查而来的，在此总说一下，后面不再说明。人称代词在句中所能出现的位置主要是主语、宾语和领属语，当然还有同位语和兼语等。

我们主要调查了主、宾语位置上和领属语位置上代词的语音形式，同时兼顾了作其他句法成分时的读音。人称代词一般都有单、复数意义之分，我们此处主、宾语位置上的单、复数意义指的是没有任何条件限制的单、复数意义，即客观意义，用主观的复数表达客观的单数的情况（太田辰夫，2003：112），我们不作单数记。领属语位置上的代词的语音形式，主要按核心名词的意义分类来调查。核心名词是普通名词的为一类，核心名词是亲属关系名词以及表示社会关系、社会角色和群体、机构的名词的为一类。刘丹青（2013）将后一类统称为"亲属—集体名词"，我们采用这一概念，并将这一大类拆分成了两小类进行调查，一类主要是家庭亲属关系名词，另一类是表示社会关系、社会角色和群体、机构的名词。

（二）第一人称代词单数形式及地理分布

表1-1-1中显示，北区晋语第一人称表单数意义的代词形式有两类，一类是"我"类，另一类是"俺"类。其中"我"不管在哪个方言点都是表示单数意义，"俺"在有的方言点表示单数意义，有的方言点表示复数意义。有的方言点主、宾语位置上同时拥有这两种单数形式，但它们的情况又有所不同：山阴、应县方言里既有"我"又有"俺"，但它们的分布范围不同——"我"分布在山阴和应县的西、北部，"俺"分布在这两个点的中、南部；浑源、灵丘、广灵方言里也是既有"我"又有"俺"，但它们的使用者不同——"俺"做主、宾语一般只有女性和小儿使用，成年男性只用"我"做主、宾语，一般不用"俺"。吕叔湘（1985：86）曾说"有好些方言已经把'俺'当作单数为主的形式，复数说'俺们'，尤其是在妇女里头。"浑源、灵丘、广灵三点对"俺"的使用正与此同。

1. "我"的语音形式及地理分布

"我"在北区晋语各点方言以往的研究中，文字记录没有歧异，不论语音上和普通话读音差异大小，都用的是同一个文字形式"我"来记录。由表1-1-1可看出，北区晋语第一人称单数"我"的语音形式依据其声母的读音可以分为两类，一类是由合口呼零声母元音"u"摩擦产生的"v"声母，另一类是"ŋ"声母。其中"v"声母类分布较广，大多数方言点都是此种形式。吕叔湘（1985：2）指出："第一身代词'我'来源甚古，语音自然免不了若干变动。"又说，"'我'字在《广韵》作'五可切'，古音应是 ŋa。""我"在中古音韵里是疑母果开一歌韵上声，北区晋语"我"的声母读"ŋ"应该是保留了中古时期的读音，读"v"类声母应该是读同北京音。和中古音相比，北区晋语中的"我"的韵母依然保持着单韵母，但韵母在演变过程中发生了一定的后高化，即从中古音的前低元音 a→ɛ→ə→ɔ→o（ɤ）。

"我"在北京话的读音属于例外音变。王力（1985：427）在分析现代音系北京韵部时解释说："'我'字，《五方元音》读'娥'上声，今读合口呼，是不规则变化。"平山久雄（1987）认为："'我'字本应该读ě，却读作wǒ，是轻读产生的例外，这个例外是中古和现代之间发生的。'我'字在中古属于哿韵疑母，音值为ᶜŋa。歌哿箇韵（歌部）见系字在北京照例读成 e，如'歌 gē''可 kě''饿 è'等，'我'也应读成ě，以前字典上载文言正是如此，它在口语里却读 wǒ，是个孤立的例外。wǒ 比ě并不见得发音简单，反而加上了圆唇，似乎是更费一点劲，可是也可释作是轻读音变的结果。"在北区晋语山阴方言里，歌哿箇韵（歌部）见系字除见母"哥"字和影母外，都读成 uo，如歌［kuo³¹³］（如：唱个歌儿、歌哄哄逗）、個［kuo³³⁵］（如：哪能個個蛋儿都打住雀儿哪能百发百中？）、可［kʰuo⁵³］、蛾鹅俄［nuo³¹³］、饿［nuo³³⁵］、河何［xuo³¹³］、贺［xuo³³⁵］等。见系果开一歌部和果合一戈部合流。"我"字读成［vo⁵³］，韵母演变符合该方言的语音演变规律，只是声母没有随着疑母字一起变为 n 声母；平鲁、朔城区方言除见母字"歌哥個"外，其余都同山阴。浑源、灵丘、广灵老派方言中，见系果开一歌部也和果合一戈部合流，不仅如此，其他疑母字的声韵也都和"我"相同，如"蛾［vo］""饿［vo］""讹［vo］"。可见，在北区晋语部分方言点如山阴、平鲁、朔城区等方言中，"我"的韵母和同摄字是同步演变的，但声母没有随疑母字同步演变。浑源、灵丘、广灵等方言中"我"的读音符合各方言的语音演变规律，声母和韵母都随着同音韵地位的字同步演变。河北容城、徐水、满城、献县、大城、深州等方言中，果摄开口疑母字"蛾、鹅、讹、俄、饿、额、恶"等字均存在文白异读，文读多是［ɤ］韵母，和北京话相同，白读多是［uo］韵母，形成了［ɤ文～uo白］异读的情况，如"鹅"字在深州方言读［ɔŋɤ～ɔuo］，"饿"在沧县、廊坊等方言中读［ɤ～v/uo］，"我"字在阜平、涉县、清河、宁晋、枣强等方言中读［ɔŋɤ～ɔuo］，在涿州、定兴、固安、永清、三河等方言中读［ɔnɤ～ɔuo］，在鹿泉、海兴、盐山、孟村、吴桥等方言中读［ɔŋɤ～ɔuɤ］，容城、满城、清苑等方言中读［ɔnuo～ɔuo］。（参见《河北省志》第89卷方言志，2005：248）可见，河北方言中，"我"读［v/uo］是白读音的保留，"我"跟果摄开口疑母字是同步演变的。山西北区晋语老派没有文白异读，结合河北方言看，"我"读［vo］应该是较古的层次。

从地理分布看，"我"的"v"类声母和"ŋ"类声母以雁门关①所在山系为界，形成了一条方言地理分界线。

这条线穿过繁峙、代县、宁武、神池、五寨、偏关等方言点，形成了南北对立分布。我们将这条分界线称之为"雁门关一线"。"v"声母类主要分布在雁门关以北即今朔州市和大同市所辖的全部县区以及忻州市所辖的西部大部分县；"ŋ"声母类主要分布在雁门关以南今忻州市东部的原平、忻府区、定襄和五台四个县。从韵母的音值上看，同声母的方言点"我"的读音差别不大，在地理分布上也没有明显的特征。

2. "俺"的语音形式及地理分布

在北区晋语中，"俺"的读音从声母上看也是分为两类：一类是舌尖中鼻音声母"n"，另一类是舌根鼻音"ŋ"。见表1-1-1。"俺"声母读"n"和"ŋ"的地理分界线大致与"我"声母读"v"和"ŋ"的方言线重合："n"类声母的分布和"我"读"v"类的方言大致重合，"ŋ"类声母的分布和"我"读"ŋ"类的方言大致重合。

---

① 雁门关，位于山西省朔州山阴和忻州代县边界处，在代县县城以北约20千米处的雁门山中，是长城上的重要关隘，以"险"著称，被誉为"中华第一关"，有"天下九塞，雁门为首"之说。

在北区晋语中,"俺"主要分布于"雁门关一线"以南的一些方言点,"雁门关一线"以北主要分布在浑源、灵丘、广灵方言中,在山阴和应县方言中有零星分布。观察"俺"在山阴和应县的分布区域,我们发现,"俺"分布在山阴县南部的广武镇、古城镇、薛圐圙乡、马营庄乡等乡镇,这些乡镇和代县相邻,且历史行政区划上曾划归过代县;应县中南部东邻浑源县,南毗繁峙县、代县,和使用代词"俺"的方言广泛接触。我们认为,这两个点上的代词形式"俺"应该是该区东、南部广泛分布的代词"俺"在地理上的扩散。这个扩散进程直至桑干河南部后戛然而止,在山阴和应县的北部乃至再往北直到大同及以北的县区,就再没有了"俺"的身影。可见,在北区晋语里,"俺"和"我"以桑干河为界,形成南北对立的分布类型。我们注意到,在"俺"分布的区域,"我"也同时存在,形成"我"和"俺"的共存状态。

在以往的研究中,北区晋语各点方言用来记录"俺"的文字略有不同。崔淑慧(1998)将代县方言的第一人称代词复数形式"[nɛ²¹³]"记为同音字"喃",姚菊芳(2013:8)将繁峙方言的第一人称代词复数"[næ⁵³]"也记为同音字"喃"。其余点均记作"俺",如应县(门秀红,2005:40)、浑源(白云等,2009:117)、原平(金梦茵,1989:94;李小萍,2014:92)、忻州(温端政,1985:109;张光明,2014:65-68)等。从语音形式、句法功能结合该词的地理分布看,我们认为代县和繁峙方言里的第一人称代词"喃"应该就是"俺",不需要用同音字代替。

"俺"在北区晋语既可表单数,也可表复数,在不同的方言点上表现不同。表示单数意义的"俺"分布在"雁门关一线"以北,且一般只有女性和未成年男性使用。"雁门关一线"以南的方言点如繁峙、代县方言里,"俺"表示复数。

(三)第一人称代词复数形式的构成及地理分布

北区晋语第一人称代词复数分排除式和包括式两种,我们将分开讨论这两种复数形式。

1. 排除式第一人称代词复数的构成及地理分布

排除式第一人称代词复数的形式比较复杂。从音节上看,既有双音节形式，也有单音节形式。双音节形式基本是"我"和"俺"等词根语素附加词尾"们"构成的；单音节复数形式的来源确定需联系该方言其他人称代词复数的构成形式来考虑，亦需结合相邻方言的同类代词来考察。

1）附加词尾"们"

A．"我们"

"我们"是由单数形式"我"附加词尾"们"构成的复数形式，但"我们"没有"我"的分布范围广。大致看来，"我们"只分布在北区最北部的天镇、阳高、大同、右玉、左云、怀仁等没有"俺"的方言里。北区第一人称代词单数既有"我"也有"俺"的方言，复数形式常用"俺们"，一般不用"我们"，如浑源、灵丘、广灵等。另外还有些方言如山阴、平鲁等的第一人称代词单数是"我"，复数形式也是一个单音节形式，是否是"我们"的合音还需结合周边方言来分析，我们暂不把这些单音节复数形式记为"［我们］"。由此看来，在北区晋语里，单数"我"和复数"我们"的分布范围并不完全重合。

B．"俺们"

"俺们"是"俺"附加词尾"们"构成的，但"俺们"的分布却比"俺"的范围广。除了单数是"俺"的方言分布着复数"俺们"外，一些方言点里，主、宾语位置上单数用"我"不用"俺"，复数却用"俺们"，如代县、繁峙、原平、忻州等方言点。董秀芳（2014）在讨论河北黄骅话中的两个第一人称单数形式"我"与"俺"时提到，当表示第一人称复数时，黄骅话在口语中一般只用"俺们"而不用"我们"，并随文注释"这可能是因为'俺'单用可以表示复数，而'我'单用时不能表示复数，因此'俺'与'们'，搭配更自然。"若果如是，北区晋语的有"我"和"俺们"而无"我们"的方言当与此同。

C．"□们［ma^{313}mən^{0}］"

复数形式是"［ma^{313}mən^{0}］"的只有河曲方言一个点。史秀菊（2010）用文字将其记作"玛每""［弭家］们"和"每们"。河曲方言第一人称单数是"我［vɤ^{213}］"，所以，构成复数"□们［ma^{313}mən^{0}］"的词根肯定不是来自单数"我［vɤ^{213}］"。河曲县位于晋、陕、蒙三省区交界，东临偏关、五寨，南接岢岚、保德，西北与内蒙古自治区准格尔旗、陕西省府谷县隔黄河相望。由于各地商贾停栈贸易，河曲方言或许会受到其他方言的影响，但表1-1-1显示，河曲周边属山西境内的这几个方言点无类似的复数形式，陕西府谷方言的第一人称代词复数是"我每[ŋɒ³məʔ⁰]"，是由单数"我[ŋɒ³]"后附加词尾"每[məʔ⁰]"构成的。（邢向东，2006：30）看来，河曲方言的"□们[ma³¹³məŋ⁰]"中的"□[ma³¹³]"应该是另有来源，需结合该方言的人称代词系统及更大范围的方言代词系统来考察。

2）内部屈折

山西北区晋语中，有几个第一人称代词复数是单音节形式，它们分别是"囊⁼[nɒ²¹³]""往⁼[vɒ²¹³]""佤⁼[va⁵²]""吾⁼[vu¹³]""们[məŋ²¹⁴]"。其中"囊⁼[nɒ²¹³]"分布在朔城区和平鲁西山一带方言中。"往⁼[vɒ²¹³]"分布在偏关、宁武及平鲁东川一带。"佤⁼[va⁵²]"在山阴分布在桑干河北部，同时，"佤⁼[va⁵²]"还可以附加词尾构成"佤⁼们[va⁵²məʔ⁴]"，也表复数。

"吾⁼[vu¹³]"只分布在神池一个方言点。"们[məŋ²¹⁴]"分布在定襄和五台两个点。

乔全生（2000：118）认为山阴方言第一人称代词复数形式"佤⁼[va⁵²]"是单数"我"和词尾"家[tɕia³¹³]"的合音。就共时状态看，山阴方言的"家"表实义时读"[tɕia³¹³]"，作词尾时读"[tɕiɛ³¹³]"，山阴方言的第二、三人称的复数均非和"家"合音（详见后文讨论），且周边方言也无与此相同或相近的合音式复数形式，故我们暂把它当作是由单数"我"通过内部屈折构成的复数形式。偏关、宁武及平鲁东川方言的第一人称代词复数形式"往⁼[vɒ²¹³]"和神池方言的"吾⁼[vu¹³]"我们也暂作同样的处理。

3）异干

山西北区朔城区和平鲁方言（下文简称为平朔方言）中的第一人称复数是"囊⁼[nɒ²¹³]"。"囊⁼[nɒ²¹³]"和"俺"的韵母不合，但声母相合，那么"囊⁼[nɒ²¹³]"是否是"俺"的音变？二者是否有语源上的关系？

盛益民（2013）在考察吴语人称代词复数标记的来源时指出："我们

认为判断对应方言某一语法成分是否具有同一性，主要可以依据以下几个标准：语音上是否有对应关系？是否具有相同或者相关联的一组功能？这一组功能之间是否具有符合语义演变规律的演变关系？这种语义演变是否有跨语言或跨方言的共性？"在有"俺"这个形式的方言里，做家庭亲属关系名词的领属语是"俺"最常用的功能，但"囊⁼[nɒ²¹³]"在平朔方言中是不能直接用作家庭亲属关系名词的领属语的，如一般不能说"囊⁼[nɒ²¹³]妈、囊⁼[nɒ²¹³]哥哥"等。这是"囊⁼[nɒ²¹³]"和"俺"在句法功能方面的差别。从使用人群来看，在北区有代词"俺"的方言里，一般只是成年女性和小儿用"俺"在主、宾语位置上表示单数意义，成年男性多用"我"而不用"俺"；平朔方言中"囊⁼[nɒ²¹³]"做主、宾语表示单数意义，也多见于成年女性和小儿使用，成年男性一般不用"囊⁼[nɒ²¹³]"表单数，在这一点上，"囊⁼[nɒ²¹³]"使用人群的范围又同于"俺"。尽管"囊⁼[nɒ²¹³]"和"俺"使用人群的范围相同，但由于"囊⁼[nɒ²¹³]"和"俺"的语音不同，句法功能也有所不同，我们暂不把它当"俺"的音变看待。

史秀菊（2010）把"囊⁼[nɒ²¹³]"看作是"我家"的合音，我们觉得在音理上也存在一定的问题。因为在平朔方言中，"我"的声母是"[v]"，"家"表实义时读"[tɕiA²¹³]"，作词尾时读"[tɕiɛ²¹³]"，要由"[və²¹³]+[tɕiɛ²¹³]"合音成"[nɒ²¹³]"，难度比较大，也缺乏音理上的证据。据我们自己的调查和江荫褆（1991：19）及崔霞等（2012：250-256），平朔方言的"囊⁼[nɒ²¹³]"和"我"也没有明显的文白异读分别，但在朔城区和平鲁老派方言中，女性使用"囊⁼[nɒ²¹³]"的范围似比"我"更广一些。因"囊⁼[nɒ²¹³]"和单数"我"的读音完全相异，我们暂把它看成是通过异干法构成的复数形式。值得注意的一点是，在平朔方言中，除了排除式第一人称复数是单音节外，包括式第一人称复数及第三人称代词的复数也是单音节，且它们的韵母和声调也都相同，"囊⁼[nɒ²¹³]""往_我们[vɒ²¹³]""咱_咱们[tsɒ²¹³]""倘_他们[tʰɒ²¹³]"的韵母和声调都是[ɒ²¹³]，形成了一个整齐的系统。这是语音感染类化的结果还是合音来源相同，需要我们做进一步深入的调查研究。

定襄和五台方言的第一人称代词复数是"们"。孙小花（2001）认为五台方言的"们"是由"我们"省略了前字"我"而来的；范慧琴（2007：62-63）联系山西汾阳、临县、陕北神木的万镇、贺家川方言以及上海话中复数词尾做领格的同类现象进行了考察，认为定襄方言的第一人称复数"们"应该是"我们"省略前边的"我"同时又保留了"我"的声调而来。韩沛玲、崔蕊（2015）等对五台方言第一人称代词的本字是"们"存疑。她们认为，首先，在语音形式层面，复数标记"们"为轻声，第一人称代词为曲折调214，二者调值不同；其次，词尾虚语素"们"兼做实义指称代词在汉语方言中鲜见，而且从语法化角度看，一个意义较虚的成分演化为实义成分不太符合语法化的一般规律。刘丹青（2013）在讨论汉语方言领属结构的语法库藏类型时指出："有些陕北方言第Ⅰ身短式领格以长式中的复数词尾'每、弭'为整个代词，即把词缀用成了独立的领格代词，似乎是一种与语法化逆向的现象，而且与单数形式失去了词形联系，成了一种特殊的异干法——来自词缀的异干。"据此，我们倾向于将定襄、五台方言的第一人称代词"们"看作是"我们"省略了"我"而来，因和单数形式"我"失去了词形联系，是通过异干法构成的形式。

2. 包括式第一人称代词复数

山西北区晋语第一人称代词复数的包括式主要是"咱"和"咱们"。见表1-1-2。

表1-1-2　　　　北区晋语第一人称代词包括式复数

方言点	包括式复数	方言点	包括式复数
大同	咱们 tʂɒ^{54}mə^{32}	神池	咱 tsA^{13}
阳高	咱们 tsɑ^{53}mə^{33}	宁武	咱 tsɔ^{213} 咱们 tsɔ^{213}mə^{0}
天镇	咱们 tsɑ^{54}mə^{32}	五寨	咱们 tsa^{31}mə^{0}
怀仁	咱们 tsæ^{53}mə^{43}	岢岚	咱们 tsa^{44}mə^{0}
左云	咱们 tsa^{212}mə^{4}	河曲	咱 tsa^{213}

续表

方言点	包括式复数	方言点	包括式复数
右玉	咱们 tsa^{212}mə$?^4$	保德	咱 tsa^{213}
山阴	咱（们）tsA^{52}/tsæ^{52}（mə$?^4$）	代县	咱 tsɛ̃^{213} 咱 tsɛ̃^{213}mɤŋ^{40}
应县	咱 tsæ^{55}mə$?^{43}$	繁峙	咱 tsɛ̃^{21}
浑源	咱 tsæ^{52} 咱们 tsæ^{52}mə$?^4$	原平	咱 tsa^{213} 咱们 tsa^{213}məŋ^{21}
灵丘	咱 tsɛ^{44} 咱们 tsɛ^{44}mə$?^0$	忻州	咱 tsã^{313} 咱们 tsã^{313}məŋ^0
朔州	咱 tsɒ^{312}	定襄	咱 tsæ^{214} 咱 tsæ^{214}məŋ^0
平鲁	咱 tsɒ^{213}	五台	咱 tsæn^{213}
偏关	咱 tsɒ^{213}	广灵	咱 tsæ^{44} 咱们 tsæ^{44}mə$?^0$

山西北区晋语"咱"和"咱们"的用法大致相同，我们以大同云州区方言为例说明。

"咱"的基本用法是作第一人称复数包括式，在句子中做主语、宾语和定语。做定语时后边一般要加结构助词"的"。例如：

（1）哪天有工夫了咱去看看他_{等哪天有时间咱们一起去看看他}。

（2）外头的人一听就说咱有浑源调儿哩_{外面的人听咱们的话都说有浑源口音呢}。

（3）是咱的东西咱就拿上_{如果是咱们的东西咱们就拿上}。

做定语时也有不加"的"的情况。如：

（4）咱这儿就和我父亲的哥哥我叫"大爷"哩，我父亲的兄弟我叫"达达"哩_{咱们这里像我父亲的哥哥我叫"大爷"呢，我父亲的弟弟我叫"达达"呢}。

（5）咱村正修路的哩_{咱们村里正修路着呢}。

"咱们"的基本用法也是作第一人称复数包括式，和"咱"可以互换。在句子中做主语、宾语和定语。例如：

（6）咱们弟兄们好说_{咱们兄弟好商量}。

（7）人家这会儿根本看不起咱_{人家现在根本瞧不上咱们}。

（8）咱这儿今年不开交流会啦_{咱们这里今年不开交流会了}。

吕叔湘（1999：22）认为，"咱"的前身是"自家"二字："'自'

字《广韵》'疾二切'dzʻi,'家'字'古牙切'ka。但'自'字今音已清化为 ts-,或宋世已然,与 ka 相切,正可得 tsa"。"'偺'即咱每之合音字"。太田辰夫(2003:107)也认为:"'咱'是唐代'自家'紧缩而成的,唐五代是'自己'的意思,宋以后有不少演变成大致和第一人称相当的意思,而且有'自家'后面加'懑'、'门'作为包括式的例子。"后来由于人们对于"'咱'是复数这一点不太意识到了,就在它后面加上'门'或'每','咱每'或'咱门'的合音是'偺'"。

由表 1-1-2 可见,在北区晋语中,"咱"的声母多数是[ts],只有大同方言的声母是[tʂ]。"咱"的韵母也仍是单韵母,不过有的发生了高化,有的发生了后化。范慧琴(2007:64)认为"定襄方言的'咱'来源于'咱门'的合音'偺'"。邢向东(2002:556)认为"陕北沿河方言的'咱'从读音来看当是'自家'的合音无疑"。大同方言的"咱"普遍读[tʂɒ⁵³],从声韵调上看,既不合"自家"的合音,也不合"咱们"的合音,所以目前我们还无法说明大同方言"咱"的来源。据材料显示,河北阳原县[tʂɔ̃ŋ]①、河北宣化的赵川读[tʂɔ⁵⁵](参见郭凤岚,2007:76)。这些方言的"咱"在意义和用法上都基本上与"咱们"一致,所以此处我们仍记作"咱"。

3. 人称代词复数词尾"们"的来源探讨

北区晋语人称代词复数词尾主要是"们","们"也可作为指人名词复数的词尾。"们"在雁门关以南的方言点大多读后鼻音韵尾,在雁门关以北的方言点多数都读作"[məʔ]",我们认为这是"们"作为虚化成分即复数词尾在语音上的表现,这个读音符合该区方言语法化后的音变规律,详见第七章。

关于复数词尾"们"的来源,学界有多种看法。吕叔湘(1985:55-57)指出,"们"字始见于宋代,在宋代的文献里,"们"字先后有"懑(满)、瞒、门(们)"等写法,这些字该是同表一音,最初写作"懑","懑"本音"闷"(去声),俗音"门"(平声),所以后来用平声的"瞒"来代替,更后索性写"门",后乃加人旁。吕叔湘(1985:59)

---

① 参见阳原县地方志编纂委员会编《阳原县志》,中国大百科全书出版社 1997 年版,第 671 页。

推测"们"字和古代汉语中表"类及"义的"辈"字不无相当关系。梅祖麟（1986）认为吕叔湘先生的推测也许是对的，因为目前没有更好的语源，但-n尾是如何产生的却没有得到很好的解释。梅祖麟认为：-n尾是在受阿尔泰语的影响下产生的。因为"们"产生在北宋时代，宋辽对峙，华北一部分在契丹人控制之下，那里兼操汉语和契丹语的人相当多。共同阿尔泰语里，语根收﹡i或以﹡i居末的二合元音，加复数词尾时加﹡-n。并认为"们"字是个双料货的词尾，-n属于阿尔泰语，məi"每"的部分属于汉语，都表示复数。蒋绍愚、曹广顺（2005：136）指出这一说法正好与事实矛盾：南方系官话用"懣、们"-n，受阿尔泰语影响较深的北系方言反而用"每"məi。冯春田（2000：64-75）赞同吕先生的观点并进行了论证。江蓝生（1995；2018）认为复数词尾"们"和疑问代词"甚麽"的"麽"（包括样态指示词"这/那麽"的"麽"）同源，都来源于表示"等类、色样"义的实词"物"。罗杰瑞（1995：109，119）认为"懣、瞒、们"可能是"每人"的合音，元朝的白话文献就是用"每"作人称代词复数词尾，而这个词尾也暗含"每人"的意思。太田辰夫（2003：316）认为"们"的语源是"门"，大概是指同一族的人。张惠英（2001：67）也认为"门"是"们"的前身，人旁的"们"是专为写人称代词词尾而造的新形声字。"门"和"家"同义，用"门"做复数人称代词词尾，和"家"做复数词尾是同样的道理。俞敏（1989）解释说，在小农经济的封建社会，"家"是人们生产、生活的单位，所以一提多数，人们便说"我门"，后来加人旁，就成了"们"。汪化云（2008：277）对以上观点都不赞同，他认为"门"和"麽"难以与前出现的同类标记"辈、弥"等建立联系，因而说"们"的语源是"门"或"麽"的观点都难以成立；至于来源于"辈"说，尽管梅祖麟先生关于-n尾的产生给出了很有说服力的解释，但却有一个难以逾越的障碍：宋元明之间这个词尾的写法出现了"们＞每＞们"的反复，元代是汉语受阿尔泰语影响最强的时候，这个词尾却写作"每"。可见，"阿尔泰语影响"一说也难以成立。语源是"每人"的说法虽很有启发意义，但文献依据不足。他认为"们"应该是来自"辈人"的合音，并从汉语方言的事实和传世文献的记载及字形结构和语法功能等方面论证了这一观点的正确性。

由上可见，有关复数词尾"们"的来源众说纷纭，还没有形成定论。在以上所有观点中，我们倾向于"们"的语源是"门"的观点。"门"在旧时指封建家族或家族的一支，(《现代汉语词典》(第6版)，2015：885)，做复数人称代词词尾，应该是和"家"做复数词尾是同样的道理。在北区雁门关以北的方言中，表示家族义的"门"和表示复数词尾的"们"的读音一样，都读[məʔ]。如：山阴方言："咱村梁门[məʔ]人多，樊门[məʔ]人少咱村里梁氏一族的人多，樊氏一族的人少。""这是咱武门[məʔ]家的事，和人家梁门[məʔ]有啥关系这是咱武姓家族的事，和梁姓家族有啥关系？"等。

(四) 领属语位置上的第一人称代词

依据做"亲属—集体名词"领属语的代词形式，我们将北区晋语的第一人称领属代词分为"大同—朔州"型、"浑源—广灵"型、"代县—忻州"型、"定襄—五台"型四种类型。

1. "大同—朔州"型

"大同—朔州"型在山西北区分布最广泛，包括天镇、阳高、大同、左云、右玉、怀仁、山阴(北部)、应县(西北部)、朔城区、平鲁、偏关、宁武、五寨、神池、岢岚、河曲16个方言点。第一人称代词单数形式是"我"，复数形式多数是"我们"，也有一些方言点的复数形式是内部屈折构成的。一般在主、宾语位置上的用法如同普通话的"我"和"我们"，此处不赘。

1) 核心名词是一般名词

当核心名词是一般名词时，领属语不管用单数形式还是复数形式，大多后加结构助词"的[tiaʔ⁰]"或"哩[li⁰]"。例如：

(1) 我的手机寻不见啦我的手机找不到了。
(2) 我们的事情办完啦我们的事情办完了。（以上大同）
(3) 伍⁼的衣裳是一个地方买的我们的衣服是在一个商店买的。（山阴）
(4) 囊⁼哩楼房也才装完我们的楼房也才装修完。（平鲁）
(5) 吾⁼的书早就买下啦我们的书早就买好了。（神池）

2) 核心名词是"亲属—集体名词"

"大同—朔州"型的第一人称代词做"亲属—集体名词"领属语时，当核心名词是表示家庭亲属关系名词和"师徒"关系时，领属语一般用

第一人称代词单数形式"我",且大多数方言点"我"的语音一般会发生促化,读成 [vəʔ]。例如:

(6) 我爹也得罪了一部分(人),最主要是我爷爷我爹也得罪了一些人,主要是我爷爷得罪了人。

(7) 我每年过年都去眊我师傅呢我每年过年时都去看望我师傅呢。

(8) 我外父来啦我岳父来了。 （以上大同）

(9) 我大大年省⁼走的我父亲去年去世的。

(10) 我姥姥年轻那会儿可拴整哩我姥姥年轻时候很干净利落。

(11) 我师傅姓董我的师傅姓董。 （以上山阴）

(12) 我爷爷那一辈来的这里我爷爷那一代迁移到这里。

(13) 我小时候在我姥娘家长大我小时候在我姥姥家长大。

(14) 我老婆是五寨的我老婆是五寨的人。 （以上神池）

当核心名词是表示社会关系、社会角色和群体、机构的名词时,领属语用相应的复数形式。例如:

(15) 我们班主任可好呢我们班主任人真好。

(16) 我们家今年也买上楼房啦。

(17) 我们村这会儿可不赖呢我们村现在很不错。 （以上大同）

(18) 囊⁼语文老师哩普通话可好哩我们语文老师的普通话很标准。

(19) 囊⁼家也买哩汽车啦我们家也买了汽车了。

(20) 囊⁼单位晌午管饭哩我们单位中午给提供饭呢。（以上朔城区）

(21) 佤⁼领导今儿下乡去啦我们领导今天下乡去了。

(22) 佤⁼家今儿个有客人哩,吃好吃的哩我们家今天有客人呢,吃好吃的呢。

(23) 佤⁼村那几年就每年唱戏哩我们村前几年就每年唱戏呢。（以上山阴）

山阴方言的"佤⁼"后可再加"们"构成"佤⁼们",仍表复数,且常能互换使用。

2. "浑源—广灵"型

"浑源—广灵"型包括浑源、灵丘和广灵三个方言点,山阴（南部）、应县（中南部）也属于这一类型。这一类型第一人称单数形式有两个,分别是"我"和"俺"。这两个代词不仅形式不同,句法功能不同,使用者也多有不同。成年男性常用"我"做主、宾语及一般名词的领属语,女性和小儿一般用"俺"做主、宾语或领属语,用法都如同普通话的"我",此处从略。若是做家庭亲属关系名词的领属语时,不论性别、年龄,都用"俺",不用"我",且领属语和核心名词中间不用结构助词。例如:

(24)俺孩子瘦得,不给好好儿吃饭我孩子很瘦,不好好吃饭。

(25)俺老爹在包头哩我伯父在包头呢。　　　　　　　　（以上浑源）

(26)俺爷今年80啦我爷爷今年已经80岁了。

(27)俺媳妇儿是蕙花村的我妻子是蕙花村的人。　　　　（以上广灵）

若核心名词是表示社会关系、社会角色和群体、机构的名词时,领属代词用复数形式"俺们"。例如灵丘方言:

(28)俺们王老师是大学毕业我们王老师是大学毕业生。

(29)俺们主任这会儿不在我们班现在不在。

(30)俺们县矿可多哩我们县的矿挺多的。

3. "代县—忻州"型

"代县—忻州"型包括代县、繁峙、原平、忻州四个点,第一人称代词单数形式是"我",复数形式包括"俺"和"俺们"。一般在主、宾语位置上单数用"我",复数用"俺们"。用法如同普通话的"我"和"我们"。如忻州方言:

(31)我精明来,你霎说来我懂了,你别说了。

(32)你们把我给哄来你们把我给骗了。

(33)我夜来前晌寻你来我昨天上午找你了。

(34)俺们真=儿到俺姥姥行去呀我们今天去我姥姥家呀。

(35)他们肯定赢不咾俺们他们肯定赢不了我们。

在"代县—忻州"型方言中,"俺"一般不能直接做主、宾语,后面须加数量短语,例如忻州方言:

(36)俺俩[lia^{313}]个不待要去来我们两个不想去了。

(37)再寻上些儿人,就俺这俩[lia^{31}]个哪能够了再找几个人,就我们这几个哪能够了。

(38)伢不待要管俺俩[lia^{313}]个来人家不愿意管我们俩了。

在领属语位置上,根据核心名词的不同,用不同的代词形式。

1）核心名词是一般名词

在"代县—忻州"型方言中，修饰普通名词的第一人称单数代词用"我"，复数（排除式）用"俺们"，后面需要加结构助词"哩"作为定中关系的标记，意思相当于普通话的"我"和"我们"。如忻州方言：

（39）我哩作业做完来，你哩做完来没咧_{我的作业做完了，你的做完了没有？}

（40）我哩话你听懂了没_{我的话你听懂了没有？}

（41）俺们哩东西都丢来_{我们的东西都丢了。}

（42）他们为甚把俺们哩饭吃来_{他们为什么把我们的饭吃光了？}

2）核心名词是"亲属—集体名词"

当核心名词是表示家庭亲属关系名词时，"代县—忻州"型方言领属代词用复数形式或构成复数的词根"俺"，且后面不需要加结构助词，用法和普通话的"我"差不多。如忻州方言：

（43）俺娘娘真=年九十来_{我奶奶今年九十岁了。}

（44）俺妈真=儿伢有事儿哩_{我妈今天有事呢。}

（45）俺大哥明儿就回来来_{我大哥明天就回来了。}

（46）我想到俺姥姥行瞭瞭去哩_{我想去我姥姥家看看。}

（47）我有阵儿没咧见过俺姑姑来_{我有阵子没见过我姑姑了。}

（48）你到俺行寻俺爸爸去哇_{你到我家去找我爸爸吧。}

当核心名词是表示社会关系、社会角色和群体、机构的名词时，领属语用"俺"和"俺们"都可以，但常用"俺们"。例如忻州方言：

（49）俺师傅真=年又收了好几个徒弟_{我师傅今年又收了好几个徒弟。}

（50）你夜来见俺老师来没咧_{你昨天见我老师了没有？}

（51）俺行也有个研究生_{我家也有一个研究生。}

（52）俺村儿唱戏哩，你看戏来哇_{我们村里唱戏呢，你来看戏吧。}

（53）俺单位伢不放假_{我们单位不放假。}

（54）俺们老师真=儿伢请假来_{我们老师今天请假了。}

（55）俺们局长好像调上走来_{我们局长好像调走了。}

（56）俺们村儿伢还没修好路_{我们村还没有修好路。}

（57）俺们厂些些儿也不好_{我们厂一点儿都不好。}

4. "定襄—五台"型

"定襄—五台"型包括定襄和五台两个点，这两个点的第一人称代词单数是"我"，排除式复数是"们"，它们在句中都可以做主语、宾语和一般名词的领属语，相当于普通话的"我"和"我们"。例如：

(58) 们也不知道，你问问他我们也不清楚，你问问他。

(59) 你不听们的话，们也不管你啦你不听我们的话，我们也不管你了。

(60) 你跟不跟们走你跟不跟我们走？　　　　　　　　（以上定襄）

(61) 们去上班去呀我们要去上班了。

(62) 他骂们咧，没打他骂我们了，没打。

(63) 老师把们的作业都收咧老师把我们的作业都收走了。　（以上五台）

做"亲属—集体名词"的领属语时，不论核心名词是表示家庭亲属关系名词，还是表示社会关系、社会角色和群体、机构的名词，领属语都用复数"们"，不用单数"我"。例如定襄方言：

(64) 们爷爷真˭年80俩我爷爷今年80岁了。

(65) 们姐姐在忻州上班我姐姐在忻州上班。

(66) 们小子在北京上书房哩我儿子在北京上学呢。

(67) 们花花可结记们哩我家花花挺记挂我们。

(68) 听说们数学老师是山大毕业的听说我们数学老师是山西大学毕业的。

(69) 他们都到们行去俩他们都去我们家了。

(70) 你去过们村儿没啰˭你去过我们村没有？

综上，我们看到，北区晋语的第一人称代词在主、宾语位置上的用法和普通话的第一人称代词的用法相同，在做一般名词的领属语时也和普通话一致，所不同的是充当"亲属—集体名词"的领属语，"大同—朔州"型、"浑源—广灵"型都是用单数形式做家庭亲属称谓词的领属语，用复数形式作社会关系、社会角色和群体、机构的名词的领属语；"代县—忻州"型和"定襄—五台"型方言，不管核心名词是家庭亲属称谓词，还是社会关系、社会角色和群体、机构的名词，都是用复数形式或构成复数的词根做领属语。

（五）第一人称代词复数代单数

第一人称代词复数代单数，既可以发生在主、宾语位置上，也可以发生在领属语位置上。

1. 主、宾语位置上的复数代单数
1）排除式复数代单数"我"

第一人称代词主、宾语位置上用复数形式表示单数意义，常有特定的语用环境，表示俏皮、撒娇、亲热、炫耀、不耐烦等语用意义，常用于较为熟悉或亲近的人之间，一般是女性和小儿常用。例如忻州方言：

（1）他就是欺负俺们哩他老欺负我。（撒娇）
（2）俺们也想到兀儿搭去哩我也想去那儿呢。（撒娇）
（3）这是俺们哩手艺这是我的手艺。（炫耀）
（4）这么多营生全是俺们一个人做咾哩这么多活儿都是我一个人做完的。

（炫耀）

其他方言的例如：

（5）俺们不去我不去。（撒娇或不耐烦）（灵丘）
（6）伍也想吃哩我也想吃呢。（撒娇）（山阴）
（7）囊ⁿ可不会，你寻别人去哇我可不会，你找别人去吧。

（自谦）（平鲁）
（8）们才不说给你哩我才不告诉你呢。（撒娇）（定襄）
（9）看们唎这裰子，好看哇看我的这件衣服，好看吧？（炫耀）（五台）
（10）俺们去看电影去来我们去看电影了。（炫耀）（代县）

太田辰夫（2003：112）指出，汉语中有用主观的复数"我们"来表达客观的单数"我"，这或许是女性用作谦称的，后来作为谦称的感觉消失了。成年男子是不这样说的。小儿也用的原因，是在家庭内常接触的是母亲或其他女性。

浑源、广灵等方言中成年男性在自称时一般用"我"不用"俺"，但有时也用复数"俺们"表示单数，如广灵方言：

（11）俺们有个亲戚就是叫雷劈了我有个亲戚就是让雷电击死了。
（12）俺们这会儿也时常去大同哩我现在也常去大同呢。

此处用"俺们"比用"我"较为委婉，不似"我"那么直率。

2）包括式复数代单数

A. 包括式复数代单数"我"

"咱[tsɑ]"当作单数的第一人称代词使用时，可以表达自傲、谦虚、委屈、抱怨的语气。对自己的境况不满意时用"咱"代替"我",这一点和神木话比较相近(参见邢向东,2006:33)。例如忻州方言：

(13) 咱就是个爽快人_{我就是个爽快人}。　　　　　　　　　　(自傲)
(14) 咱哪有伢兀₂好手艺哩_{我哪有人家那好手艺呢}。　　　　(谦虚)
(15) 咱也想出去好好圪转圪转_{我也想出去好好逛逛}。　　　　(委屈)
(16) 兀好事哪有咱哩份哩_{那种好事哪有我的份呢}。　　　　　(抱怨)

再如大同方言：

(17) 还可能要别的哩，咱们不知道_{可能还要其他东西了,我不知道}。
(18) 这也是咱们的命_{这也是我的命运}。
(19) 咱这还好说，跟哪也能_{我无所谓,怎么都行}。
(20) 咱这人又可好性格哩，不和他治那气去_{我这人是好脾气,不和他生那份气}。

B. 包括式复数语用上指单数"你"

包括式复数"咱[tsɑ]"有时可指代第二人称代词单数"你",这只是一种临时性的语用体现,不能将它看作一个第二人称代词。"咱"代"你"可以拉近交际双方的情感距离,以便更委婉地表达感情、提出意见。如忻州方言：

(21) 咱自己要不给咱自己哩骨头做主咾，谁也怨不着_{你自己不给自己做主的话,谁也不能怨}。
(22) 你看看，伢也不待要管咱来_{你看,人家也不想管你了}。

大人对孩子说"你"时,也可用"咱",如山阴方言：

(23) 不哭啦，咱（们）再不和他耍啦_{不哭了,你以后再不要跟他玩儿了}。
(24) 咱（们）已经准备了这么长时间啦，应该没问题_{你已经准备这么长时间了,应该没问题了}。

"咱（们）"的这种用法在近代汉语中就已使用,下面是太田辰夫(2003:113)所举的用"我们""喒们"表达"你"的例子：

好，他打咱们，是他没理，我们绝不可以还手！（老舍：惶惑）
妹妹，偺们可不是空身儿投到他家去了。（儿10）

裴瑞玲、王跟国（2013）（下文称之为裴文）提到灵丘方言的"咱"还常用于晚辈对至亲长辈或关系很亲密的其他长辈如师长、领导等,表示敬称。以下例句转自裴文：

①儿子（对父亲）：咱上炕歇会儿哇！（您到炕上休息一会儿吧！）

②媳妇（对婆婆）：还是叫老三伺候咱哇么！（还是让老三伺候您吧！）

③外孙（对姥姥）：咱到俺们家住两天哇！（您到我们家住几天吧！）

④公务员（对领导）：不早了，咱睡哇！（时间不早了，您睡觉吧！）

裴文将"咱"分析为第二人称敬称代词，和另一个敬称代词"你恁儿"在使用上形成互补。"你恁儿"主要用于与自己亲属关系较远或关系不太亲密的长辈，或者对方与自己并没有亲属关系、只是比自己年长（包括熟人和陌生人）的人。据裴文提供的材料我们分析，"你恁儿"的使用显示出"敬而远之"，体现出听说双方关系的疏远。而"咱"用于关系亲近的长辈，其实还是为了拉近交际双方的情感距离，向对方表示亲近，是包括式第一人称代词"咱"的常用功能。吕叔湘（1985：75）指出："'咱们'包括'我'和'你'，可是说话的时候往往有口说'咱们'而意思只是指'你'或'我'一人的。这个'咱们'表示休戚相关，因'我'而及'你'，因'你'而及'我'，是一种异常亲切的说法。"

2. 领属语位置上的复数代单数

复数形式"我们"做领属语时在一定语用情况下可以代替单数形式"我"，表示的是单数意义。这种情况在"大同—朔州"型方言最为典型，下面我们以大同_{云州区}方言为例来说明。

1）核心名词是亲属关系名词

当核心词是家庭亲属称谓名词时，领属语用复数形式"我们"，中间不加结构助词"的"，相当于"我的"。如：

我们女子_{我女儿}　　我们小子_{我儿子}　　我们媳妇儿_{我儿媳妇}

我们女婿_{我女婿}　　我们老人儿_{我婆婆}　　我们老汉_{我公公}

我们他爷爷_{我公公}　　我们二姐_{我二大姑子}

这种用法多见于成年女性称呼自己的子女或配偶的亲属，相当于"我"。后面的亲属称谓有时是和自己有直接关系的，如"女子""老人儿"；有时是从儿称，如"他爷爷""他奶奶"；有时是从夫称，如"二姐"，从夫称时一般用于比自己年长的同辈。成年男性一般用"我"，不用"我们"。

另外，用在表示特定称谓的指示代词前，中间不加结构助词"的"。例如："我们这个、我们这个这个、我们那个、我们那个那个"，这种用法也是多见于成年女性。在大同_云州区_方言里，能用指示代词代替的亲属称谓只有两种，一种是丈夫，一种是孩子。这里的指示代词有两种读音，"这个"读作 [tʂəʔ³² kəʔ³²] 或 [tʂəʔ³² kɤ⁵³]，"那个"读作 [nəʔ³² kəʔ³²] 或 [nəʔ³² kɤ⁵³]。一般情况下，"我们这个 [tʂəʔ³² kəʔ³²]""我们那个 [nəʔ³² kəʔ³²]"仅用来称代丈夫，是对丈夫的一种委婉称代，表达对丈夫亲昵的口吻。"我们这个"是在向别人提到自己丈夫时丈夫也在现场时的称代，相当于"面称"；"我们那个"用于丈夫不在现场时的称代，相当于"背称"。但"背称"比"面称"更常用。这种用法可能源于"妻子不能直呼丈夫姓名"的中国传统文化心理。在"我们这个这个"和"我们那个那个"中，连用的两个指示代词的读音不同（分别读作"我们这个 [tʂəʔ³² kəʔ³²] 这个 [tʂəʔ³² kɤ⁵³]""我们那个 [nəʔ³² kəʔ³²] 那个 [nəʔ³² kɤ⁵³]"），所起的作用也不同：前一个指示代词偏在指示，后一个指示代词重在代替。也分"面称"和"背称"，但"面称"多用于称代孩子，"背称"既能称代孩子，也能称代丈夫，多用来表达自谦或对孩子、丈夫的不满或轻视。吕叔湘（1985：73）曾说："有时候实在只跟个人有关，例如夫之于妻，妻之于夫，也依然用我们（的），你们（的）；若照复数讲，这个'们'字可真有点儿没着落。"

大同_云州区_方言中，第一人称复数代词代单数主要见于成年女性。对于"我们"代替"我"，吕叔湘（1985：74）说，"出于妇女或卑幼者之口，这不是偶然的事情，实在代表一种谦卑的口吻"。太田辰夫（2003：112）把这种用法称为"用主观的复数来表达客观的单数"，认为"这或许是女性用作谦称的说法，后来作为谦称的感觉可能消失了"。并引"《国语辞典》也有这样的解释：我们，犹言我，多用于女子、小儿"。据我们体会，目前大同_云州区_方言中成年女性用"我们"做亲属关系名词的领属语时，表谦卑的口吻已基本消失，表达的是一种较为客气的语气或者疏远的关系。因为成年女性在称呼配偶的父母及兄弟姐妹时，一般用复数代单数；而称呼自己的父母及兄弟姐妹时，都用单数。如说"我们老汉"指的是丈夫的父亲即自己的公爹，说"我老汉"指的是丈夫。说"我们大姐"是指丈夫的大姐，绝不可能是自己的大姐；而说"我大姐"那毫无疑问是指自己的大姐。两相比较，就可看出孰远孰近了。而对于那些其实只跟个人有关，例如夫之于妻，子之于母，也依然用"我们"的情况，我们认为是出于内敛、不事张扬的心理。笔者曾听过大同的一位女性朋友说过这样的一番话："我最不想听××的话了，一天'我老汉''我老汉'的，当和谁刁〔她的哩我最不爱听××说话了，成天'我丈夫''我丈夫'的，就像是谁抢她丈夫呢。"其实这番话代表的是当地人的一种认识：这种情况下用"我"表领属就是张扬显摆。吕叔湘（1985：85-86）指出："'俺'也有时用于单数，特别是领格，在同时容许'俺'跟'偺'代'我'的方言里头，'俺'字多少有点谦卑的意味。'偺'字则恰恰相反，是得意甚至傲慢的口气。事实上，好些方言已经把'俺'当作单数为主的形式，复数说'俺们'；它们的应用较'我'跟'我们'为广，尤其是在妇女里头。"

人称代词复数做亲属领格代单数的现象在汉语很多方言中都存在，如上海话"人称代词用作亲友称谓的修饰语时，不管在逻辑上应该是单数或复数，往往都可以用复数形式"（参见许宝华、汤珍珠，1988：418）。海盐（通园）话"人称代词直接用作定语时表示亲属关系，在这种场合只能用复数的人称代词"（参见胡明扬，1957）。

2）用在社会关系、社会角色和群体、机构的名词前

第一人称复数代词用在社会关系、社会角色名词前表领属时，中间不加结构助词"的"，相当于"我的"。例如："我们老师、我们领导、我们校长、我们同学"等，和用在亲属称谓词前不同，复数代单数用在社会关系、社会角色名词前时，使用者不限性别和年龄。这是复数代词做家庭亲属称谓名词领属语的用法进一步扩展到了表示社会关系、社会角色的名词。因为一方面这样的核心名词和代词之间的领属关系是临时的、松散的，较之亲属关系又是疏远的，因而表达上需要客气、委婉；另一方面，这种领属并不是真正意义上的领有和所属，不可能为单数的"我""你""他"所有，从客观上来说也不可能属于某一个人，所以用复数表示也符合实际。

复数代词用在群体、机构的名词前，中间不加结构助词"的"，相当于"我们的"。例如"我们村、我们县、我们家、我们学校"。吕叔湘（1985：72）对于这个现象也是采用了文化的说解。他说："由于种

种心理作用,我们常有在单数意义的场所用复数形式的情形。很普通的是第一身跟第二身代词的领格,例如一个人称他的学校为'我们学校'跟称之为'我的学校'是一样合理的。在过去中国社会家族的重要过于个人,因此凡是跟家族有关的事物都不说'我的','你的'而说'我们的'、'你们的'("的"字通常略去),如'我们舍下','你们府上'。这样用的'他们'较少。"我们认为这个解释是至情至理的。但在大同_{云州区}方言中,不仅第一、二人称有这种用法,第三人称"他们"也有这种用法。其实何止家族,任何一个大小群体在中国人的心目中都是比个人更重要的,这就是中国文化中深层的"整体主义"观念(李如龙,2001:166)。

二 中区晋语的第一人称代词

《山西方言调查研究报告》(1993)中的中区一共设了21个方言点,其中"古交"一点因与太原方言相近,故未单独设点。我们此处增设了古交点。这样,中区晋语一共包括了22个方言点。中区晋语包括并州片、大包片和五台片,其中并州片是晋语的核心区,占中区晋语的大部;大包片包括山西东部的阳泉市及所辖的平定县和晋中市所辖的昔阳、和顺、左权三点;五台片仅有地处忻州和太原之间的阳曲一点。

(一) 中区晋语的第一人称代词

表1-1-3　　　　　　　　中区晋语第一人称代词①

		主、宾语			领属语
		单数	复数		亲属—集体名词
			排除式	包括式	
五台	阳曲	ŋɤ²¹³	俺们 ŋɔ²¹³ mə̃⁰ [我们] 们 ŋə²¹³ mə̃⁰	咱 tsa²² 咱们 tsa²² mə̃⁰	俺 ŋɔ²¹³ [我们] ŋə²¹³

① 本表语料来源参考:清徐(余跃龙等,2014),娄烦(郭校珍等,2005),平遥(侯精一,1999),榆社(余跃龙等,2007),文水(胡双宝,1988),孟县(史秀菊等,2009),交城(史秀菊等,2014),平定(延俊荣等,2014),左权(白云等,2012)。其余为我们调查所得。后文这些方言点的语料来源均同此。

续表

		主、宾语			领属语
		单数	复数 排除式	复数 包括式	亲属—集体名词
并州片	太原小店 太原晋源	我 əɯ⁵³ 我 ɣʁ⁵³	俺们 æ⁵³ məŋ⁰ 俺们 ɣaŋ⁴² m⁰	咱 tsa¹¹ 咱们 tsa¹¹ m̩	俺 æ⁵³ 俺 a⁴²
	古交	我 ŋɯ³¹³	俺们 ŋɔ³¹³məʔ³	咱 tsa¹¹ 咱们 tsa¹¹ mə¹¹	俺 ŋɔ³¹³
	清徐	我 ŋɣɯ⁵⁴	俺 ŋɛ⁵⁴ 俺们 ŋɛ⁵⁴ mə¹¹	咱 tsa¹¹ 咱们 tsa¹¹ mə¹¹	俺 ŋɛ⁵⁴
	娄烦	我 ŋə³¹²	俺们 ŋã³¹²məʔ³²	咱 tsã³³ 咱们 tsã³³ mə⁰	俺 ŋã³¹²
	榆次	我 ŋʁ¹¹	俺们 a⁵³⁴ məŋ¹¹ [我们] 们 ŋəŋ⁵³⁴ məŋ¹¹	咱 tsɛ⁵⁴ 咱们 tsɛ⁵⁴ məŋ¹¹	俺 a⁵³⁴ [我们] ŋəŋ⁵³⁴
	寿阳	我 ŋəɯ⁴²³	我们 ŋə²²məʔ²²	咱 tsa²¹ 咱们 tsa²¹ mə²²	[我们] ŋə⁴²³ 我 ŋəɯ⁴²³
	太谷	我 ŋie³²	俺们 ŋã³² mə̃²² [我们] 们 ŋə̃³²mə̃³²	咱 tsɒ²² 咱们 tsɒ²² mə̃³²	俺 ŋã³² [我们] ŋə̃³²
	祁县	我 ŋɯ²¹³	俺们 ŋã²¹³ m̩	咱 tsa³² 咱们 tsã³³ m̩	俺 ŋã²¹³
	平遥	我 ŋie⁵³	[我家] ŋa⁵³ [我家] [们家] ŋa⁵³ mia¹³ 我们 ŋʌʔ⁵³ məŋ³⁵	咱 tsa⁵³ 咱们 tsa⁵³ məŋ³⁵	[我家] ŋa⁵³ 我们 ŋʌʔ⁵³ məŋ³⁵
	介休	我 ŋiɛ⁵²³	俺们 ŋæ⁵³ məŋ²² [我家] 们 ŋa⁵³ məŋ⁰	咱 tsa⁵³ 咱们 tsa⁵³ məŋ⁴⁵	俺 ŋæ⁵³ [我家] ŋa⁵³
	灵石	我 ŋiɛ²¹²	俺们 ŋã²¹ məŋ⁵³	咱 tsʰa⁴⁴ 咱们 tsʰa⁴⁴ məŋ⁵³	俺 ŋã²¹
	榆社	我 ŋʁ³¹²	俺们 ŋa³¹² mə⁰	咱 tsɒ²² 咱们 tsɒ²² mə⁰	俺 ŋa³¹²
	交城	我 ŋɣɯ⁵³	[我家] 每 ŋa⁵³məʔ⁰	咱 tsa¹¹ 咱们 tsa¹¹ mə̃¹¹	[我家] ŋa⁵³

续表

		主、宾语			领属语
		单数	复数		亲属—集体名词
			排除式	包括式	
并州片	文水	我 ŋəɪ⁴²³	我们 ŋəɪ⁴²³ məʔ²² 我们 kəʔ³¹² məʔ²²	咱们 tsaʔ² mə²³	我 ŋəɪ⁴²³ [我们] kəŋ⁴²³/ŋəŋ⁴²³
	孝义	我 ŋɛ³¹²	俺们 ŋɑŋ³¹² məŋ⁵³	咱 tsa¹¹ 咱们 tsa¹¹ məŋ⁵³	俺 ŋɑŋ³¹²
	盂县	我 ŋɤo⁵³	[我们] 们 ŋə̃⁴¹² mə̃²²	咱 tsa²² 咱们 tsa²² mə̃²²	[我们] ŋə̃⁴¹²
大包片	平定	我 uɤ⁵³ 俺 ŋæ̃⁵³	俺 ŋæ̃⁵³	咱 tsa²² 咱们 tsa²² mə̃²²	俺 ŋæ̃⁵³
	阳泉	我 uo⁴⁴	俺们 æ³¹³ məŋ⁰	咱 tsa²² 咱们 tsa²² mə̃²²	俺 æ³¹³
	昔阳	我 vɤ⁵⁵ 俺 æ⁵⁵	俺 æ⁵⁵	咱 tsa²² 咱们 tsa²² mə̃²²	俺 æ⁵⁵
	和顺	我 uɤ³⁵ 俺 ŋæ²²	我们 uɤ³⁵ məŋ²² 俺们 ŋæ²² məŋ⁰	咱 tsa²² 咱们 tsa²² mə̃²²	俺 ŋæ²²
	左权	我 vɤɯ⁵³ 俺 niɛ³¹/ ŋæ⁴²东乡	我们 vɤɯ⁵³ məŋ¹¹ 俺们 niɛ³¹/ŋæ⁴² məŋ¹¹ 俺都（们）niɛ³¹/ ŋæ⁴² tʌu³¹（məŋ¹¹）	咱 tsa²² 咱们 tsa²² mə̃²²	俺 niɛ³¹/ŋæ⁴²

（二）第一人称代词单数的语音形式及地理分布

由表1-1-3可看出，在山西中区晋语，第一人称单数"我"的语音形式依据其声母的读音也可以分为"ŋ"声母和"v"声母两类。其中"ŋ"声母分布较广，分布在吕梁市的孝义、文水和交城三个方言点，太原、晋中两市及所辖的大部县区并一直向北延伸到北区的忻州和原平等地；"v"声母主要分布在阳泉市及所辖的平定县和昔阳、和顺、左权等方言点，和北区大同—朔州型的"v"声母读音类型呈现出远隔分布。

"我"中古音"ŋɑ"，在中区方言读"ŋ"声母是保留了中古疑母字读鼻音声母的特点。"我"的韵母的读音符合各方言点果摄开口一等歌韵字的演变（参见王琼，2012：55）。具体表现为，部分点发生了高化，变为 ɤ/ɯ 类读音，如阳曲、太原、古交、寿阳、祁县等方言；部分点发生了高化、前化，变为 ɐ/e 类读音，如孝义等方言，介休、平遥、太谷、灵石等方言因前半高元音 ɐ/e 的影响而衍生出一个介音 i，变为 iɐ/e/ɛ 类读音；文水方言"我"的韵母在"ɑ"高化后又发生了裂化（参见乔全生，2009），变为了 əɪ。我们看到，文水话中，"我"和"波磨婆馍，多驼挪拖罗"的韵母相同（参见胡双宝，1988：56），说明这个演变也同样符合该方言同韵类字的演变规律。

中区晋语各方言中均存在"我"这一形式来表示第一人称单数意义，与普通话中的"我"用法一致，在句中可做主语、宾语、定语，也可在回答问句时单独成句，不赘。

（三）第一人称代词的复数形式和领属形式及其联系

1. 排除式第一人称代词复数的构成

中区晋语排除式第一人称代词复数的构成从共时状态看主要是通过附加词尾"们"构成的，但构成复数的词根语素却不是其相应的单数形式。由表1-1-3可见，复数的词根语素和其相应的单数形式的语音形式差别比较大。这意味着复数词根可能另有来源。

表1-1-3显示，与第一人称复数词根形式相同的形式不是主、宾语位置上的单数形式，而是处在亲属关系名词前的领属语形式。这不仅显示出复数形式和领属形式有着非常密切的关系，也提示我们需要注意一个问题，那就是复数形式和领属形式哪个形成较早？在讨论这个问题前，我们先讨论亲属关系名词领属位置上代词的形式并探讨其来源。

2. 第一人称代词复数词根和领属代词形式的来源探讨

领属位置上代词的形式和复数词根的语音形式相同，从共时平面看，这些语音形式分为两种情况：一种是韵母不带鼻音成分的，如：阳曲 [ŋɔ²¹³]、古交 [ŋɔ³¹³]、清徐 [ŋɤ⁵⁴]、平遥 [ŋa⁵³]、交城 [ŋa⁵³]、榆次 [a⁵³⁴]、榆社 [ŋa³¹²]；一种是韵母带鼻音成分的，如：娄烦 [ŋã³¹²]、太原 $_{晋源}$ [ɣaŋ⁴²]、祁县 [ŋã²¹³]、太谷 [ŋã³²]、灵石 [ŋã²¹]、孝义 [ŋaŋ³¹²]、盂县 [ŋə̃⁴¹²]，太原 $_{小店}$ [æ̃⁵³]，介休 [ŋæ̃⁵³/ŋa⁵³]。文水方言的复数有两种形式，一种是在单数后附加"们［mə$\mathrm{?}^{22}$］"构成"我们［ŋəɪ^{423} mə$\mathrm{?}^{22}$］"，另一种读"［kə$\mathrm{?}^{312}$ mə$\mathrm{?}^{22}$］"；领属代词也有两种形式，既有不带鼻音成分的"我［ŋəɪ^{423}］"，也有带鼻音成分的"［我们］［kəŋ^{423}］"。从声母看，这些语音形式大都是后鼻音声母ŋ，和在主、宾语位置上的单数代词"我"的声母相同，但太原$_{晋源}$的鼻音声母发生了弱化，变为了同部位的浊擦音ɣ，而太原$_{小店}$和榆次方言进一步弱化，直至脱落了鼻音声母。从韵母的主要元音看，也大体相近，大多是舌位较低的元音。如此看来，想要通过韵母的读音差异来一一分辨其来源并非易事。

从以往研究来看，领属位置上的代词形式和复数词根有记成"俺"字的，如潘耀武（1990：47）记录的清徐方言、张益梅（1991：50）记录的介休方言、王文卿（2007：215）记录的太原$_{晋源}$方言、史秀菊（2010）记录的太原$_{小店}$、太谷、祁县、古交、娄烦、灵石等方言；还有一种记为是"我家"的合音，如侯精一（1999：387）记录的平遥方言，写作同音字"哑"，史秀菊（2010）记录的阳曲、交城、介休等方言，记为合音式"我家"。我们看到，记成"俺"字的语音形式也有韵母不带鼻音成分的。看来我们也不能把共时状态下韵母是否带有鼻音成分作为判断这个形式是否是"俺"的依据，还需结合语音演变、语义和句法功能来综合考察领属位置上的代词形式即复数词根的来源。

"俺"是近代汉语时期新产生的第一人称代词，初见于宋人词。有关其来源，有不少学者进行过讨论。吕叔湘（1985：77-79）认为："'们'字通行以后不久，就有了两个含有'们'字的合音字：'俺' = 我们，'您' = 你们"，"宋金白话文献里的'俺'只是取'奄'之声来谐'我们'的合音。也有写成'唵'的。'人'旁'口'旁都是新造谐声字惯用的记号。"吕叔湘（1999：9）还从语音演变的角度论证了"俺"是"我们"合音的可能，他说："'俺'字《广韵》作'于验切'，古音应是 ʔiɐm，'我'字《广韵》作'五可切'，古音应是 ŋa。二字声母与元音都不同。但在宋元时代'俺'字大致已经过 ʔam 之阶段（变为与'庵'，'唵'同音）而变为 am；'我'字之 ŋ-头或亦已脱略而元音则犹未合口化。如此则'俺'字亦正可与'我' a 加 -m 尾相当"。在用法上，吕叔湘（1985：79）指出："'俺'字在金元俗语中，既有复数用法，也有单数用法。领格用法比非领格用法更多，非领格用'我'而领格用'俺'"。

并举了一句之内非领格用'我'而领格用'俺'的例子：(1985：85)

对我曾说道，'俺娘乖。'（刘知远15）

只愿的南京有俺亲娘，我宁可独自孤孀。（元杂29.4）

我不曾有片时忘的下俺那染病的男儿。（又29.5）

我如今趁着这个机会辞了俺哥哥，别处寻一桩儿买卖，可不好？（元8.2白）

但"援复入单，何以独盛于领格？其故尚有待于解说"（吕叔湘，1999：17）。太田辰夫（2003：108-109）指出："'俺'被认为似乎是'我们''我懑'的合音，但略有疑问。因为'俺'是影母，而'我'却是疑母。一般认为，影母和疑母的区别在元代大致是存在的，认为这种区别在宋代就已不存在了，大约稍为早了一点。虽然徐渭在《南词叙录》中说'恁'是'你每二字合呼为恁'，'喒'是'咱们二字合呼为喒'，但对于'俺'没有这样说。这也许是因为不认为'俺'是'我们'的合音。""'俺'在宋代已有不是复数的例子。不过从写作'唵'字这一点，就表示它是新产生的。"关于这个合音，吕叔湘（1999：28）其实也进一步注解过："若宋代'我'字的ŋ-尚未脱落，'俺'字ŋ-亦有由影母转成舌根鼻声之可能，读如*ŋam，如现代若干方言中读'庵'，'暗'，'安'，'案'及'欧'，'呕'等字之例。"张俊阁（2007）认为："俺"不是"我们"的合音，而是由"我"音变而成的。音变过程为："我"字韵头ŋ-脱略，同时由于受阿尔泰语领属格辅音词尾-n的影响，"我"在领属格的位置上又发生了鼻音音变，即"我"音发生了由[ŋa]→[a]→[an]的连续变化，音变后借用了同音字"俺"来表示，因而"俺"多用于领格。语言接触是近代汉语第一人称代词"我"在领属格位置上发生鼻音化的直接动因。这一观点倒是解释了近代汉语以来"俺"在领格位置出现较多的原因。从"俺"字产生的时间和阿尔泰语言与汉语广泛接触的时间节点上看，这个可能也是有的。张文虽然为我们探讨"俺"的来源提供了一个新的思路，但也存在一个难以解释的问题："我"在宋元时期主要表示单数意义，可"俺"在很多汉语方言如中区晋语、河北邯郸方言（高培培，2013）、河南济源（韩晓，2015）、博爱（仝秋红，2010）、浚县（游艺，2017）等方言中表示的是复数意义（在主、宾语位置上也能表示复数，做集体、机构、处所等的领属语时，意思相当于"我们"),若是"我"在领格位置上发生鼻音化形成了的"俺",那么"俺"所表示的这个复数意义从何而来?据山西晋语领属代词与复数代词词根相同,在领属位置上用于社会关系、社会角色、群体、机构等表示复数意义的事实,我们更倾向于吕叔湘先生提出的"俺"是"我们"的合音的观点。

与中区晋语并州片方言排除式第一人称代词复数形式相同的是北区的忻州方言。忻州方言的排除式第一人称代词复数形式有两个,温端政(1985:109)、张光明(2014)都将其记为"俺[ŋã^{313}]"和"俺们[ŋã^{313}məŋ^0]"。同时,"俺[ŋã^{313}]"最常用的功能是做家庭亲属称谓名词前的领属语。乔全生(1996)认为忻州方言的"俺们[ŋã^{313}məŋ^0]"是在单数"我[ŋɛ^{313}]"通过内部屈折后形成"俺[ŋã^{313}]"后再附加词尾"们"构成的,是屈折加附加的混合型形式。"俺[ŋã^{313}]"是"俺们[ŋã^{313}məŋ^0]"的简略形式,即先有"俺们[ŋã^{313}məŋ^0]",后略去词尾"们"形成了"俺[ŋã^{313}]"。乔全生先生也指出,中区晋语的阳曲、文水、孝义、介休以及东南区的长治方言一、二人称多有这种现象。对于"俺[ŋã^{313}]"是通过"我[ŋɛ^{313}]"内部屈折形成的观点,我们觉得目前也存在一个问题需要解释,那就是单数形式是无鼻音韵尾的成分,那么内部屈折后的这个鼻音成分是如何产生的呢?比较合理的解释是在单数形式上曾经附加过一个带鼻音如"们"的成分,后来这个鼻音成分慢慢弱化脱落,留下了一个鼻化音。另外,我们看到,前文吕叔湘(1985:85)所举例中的"俺"都做的是家庭亲属关系名词的领属语,这和中区晋语领属代词的用法完全一样。从"俺"的来源和从近代汉语一直延续下来的"俺"多作领格的情况看,我们觉得,应该是先有表示复数意义且常作领格的形式"俺",后来由于这个常作领格的复数形式多表示单数意义而使其本身的复数意义慢慢磨蚀掉了,为了强化它的复数意义,人们又给它附加了一个表示复数的词尾如"们"等,构成了一个新的复数形式。

这样看来,不论是"我们"的合音,还是"我"在领格位置上发生的鼻音化,都提示我们,领属位置上带鼻音成分的那个代词形式,很有可能就是"俺"。那么,韵母不带鼻音成分的代词形式的来源是什么呢?

侯精一（1999：387）认为，平遥方言的第一人称代词有两个复数形式"哑⁼［ŋa⁵³］"和"哑⁼□［ŋa⁵³ mia¹³］"，它们都是合音式。其中"哑⁼［ŋa⁵³］"是"我家［ŋiɛ⁵³ tɕia¹³］"的合音。即：ŋa⁵³ < ŋiɛ⁵³ tɕia¹³；"哑⁼□［ŋa⁵³ mia¹³］"的"□［mia¹³］"是"们家［məŋ¹³ tɕia¹³］"的合音，即：ŋa⁵³ mia¹³ < ŋa⁵³ məŋ¹³ tɕia¹³。从合音式"哑⁼［ŋa⁵³］"所表示的复数范围仅限于一个家庭的事实看，"哑⁼［ŋa⁵³］"合音前的成分"家"的意义还似乎有所体现，"哑⁼［ŋa⁵³］"是"我家［ŋiɛ⁵³ tɕia¹³］"的合音的结论应该没有任何疑问。中区晋语有些方言点还有一些领属形式的韵母不带鼻音成分，如：阳曲［ŋɔ²¹³］、古交［ŋɔ³¹³］、交城［ŋa⁵³］、榆次［a⁵³⁴］、榆社［ŋa³¹²］，它们是否和平遥方言一样，也是"我家"的合音？事实上，山西很多方言的阳声韵在演变过程中失落了鼻韵尾（王洪君，1991；1992），比如太原、清徐、榆次、榆社等方言。潘耀武（1990：47）将清徐的领属代词"［ŋɛ⁵⁴］"记作文字"俺"，余跃龙等（2007：86）将榆社方言的领属代词"［ŋa³¹²］"记作文字"俺"，等等。我们认为这些记录不仅仅是语音能对应上，符合各方言韵母演变的规律，从使用上来讲也是完全符合"俺"的句法功能的。阳曲处于忻州和太原之间，方言接近忻州方言，领属代词和复数词根的形式和用法也接近忻州方言，我们认为它也是"俺"。古交方言的［ŋɔ²¹³］同阳曲方言，也是"俺"。虽然晋语中也有部分方言的果摄字今读鼻音韵，但主要集中在山西西区晋语和陕北晋语，中区晋语的并州片方言并不存在这种现象（参见沈明，2011）。所以，我们认为中区晋语里，韵母带鼻音成分的领属代词和复数词根都是"我们"合音的"俺"。

领属代词和复数词根来源与平遥方言相同的是交城方言的"［ŋa⁵³］"和介休方言的"［ŋa⁵³］"，它们是"我家"的合音。因为这两个方言的阳声韵至今都还保留着鼻音，不可能是"俺"，语音不对应。我们注意到，介休方言领属代词和复数词根有两个，分别是"俺［ŋæ̃⁵³］"和"［我家］［ŋa⁵³］"，两种合音形式同时共存于一个方言中。这种现象提示我们，中区晋语确实既存在"我们"的合音"俺"，也存在"我家"的合音，这两种形式交汇叠加于介休方言中。盂县方言的"［ŋɔ̃⁴¹²］"当是"我们［ŋɤo⁵³］［mə̃²²］"的合音，即：ŋɔ̃⁴¹² < ŋɤo⁵³ mə̃²²。榆次方言、太谷方言、

阳曲方言中，"俺"和合音式"[ŋə̃]"共存，且"[ŋə̃]"的鼻音都还没有失落。相较于早期"我们"的合音"俺"而言，我们认为"[ŋə̃]"这种合音式可能是后起的。

文水方言有两个复数形式"我们[ŋəɪ⁴²³ məʔ²²]"和"我们[kəʔ²¹³ məʔ²²]"，领属代词单数是"我[ŋəɪ⁴²³]"，复数有两种形式"[ŋəŋ⁴²³]"和"[kəŋ⁴²³]"。胡双宝（1990：43；90）认为"[ŋəŋ⁴²³]"和"[kəŋ⁴²³]"都是"我家"的合音。

综上，在中区晋语并州片方言中，领属代词和复数词根大多是合音式，是"我们"或"我家"的合音。

中区晋语大包片方言复数词根和亲属领属代词的形式是"俺"，来源比较清楚，做"亲属—集体名词"领属语的用法和并州片相同，做主、宾语时和北区"浑源—广灵"型相近，也是"俺"表单数时多用于成年女性和小儿，成年男性多用"我"做主、宾语。我们以和顺方言为例，以下例句转引自田希诚（1987：112-115），试比较：

①俺年轻做媳妇，前晌在坳上锄了一亩谷，后晌还在沟底里拔唠一亩黑豆哩！

②俺年青也没啦做过，俺是听俺婆说来。（故事：老娘说甚就是甚）

③自明儿我谁呀也不去了，我外头还有些账哩，我自家好活。

④等我死唠，埋唠我，把那箱箱里哩东西，你们弟兄仨分开。

（故事：半头砖）

左权的第一人称代词复数比较复杂，和东南区晋语接近，我们放在后文讨论。

（四）领属语位置上的第一人称代词

1. 核心名词是普通名词

在中区晋语各方言点中，第一人称代词做主、宾语的用法与普通话基本一致。在做领属语时，和普通话的差别比较大。当核心名词是普通名词时，领属代词分单复数，形式同主、宾语位置上的代词（见表1-1-3），且领属语和中心语之间的领属标记一般不省略，这种用法也同普通话，不赘。

2. 核心名词是"亲属—集体名词"

当核心名词是"亲属—集体名词"时，不管是家庭亲属关系名词，还是社会关系、社会机构、集体等名词,领属代词大多同第一人称代词复数的词根,此时领属语和中心语之间不加结构助词"的"。下面我们分别举例说明。

核心词是家庭亲属关系名词,例如:

(1) 俺［æ̃⁵³］婶婶这几天可吃香咧我婶婶这几天挺受欢迎的。

(2) 俺［æ̃⁵³］兄弟不在我弟弟不在。　　　　　　　　（以上太原_{小店}）

(3) 俺［ŋɑ̃³²］外爷都八十多咧我姥爷都八十多岁了。　　（太谷）

(4) 俺［ŋɛ⁵⁴］侄儿子夜来刚结咾婚我侄子昨天才结了婚。　（清徐）

(5) 俺［ŋɑ̃³¹²］大身体可好咧我爸爸身体特别好。　　　（娄烦）

(6) 俺兄弟叫你操心嘞我弟弟让你费心了。　　　　　　（榆社）

核心词是社会关系、社会角色等名词,例如:

(7) 俺［ŋɑ̃³¹²］邻居上青岛旅游去咧我邻居去青岛旅游了。（娄烦）

(8) 有甚吃的嘞,给［我家］［ŋɑ³¹］伙计吃上些有什么吃的呢,给我的朋友吃点儿。　　　　　　　　　　　　　　　　　　（交城）

(9) ［我们］［ŋɔ̃⁴¹²］老师请假咧我们老师请假了。　（盂县）

(10) 俺［a⁵³⁴］主任刚出去我们主任刚出去。　　　　（榆次）

核心词是群体、机构等名词,例如:

(11) 去俺［a⁴²］行吃饭的哇到我家吃饭去吧。　　　（太原_{晋源}）

(12) ［我家］［ŋɑ³¹］学校这些年变化可大嘞我们学校这几年变化特别大。　　　　　　　　　　　　　　　　　　　　　（交城）

(13) ［我家］［ŋɑ⁵³］学校这几天可忙咧,天天开会我们学校这几天挺忙,每天开会。　　　　　　　　　　　　　　　　（平遥）

(14) 俺［ŋɑ̃³²］村里都铺上柏油路咧我们村子里都铺上柏油马路了。
　　　　　　　　　　　　　　　　　　　　　　　　（太谷）

(15) 俺［ŋɑ̃³¹²］村兀几年快穷杀咧我们村里那几年快穷死了。（娄烦）

(16) 俺［ŋɛ⁵⁴］村嘞这几年变化劲儿可大嘞我们村里这几年变化挺大的。
　　　　　　　　　　　　　　　　　　　　　　　　（清徐）

(17) 俺［ŋɑ̃²¹³］村晌前就闹红火呀我们村里上午就开始热闹呀。
　　　　　　　　　　　　　　　　　　　　　　　　（祁县）

(18) ［我们］［ŋɔ̃⁴¹²］单位今儿发咾一袋面我们单位今天发了一袋面。
　　　　　　　　　　　　　　　　　　　　　　　　（盂县）

领属代词与复数词根相同,主要用来修饰"亲属—集体名词",这是中区晋语的一大特点,这种现象在中区晋语的绝大部分方言中均存在。领属代词的形式主要有三种,一种是复数词根"俺",我们认为是"我们"早期的合音式,另一种是"我家"的合音式,还有一种是"我们"后起的合音式。其中,第二种形式主要分布在中区晋语平遥、交城和介休等为数不多的几个方言点中。这些合音式作为独立的代词时,主要做领属语,是专门性的领格代词,不做主语、宾语。在主、宾语位置上的第一人称代词单、复数也能做领属语,做领属语时,主要用来限定除"亲属—集体"名词之外的其他普通名词,领属语与核心名词之间一般要加结构助词"的";合音式领属代词在句中做领属语时,主要用来限定"亲属—集体"名词,领属语与核心名词之间一般不加结构助词"的"。

中区晋语绝大部分方言的领属代词的形式为复数词根,但在个别方言中,"亲属—集体名词"的领属代词既不是第一人称单数,也不是其对应的复数词根,例如文水方言。胡双宝(1983)认为文水方言有两个复数形式"我们 [ŋəɪ⁴²³ mə?²²]"和"我们 [kə?²¹³ mə?²²]"。领属代词表单数意义时用"我 [ŋəɪ⁴²³]"。"我 [ŋəɪ⁴²³]"用在亲属关系名词前,意思是"我一个人的",如说"[ŋəɪ⁴²³] 爷爷",意思是"我的爷爷"。表复数意义时有两种形式"[kəŋ⁴²³]"和"[ŋəŋ⁴²³]","[ŋəŋ⁴²³]"多为妇女用。"[kəŋ⁴²³]"和"[ŋəŋ⁴²³]"既不是第一人称单数,也不是其对应复数词根。"[我们][kəŋ⁴²³]"用在亲属关系名词前表示的是复数意义,意思是"我们家中以我为代表的这一辈人的",如说"[kəŋ⁴²³] 爷爷",意思是"我们家中我这一辈人的爷爷"。例如:

(19) 我 [ŋəɪ⁴²³] 爸爸今儿不过来咧我爸爸今天不过来了。

(20) 我 [ŋəɪ⁴²³] 姊妹今日想去看我 [kəŋ⁴²³] 娘娘咧我妹妹今天想去看我们的奶奶了。

(21) [我们] [kəŋ⁴²³] 老师今儿病咧我们老师今天病了。

(22) [我们] [kəŋ⁴²³] 房子今儿有客人哩我们家今天有客人呢。

(23) [我们] [kəŋ⁴²³] 村夜来刚选举喽我们村里昨天刚选举完。

第一人称复数代词主要用来做主、宾语和普通名词的领属语,在中区晋语的个别方言中,也可做社会关系、社会角色、群体、机构等名词的领属语。例如:

（24）俺们［æ̃⁵³məŋ⁰］数学老师退休呀我们的数学老师快要退休了。

（25）俺们［æ̃⁵³məŋ⁰］同学都去唡我的同学们都去了。

（26）俺们［æ̃⁵³məŋ⁰］学校才放喽假我们的学校才放了假。（以上太原小店）

（27）俺们［ŋã³¹²məʔ³²］局长今儿下乡唡我们局长今天去下乡了。

（28）俺们［ŋã³¹²məʔ³²］村里坡地可是多嘞我们村里坡地特别多。（以上娄烦）

平遥方言中，第一人称代词有三个复数形式，"我家［ŋɑ⁵³］""我家们家［ŋɑ⁵³miɑ¹³］"和"我们［ŋʌʔ⁵³məŋ³⁵］"，其中前两种是合音式，后一种是附加"们"式。加"们"式与合音式所表示的复数范围有所不同：合音式所表示的复数范围仅限于一个家庭，加"们"式所表示的范围一定要超出一个家庭。如普通话的"我们家""我们院子"，平遥话只能说"我家［ŋɑ⁵³］房""我家［ŋɑ⁵³］院儿"，不能说"我们［ŋʌʔ⁵³məŋ³⁵］房""我们［ŋʌʔ⁵³məŋ³⁵］院儿"；而要表达"我们厂子""我们学校"之类的意思，平遥话只能说"我们［ŋʌʔ⁵³məŋ³⁵］厂儿""我们［ŋʌʔ⁵³məŋ³⁵］学校"（详见侯精一，1999：389）。从这两类复数代词的使用范围来看，合音式的词根是"我家"应该没有任何疑问。

（五）第一人称代词复数代单数

1. 排除式第一人称代词复数代单数

"俺们"主、宾语位置上除了可以表示复数意义之外，也可以表示单数意义，多用于表达一种傲慢、自豪的语气，强调自己的所有权或排斥他人干涉，也可在撒娇时使用，此时多是孩子和女人使用，例如：

（1）不用你管，俺们［ŋã³²mã²²］就要这底弄呢不要你管，我就要这样做呢！　　　　　　　　　　　　　　　　　　　　　（太谷）

（2）俺们［ŋɑ³¹²mə⁰］走呀我要走了！　　　　　　　　　　（榆社）

文水方言有两个复数形式，"我们［ŋɤɪ⁴²³məʔ²²］"和"我们［kəʔ²¹³məʔ²²］"。其中"我们［kəʔ²¹³məʔ²²］"是男性少年以下和女性青年以下的单数自称，往往含有娇柔的语气。男性青年以上和女性中年以上只在特殊场合才用这种形式（胡双宝，1983）。

2. 包括式第一人称代词复数代单数

在中区晋语的某些方言中,"咱"也可表示第一人称单数意义,在句中常做主语、宾语,具体用法以盂县方言、交城方言、娄烦方言为例:

(3) 咱受哩不行,快叫〔人家〕替另过哇我委屈得很,赶紧让他们和我分家过吧。

(4) 〔人家〕又不叫咱,咱才不去他又不叫我,我才不去呢。（以上盂县)

(5) 咱是谁么,还连这也弄不咾我是谁呀,还能连这个也做不了吗?

(6) 谁知道伢待见咱不谁知道人家喜欢不喜欢我。（以上交城)

(7) 咱才不怕他嘞我才不怕他呢。

(8) 给咱把这拾掇咧给我把这收拾了。（以上娄烦)

"咱"做第一人称单数使用时,常常带有嘲笑、讽刺或者炫耀的意味,经常也为了表示与听话人关系密切、希望获得其认同时使用。如果将"咱"换成"我"使用,表达的意义并没有什么改变,只是无法表现出说话人希望听话人认同自己的心理。例如太谷方言:

(9) 咱老是第一,甚时候也没啦考过第二我总考第一名,什么时候也没有考过第二名!

(10) 〔人家〕是谁,咱哪能和〔人家〕比嘞他是谁呀,我哪能和他比呢!

(11) 咱可真是越活越圪缩咧,可怎腻˝办呀么我真是活得是越来越差劲了,这可怎么办呀!

(12) 咱本身就不是兀号儿挣大钱的人我本来就不是那种能挣大钱的人。

例(9)带有炫耀的语气,例(10)带有讽刺的语气,例(11)带有嘲笑的语气,例(12)明明是说话人在说自己,却用"咱"字,这样就使得听话人和说话人站在了同一个立场上。除了上述具体涉及的太谷方言外,在清徐、祁县、灵石、交城等方言中也存在着"咱"作为第一人称单数使用并且表达特定语气的现象。这种用法是对近代汉语"咱"表单数的继承。吕叔湘(1985:98-101)认为:"在宋、元、金的文献里'咱'字有单数(=我)跟复数(=我们)两种用法……复数的意义是原始的,单数的意义是扩展的结果。'咱'作'我'讲,现在北京话里不用,方言里也很少见。"其实,这种现象在中区和北区晋语却广泛存在。

三　西区晋语的第一人称代词

（一）西区晋语第一人称代词形式

表1-1-4　　　　　　　　西区晋语第一人称代词

	主、宾语			领属语	
	单数	复数		亲属关系名词	社会关系、机构—集体名词
		排除式	包括式		
离石	我 ŋa³¹²	我弭 ŋa³¹²mʅ²⁴	咱 tsʰa⁴⁴ 咱弭家 tsʰa⁴⁴mʅ²⁴tɕia²⁴	我 ŋa³¹²	我弭 ŋa³¹²mʅ²⁴
汾阳	我 ŋi³¹²	我们 ŋɔʔ²²məŋ³²⁴ 们 məŋ³²⁴	咱们 tsʰa³²⁴ 咱们 tsʰa⁴məŋ³²⁴	[我们] ŋəŋ³²⁴	我们 ŋɔʔ²²məŋ³²⁴
方山	我 ŋõ³¹²	我弭 ŋõ³¹²mi⁴⁴	咱 tsʰᴀ⁴⁴ 咱弭家 tsʰᴀ⁴⁴mi⁴⁴tɕiᴀ⁵⁵	弭 mi⁴⁴	我弭 ŋõ³¹²mi⁴⁴
柳林	我 ŋɔ³¹⁴	我弭 ŋɔ³¹⁴mi³³	咱 tsʰᴀ³³ 咱弭家 tsʰᴀ³³mi³³tɕiᴀ⁵⁵	弭 mi³³	我弭 ŋɔ³¹⁴mi³³
临县	我 ŋɔ̃³¹²	我弭 ŋɔ̃³¹²mi⁴⁴	咱 tsʰᴀ⁴⁴ 咱弭家 tsʰᴀ⁴⁴mi⁴⁴tɕiəʔ⁰	弭 mi²⁴	我弭 ŋɔ̃³¹²mi⁴⁴
中阳	我 ŋɤ³¹³	[弭家] mie²⁴ 我 [弭家] ŋɤ³¹³mie²⁴ [弭家] 弭家 mie²⁴mi³²⁴tɕiᴀ⁵⁵	咱 tsʰᴀ⁵⁵ 咱弭 tsʰᴀ⁵⁵mi⁰ 咱弭家 tsʰᴀ⁵⁵mi⁰tɕiᴀ⁵⁵	[弭家] mie²⁴	我 [弭家] ŋɤ³¹³mie²⁴
兴县	我 ŋɤ³²⁴	弭些 mi³²⁴ɕiɛ⁵⁵	咱 tsʰᴀ⁵⁵ 咱弭 tsʰᴀ⁵⁵mi⁴⁴	弭 mi³²⁴	弭些 mi³²⁴ɕiɛ⁵⁵ 弭家 mi³²⁴tɕiᴀ⁵⁵ 弭 [弭家] mi³²⁴miᴀ³¹²

续表

	主、宾语			领属语	
	单数	复数		亲属关系名词	社会关系、机构—集体名词
		排除式	包括式		
岚县	我 ŋie^{312}	我们 ŋie^{312}məŋ^{0}	咱 tsʰa^{44} 咱们 tsʰa^{44}məŋ^{0}	俺 ŋəŋ^{312}/əŋ^{312}/ ŋəʔ^{4}	我们 ŋie^{312}məŋ^{0}
交口	我 ŋɛ^{312}	[我家]们 ŋɒ^{312}məŋ^{0}	咱 tsʰʌ^{312}	[我家] ŋɒ^{312}	[我家]们 ŋɒ^{312}məŋ^{0}
石楼	我 ŋa^{413}	我们 ŋa$^{413-31}$məŋ^{44}	咱 tsa^{214} 咱们 tsa^{214}məŋ^{214}	我 ŋa^{413}	我们 ŋa^{413}məŋ^{44}
静乐	我 ŋɤɯ^{314}	俺们 ŋã^{314}məʔ^{4}	咱们 tsã^{33}məʔ^{4}	我 ŋã^{314}	俺们 ŋã^{314}məʔ^{4}
隰县	我 ŋɤ^{31}	[我家]们 ŋa^{55}məŋ^{55}	咱们 tsa^{24}məŋ^{55}	[我家] ŋa^{55}	[我家]们 ŋa^{55}məŋ^{55}
大宁	我 ŋuo^{31}	我些 ŋuo^{31}ɕi^{31} 我些家 ŋuo^{31}ɕi^{31}tɕiɐ^{31}	咱些 tsa^{24}ɕie^{31} 咱些家 tsa^{24}ɕie^{31}ɕiɐ^{31}	我 ŋuo^{31}	我些 ŋuo^{31}ɕi^{31}
永和	我 ŋuɤ^{312}	我些 ŋuɤ^{312}ɕi^{33} [我家] ŋua^{312}	咱 tsa^{35} 咱些 tsa^{35}ɕi^{33}	我 ŋuɤ^{312}	[我家] ŋua^{312}
汾西	我 ŋɯ^{33}	我几 ŋɯ^{33}tɕz^{0}	咱（几） tsa^{35}（tɕz^{0}）	我 ŋɯ^{33}	我几 ŋɯ^{33}tɕz^{0}
蒲县	我 ŋuo^{22}	我些 ŋuo^{22}ɕiɛ^{0}	咱（些） tsa^{13}（ɕiɛ^{0}）	我 ŋuo^{22}	我些 ŋuo^{22}ɕiɛ^{0}

《山西方言调查研究报告》(1993) 中的西区晋语一共设了 15 个方言点，交口方言因没有自身稳定的方言音系而没有设点。我们此次增设了交口方言点，故西区一共 16 个方言点。西区晋语都属于晋语吕梁片。

由表 1-1-4 可看出，在山西西区晋语，第一人称单数"我"的语音形式依据其声母的读音只有"ŋ"声母一类，和中区晋语太原、晋中两市及所辖的大部县区一致，保留了中古疑母字读鼻音声母的特点；"我"的韵母的读音符合各方言点果摄开口一等歌韵字的演变。具体表现为，部分点发生了后高化，变为 ɤ/ɯ 类读音，如中阳、兴县、静乐、隰县、汾西等方言；部分点发生了前高化，变为 ɛ 类读音，如交口等方言，岚县方言因前半高元音 e 的影响而衍生出一个介音 i，变为 ie 类读音；汾阳方言进一步高化为 i，也符合该方言果摄开口一等见系字的演变规律；临县、方山方言中果摄和宕江摄合流，"我"的读音带有鼻音成分；石楼方言的"我"读音分文白异读，白读音是开口韵，文读音是合口韵，和北京话"我"的读音渐趋一致；大宁和蒲县方言的"我"的读音同石楼的文读音。西区晋语第一人称代词的单数形式"我"的读音类型和演变方式比较接近中区晋语，内部一致性较强。

西区晋语各方言中均存在用"我"这一形式来表示第一人称单数意义，与普通话中的"我"用法一致，在句中可做主语、宾语、定语，也可在回答问句时单独成句，不赘。

(二) 第一人称代词的复数形式和领属形式及其联系

1. 第一人称代词复数的构成

西区晋语中，第一人称代词的复数形式大多是在单数形式后附加词尾构成的。西区晋语的复数词尾比较复杂，主要有"䍐、家、们、些、几"。离石、方山、柳林、临县等方言是在单数后附加词尾"䍐"构成复数形式；汾阳、岚县、交口、石楼、隰县、静乐是在单数后附加词尾"们"构成的复数形式；兴县、大宁、永和、蒲县等方言是在单数后附加词尾"些"构成的；汾西方言是在单数后附加"几"构成的。有的方言是在单数后叠加了两种词尾，如离石和方山方言的包括式复数形式，是在"咱"后叠加了"䍐"和"家"两个复数词尾，大宁方言是在单数后叠加了"些"和"家"两个复数词尾。中阳、兴县方言走得更快，不仅能在单数后叠加两个词尾构成复数，原本是该方言区的常见复数词尾"䍐"不仅独立成了词，还能附加复数词尾"家""些"，构成了第一人称代词复数"䍐家"和"䍐些"。

乔全生、王晓燕（2003）认为，"中阳方言人称代词词尾可以加'们'加'家'叠合使用，这些带有叠合复数词尾的人称代词从语义上来说，有时指复数，有时指单数。复数词尾叠合现象的形成原因单纯从中阳话看不出来，如果从全省方言看，山西南部中原官话汾河片表复数用词尾'家'，山西中部北部晋语并州片、五台片等表复数用词尾'们'，中阳兼具二者特点，显然是融合使用了两个地区方言的词尾特征"。我们同意乔全生先生关于中阳方言"融合使用了两个地区方言的词尾特征"这一观点，结合整个西区晋语人称代词的构成特点，我们认为中阳方言人称代词词尾或许不是"们"和"家"的叠加，也有可能是"弭"和"家"的叠加。由于"弭"和"家"在西区晋语的高频叠加使用，最终发生了合音，在中阳方言读"[mie²⁴]"，兴县方言读"[miA³¹²]"。中阳方言"弭"和"家"合音成"[弭家][mie²⁴]"后作为词根再次叠加了同样的词尾，构成了一个繁复的复数形式"[弭家]弭家[mie²⁴ mi³²⁴ tɕiA⁵⁵]"。兴县方言还有"弭[弭家][mi³²⁴ miA³¹²]"的说法，是"弭"又附加了词尾"[弭家]"构成的复数形式。这也证明了"弭"和"家"不管是否合音都能做词尾的事实。

西区晋语有的方言和中区晋语一样，复数词根是"俺"，如静乐方言。有的方言的复数词根是"我家"的合音，如隰县、永和、交口方言。这些方言第一人称代词复数词根形式来源显然是受了周边方言的影响。

2. 第一人称代词复数词尾和领属形式的来源探讨

关于人称代词复数词尾"弭"的来源，已有不少的讨论。唐代的文献里就有"弭"字，也写作"弥"，都当"们"用。"弭"和"弥"都是明母字，跟"们"字是双声，大概有语源上的关系。"们"始见于宋代，元代文献只见少数"们"，多数是"每"，宋、元、明之间，同一个词曾经有过"们—每—们"的反复变化，较为近情的假设是把"每"和"们"认为属于不同的方言系统。再推而广之，"弭""们""每"等都是同一个语词在不同时代、不同方言的不同形式（参见吕叔湘，1985：54-59）。乔全生（1996）认为，山西方言人称代词的复数词尾只有两类，一类是"们"，一类是"家"，"们"由于附在词尾，读音上有鼻韵尾脱落、鼻化等音变，如临县方言中的"弭[mi]"就是"们"脱落鼻韵尾形成的。陕北晋语佳县、清涧、神木南乡话也是附加"[mi]"构成人称代词复数形式，邢向东（2006：40-41）认为："佳县等的'[mi]'就是近代汉语的人称代词词尾'弭'，山西临县、离石话也是'[mi]'。"并认为"陕北晋语沿河方言的人称代词复数词尾，直接继承了近代汉语的'弭'、'每'，而不是来源于'们'。"我们同意邢向东先生的观点，西区晋语中，离石、方山、柳林、临县等方言中的复数词尾"[mi]"和陕北晋语一样，都来源于近代汉语的人称代词词尾"弭"。

兴县、大宁、永和、蒲县等方言的复数词尾"些"应该是来源于不定量词"些"。有些方言的复数词尾是叠加式的，比如离石、中阳、方山、兴县等方言将词尾"弭"和"家"叠加在一起表示复数，大宁方言将词尾"些"和"家"叠加在一起表示复数。这些复数词尾叠加的动因当是前一个词尾的语义磨损严重，说话人为强调复数性，再次附加了方言中表示复数义的词尾，甚至一而再、再而三地附加。如此叠床架屋，目的只有一个，就是加强语义。从叠加词尾的前后顺序看，"弭"是较早的层次，"些"和"家"作为词尾出现应该是晚于"弭"的时代。

复数词尾"家"在西区晋语中也很常见，在排除式复数形式中多以合音的形式出现，但在包括式复数形式中是独立出现，如离石、方山、柳林、临县、中阳等方言。复数词尾"家"在中区晋语中也有少量出现，详见前文。吕叔湘（1985：89）指出，在吴语区的一部分方言如武进、宜兴、溧阳、江阴、丹阳等方言里，"家"字发展成为一个表复数的语尾，用法和官话区的"们"相同。就山西方言而言，复数词尾"家"主要分布在南区中原官话和东南区晋语。汪化云（2008：271）指出，用"家"作复数标记自有其理据，因为"家"表示一个群体，对象一般不止一个。但东南方言中有些"家"可能来自"大家"的省略。郭校珍（1997）指出，"家"是娄烦方言的一个很有特色的人称代词词缀，除了构成"自家""人家"等代词外，"家"还可以附在其他人称代词的后面构成诸如"俺家""你家""他家""各人家""自家们家""俺们家""你们家""他们家""各人们家""恩哪们家""人家们家"等代词。这些代词一般都用在儿童和青年女子口语中，仅表单数，在意义、语法功能上与未加"家"没有什么不同，只不过加重了埋怨或羡慕的感情色彩。汪化云（2008：271）据郭文的材料认为，"家"并不必然地具有多数的意义，因此，说某些复数标记"家"来自"大家"的省略更有解释力。结合整个晋语，我们觉得，娄烦方言中的"俺家""你家""他家""各人家""自家们家""俺们家""你们家""他们家""各人们家""恩哪们家""人家们家"中的"家"不同于山西中区、西区、东南区晋语和南区中原官话等方言中的复数词尾"家"，从人称代词加"家"后"在意义、语法功能上与未加'家'没有什么不同，只不过加重了埋怨或羡慕的感情色彩。"从这一点看，此处的"家"更像是他称代词"人家"的省缩形式"家"，关于晋语他称代词的形式和用法，详见后文。此处的

"家"更有可能是还有一定意义的、表他称的代词，而非词尾。据此，我们认为，山西晋语中的复数词尾"家"应是从"家庭"义中虚化来的。

汾西方言的复数词尾"几［tçz⁰］"的来源较难确定，乔全生（1996）认为"几［tçz⁰］"是词尾"家"的变读，在乔全生等（2009：125）的研究中说，"家"在汾西方言里大多读为"［tçz⁰］"，但在乔全生等（2009：137）的研究中我们看到，"家"的白读音是"［tiɑ¹¹］"，文读音是"［tçiɑ¹¹］"。"几［tçz⁰］"和"家"的文读音比较接近，但作为词尾，来源应该是更早，语音上更接近白读音似乎才符合语音演变规律。现在看起来，"几［tçz⁰］"和"家"的白读音差距还比较大，需要再进一步从音理上说明。

山西西区晋语的第一人称代词用在"亲属—集体名词"前做领属语时，领属形式多样，根据核心名词的不同，选用不同的领属代词。当核心名词是"亲属关系"和与"家庭"有关系的词时，有的方言的领属代词和单数形式相同，有的方言的领属代词和人称代词复数词根相同，如交口、静乐、隰县等方言，有的方言的领属代词和人称代词复数词尾相同，如离石、方山、临县、柳林、中阳等方言。与此情况相同的是同属晋语吕梁片的陕北沿河方言，邢向东（2006：42）指出："佳县、吴堡、神木南乡第一人称代词领属形式主要是'㑇'、'每'，与双音节领属形式、复数形式的词尾相同，如'㑇爹'、'㑇妈'、'㑇哥哥'、'㑇婆姨'等，它们当是由'我㑇'省略'我'以后形成的。"柳林方言的词尾"㑇"不仅能独立做领格代词，也能做主语，意思和"我㑇"相同，可证邢向东先生的上述观点。刘丹青（2013）在讨论汉语方言领属结构的语法库藏类型时指出："有些陕北方言第Ⅰ身短式领格以长式中的复数词尾'每、㑇'为整个代词，即把词缀用成了独立的领格代词，似乎是一种与语法化逆向的现象，而且与单数形式失去了词形联系，成了一种特殊的异干法——来自词缀的异干。"中阳和兴县方言的复数词尾能叠加，叠加后不仅能做独立的领格代词，同时还可以做主、宾语。这种逆语法化规律形成的复数及领格形式值得我们进一步研究。

（三）领属语位置上的第一人称代词

1. 核心名词是普通名词

在山西西区晋语中，第一人称代词作领属语的情况比较复杂。当核心

名词是普通名词时,用法基本等同普通话,领属语和核心名词之间一般要加"的"之类的定语标记。例如:

(1) 我的书包也叫你弄槽⁼嘞_{我的书包也让你弄脏了。}

(2) 我弭的书包也叫你弄槽⁼嘞_{我们的书包也让你弄脏了。}　　（以上中阳）

(3) 你把我的笔弄坏嘞_{你把我的笔弄坏了。}

(4) 你把我弭的笔弄坏嘞_{你把我们的笔弄坏了。}　　（以上离石）

(5) 我的东西买完啦,你买完啦没啦_{我买好东西了,你买好了没有？}（柳林）

(6) 我的手恶心咧,我咱洗一下去_{我的手弄脏了,我去洗一下。}

(7) 弭些的手恶心咧,弭些洗一下去_{我们的手弄脏了,我们去洗一下。}

　　　　　　　　　　　　　　　　　　　　　　（以上兴县）

(8) 你把我的书给咾谁咧_{你把我的书给谁了？}

(9) 你把我弭的书给咾谁咧_{你把我们的书给谁了？}　　（以上岚县）

2. 核心名词是"亲属—集体名词"

1）核心名词是亲属关系名词

当核心名词是亲属关系名词,分以下几种类型:

A. "临县—中阳"型

这一类型包括临县、柳林、方山、兴县、中阳等方言。"临县—中阳"型的特点是,不管这个亲属关系是共有的还是独有的,也不管说话人在说话时是代表说者本人还是包括说者在内的一些人,领属代词都用复数词尾形成的独立领格代词"弭"。领属语和核心名词之间不加定语标记。例如:

(10) 弭妈今年六十啊_{我妈今年六十了。}

(11) 弭婆可会照细儿弭嘞_{我婆婆很会照顾孩子们。}　　（以上临县）

(12) 弭爸不在居舍_{我爸不在家。}

(13) 时长没啦见弭姑姑嘞_{很久没见我姑姑了。}　　（以上柳林）

(14) 弭舅舅不想来_{我舅舅不想来。}

(15) 弭姐姐在天津工作嘞_{我姐在天津工作呢。}　　（以上兴县）

中阳方言和上述方言点不同的是,复数词尾"弭"又叠加了词尾"家",合音成"［弭家］［mie^{24}］",不仅可以做亲属关系名词的领属语,还可以做主、宾语,是一个常用的第一人称代词复数形式。例如:

(16)［弭家］［mie^{24}］妈说是你一会了来嘞_{我妈说你一会儿要来。}

（17）这是［弭家］［mie^{24}］叔叔我这是我叔叔。

兴县方言中，领属代词"弭［弭家］［miA^{312}］"常用在比"家庭"更大的单位，比领属代词"弭家"只用在与"家庭"有关联的范围要大。例如：

（18）弭［弭家］［miA^{312}］兴县的南瓜子可多嘞我们兴县的南瓜很多。

（19）弭［弭家］［miA^{312}］单位离弭家不远我们单位离我家不远。

兴县方言的第一人称代词复数"弭些"除了做主、宾语外，也可以做领属语，核心名词是所有社会关系、机构、集体等名词。例如：

（20）弭些老师是大学生嘞我们老师是大学生呢。

（21）弭些同学都工作咧我们同学都已经工作了。

（22）弭些学校今儿放假我们学校今天放假。

（23）弭些单位离弭家不远我们单位离我家不远。

这些称谓词、处所名词都不可能属于某一个人独有，是集体所共同拥有的，使用复数形式的领属语也比较合理，具体的使用中，"我弭"表单数意义还是复数意义，要从语境中来判断。

B."汾阳—岚县"型

这一类型包括汾阳和岚县两个方言点，特点是用复数代词的合音式修饰亲属关系名词，也修饰"家""村"这样的集体名词，但不能修饰像"单位""学校"之类的机构。例如汾阳方言：

（24）我［ŋi^{312}］去［我们］［ŋəŋ^{324}］妈行去呀我准备去我妈家。

（25）［我们］［ŋəŋ^{324}］爸回来啦我爸回来了。

（26）［我们］［ŋəŋ^{324}］家今儿有客人咧我们家今天有客人呢。

（27）［我们］［ŋəŋ^{324}］村唱戏咧我们村唱戏呢。

岚县方言用在亲属关系名词前的领属代词有三个读音，沈明（2009）分别记作俺$_1$［ŋəŋ^{312}］、俺$_2$［əŋ^{312}］、俺$_3$［ŋəʔ^4］。从读音上看，"俺$_1$"应该是复数形式"我们［ŋie^{312}mən^0］"的合音，"俺$_2$"是"俺$_1$"脱落了声母的形式，"俺$_3$"是"俺$_1$"促化后的变读。这三个形式都能用在亲属称谓词以及和家庭相关的场所等，可以互换使用，语义上没有变化。如：

（28）俺［ŋəŋ^{312}］／［əŋ^{312}］／［ŋəʔ^4］娘外后日回来我妈大后天回来。

(29) 俺 [ŋəŋ³¹²] / [əŋ³¹²] / [ŋəʔ⁴] 家行离这儿不远 我家离这儿不远。

C. "静乐—隰县"型

这一类型包括交口、静乐、隰县三个方言点，特点是用复数词根做亲属称谓词的领属语，和中区晋语大部分方言一致。此处不赘。

D. "离石—蒲县"型

这一类型包括离石、石楼、大宁、永和、汾西、蒲县六个方言点，修饰亲属关系名词时和普通话一样，用第一人称单数形式。例如离石方言：

(30) 我 [ŋɑ³¹²] 妈的手可巧咧 我妈的手非常巧。

(31) 我 [ŋɑ³¹²] 姐姐家开饭店咧 我姐姐家开饭店呢。

2）核心名词是社会关系、机构、集体等名词

若核心名词是如"老师""同学""师傅"等社会关系名词，或与"家庭"有关联的如"家""村""县"之类的处所名词时，领属代词既可以用第一人称代词复数，也可以和亲属关系名词一样，用复数词尾形成的领格"弭"，既表达单数意义，也表达复数意义，以复数意义居多。例如：

(32) （我）弭 [mi³³] 同学夜才来嘞 我（们）同学昨天才来。

(33) （我）弭老师调走嘞 我（们）老师调走了。

(34) （我）弭村盖了新学校 我们村建了新学校。

(35) （我）弭柳林的碗凸可好吃咧 我们柳林的碗凸很好吃。 （以上柳林）

(36) 弭（家）同学在县里工作 我同学在县委工作。

(37) 弭（家）兴县原先是晋绥边区首府所在地嘞 我们兴县原来是晋绥边区首府所在地呢。

(38) 弭（家）村勒有小学 我们村里有所小学。 （以上兴县）

若核心名词是社会关系、机构、集体等名词时，领属代词多用第一人称代词复数，领属语与核心名词之间，既可以加结构助词"的"，也可以不加"的"。例如离石方言：

(39) 我弭 [ŋɑ³¹²mɿ²⁴] 学校今儿就放假啊 我们学校今天就放假了。

(40) 这是我弭 [ŋɑ³¹²mɿ²⁴] 的学校 这是我们的学校。

(41) 我弭 [ŋɑ³¹²mɿ²⁴] 村里如今走的没人啊 我村现在走的快没人了。

(42) 你一会儿喽到我弭 [ŋɑ³¹²mɿ²⁴] 行耍来 你一会儿来我家玩吧。

（43）我弭［ŋɑ³¹²mɿ²⁴］师傅的手艺可好咧我师傅的手艺非常好。

（四）第一人称代词复数代单数

1. 排除式第一人称代词复数代单数

在西区晋语中，排除式第一人称代词的复数在一定条件下也表示单数意义，一般用于熟人之间，带有调侃或者亲昵、撒娇的语气。例如离石方言：

（1）我弭这会儿可比不上［你家］［niɛ²⁴］弭我现在可比不上你。

（2）我弭哪能比上［你家］［niɛ²⁴］咧我哪能比得上你呢。

（3）我弭恓惶得，要甚没甚，哪能买起车咧我们可怜得，要啥没啥，哪能买得起车呢。

再如：

（4）我［弭家］［ŋɤ³¹³miɛ²⁴］就不好，你才晓得我本来就不好，你才知道?

（5）［弭家］弭家［miɛ²⁴mi³²⁴tɕiA⁵⁵］哪敢说你嘞我哪敢说你呢？

（中阳）

（6）我弭比不上［你家］弭我比不上你。（临县）

（7）我弭的车可比不上你的我的车可比不上你的。（柳林）

（8）这是弭些的书，你不能看这是我的书，你不能看。（兴县）

例（1）中，第一人称代词复数形式"我弭"和第二人称代词复数"［你家］（弭）"对举出现，都是复数形式表单数的意义，暗含有说话者自谦的语气。例（3）复数形式"我弭"表单数意义，深层语义中也暗含着"我买不起车"与"其他人买得起车"作比较，同时带有自谦或者是羡慕的语气。

离石方言中，如果称谓词是晚辈亲属或是同辈年少的亲属时，一般也可用"我弭"。例如：

（9）我弭老汉今年没挣下个钱我丈夫今年没挣多少钱。

（10）我弭妹去年结的婚我妹妹去年结的婚。

（11）你能看下我弭侄儿咧么你能看上我侄子吗？

另外，离石方言当第一人称代词做领属语时，核心名词如果是长辈亲属称谓词，且与配偶有关时，根据听话对象的不同，常常会选用不同的领格代词。当听话人是配偶的亲戚时，一般用单数形式"我［ŋɑ³¹²］"，如成年女性当着丈夫的亲戚称呼丈夫的父母时，会说"我爸爸、我妈"，男性当着妻子的亲戚称呼妻子的父母时，会说"我伯伯/叔叔，我大大［tɔ⁵²tɔ⁵²］伯母/婶婶"；当听话人是自己的亲戚、朋友、熟人时，领格使用比较自由，可以用单数，也可以用复数"我弭［ŋɑ³¹²mʅ²⁴］"，如："我弭婆我婆婆、我弭公我公公、我弭丈儿我丈母娘、我弭丈人我丈人"。我们觉得用"我［ŋɑ³¹²］"和"我弭［ŋɑ³¹²mʅ²⁴］"的不同，可能是说话者为区分亲属间亲疏远近的一种表达。

　　陈玉洁（2008）认为："汉语复数形式单数化中，核心名词的私有化或公有化程度是影响单数化的关键因素，始于领属结构的单数化遵循着如下等级序列：A. 从核心的语义特征来看：集体单位＞一般称谓、亲属称谓＞一般名词 B. 从复数人称代词自身特征来看：第一人称＞第二人称＞第三人称。"离石方言中人称代词做领属语，当核心名词是私有化程度高的普通名词时，复数领属语只能表示复数意义；当核心名词是公有化程度高的称谓词、处所名词时，只能用复数领属语，兼表单复数的意义。只是第一人称修饰亲属称谓词时，比较例外。当核心名词是长辈亲属称谓词、同辈年长亲属称谓词时，一般用"我"做领属语，兼表单复数义，这主要是体现了说话人对这些称谓的尊重，也表达出他们在自己心中独一无二的地位；当核心名词是晚辈的称谓词或同辈及同辈年少的称谓词时，一般用"我弭"做领属语，主要是因为这些亲属称谓一般是大家共同占有的，不可能是由某一个人占有的，用复数形式"我弭"做领格。

　　人称代词的复数形式修饰称谓词表示单数意义还出现在山西许多方言中，如：汾阳方言（宋秀令，1992）、娄烦方言（郭校珍，1997）、中阳方言（乔全生，2003）、兴县方言（崔娜娜，2009）、柳林方言（康彩云，2012）、大同方言（武玉芳，2009）等。吕叔湘（1985：72）认为："由于种种心理作用，我们常常有在单数意义的场所用复数的情形。很普通的是第一身和第二身的领格。"武玉芳（2009）也指出："大同方言中，人称代词复数形式作领格时，常常可以表示单数意义。一方面可能是由于汉语代词在上古时代不分单复数有关，另一方面也是主要原因，是由于受汉民族传统文化中'谦卑亲疏''尊人抑己'思想的影响所致。"西区晋语中人称代词修饰称谓词表单数意义，是晋语中的普遍现象。

2. 包括式第一人称代词复数代单数

在西区晋语中,"咱"既可以表示复数意义,也可以表示单数的意义。吕叔湘(1985:97-98)认为:"'咱'是'自家'的合音,在宋金元的文献里,'咱'有单数'我'和复数'咱们'的用法。"该片方言点中的"咱"表示单数意义时,即指"我",说话者自己,常常带有嘲讽或者自夸的感情色彩,例如:

(12) 咱可比不上[你家]弭家我可比不上你。　　　　　　　　(离石)
(13) 咱从来也不和别人说三道四的我从来不和别人说三道四。　　(大宁)
(14) 咱常是第一,可共也没考过个第二我经常考第一,从来没考过第二。
　　　　　　　　　　　　　　　　　　　　　　　　　　　　(兴县)
(15) 你看甚嘞,来咱也看看你看什么呢,让我也看看。　　　　(柳林)
(16) 人家是领导,咱是老百姓人家是领导,我是老百姓。　　　(石楼)
(17) 咱来不害怕我是不害怕。　　　　　　　　　　　　　　　(永和)

"咱"表单数义时,只限于熟人或朋友之间的说话场合,多含有说话人自夸、炫耀的口气,或者是谦虚、含蓄、不满的语气。当复数形式"我弭"表单数义时,只限于熟人或朋友之间,说话者就自己的某方面与别人比较,含有自谦、不满的语用色彩。

在离石、柳林、中阳、兴县、临县这几个方言点中,大都还有"咱弭家"的说法,都可以表示单数"我"的意思,但使用条件受语境的限制,一般仅限于熟人之间,常带有不满、无奈、埋怨、讽刺等语气。"咱弭家[tsʰa⁴⁴ mŋ²⁴ tɕia²⁴]"从构形上看,是附加复数词尾"弭"和"家";从表意上看,一般只能表达单数的意义,在句中只能做主语。例如离石方言:

(18) 咱弭家能有甚意见咧,你[niɛ²⁴]说甚就是甚么我能有什么意见呢,你说啥就是啥吧。
(19) 咱弭家哪敢说一下人家咧我哪敢说他一句呢。
(20) 咱弭家哪有你[niɛ²⁴]抖咧我哪有你混得好呢。

四 东南区晋语的第一人称代词

《山西方言调查研究报告》(1993)中的东南区晋语一共设了15个方言点,其中长治方言包括长治市和长治县,晋城方言包括晋城市和泽州县，沁水东有入声，城区无入声，故将沁水划在了南区。我们此处增设了沁水东点。从山西行政区划看，东南区晋语多分布在长治和晋城两市所辖的县区。东南区晋语都属于晋语上党片。

（一）东南区晋语第一人称代词形式

表1-1-5　　　　　　　　东南区晋语第一人称代词①

	单数	主、宾语 复数		领属语
		排除式	包括式	亲属 集体名词
长治	我 uə³⁵	俺 nə?⁵⁴ 俺家 nə?⁵⁴ tɕiɛ⁰	咱 tsə?⁵⁴ 咱家 tsə?⁵⁴ tɕiɛ⁰	俺 nə?⁵⁴
长子	我 uə³²⁵	俺 ŋə²⁴ 俺都 ŋə²⁴ təu²¹³	咱 tsa²⁴ 咱都 tsa²⁴ təu²¹³	俺 ŋə²⁴
屯留	每 mæ⁵³	每都 mæ⁵³ təu⁰	咱都 tsan¹³ təu⁰	每 mæ⁵³
黎城	我 vʌ?²¹²	俺 na³³ 俺都 na³³ təu	咱 tsa⁵³ 咱都 tsa⁵³ təu	俺 na³³
壶关	我 uə⁵³⁵	俺 na¹³ 俺都 na¹³ təu³³	咱 tʂa¹³ 咱都 tʂa¹³ təu³³	俺 na¹³
平顺	我 uɤ⁴³⁴	[这家] tɕiɛ?²² [这家] 都 tɕiɛ?²² təu²² [这家] 都都 tɕiɛ?²² təu²² təu²²	咱 tsa²¹³ 咱都 tsa²¹³ təu²² 咱都都 tsa²¹³ təu²² təu²²	[这家] tɕiɛ?²²
沁县	我 ŋə²¹³/vo²¹³	俺们 ŋan⁴¹ məŋ³³	咱们 tsan³³ məŋ³³	俺 ŋan⁴¹
武乡	我 uɤ²¹³	俺们 ŋæ²¹³ mə⁰	咱 tsa³³ 咱们 tsa³³ mə⁰	俺 ŋæ²¹³
沁源	我 ŋɕi²¹³	俺们 ŋa²¹³ mə̃⁰	咱 tsa³³ 咱们 tsa³³ mə̃⁰	俺 ŋa²¹³
襄垣	每 mei²¹³ 我 uo²¹³	每都 mei²¹³ tou³³	咱 tsa³³ 咱都 tsa³³ tou³³	每 mei²¹³
沁水东	俺 nã³¹ 我 ua³¹	俺都 nã³¹ təu⁰ 我都 ua³¹ təu⁰	咱都 tʂʌ⁴¹ təu⁰	俺 nã³¹
晋城泽州	俺 æ²¹³ 我 ua²¹³	俺 æ²¹³ 俺家 æ²¹³ tɕia⁰	咱 tʂa¹¹³ 咱家 tʂa¹¹³ tɕia⁰	俺 æ²¹³ 俺家 æ²¹³ tɕia⁰
阳城	我 uə²¹²	我家 uə²¹² ciɛ²²	咱家 tsa⁵¹⁻⁵³ ciɛ²²	我 uə²¹²

---

① 本表材料来源参考：长治（侯精一，1985），长子（高炯，1995），屯留（张振铎等，1991），黎城（冯子伟，2010），壶关（王利，2012），武乡（史素芬，2002），襄垣（陈润兰，1984），阳城（吴斗庆，2012）；晋城（沈慧云，1983），陵川（金梦茵，1983）。其余材料为我们调查所得。后文涉及这些方言点的材料来源均同此。

续表

	主、宾语			领属语
	单数	复数		亲属
		排除式	包括式	集体名词
陵川	我 uᴀ²¹³	[我们] uə̃²¹³	咱 tsᴀ²¹³	[我们] uə̃²¹³
高平	我 vɑ²¹²	每 mɛe³³ 每都 mɛe³³ tʌu³³	咱都 tʂɑ²¹² tʌu³³	每 mɛe³³

(二) 第一人称代词单数语音的形式及地理分布

由表1-1-5可见，山西东南区晋语主、宾语位置上的第一人称代词单数有三种形式，大多方言点是"我"，与普通话相近，但有的声母为浊擦音 v，有的方言点的韵母较普通话的舌位低，如黎城、阳城、平顺、陵川、高平等方言点，且多为不圆唇元音。沁县、沁源两点的声母保留中古疑母的读音 [ŋ]，和中区、西区晋语大部分方言点一致，沁源方言的韵母发生了高化并衍生出了高元音韵尾 [i]。屯留方言的第一人称代词单数是"每 [mæ⁵³]"，襄垣方言的第一人称单数形式分文白异读，白读形式是"每 [mei²¹³]"，文读形式是"我"，显然是受普通话影响产生的。沁水东和晋城两个方言点的第一人称单数形式也分文白异读，白读形式是"俺"，文读形式是"我"。

屯留和襄垣两个方言点主、宾语位置上的第一人称代词单数形式与本区其他方言点的差别较大，这个形式也可以直接做"亲属—集体名词"的领属语，同时可以作为词根构成复数。虽然语音形式特别，但用法和普通话的"我"完全一致。那么，屯留和襄垣方言的第一人称代词单数形式的语源是什么呢？我们注意到，高平方言"亲属—集体名词"的领属语形式是 [mɛe³³]，这个形式也是构成第一人称复数的词根，和主、宾语位置上的第一人称代词单数形式不同，而这一点又和本区大多数方言点的"俺"的用法一样，但显然声母是 m 的代词与"我""俺"的读音差距较大，应该不是这两个形式中任何一个的音变。和 m 声母第一人称代词读音最相近的形式是来源于近代汉语的复数词尾"每"。史秀菊（2010）认为本区陵川方言的第一人称代词复数形式是"[uɛi³³]"，"[uɛi³³]"后也可再加复数词尾"都"表示复数。"[uɛi³³]"应该是单数"我"加复数词尾"每"的合音，即"ua²¹³ + mɛi³³ > uɛi³³"，史文中就记作"我每"。这就意味着东南区晋语存在着复数词尾"每"。结合西区晋语复数词尾"骨耳"升级为词，不仅主要做"亲属—集体名词"的领格，在柳林等方言中还能做主、宾语的现象，我们推测，东南区晋语的复数词尾"每"和西区晋语的复数词尾"骨耳"可能类似，最初可能也是先把词缀用成了独立的领格代词，主要做"亲属—集体名词"的领属语，由于做领格时常表复数义，而后就用它表复数，或再加上后缀"都"表复数，如高平方言。加上后缀"都"的复数形式因高频使用而扩散向周边，成为一个常用的第一人称复数形式，人们便自然地把这个复数形式的前一个语素当作词根语素，即当作第一人称单数形式，这样，"每"做领格的用法就扩展到了非领格用法，如襄垣、屯留方言。即复数词尾"每"在东南区晋语经过了这样的一个演变链：复数词尾 >（词）领属代词 > 复数词根 > 单数。吕叔湘（1985：89）认为："非领格用法是领格用法扩展的结果，这大概是没有问题的。"这样看来，史秀菊（2010）将屯留、陵川、高平方言中的 m 声母第一人称代词记作"每"是有一定道理的。

（三）第一人称代词复数形式的构成及复数词尾来源的探讨

1. 第一人称代词复数形式的构成

山西东南区晋语人称代词复数形式多数采用附加法构成，附加的词尾有"们""家""都"。构成复数词根的语素有的和相应的单数形式一致，如屯留、襄垣、沁水东、晋城、阳城、陵川方言；有的方言人称代词复数词根和单数形式不一致，如长治、长子、黎城、壶关、平顺、沁县、武乡、沁源方言的复数词根语素就和单数形式不同。表 1-1-5 显示，这几个方言点中，与第一人称复数词根形式相同的形式不是主、宾语位置上的单数形式，而是处在"亲属—集体关系名词"前的领属语形式，这种现象和我们前文讨论过的中区晋语相同：主、宾语位置上的单数形式是"我"，但复数词根是"俺"。和中区晋语不同的是词尾的形式，中区晋语构成复数的词尾主要是"们"。东南区晋语中，只有沁县、武乡、沁源、陵川 4 个方言点的词尾是"们"，其中陵川方言的单数"我"和词尾"们"产生了合音。东南区晋语大部分方言点人称代词复数词尾是"都⁼"类，如长子、屯留、黎城、壶关、平顺、襄垣、沁水东、高平等方言，也有个别方言点的代词复数词尾是"家"类，如长治、晋城、阳城。

2. 人称代词复数词尾"－都"的来源探讨

东南区晋语人称代词复数附加的词尾有"们""家"和"都⁼"。其中"们"在北区和中区晋语中常见，"家"在中区和西区晋语中也有出现，"都⁼"在中区的左权方言中曾出现过。

事实上，就整个山西方言来看，复数词尾"都⁼"不仅出现在东南区晋语中，在南区中原官话中也广泛分布，正如白云、石琦（2014）指出，从方言地理分布看，人称代词复数形式"都"在山西境内主要分布于南部中原官话的绛州、解州小片，东南部晋语的上党片，然后向东延伸至晋语大包片的左权方言就戛然而止，形成了一个地理上相互衔接的分布链条。对于人称代词词尾"都⁼"的来源，目前学界主要有三种看法。一种认为"都⁼"是"家"的音变，乔全生（1996）、史秀菊（2010）持此观点。一种观点认为"都⁼"是"等"的音变，赵变亲（2012）结合晋南中原官话的语料，依据语音相似性理论推断出"都⁼"类词尾来源于"等"；白云等（2014）认为"等"经过了后鼻音尾前鼻音化、前鼻音脱落、鼻化，然后弱化为元音的过程，从音义的联系可以确认汉语方言中的"都⁼"类词尾来源于助词"等"。王锡丽、吴继章（2015）不同意以上各家的观点，认为"都⁼"是对古代汉语人称代词复数标记"－曹"的继承。他们认为乔、史两位先生的"'家'的音变"说遭遇的最大障碍是音理问题，"音变较复杂"的说法让人难得要领，且可作旁证的关中方言人称代词"人家"中词尾"家"的音变也不支持这种解释。而"'等'的音变说"中，赵变亲（2012）是就音变说音变，缺乏文献支持；白云等（2014）虽然列举了一些古代文献，但未考虑文献所记人称代词复数标记的使用在地域上的古今对应。赵文和白文都未注意到"－都"类与"－的"类在地域分布上的差异，把两类本不相同的来源混为一谈。他们结合历史文献和相关方言进行考证分析论证后认为，今冀南以及晋南、晋东南人称代词复数标记"－都"是对中古时期北方通语的基础方言洛阳一带方言中"－曹"的继承和发展。

汉语方言中，和东南区晋语"－都"音近的复数词尾还存在于吴语、赣语、客家话、粤语等方言的部分方言点，北部官话中也有这种复数标记的，如银川方言也使用"－都"。李如龙（1999：3）认为梅县话的复数标记"兜"可能是"多[tɔ¹]"。戴昭铭（2003）认为吴语中表复数的"笃"类标记都来源于"等"。汪化云（2008：258-263）将这些复数标记统称为"t类标记"，他认为李、戴二位的解释在音理上都不存在障碍，但他更赞同李如龙的解释，认为"多"本来就可以表达群体的意义，且方言中较多存在使用"多"作复数标记的现象。以上各家的观点看起来都言之凿凿，但目前为止，学界还没有形成共识，汉语方言中的复数标记"-都"的来源看来还需进一步研究。

（四）领属语位置上的第一人称代词

在东南区晋语中，第一人称代词做主、宾语的用法与普通话基本一致。在做领属语时，和普通话的差别比较大。当核心名词是普通名词时，领属代词分单复数，形式同主、宾语位置上的代词（见表1-1-5），且领属语和中心语之间的领属标记一般不省略，这种用法也同普通话，不赘。

当核心名词为亲属—集体名词时，不管是家庭亲属关系名词，还是社会关系、社会机构、集体等名词，领属代词大多同第一人称代词复数的词根，此时领属语和中心语之间不加结构助词"的"。下面我们分别举例说明。

1）核心词是家庭亲属关系名词

核心词是家庭亲属关系名词时，领属代词用第一人称代词复数的词根。例如：

(1) 俺[nəʔ⁵⁴]姑姑这几天可吃香咧我姑姑这几天可受欢迎呢。

(2) 俺[nəʔ⁵⁴]兄弟不在我弟弟不在。（以上长治）

(3) 俺[æ²¹³]奶奶身体可好咧我奶奶身体特别好。

(4) 俺[æ²¹³]兄弟叫你操心嘞我弟弟让你费心了。（以上晋城）

(5) 俺[na³³]爷爷都八十多嘞我爷爷都八十多岁了。（黎城）

(6) 俺[ŋæ²¹³]哥哥夜来刚结咾婚我哥哥昨天刚结了婚。（武乡）

2）核心词是社会关系、社会角色等名词

核心词是社会关系、社会角色等名词时，领属代词用第一人称代词复数的词根。如：

(7) 俺[æ²¹³]邻居上青岛旅游去嘞我邻居去青岛旅游了。（晋城）

(8) 有甚吃的嘞，给俺[ŋæ²¹³]同学吃上些有什么吃的呢，给我的同学吃

点儿。（武乡）

(9) 俺［nə?⁵⁴］老师请假嘞我们老师请假了。（长治）

(10) 每［mei²¹³］主任刚出去我们主任刚出去。（襄垣）

3）核心词是群体、机构等名词

核心词是群体、机构等名词时，领属代词用第一人称代词复数的词根。例如：

(11) 去俺［nã³¹］家吃饭的哇到我家吃饭去吧。（沁水东）

(12) 每［mɛe³³］学校这些年变化可大嘞我们学校这几年变化特别大。（高平）

(13) 我们［uə̃²¹³］学校这几天可忙咧，天天开会我们学校这几天特别忙，每天开会。（陵川）

(14) 每［mei²¹³］村里都铺上柏油路咧我们村子里都铺上柏油马路了。（襄垣）

(15) 俺［ŋæ²¹³］村兀几年快穷杀咧我们村里那几年快穷死了。（沁源）

(16) 俺［ŋæ²¹³］村嘞这几年变化可大嘞我们村这几年变化可大呢。（武乡）

(17) 俺［ŋan⁴¹］村从前晌就闹红火呀我们村里从上午就开始热闹呀。（沁县）

(18) 俺［na¹³］单位今儿发咾一袋面我们单位今天发了一袋面。（壶关）

领属代词与复数词根相同，主要用来修饰"亲属—集体名词"，这是东南区晋语的一大特点，这种现象在中区晋语的绝大部分方言中也存在。领属代词的形式主要有两种，一种是复数词根"俺"，我们认为是"我们"早期的合音式，另一种是复数词尾"每"，还有一种是"我们"后起的合音式，如陵川方言。其中，"每"主要分布在屯留、襄垣、高平等为数不多的几个方言点中。在高平方言中，主要做领属语，是专门性的领格代词，不做主语、宾语。在主、宾语位置上的第一人称代词单、复数也能做领属语，做领属语时，主要用来限定除"亲属—集体"名词之外的其他普通名词，领属语与核心名词之间一般要加结构助词"的"；合音式领属代词在句中做领属语时，主要用来限定"亲属—集体"名词，领属语与核心名词之间一般不加结构助词"的"。

（五）第一人称代词复数代单数

1. 排除式第一人称代词复数代单数

和前面讨论的北区、中区、西区晋语一样，东南区晋语的排除式第一人称代词复数在一定的语用环境限制下，可表示单数意义"我"，说话人表达不满意、炫耀等的口气时，通常这样使用，如黎城方言：

(1) 俺[na^{33}]说不去哇，你偏要去嘞，瞧瞧，后悔啦哇我说不去吧，你偏要去，看看，后悔了吧。

(2) 老师光叫俺[na^{33}]去哈家唻，就没叫你去老师只让我去他家了，就没让你去。

例(1)的"俺[na^{33}]"="我"，含有不满意的口气；例(2)的"俺"带有炫耀口气，含此类语气的句子，一般只出现在小孩子的对话中。在专门逗小孩子的时候，也常常用"俺"表示"我"，如：

(3) 俺[na^{33}]可不敢往下蹦，你敢蹦我可不敢往下跳，你敢跳？

(4) 俺[na^{33}]不想引你下城耍呀，怎捏办嘞我不想带你去城里玩儿，怎么办呢？

(5) 你瞧！俺[na^{33}]会圪经⁼价滑冰，你会你看！我会像这样滑冰，你会吗？

2. 包括式第一人称代词复数代单数

A. 包括式第一人称代词复数代第一人称单数

"咱"在近代表示单数意义的同时还表示复数意义，这种用法的"咱"发展到现在的北京话里也已经不用了，取而代之的是附加复数词尾的形式"咱们"。在东南区晋语部分方言中，"咱"没有出现这种发展变化，"咱"还是主要表示复数意义的，相当于普通话的"咱们"。如黎城方言：

(6) 不是咱说嘞哇，哈⁼做嘞也太过分啦不是我说，他做的也太过分了吧。

(7) 咱本身就不是那种挣大钱那号人我本来就不是那种挣大钱的人。

(8) 咱又不半米，咱输咾钱啦，还敢厉害那嘞我又不傻，我输钱了，还敢和人家发脾气呀？

说话人明明是自己在说，却用了"咱"字，听起来是将听话人包括了进去，这是说话人为了拉近和听话人之间的关系，让听话人和自己站在同一个立场上，取得听话人的理解和支持。有时"咱"用作"我"讲时，是表示心理上的不满意，如：

（9）也不知道是谁说咱衣裳不好看哎也不知道是谁说我衣裳不好看的。

B. 包括式第一人称代词复数语用上指第二人称单数

"咱"在语用上还可指代"你"，主要用在和小孩子说话的场合，带有亲昵和爱护的口气，例如黎城方言：

（10）是谁打咱哎？我去打哈⁼嘞是谁打的你？我去打他。

（11）哈⁼不给咱糖蛋儿他不给你糖块儿吗？

第二节 山西晋语的第二人称代词

一 北区晋语的第二人称代词

（一）北区晋语第二人称代词形式

北区晋语第二人称代词形式见表 1-2-1。

表 1-2-1　　　　　　　　北区晋语第二人称代词

		主、宾语			领属语 + "亲属—集体名词"	
		单数		复数	亲属关系	社会关系、集体等
		平称	尊称	平称		
大包片	大同	你 ni^{54}	您儿 $niar^{313}$	你们 $ni^{54}mə?^{32}$	你 $niə?^{32}$	你们 $ni^{54}mə?^{32}$
	阳高	你 ni^{54}	您儿 $niar^{22}$ 你老儿 $ni^{54}lar^{54}$	你们 $ni^{54}mə?^{32}$	你 $niə?^{32}$	你们 $ni^{54}mə?^{32}$
	天镇	你 ni^{54}	您儿 $niar^{22}$ 你老儿 $ni^{54}lar^{54}$	你们 $ni^{54}mə?^{32}$	你 $niə?^{32}$	你们 $ni^{54}mə?^{32}$
	怀仁	你 ni^{53}	您儿 $niər^{53}$	你们 $ni^{53}mə?^{43}$	你 $niə?^{43}$	你们 $ni^{53}mə?^{43}$
	左云	你 ni^{53}	您 $niɛ^{212}$	你们 $ni^{53}mə?^{4}$	你 $niə?^{4}$	你们 $ni^{53}mə?^{4}$
	右玉	你 ni^{53}	您 $niɛ^{212}$	你们 $ni^{53}mə?^{4}$	你 $niə?^{4}$	你们 $ni^{53}mə?^{4}$
	山阴	你 ni^{52}	您儿 $niʌr^{313}$ 您儿老儿 $niʌr^{313}lar^{52}$	[你们] $niəu^{52}$ [你们] 们 $niəu^{52}mə?^{4}$	你 $niə?^{4}$	[你们] $niəu^{52}$ [你们] 们 $niəu^{52}mə?^{4}$
五台片	应县	你 ni^{55}	您儿 $niər^{313}$	你们 $ni^{55}mə?^{4}$	你 $niə?^{4}$	你们 $ni^{55}mə?^{4}$
	浑源	你 ni^{52}	您儿 $niər^{22}$	你们 $ni^{52}mə?^{0}$	你 $niə?^{4}$	你们 $ni^{52}mə?^{0}$
	灵丘	你 ni^{44}	你老儿 $ni^{44}nər^{312}$	你们 $ni^{44}mə?^{4}$	你 $niə?^{4}$	你们 $ni^{44}mə?^{4}$

续表

		主、宾语			领属语+"亲属—集体名词"	
		单数		复数	亲属关系	社会关系、集体等
		平称	尊称	平称		
五台片	朔州	你 ni^{312}	您儿 niər^{312}	[你们] niəu^{312}	你 niəʔ^{35}	[你们] niəu^{312}
	平鲁	你 ni^{213}	你老 ni$^{213-21}$ lɔ^{21} [你老] niɔ^{213}	[你们] niəu^{213}	你 niəʔ^{35}	[你们] niəu^{213}
	偏关	你 ni^{213}		[你们] niəu^{13}	你 niəʔ^{4}	[你们] niəu^{13}
	神池	你 ni^{13}		[你们] niəu^{13}	你 niəʔ^{4}	[你们] niəu^{13}
	宁武	你 ni^{213}		[你们] niəu^{21}	你 niəʔ^{4}	[你们] niəu^{21}
	五寨	你 ni^{31}		你们 ni^{31} məʔ^{0}	你 ni^{31}	你们 ni^{31} məʔ^{0}
	岢岚	你 ni^{13}		你们 ni^{21} məʔ^{0}	你 ni^{13}	你们 ni^{21} məʔ^{0}
	河曲	你 ni^{213}		[你们] 们 nie^{213} mə^{0}	[你们] nie^{213}	[你们] nie^{213}
	保德	你 ni^{213}		[你们] 们 nie^{213} mə^{0}	[你们] nie^{213}	[你们] nie^{213}
	代县	你 ni^{213}	您老儿 nie^{213} lər^{0}	[你们] nie^{213}	[你们] nie^{213}	[你们] nie^{213}
	繁峙	你 ni^{53}	您 nie^{21} 您老儿 nie^{21} lər^{53}	[你们] nie^{21} [你们] 们 nie^{21} məŋ^{0}	[你们] nie^{21}	[你们] nie^{21}
	原平	你 ni^{213}		[你们] niẽ^{213} [你们] 们 niẽ^{213} məŋ^{21}	[你们] niẽ^{213}	[你们] niẽ^{213}
	忻州	你 ni^{313}		[你们] 们 niɛ^{313} məŋ^{21}	[你们] niɛ^{313}	[你们] niɛ^{313}
	定襄	你 ni^{214}		[你们] nie^{214}	[你们] nie^{214}	[你们] nie^{214}
	五台	你 ni^{213}		[你们] niɛ^{213}	[你们] niɛ^{213}	[你们] niɛ^{213}
官话	广灵	你 ni^{44}	您老 niɣ^{31} lɔ^{0}	你们 ni^{21} məŋ^{0}	你 ni^{44}	你们 ni^{21} məŋ^{0}

(二) 第二人称代词的敬称形式及其来源探讨

1. 第二人称代词敬称形式的来源探讨

由表1-2-1可见，北区晋语第二人称代词部分方言点有尊称形式（尊称的复数形式构成和平称一样，因表格所限，未能一一列出），尊称形式主要分布在雁门关以北地区。尊称形式和普通话的"您"的读音不完全相同但相关,大部分方言点是在"您"后加"儿"尾后发生了儿化。吕叔湘(1985:37)指出,现代北京话里用"您"字(最初作"儜")做"你"的礼貌式。"尊称'您'最早的用例见于清代后期小说《老残游记》,写作'儜'"。关于尊称形式"您"的来源,学界有以下几种看法:

(一)"您"是"儜"的变音。太田辰夫认为"您"是"儜"的变音,但"儜"的语源不明。他指出,清代后期能看到的第二人称尊称的书写形式有"你能""你儜""儜"等,"儜"在《正音撮要》中读"泥耕切",而"耕"读"歌曾切",并注云:"耕更又读若经,基青切。"因此,他认为:"单独使用的'儜'大概是读[nəŋ]或[niŋ]的音,'你儜'和'你能'仅仅是书写的不同。现代汉语的 nin 是[niŋ]的变音,这是适合从前已有的'您'字的。[niŋ]变为 nin,是因为作为方言保留着 nin 的音,而它就被同化了。"(太田辰夫,2003:104-105)关于"你儜",曾有人认为或是"你老人家"的转音。如:

"你儜京师土语,尊称人也。发音时惟用一儜字,你字之音,盖藏而不露者;或曰:'你老人家'四字之转音也,理或然欤?"(《二十年目睹之怪现状》:72)

(二)"您"是"你老"的简化。王力(1951:21)曾把现代汉语表尊称的"您"的语源追溯到"你老",但太田辰夫(2003:105)认为"这似乎缺乏实证"。太田辰夫(2003:104)也指出,明代的第二人称尊称是"你老人家"(元曲中也有),到了清代,它们也有简化为"你老"的。吕叔湘(1985:37)同意王力先生的看法,并从音理上作了说明:"从音理上说,'老'字脱落,只剩下一个 l,汉语没有'-l'作韵尾的习惯,就转成发音部位相同的-n。"汪化云(2008)对"你老"合音说提出了三点不同意见:一是使用"你老"的方言很多,为什么只有北京话发展出"您"的用法;二是"您"应该是"你们"的合音,这导致北京话中没有"您们"的说法;三是北京话中的第三人称尊称用法"怹"可以表示"他们",这也许可以作为"您"来源于"你们"

的证据。

（三）"您"是"你们"的合音。江蓝生（1994；1995）指出北京话作品《燕京妇语》（约1906）和《小额》（1908）是"迄今所知'您'用作敬称代词的最早资料"，"从敬称代词'您'的最初用法来看，'您'不太可能是'你老人家'的合音，更可能是'你们'的合音，用复数表敬，是许多语言共有的现象"。谢俊英（1993）认为"您"是在由复数义向单数义的变异过程中获得表敬功能的，"在金元俗文学中，代词'您'有两个意义：第二人称单数义和复数义"。刘云（2009）认为谢文说北京话中的"您"和金元时期的"您"一脉相承显然缺乏文献的支持。"您"字在宋元时是"你懑"或"你门"的简缩形式，又写作"恁"，多表第二人称复数，不表示尊称。太田辰夫认为，"现代汉语的'您'和它是否有联系还是个疑问"，"汉语中没有'我们''你们'向尊称谦称转化的例子"（太田辰夫，2003：104）。吕叔湘（1985：37）也说："在早期的以复数为主的'您'跟现代的以礼貌为主的'您'之间，没有可以证明用法递变的文献。……假如认为前后两个'您'字一脉相承，这是很难解释的。"

（四）"您"是"你那"的合音。李炜、和丹丹（2011）认为北京话中的"您"是"你那"的合音。它不同于"恁"，在清代晚期一出现即是第二人称代词的尊称形式，与多数义无关。

（五）"您"是"你老人家"省缩并发生了一系列的音变后产生的。刘云、周晨萌（2013）在元、明、清、民国、当代五个时期大规模本土文献和域外文献的支撑下，对敬称代词"您"的语源及发展路径进行了系统考察。通过对本土材料和域外材料的验证比照，将"您"的发展路径归纳为：你老人家＞你老＞你那/你能＞您纳＞您，共四个阶段。

从北区晋语及周边方言尊称形式的读音情况来看，从"你老人家"缩减成"你老"，再从"你老"缩减成"您"也是完全有可能的，但"老"字脱落的情况却不尽相同：有的保留完整，如平鲁方言；有的是"老"的韵尾脱落，仍然是双音节，如阳高、阳原等方言；有的和普通话一样，已经完全脱落并融合成了一个音节"您"，甚至还儿化了，如大同云州区、山阴、朔城区等方言；有的目前单音节和双音节共存，如山阴、天镇、平鲁等方言。具体读音如下：

大同云州区	天镇	阳高	山阴	平鲁	阳原
niər	ni lar/niar	ni la	niər lər/niər	ni lɔ/niɔ	ni laʔ

北区晋语第二人称单数尊称形式的读音情况，也许也可以作为"您"来源于"你老"的一个实证。

李如龙（2001：141）也曾谈道："第二人称的敬称形式在东南诸方言中很少见。见到的报告只是湘方言区的。例如：常德［li tɕia］（你家），娄底［n nã ka］（你那家）、东安花桥土话［n̠i lei ko］（你老家），可能都是'你老人家'的简化形式。武汉是'你家/你老人家'的并用形式，在南京、扬州说'你老人家'，在昆明、大理说'你家'。"

2. 第二人称代词尊称形式的用法

北区大多方言第二人称尊称单数形式为"您儿"，复数形式为"您儿们"，其中的"儿"作为构词手段不可或缺。我们以大同云州区方言为例。如：

（1）您儿今年多大了您今年多大年纪了？

（2）您儿这是咋了，哪摊儿委屈了您儿了您这是怎么了，哪个地方委屈您了？

北区朔州、大同老派方言，晚辈对长辈面称时，一般必须用尊称形式"您儿"或"您儿们"，否则就会被认为是不礼貌。同辈之间，有几种特殊关系比如儿女亲家、妹夫、配偶的兄嫂及姐姐等，面称时一般用尊称形式"您儿"，也有嫂子和小叔子面称时互用尊称形式的，还有妻子对丈夫面称时用尊称形式的，目前后两种情况已较为少见。即使是晚辈对长辈，尊称形式的使用也发生了变化，存在明显的年龄代际差异。

除此之外，同辈尤其是同龄的熟人之间面称时不用尊称形式，如果用了尊称形式，不是表示尊敬，而是表示戏谑、不满、讥讽之意。如：

（3）您儿啥也好，我们啥也不好你什么都好，我什么都不好。

（4）您儿们都是贫困户，就我们是小康户你们都是贫困户，就我们是小康户。

以上两例中"您儿"即"你"，"您儿们"可以表复数，也可以表单数，多表单数。用"您儿们"表单数讥讽之意更强，如例（4）是说话人讽刺听话人装穷哭穷。

北区晋语如大同、山阴、怀仁、右玉等方言第二人称单数还有一个弱尊称形式"各人［kaʔ^{32} z̩ə̃^{42}］"，其尊称程度介于"你"和"您儿"之间。

一般是晚辈不愿意称呼长辈"您儿",又不能称呼"你"时,常用"各人"。如山阴方言(场景:一位中年男子生气地对母亲说):

(5) 我哪有工夫和各人坐哩我哪有时间和您坐下聊呢。

(6) 我多会儿说过各人的不是我啥时候说过您的错?

同辈之间也可以称"各人",尤其是在不好意思称"您儿",又觉得不能称"你"的时候,就往往称"各人"。在大同云州区西坪村调查时我们听发音人讲起,他们的上一辈人妻称夫也用"各人",体现出"男尊女卑"的思想。比如一对老夫妻的对话:

(7) 夫:你看咋着＝哩你看该怎么办?

　　妻:各人说哇你说吧。

大同方言的"各人"常儿化,一般用于平辈的熟人或亲近之人,相当于"你",但语气较为轻松、活泼。例如:

(8) 各人儿那孩子那听话啦还要咋哩你孩子那么懂事了还要求什么呢?

(9) 各人儿今天是咋啦,这大功夫啦没赢一把你今天是怎么搞的,这么长时间了没赢过一把牌。

"各人儿"用于平辈也有表戏谑、不满、讥讽的意思。例如:

(10) 各人儿今天这打扮得又进城去呀你今天打扮得这么光鲜又去大同市呀?

(11) 今天是哪股风把各人儿吹将来啦今天是哪股风把你吹来了?

(12) 我们都是小地方的,各人儿是那大城市的我们都是小地方的人,你是大城市人。

(三) 第二人称代词复数形式的构成及地理分布

北区晋语第二人称代词复数形式主要是附加词尾"们"构成,但词根语素并非都是单数形式。附加式从词根语素的形式看主要分"大同型""忻州型""朔州型"三种类型。

1."大同型"

这种类型和普通话一样,以单数形式为词根,附加词尾"们"构成复数。我们以大同方言为代表,称为"大同型"。这一类型主要分布在雁门关以北的大同、浑源、怀仁、天镇、阳高等方言点。

2."忻州型"

这种类型也是通过附加词尾"们"构成复数,但构成复数的词根语素却不是主、宾语位置上其相应的单数形式。而是处在"亲属—集体关系"名词前的领属语形式——以读音为［ɕiɛ］或［nie］的形式等为词根。我们以忻州方言为代表，称为"忻州型"，这一类型主要分布在雁门关以南的方言点，如代县、繁峙、原平、忻州等方言。我们发现，第二人称代词复数以［ɕiɛ］或［nie］等类为词根的现象广泛分布在整个晋语。关于其来源，目前学界也有不同看法，但因其分布广泛，暂不能就一地一区的情况来定，我们放在后文中区晋语里讨论。

3. "朔州型"

北区部分方言点的复数是单音节形式［niəu］，我们以朔州方言为代表，称为"朔州型"，这一类型主要分布在雁门关周边的山阴、朔州、平鲁、偏关、神池、宁武等几个方言点。关于单音节形式"［niəu］"，乔全生（1999：118）认为是合音式，但未指出是"你"和哪个形式的合音；史秀菊（2010）认为"［niəu］"是"你［ni］"＋"每［məʔ］"的合音舒化。前文我们已讨论过，北区晋语第一人称代词复数词尾是"们［məʔ］"，在北区尤其是雁门关周边及以北的一些方言点中，"们"与"么"同音，都读［məʔ］。在北区晋语中，指示性状的代词"这么"大多都读作"［tʂəu］"，应该是"这［tʂəʔ］"＋"么［məʔ］"＞"［这么］［tʂəu］"；"那么"多读作"［nəu］"，应该是"那［nəʔ］"＋"么［məʔ］"＞"［那么］［nəu］"。另外，山阴方言中，还有一个不易察觉的第三人称代词复数形式，读作"［tʰəu⁰］"，意思相当于"他们"，只能做同位语，复指前面的名词。例如："永强［他们］［tʰəu⁰］回来哩也永强他们也回来呢。""你说给你姐姐［她们］［təu⁰］啦没你告诉你姐姐她们了吗？"等。这个复数形式"［tʰəu⁰］"当是"他们"的合音。所以，就北区这几个方言点的整个代词系统来看，第二人称代词复数形式"［niəu］"应该是单数形式"你［ni］"和词尾"们［məʔ］"合音舒化后又裂化的结果。①山阴等方言在"［你们］［niəu］"后又叠加了词尾"们"，说明合音后语义有

---

① 一位匿名专家在给笔者主持的国家社科项目结项的鉴定意见中认为："'你们'合音为 niəu 音理上不合，'们'读入声 məʔ，难以合成 niəu。这个'们'可能是山西其他地方说'都'音的那个字，合音理顺"。尽管音理上解释得通，但我们此处没有吸纳这个观点，主要考虑到"都"作为代词复数词尾主要分布在东南区晋语中，在北区晋语中目前还没有能证明这个"都"存在过的材料。此处先姑且保留拙见，作为一个问题以求教于广大同行，也期待后续研究能有新的发现。

所磨损，通过叠加同样的复数标记来加强语义。

（四）领属语位置上的第二人称代词

根据第二人称代词在"亲属—集体名词"领属位置上的形式和用法，我们将北区晋语分成三类，一类是和普通话的用法一样，如五寨、岢岚、广灵方言，此处不赘。一类是当核心名词是"亲属关系名词"时，领属代词用单数形式的读音促化式；当核心名词是社会关系、社会机构、集体等名词时，领属代词用第二人称代词复数，我们以大同方言为代表，称为"大同型"，这种类型主要分布在雁门关以北的方言点中。另一类是当核心名词是"亲属关系名词"时，领属代词多用第二人称代词复数形式的词根；当核心名词是社会关系、社会机构、集体等名词时，领属代词既可以用复数形式的词根，也可以用第二人称代词复数。我们以忻州方言为代表，称为"忻州型"，这种类型主要分布在雁门关以南的方言点中。

1. "大同型"

"大同型"包括大同、阳高、天镇、怀仁、左云、右玉、山阴、应县、浑源、灵丘、朔州、平鲁、偏关、神池、宁武15个方言点。下面我们以大同_{云州区}方言为例说明。

1）"你"

"你"是第二人称单数，主要功能是在句中做主、宾语和领属语，做主、宾语时和普通话一致。做领属语时，分两种情况：

A. 核心名词是普通名词时，"你"读作[ni^{53}]，中间必须加结构助词"的"。如：

（1）你的东西有个数儿哩没_{你的东西有没有数}？

（2）这是不是你的英语书？

B. 核心名词是表示家庭亲属关系的词时，"你"读作[niəʔ^{32}]，且中间一般不加结构助词"的"。如：

（3）你圪死气你妈呀_{你往死里气你妈呀}！

（4）你小舅子这会儿在哪上班的哩_{你小舅子现在在哪个单位工作}？

"你"一般不作表示社会关系、社会机构与集体等有关的名词的领属语。

2）"你们"

"你们"的基本用法是用做第二人称复数，在句中做主、宾语时与普通话基本一致。做定语时，"你们"在一定语用情况下可以代替"你"作领格，也分四种情况：

A. 核心名词是普通名词时，中间不加结构助词"的"。如：

你们女子你女儿　你们小子你儿子　你们媳妇儿你儿媳妇　你们女婿你女婿
你们老人儿你婆婆　你们老汉你公公　你们二姐你二大姑姐　你们小叔儿你小叔子

这种用法多见于成年女性说话人称呼听话人的子女或配偶的亲属，相当于"你的"。后面的亲属称谓一般都是和听话人有直接关系的词，如"小子""老汉""小叔儿"等，较少用从儿称和从夫称，表达的是一种客气或尊敬的口吻。成年男性一般用"你"，不用"你们"，如例（4）。吕叔湘（1985：74）说："跟'我们'相应的表示尊敬的'你们'的例子现代尤其罕见。"在大同型方言中，第二人称复数代词也可做亲属领格，语用环境跟第一人称复数基本一致。我们认为，大同方言中用"你们"代替"你"，一方面是为了避免说"你"的直率，另一方面也表示对听话人和所提及的人的礼貌和客气。这种用法应该是受第一人称复数代词的"感染"所致。

B. 核心名词是表示社会关系的名词时，中间不加结构助词"的"，相当于"你的"。如：

你们老师　　　你们领导　　　你们校长　　　你们同学

和用法 A 不同，用法 B 不限性别和年龄。

C. 核心名词是表示社会机构、和集体有关的名词时，中间不加结构助词"的"，相当于"你们的"。如：

你们村　　　　你们县　　　　你们家　　　　你们学校

D. 核心名词是表特定称谓的指示代词时，中间不加结构助词"的"。如：

你们那个［nəʔ³²kə³²］　你们那个［nəʔ³²kə³²］那个［nəʔ³²kɤ⁵³］

这种用法仅用于成年女性称呼比较熟悉的同伴的丈夫时。"你们那个［nəʔ³²kə³²］"是一种客气的说法，"你们那个［nəʔ³²kə³²］那个［nəʔ³²kɤ⁵³］"则有戏谑的意味。

2. "忻州型"

"忻州型"包括河曲、保德、代县、繁峙、原平、忻州、定襄、五台 8 个方言点，我们以忻州方言为例说明。

1）核心名词是"亲属—集体名词"

忻州方言第二人称代词修饰亲属称谓、类亲属称谓及与集体社会有关的名词时都可用复数词根"［你们］［niɛ³¹³］"，且"［你们］［niɛ³¹³］"后面不需要加结构助词，意思和普通话的"你"或"你们"相当。如：

（5）［你们］姥姥手可巧哩，甚也会做你姥姥手很巧，什么都会做。

（6）［你们］娘娘会弹棉花呀不会你奶奶会弹棉花吗？

（7）［你们］徒弟伢真个才眼活哩你徒弟真会来事。

（8）［你们］师傅哩本事大不大你师傅的本事大不大？

（9）［你们］村大不大你们村大不大？

（10）［你们］单位有人学英语呀没咧你们单位有人学英语吗？

（11）［你们］行这₁会儿有人呀没咧你家现在有人吗？

当核心名词是表示社会关系及与集体社会有关的名词时，领属代词也可以用复数形式"［你们］们［niɛ³¹³ məŋ²¹］"。例如：

（12）［你们］们老师教哩咋地个你们老师讲得怎么样？

（13）［你们］们师傅真ᵇ年多大来你们的师傅今年多大了？

（14）［你们］们单位有多少人你们单位有多少人？

（15）我还没咧到过［你们］们村哩咧我还没有去过你们村呢。

2）核心名词是普通名词

在忻州方言中，修饰普通名词的第二人称代词是"你［ni³¹³］""［你们］［niɛ³¹³］们"，若后面紧跟指示代词或表时间、方位的定语时，一般不加结构助词，其他情况则需要加"哩"作为定中关系的标记，意思和普通话的"你"相当。如：

（16）你兀₂包包在我行哩你的包在我这儿呢。

（17）你左□［mi⁵³］拉兀₂是谁来你左边那是谁？

（18）你哩营生做完来没咧你的事儿做完了没有？

（19）［你们］们兀₂衣裳洗干净来没咧你们那衣服洗干净了没有？

（20）娃娃们，［你们］们哩作业都写完来没咧孩子们，你们的作业都写完了没有？

二　中区晋语的第二人称代词

（一）中区晋语第二人称代词

表1-2-2　　　　　　中区晋语第二人称代词

		主宾语		领属语	
		单数	复数	亲属关系	社会关系、集体名词
五台	阳曲	你［ni²¹³］	［你们］们 ［niɛ²¹³ mə̃⁰］	［你们］［niɛ²¹³］	［你们］们 ［niɛ²¹³ mə̃⁰］
并州片	太原晋源 太原小店	你［n̩ɿ⁴²］ 你［n̩ɿ⁵³］	［你们］们 ［n̩iæ¹¹ m⁰］ ［niɛ²¹³ mə⁰］	［你们］［n̩iæ¹¹］ ［你们］［niɛ²¹³］	［n̩iæ¹¹ m］ ［你们］们 ［niɛ²¹³ mə⁰］
	古交	你［n̩ɿ³¹³］	［你们］们 ［niæ³¹³ məʔ³］	［你们］［niæ³¹³］	［你们］们 ［niæ³¹³ məʔ³］
	清徐	你［ni¹¹］	［你们］们 ［nie¹¹ mə¹¹］	［你们］［nie¹¹］	［你们］们 ［nie¹¹ mə¹¹］
	娄烦	你［n̩i²¹］	你们［n̩i²¹ məʔ³²］	你［n̩i²¹］	你们［n̩i²¹ məʔ³²］
	榆次	你［ni²¹］	［你们］们 ［nie¹¹ məŋ¹¹］	［你们］［nie¹¹］	［你们］们 ［nie¹¹ məŋ¹¹］
	寿阳	你［n̩ɿ⁴²³］	你们［niəʔ²² məʔ²²］	你［niəʔ²²］	你们［niəʔ²² məʔ²²］
	太谷	你［n̩ɿ³²］	［你们］们 ［nie³² mə̃³²］	［你们］［nie³²］	［你们］们 ［nie³² mə̃³²］
	祁县	你［n̩ɿ²¹³］	［你们］们 ［niẽ³² m⁰］	［你们］ ［niẽ³²］	［你们］们［niẽ³² m⁰］
	平遥	你［n̩ɿ⁵³］	［你家］［n̩iɛ¹³］ ［你家］［们家］ ［n̩iɛ¹³ miɑ¹³］ ［你家］们 ［n̩iɛ³¹ məŋ³⁵］	［你家］ ［n̩iɛ¹³］	［你家］们 ［n̩iɛ³¹ məŋ³⁵］
	介休	你［n̩i⁴²³］	［你们］们 ［n̩iɛ¹¹ məŋ⁴⁵］	［你们］ ［n̩iɛ¹¹］	［你们］们 ［n̩iɛ¹¹ məŋ⁴⁵］
	灵石	你［ni²¹²］	你们［ni²¹² məŋ⁵³］	［你们］［niɛ⁵³］	你们［ni²¹² məŋ⁵³］

续表

		主宾语		领属语	
		单数	复数	亲属关系	社会关系、集体名词
并州片	榆社	你 [ŋʅ³¹²]	你们 [ŋʅ²² mɛɪ⁰]	你 [ŋʅ²²]	你们 [ŋʅ²² mɛɪ⁰]
	交城	你 [ni⁵³]	[你们] [niɛ⁵³ mə̃¹¹] / 们	[你们] [niɛ⁵³]	[你们] [niɛ⁵³ mə̃¹¹] / 们
	文水	你 [ŋ⁴²³]	你们 [niəʔ²² məʔ²²]	你 [ŋ⁴²³] / [ni²²]	你们 [niəʔ²² məʔ²²]
	孝义	你 [ni³¹²]	[你们] [niE¹¹ məŋ⁵³] / 们	[你们] [niE¹¹]	[你们] [niE¹¹ məŋ⁵³] / 们
	盂县	你 [ȵi⁵³]	[你们] [ȵiɛ⁴¹² mə̃²²] / 们	[你们] [ȵiɛ⁴¹²]	[你们] [ȵiɛ⁴¹² mə̃²²] / 们
大包片	平定	你 [ni⁵³]	[你们] [nəŋ⁵³] / [əŋ⁵³] / 们 [nəŋ⁵³ / əŋ⁵³ məŋ⁴⁴]	[你们] [nəŋ⁵³] / [əŋ⁵³]	[你们] [nəŋ⁵³] / [əŋ⁵³]
	阳泉	你 [ni⁴⁴]	[你们] [əŋ³¹³]	[你们] [əŋ³¹³]	[你们] [əŋ³¹³]
	昔阳	你 [ni⁵⁵]	[你们] [nəŋ⁵⁵]	[你们] [nəŋ⁵⁵]	[你们] [nəŋ⁵⁵]
	和顺	你 [ni³⁵]	你们 [ni³⁵ məŋ²²]	你 [ni³⁵]	你们 [ni³⁵ məŋ²²]
	左权	你 [ȵi⁴²]	你们 [ȵi⁴² məŋ¹¹] 你都 [ȵi⁴² tʌu³¹] 你都们 [ȵi⁴² tʌu³¹ məŋ¹¹]	你 [ȵi⁴²]	你都 [ȵi⁴² tʌu³¹]

（二）第二人称代词的单数形式及地理分布

中区晋语的第二人称单数做主、宾语的形式和普通话的形式相比，有两点不同，一是部分方言点的韵母元音 i 高化为舌尖元音 ʅ，如太原晋源、古交、寿阳、榆社等方言；二是部分方言点的韵母元音 i 脱落，鼻辅音 n 自成音节为ŋ，这种现象主要分布在中区中部的太原小店、祁县、太谷、平遥、文水 5 个方言点。

(三) 第二人称代词的复数形式和领属形式及其联系

1. 第二人称代词复数的构成

中区晋语第二人称代词复数的构成从共时状态看主要是通过附加词尾"们"构成的，但构成复数的词根语素却不是其相应的单数形式。由表1-2-2可见，复数的词根语素和其相应的单数形式的语音形式差别比较大。这意味着复数词根可能另有来源。

表1-2-2显示，与第二人称复数词根形式相同的形式不是主、宾语位置上的单数形式，而是处在亲属关系名词前的领属语形式。这不仅显示出复数形式和领属形式有着非常密切的关系，也提示我们需要注意一个问题，那就是复数形式和领属形式哪个形成较早？在讨论这个问题前，我们先讨论亲属关系名词领属位置上代词的形式并探讨其来源。

2. 第二人称代词复数词根和领属代词形式的来源探讨

与中区晋语第二人称代词复数词根形式相同的有北区晋语的"忻州型"方言，还有西区晋语部分方言点。关于晋语第二人称代词复数词根形式的来源，目前学界主要有两种看法：一种观点认为[niɛ]类复数形式是"你家"的合音。侯精一（1999：387）认为，平遥方言的第二人称代词的复数形式"年＝[n̩iɛ¹³]"和"年＝□[n̩iɛ¹³ mia¹³]"都是合音式，其中"年＝[n̩iɛ¹³]"是"你家[n̩⁵³ tɕia¹³]"的合音。即：n̩iɛ¹³ < n̩⁵³ tɕia¹³；"年＝□[n̩iɛ¹³ mia¹³]"的"□[mia¹³]"是"们家[mən¹³ tɕia¹³]"的合音，即：n̩iɛ¹³ mia¹³ < n̩¹³ mən¹³ tɕia¹³。邢向东（2006：41）指出，陕北府谷、佳县、吴堡的第二人称代词复数形式还有单音节的"□[niɛ³/n̩iɛ³/nia³]"，这个形式当是"你家"的合音词，在山西方言中，汾西、长治、晋城、阳城、霍州、临汾、洪洞、新绛等人称代词复数用"家"作后缀，更多的方言如临县、五台、临汾等，或是用该形式加上"们"类后缀，可以证明陕北晋语的"[niɛ]"之类为合音词无疑。史秀菊（2010）认为山西方言中"[niɛ]"类第二人称代词的复数形式，有的是单数形式和"家"的合音式，"家"的读音为"[tɕiɛ]"，如河曲方言；有的方言单字音与合音后的读音不完全相同，但根据周边方言同类代词的构成和读音，可以判断出是合音后的弱化形式，如定襄方言：你 ni ＋家 tɕia→[你家] nia→[你家] nie。另一种观点认为"[niɛ]"之类复数形式是"你们"

在近代汉语中的合音"您",持这种观点的主要是范慧琴。范慧琴(2007:65-68)指出,对于有复数词尾"家"的方言如洪洞、临汾等方言而言,用"'你家'合音说"是可以解释的,但它不太适用于解释像定襄话这样以"们"为词尾的方言:第一,它不能解释方言中同一层次的复数词尾不一致的情况,如定襄话第一、三人称代词的复数词尾都是"们",为什么单单第二人称是"你家"的合音?第二,"'你家'合音说"从共时平面上来说,不能解释为什么主元音发生了高化?就定襄话的情况出发,范慧琴提出了一种假设:即定襄话"□[nie^{214}]"的来源是"你们"在近代汉语中的合音"您"。

"[niɛ]"之类的第二人称代词复数形式不仅仅分布在中区晋语,也广泛分布在西区、东南区晋语中,因此我们不能就一地一区而论,应该整体考虑。现在看来,"[niɛ]"类第二人称代词复数形式是合音式大家已形成共识,分歧的焦点是和哪个词尾的合音。晋语的人称代词复数词尾既有"家",也有"们","家"主要分布在南区中原官话以及和南区邻近的东南区晋语和西区晋语部分方言中,中区晋语只有个别点有"家"尾,中区和北区晋语的主要词尾是"们",所以,我们也有同样的疑问,不仅仅是定襄话,就整个北区和中区晋语而言,为什么单单就第二人称复数是"你家"的合音,其他两个人称的代词词尾都是"们"?我们看到,"[niɛ]"类形式的主要元音事实上大致可以分为两类,一类是中、高元音ɛ、e、ᴇ类,一类是低元音a类。主元音为低元音a类的复数形式看成是和"家"的合音是很容易理解的,可有一个需要解释的问题:为什么有的方言主元音保持了低元音a类,而更多的方言却要高化成ɛ、e、ᴇ类?而这种高化在同类现象中却少见?平遥方言中,第一、二人称代词复数都是和词尾"家"的合音,(参见侯精一,1999:387)按说合音后的两个复数形式的主要元音应该一样,但其实也不然。范慧琴(2007:65-68)结合近代汉语"您"的来源和晋语复数词尾的分布,同时结合第一人称代词"俺""咱"的来源,详细分析了"你们"在近代汉语中合音成"您"又发展演变成"[niɛ]"类复数形式的可能,并推测到,复数词尾为"们"类成分特别是底层形式为"们"类成分的山西方言,第二人称复数不妨认为是"你们"的合音"您",对于以"家"为复数词尾且主元音为低元音的方言,可以仍然假设为和"家"的合音。我们觉得范慧琴的推测不无道理，我们暂从此说。同时我们也从表 1-2-1 和表 1-2-2 看到，在北区的右玉、左云、代县、繁峙等方言点中，存在第二人称代词的尊称形式和复数形式同形的现象，这应该也能为"［niɛ］"类复数形式来源于"你们"在近代汉语中的合音"您"的观点提供一个旁证。

（四）领属语位置上的第二人称代词

1. 核心名词是普通名词

在中区晋语各方言中，第二人称代词做主、宾语的用法与普通话基本一致。在做领属语时，当核心名词是普通名词时，领属代词分单复数，形式同主、宾语位置上的代词（见表 1-2-2），且领属语和中心语之间的领属标记一般不省略，这种用法也同普通话。例如：

（1）你的钱包放的哪兒嘞你的钱包放在哪儿了？（交城）

（2）你看你兀衣裳日脏杀咧，快换上身吧么你看你的衣服脏死了，快换身衣服吧。（太谷）

（3）你的手机谁买的咧你的手机是谁给买的呢？（祁县）

2. 核心名词是"亲属—集体名词"

当核心名词是"亲属—集体名词"时，除娄烦方言和普通话一样外，其他方言点大多和普通话的差别比较大：盂县、太原、榆次、清徐、太谷、榆社、交城等方言用复数词根做领格，平定、阳泉、昔阳等方言直接用复数形式做领格，此时中心语多为"亲属—集体名词"，且领属语和中心语之间不需加结构助词"的"。这种现象基本同各方言点的第一人称代词。例如：

（4）［你们］［niɛ^{32}］外爷夜来做甚的唻你姥爷昨天干什么去了？（太谷）

（5）［你们］［niɛ^{53}］姐姐做甚的咧你姐姐是做什么工作的？（灵石）

（6）［你们］［niɛ^{53}］后头有车嘞，怎腻＝这来不招呼咧你后面有车呢，怎么这么不小心呢。（灵石）

（7）你［nŋ^{22}］姐姐夜来还在广播里讲话唻你姐姐昨天还在广播里讲话了。（榆社）

（8）［你们］［niɛ̃^{32}］妈夜来就打工走咧你妈妈昨天就打工走了？（祁县）

（9）［你们］［niɛ̃^{32}］家电话坏咧你家电话坏了？（祁县）

中区晋语绝大部分方言"亲属—集体名词"的领属代词的形式为复

数词根，既可以表示单数意义，也可以表示复数意义。但在个别方言中，"亲属—集体名词"的领属代词用不同的形式表示不同的意义，例如文水方言。文水方言有第二人称代词做亲属关系名词的领属代词有两种形式，一种是第二人称代词单数形式"你［n̩^{423}］"，另一种形式是［ni^{22}］（参见胡双宝，1983）。从共时状态看，"［ni^{22}］"既不是单数形式也不是复数词根，但结合第一人称代词看，我们推测有可能是复数词根［niəʔ^{22}］的音变形式，［niəʔ^{22}］入声舒化为［ni^{22}］，我们暂记作"［你们］"。领属代词表单数意义时用"你［n̩^{423}］"。"你［n̩^{423}］"用在亲属关系名词前，意思是"你一个人的"，如说"你［n̩^{423}］妹妹"，意思是"你一个人的妹妹"。领属代词表复数意义时用"［你们］［ni^{22}］"，"［你们］［ni^{22}］"用在亲属关系名词前表示的是复数意义，如说"［你们］［ni^{22}］妹妹"，意思是"你们家里以你为代表的这一辈人中所有年龄长于'她'者的妹妹"。再如：

（10）你［n̩^{423}］爸爸今儿不回来咧_{你爸爸今天不回来了}。

（11）你［n̩^{423}］妈今日想去看你［ni^{22}］娘娘咧_{你妈妈今天想去看你奶奶呢}。

（12）［你们］［ni^{22}］老师今儿病咧_{你们老师今天病了}。

（13）［你们］［ni^{22}］房今儿有客人哩_{你们家今天有客人呢}。

（14）［你们］［ni^{22}］村夜来刚选举喽_{你们村里昨天刚刚选举完}。

第二人称复数代词主要用来做主、宾语和普通名词的领属语，在中区晋语的个别方言中，也可做社会关系、社会角色、群体、机构等名词的领属语。如太原_{小店}方言：

（15）［你们］们［niɛ^{213}mə^{0}］数学老师退休呀_{你们数学老师快要退休了}。

（16）［你们］［niɛ^{213}mə^{0}］同学都去咧_{你们同学都去呢}。

（17）［你们］［niɛ^{213}mə^{0}］学校才放喽假_{你们学校才放了假}。

再如太谷方言：

（18）［你们］［nie^{32}mã^{32}］局长今儿下乡了没_{你们局长今天下乡了吗}？

（19）［你们］［nie^{32}mã^{32}］村里坡地可是多嘞_{你们村里坡地特别多}。

吕叔湘（1985：89）在讨论代词语尾"家"时认为，有些代词后头加"家"有作领格用的，也有不作领格用的，"非领格的用法是领格用法扩展的结果,这大概是没有问题的"邢向东(2006:42)。在讨论陕北沿河方言的人称代词的领属形式和复数形式及其联系时提到,府谷、神木、佳县、吴堡等方言第二人称的领属形式和复数形式(或词根)相同,并认为,领属形式产生在前,后用其来表复数或在其后加词尾表复数。事实上,山西很多方言都存在第二人称代词领属形式和复数形式(或词根)相同的现象,产生的先后顺序当与陕北沿河方言相同。按此说,应该是先有领属形式,而后才用它表复数,或再加上词尾"们"表复数。

三 西区晋语的第二人称代词

(一) 西区晋语第二人称代词表

表1-2-3　　　　　　　西区晋语第二人称代词

		主、宾语		领属语
		单数	复数	"亲属—集体名词"
吕梁片	离石	你 n̩^{312}	[你家] niɛ^{24}	[你家] niɛ^{324}
	汾阳	你 n̩^{324}	你们 n̩^{324} məŋ^{324}	你 n̩i^{434}
	方山	你 nzi^{312}	[你家] niA^{44}/niɛ^{24}	[你家] niA^{44}/niɛ^{24}
	柳林	你 ni^{314}	[你家] niA^{214}	[你家] niA^{213}
	临县	你 ni^{312}	[你家] niA^{24}	[你家] niA^{24}
	中阳	你 ni^{313}	[你家] niA^{24}	[你家] niA^{24}
	兴县	你 ni^{324}	[你家] 弭 niɛ^{324} mi$^{324-55}$ [你家][弭家] niɛ^{324}miA$^{324-312}$	[你家] niɛ^{324} [弭家] miA^{324}
	岚县	你 ni^{312}	[你家] 们 nie^{312} məŋ^{11}	[你家] nie^{312}
	交口	你 ni^{213}	[你家] niA^{213}	[你家] niA^{213}
	石楼	你 ni^{413}	乃们 nai^{413} məŋ^{214}	乃 nai^{413}
	静乐	你 n̩i^{314}	你们 n̩i^{314} məʔ^{4}	你 n̩i^{314}
	隰县	你 ni^{13}	[你家] 们 niɛ^{55} məŋ^{55}	[你家] niɛ^{55}
	大宁	你 ni^{31}	你些 ni^{31} ɕi^{31}	你 ni^{31}
	永和	你 ni^{312}	你些 ni^{312} ɕi^{33}	你 ni^{312}
	汾西	你 n̩z^{33}	你几 n̩z^{33} tɕz^{0}	你 n̩z^{33}
	蒲县	你 ni^{22}	你些 ni^{22} ɕiə^{51}	你 ni^{22}

(二) 第二人称代词的单数形式及地理分布

如表 1-2-3 所示，西区晋语第二人称代词的单数形式多是"你"，与普通话相近，但第二人称单数的语音形式和普通话相比有几点不同：一是部分方言点的韵母元音 i 高化为舌尖元音 ɿ，如离石方言；二是部分方言点的韵母元音 i 脱落，鼻辅音 n 自成音节为 n̩，如汾阳方言，这种现象和分布在中区中部的太原（小店）、祁县、太谷、平遥、文水 5 个方言点相同；三是部分方言点的鼻音声母带了浊擦音，如方山和汾西方言。

(三) 第二人称代词的复数形式和领属形式及其联系

1. 第二人称代词复数的构成

西区晋语中，第二人称代词的复数形式大多是单音节合音式，也有附加词尾构成的。

汾阳、岚县、石楼、静乐、隰县方言的第二人称代词的复数是在单数后附加词尾"们"构成的；大宁、永和、蒲县等方言是在单数后附加词尾"些"构成的；汾西方言是在单数后附加"几"构成的。其余大多数方言点第二人称代词的复数形式是合音式。

表 1-2-3 显示，"亲属—集体关系"名词前的领属语形式，与第二人称复数词根形式相同，这显示出复数形式和领属形式有着非常密切的关系，也提示我们需要注意一个问题，那就是复数形式和领属形式哪个形成较早？在讨论这个问题前，我们先讨论亲属关系名词领属位置上代词的形式并探讨其来源。

2. 第二人称代词复数词根和领属代词形式的来源探讨

西区晋语的第二人称复数有读为"[niɛ]"类的，也有读为"[niA]"类的。邢向东（2006：41）指出："陕北府谷、佳县、吴堡的第二人称代词复数形式还有单音节的'□ [nie³/niɛ³/niɑ³]'，这个形式当是'你家'的合音词。"复数词尾"家"在西区晋语中很常见，从前文可以看到，排除式复数形式也多以和"家"合音的形式出现。我们前面讨论过，我们倾向于将读"[niɛ]"之类第二人称复数形式分别看成和"们"或"家"的合音，尽管西区晋语也存在词尾"们"，但从西区晋语代词的系统性看，结合西区晋语元音高化的音变规律考虑，我们暂认为，西区第二人称复数形式不论读"[niɛ]"类还是"[niA]"类，都应该看成是"你家"的合音式。

（四）领属语位置上的第二人称代词

1. 核心名词是普通名词

第二人称代词作普通名词的领属语时，其形式与做主语、宾语时的形式一样，且在领属代词和核心名词之间加"的"。例如：

（1）你来该又把你的东西落在搭儿啊你又把你的东西落在这儿了。（离石）
（2）我把［你家］的事情忘记啊我把你们的事忘记了。（离石）
（3）把你的书给我看给下把你的书借我看一下。（兴县）
（4）我看给下［你家］𠮩的书我看一下你们的书。（兴县）
（5）好卖=你的兀在我这嘞好像你的那个东西在我这儿呢。（柳林）
（6）［你家］的东西不在这搭你们的东西不在这儿。（交口）
（7）把你些的东西交上来把你们的东西交上来。（永和）

2. 核心名词是"亲属—集体名词"

当核心名词是"亲属—集体名词"时，领属代词同第二人称复数词根，单数与复数的形式是一样的，并且在第二人称代词与亲属称谓词之间不加助词"的"，例：

（8）［你家］爹动担走啊你爸干活去了。
（9）［你家］妈可是勤谨咧你妈很勤快。
（10）［你家］学校在哪儿咧你们学校在哪儿？（以上离石）
（11）［你家］哥怎么还没来嘞你哥哥怎么还没来呢？
（12）［你家］村年时有人考上大学嘞你们村去年有人考上大学了？

（以上中阳）

（13）这是［你家］妈的包，你给将回去吧这是你妈的包，你给拿回去吧。
（14）［你家］姑姑才寻你嘞你姑姑刚才找你呢。
（15）［你家］行在村西头嘞你家在村西头呢？（以上兴县）
（16）［你家］单位可是远得多嘞你们单位离得很远。
（17）你走时告说［你家］妈嘞没你走时告诉你妈妈了没有？（以上柳林）
（18）［你家］姐已=经=做甚着咧你姐姐现在在干什么？
（19）兀是［你家］弟嘞那是你弟弟吗？（以上方山）
（20）让［你家］妈叨=空来一下让你妈抽空来一下。（静乐）
（21）［你家］妈说教你回居舍去呀你妈说让你回家去呢。（临县）
（22）［你家］妈做的饭好漫=吃咧你妈做的饭很好吃。（大宁）

（五）第二人称尊称形式

在西区晋语中，第二人称代词没有专门的表示尊称的代词，大多是用"你"或者用称谓来表示。在一些方言点中，是在"你"后面加上"老（人）家、老爷"来表示尊称。离石方言在"你"后加"老家"，汾阳方言是在"你"后加"老人家"，方山方言是在"你"后加"老爷儿"，静乐方言是在"你"后加"老人家"，大宁方言有"你老儿家"、"你老兄"的说法，"你老儿家"用于年长者，"你老兄"用于比自己稍大的人。例如：

(1) 你老家今年有多大啊您今年高寿了？　　　　　　　（离石）
(2) 你老人家怎嘛来的您怎么来的？　　　　　　　　　（汾阳）
(3) 你老爷儿身体可好嘞您身体挺好的。　　　　　　　（方山）
(4) 你老儿家走时慢些您走时慢点。　　　　　　　　　（大宁）

在离石、汾阳等方言中，"你老/人家"也可以指"你"，往往带有调侃或者抱怨的语气。例如离石方言：

(5) 你老家做甚来，这么慢你是怎么了，这么慢腾腾得。
(6) 你老人家真是，这么点事也没弄好你真是，这么点事也做不好。
(7) 你老人家要是再说，我就走了你要是还这样说，我就走。

四　东南区晋语的第二人称代词

表1-2-4　　　　　　　东南区晋语第二人称代词

	主、宾语		领属语
	单数	复数	"亲属—集体名词"
长治	你 [ni^{535}]	你家 [ŋ^{535}tɕiɛ^0]	你 [ŋ^{535}] 你家 [ŋ^{535}tɕiɛ^0]
长子	你 [ŋ.i^{325}]	[你家] 都 [ŋ.iɛ^{24}təu^{213}]	[你家] [ŋ.iɛ^{24}]
屯留	[niɛ^{534}]	[你家] 都 [niɛ^{534}təu^0] [你家] 都们 [niɛ^{534}təu^{0}mə^0]	[你家] [niɛ^{534}]
黎城	你 [ni^{212}]	[你家] [niɣ^{33}] [你家] 都 [niɣ^{33}təu^0]	[你家] [niɣ^{33}]
壶关	你 [ŋ.i^{535}]	[你家] [ŋ.iɛ^{13}] [你家] 都 [ŋ.iɛ^{13}təu^{33}]	[你家] [ŋ.iɛ^{13}]

续表

	主、宾语		领属语
	单数	复数	"亲属—集体名词"
平顺	你 [ni⁵³]	[你家] 都 [niɛ²¹ təu⁰]	[你家] [niɛ²¹]
沁县	你 [n̩ʅ²¹³] / [n̩ʅ²¹³]	你们 [n̩ʅ²¹³ məu³³]	你 [n̩ʅ²¹³]
武乡	你 [nzʅ²¹³]	[你家] 们 [n̩ʑiɛ³³ mə⁰]	[你家] [n̩ʑiɛ³³]
沁源	你 [ni⁴²⁴]	[你家] [niɑ⁴²⁴]	[你家] [niɑ⁴²⁴]
襄垣	你 [n̩ʅ²¹³] / [n̩ʑiɛ³³]	[你家] 们 [n̩ʑiɛ³³ mə⁰] [你家] 都 [n̩ʑiɛ³³ tou³³]	[你家] [n̩ʑiɛ³³]
沁水东	你 [ni²¹³]	[你家] [niɛ³³] 你都 [ni²¹³ tʌu³³]	[你家] [niɛ³³]
晋城	你 [ni²¹³]	[你家] [niɑ⁴²⁴] 你家 [ni¹¹³ tɕiɑ³³]	[你家] [niɑ⁴²⁴]
阳城	你 [ni²¹²]	你家 [ni²¹² ɕiɛ²²]	你 [ni²¹²] 你家 [ni²¹² ɕiɛ²²]
陵川	你 [ni²¹³]	[你们] [nã²¹³] [你家] [niɛ³³] [你家] 都 [niɛ³³ təu³³]	[你们] [nã²¹³] [你家] [niɛ³³]
高平	你 [ni²¹²]	[你家] [niɛ³³] [你家] 都 [niɛ³³ tʌu³³]	[你家] [niɛ³³]

(一) 第二人称代词的单数形式及地理分布

由表1-2-4可见，山西东南区晋语主、宾语位置上的第二人称代词单数形式大多是"你"，与普通话相近。第二人称单数做主、宾语的形式和普通话的形式相比，有两点不同，一是部分方言点的韵母元音 i 高化为舌尖元音 ʅ，如沁县、武乡等方言；二是部分方言点的韵母元音 i 脱落，鼻辅音 n 自成音节为 n̩，如襄垣和沁县，这种现象也见于前述中区和西区晋语的部分方言点。

(二) 第二人称代词的复数形式和领属形式及其联系

1. 第二人称代词复数形式的构成

表1-2-4显示,东南区晋语中,第二人称代词的复数形式大多是单数形式"你"和词尾"家"的合音,或合音后再叠加词尾构成。大多数方言点的复数形式是在合音后叠加词尾"都",武乡和襄垣方言的第二人称代词的复数是在合音式后附加词尾"们"构成的,屯留方言除了合音式和合音式附加"都"的形式外,还在附加了"都"后又附加了"们"的形式,体现了复数形式形成的不同层次;陵川方言既有单数形式和词尾"们"的合音,也有和词尾"家"的合音。

(三) 领属语位置上的第二人称代词

1. 核心名词是普通名词

在东南区晋语中,第二人称代词做主、宾语的用法与普通话基本一致。在做领属语时,当核心名词是普通名词时,领属代词分单复数,形式同主、宾语位置上的代词(见表1-2-4),且领属语和中心语之间的领属标记一般不省略,这种用法也同普通话,不赘。

2. 核心名词是亲属—集体名词

当核心名词为亲属—集体名词时,不管是家庭亲属关系名词,还是社会关系、社会机构、集体等名词,领属代词大多同第二人称代词复数的词根[你家],此时领属语和中心语之间不加结构助词"的"。下面我们分别举例说明。

1) 核心词是家庭亲属关系名词

核心词是家庭亲属关系名词时,领属代词用第二人称代词复数的词根[你家]。例如:

(1) 你 [n̩^{535}] 姑姑这几天可吃香咧你姑姑这几天挺受欢迎呢。

(2) 你 [n̩^{535}] 兄弟在不在你弟弟在不在？ （以上长治）

(3) [你家] [nia^{424}] 奶奶身体好不好你奶奶身体好不好？

(4) [你家] [nia^{424}] 兄弟可叫你操心嘞你弟弟让你费心了。

（以上晋城）

(5) [你家] [niɤ^{33}] 爷爷都八十多咧你爷爷都八十多岁了？ （黎城）

(6) [你家] [n̠ie^{33}] 哥哥是夜来结的婚你哥哥是昨天结的婚？ （武乡）

2）核心词是社会关系、社会角色等名词

核心词是社会关系、社会角色等名词时，领属代词用第二人称代词复数的词根［你家］。例如：

(7)［你家］［nia^{424}］老板上青岛旅游去嘞你们老板去青岛旅游了？

（晋城）

(8) 给［你家］［ŋie^{33}］同学吃上些特产哇给你的同学吃点特产吧。

（武乡）

(9) 你家［n̩^{535}tɕiɛ^{0}］老师请假嘞你们老师请假了。　　（长治）

(10)［你家］［ŋie^{33}］主任刚出去你们主任刚出去。　　（襄垣）

3）核心词是群体、机构等名词

核心词是群体、机构等名词时，领属代词也用第二人称代词复数的词根［你家］，例如：

(11) 去［你家］［nie^{33}］家吃饭行不行到你家吃饭可以吗？　（沁水东）

(12)［你家］［nie^{33}］学校这些年变化挺大你们学校这几年变化挺大。

（高平）

(13)［你们］［nə̃^{213}］学校这几天好像挺忙，天天开会你们学校这几天好像挺忙，每天开会。　　（陵川）

(14)［你家］［ŋie^{33}］村里都铺上柏油路咧你们村子里都铺上柏油马路了。

（襄垣）

(15)［你家］［nia^{424}］村兀几年快穷杀咧你们村里那几年快穷死了。

（沁源）

(16)［你家］［ŋiɛ^{33}］村嘞这几年变化可大嘞你们村里这几年变化挺大的。

（武乡）

(17) 你［n̩^{213}］村今年闹红火不你们村里今年闹红火吗？　（沁县）

(18)［你家］［ŋiɛ^{13}］单位今儿发咾一袋面你们单位今天发了一袋面？

（壶关）

第二人称领属代词与复数词根相同，主要用来修饰"亲属—集体名词"，这和东南区晋语第一人称代词的情况相同。

第三节　山西晋语的第三人称代词

一　北区晋语的第三人称代词

（一）北区晋语第三人称代词形式

表1-3-1　　　　　　北区晋语第三人称代词

		主、宾语			领属语	
		单数		复数	亲属关系	社会关系集体名词
		平称	尊称	平称		
大包片	大同	他 $t^ha^{31}/t^hə\textipa{P}^{32}$	恁儿 t^har^{31}	他们 $t^ha^{31}mə\textipa{P}^{32}$	他 $t^hə\textipa{P}^{32}$	他们 $t^ha^{31}mə\textipa{P}^{32}$
	阳高	他 $t^ha^{31}/t^hə\textipa{P}^{32}$	他老儿 $t^ha^{31}lar^{54}$	他们 $t^ha^{31}mə\textipa{P}^{32}$	他 $t^hə\textipa{P}^{32}$	他们 $t^ha^{31}mə\textipa{P}^{32}$
	天镇	他 $t^ha^{31}/t^hə\textipa{P}^{32}$	他老儿 $t^ha^{31}lar^{54}$	他们 $t^ha^{31}mə\textipa{P}^{32}$	他 $t^hə\textipa{P}^{32}$	他们 $t^ha^{31}mə\textipa{P}^{32}$
	怀仁	他 $t^ha^{31}/t^hə\textipa{P}^{43}$	恁儿 t^har^{31}	他们 $t^ha^{31}mə\textipa{P}^{43}$	他 $t^hə\textipa{P}^{43}$	他们 $t^ha^{31}mə\textipa{P}^{43}$
	左云	他 $t^ha^{31}/t^hə\textipa{P}^{4}$	他老 $t^ha^{31}lə\textipa{P}^{4}$	他们 $t^ha^{31}mə\textipa{P}^{4}$	他 $t^hə\textipa{P}^{4}$	他们 $t^ha^{31}mə\textipa{P}^{4}$
	右玉	他 $t^ha^{31}/t^hə\textipa{P}^{4}$	他老 $t^ha^{31}lə\textipa{P}^{4}$	他们 $t^ha^{31}mə\textipa{P}^{4}$	他 $t^hə\textipa{P}^{4}$	他们 $t^ha^{31}mə\textipa{P}^{4}$
	山阴	他 $t^hA^{313}/t^hə\textipa{P}^{4}$	他老儿 $t^hA^{313}lAr^{52}$	他们 $t^hA^{313}mə\textipa{P}^{4}$ 他们 $t^hA^{313}m\tilde{ə}^{52}$ 他 $t^hə\textipa{P}^{4}mə\textipa{P}^{4}$ [他们] $t^həu^{31}$	他 $t^hə\textipa{P}^{4}$	他们 $t^hA^{313}mə\textipa{P}^{4}$ 他们 $t^hA^{313}m\tilde{ə}^{52}$
五台片	应县	他 $t^ha^{53}/t^hə\textipa{P}^{43}$	恁儿 t^har^{313}	他们 $t^ha^{53}mə\textipa{P}^{43}$	他 $t^hə\textipa{P}^{43}$	他们 $t^ha^{53}mə\textipa{P}^{43}$
	浑源	他 $t^hA^{52}/t^hə\textipa{P}^{43}$	他老儿 $t^hA^{52}liər^{22}$ 他老儿 $t^hA^{52}niər^{22}$	他们 $t^hA^{52}mə^{0}$	他 $t^hə\textipa{P}^{43}$	他们 $t^hA^{52}mə^{0}$
	灵丘	他 $ta^{44}/t^hə\textipa{P}^{43}$	他老儿 $ta^{44}nər^{312}$	他们 $t^ha^{44}mə\textipa{P}^{4}$	他 $t^hə\textipa{P}^{4}$	他们 $t^ha^{44}mə\textipa{P}^{4}$
	朔州	他 $t^hA^{312}/t^hə\textipa{P}^{35}$	他老 $t^ha^{31}lɔ^{312}$	倘=$t^h\bar{a}^{312}$	他 $t^hə\textipa{P}^{35}$	倘=$t^h\bar{a}^{312}$
	平鲁	他 $t^hɑ^{213}/t^hə\textipa{P}^{35}$	他老 $t^hɑ^{21}lɔ^{21}$	倘=$t^hɒ^{213}$	他 $t^hə\textipa{P}^{35}$	倘=$t^hɒ^{213}$
	偏关	他 t^hA^{213}		倘=$t^hɒ^{213}$	他 $t^hə\textipa{P}^{35}$	倘=$t^hɒ^{213}$
	神池	他 t^hA^{24}		[他们] t^hA $ə^{32}$	他 $t^hə\textipa{P}^{4}$	[他们] t^hA $ə^{32}$
	宁武	他 t^hA^{213}		倘=t^hA^{213}	他 t^hA^{213}	倘=$t^hɔ^{213}$
	五寨	他 t^ha^{13}		他们 $t^ha^{13}mə^{0}$	他 t^ha^{13}	他们 $t^ha^{13}mə^{0}$
	岢岚	他 t^ha^{213}		他们 $t^ha^{213}mə^{0}$	他 t^ha^{213}	他们 $t^ha^{213}mə^{0}$

续表

		主、宾语		领属语	
		单数		复数	亲属关系	社会关系 集体名词
		平称	尊称	平称		
五台片	河曲	他 t^ha^{33}		他们 $t^ha^{33}mə^0$	他 t^ha^{33}	他们 $t^ha^{33}mə^0$
	保德	他 t^ha^{33}		他们 $t^ha^{33}mə^0$	他 t^ha^{33}	他们 $t^ha^{33}mə^0$
	代县	他 $t^hɑ^{213}$		他们 $t^hɑ^{213}mɤŋ^{40}$	他 $t^hɑ^{213}$	他们 $t^hɑ^{213}mɤŋ^{40}$
	繁峙	他 $t^hA^{21}/t^hə\text{ʔ}^{43}$		他们 $t^hA^{21}məŋ^0$ 他们 $t^hə\text{ʔ}^{43}məŋ^0$	他 $t^hə\text{ʔ}^{43}$	他们 $t^hA^{21}məŋ^0$
	原平	他 $t^hɑ^{213}$		他们 $t^hɑ^{213}məŋ^{21}$	他 $t^hɑ^{213}$	他们 $t^hɑ^{213}məŋ^{21}$
	忻州	他 $t^hɑ^{313}$		他们 $t^hɑ^{313}məŋ^0$	他 $t^hɑ^{313}$	他们 $t^hɑ^{313}məŋ^0$
	定襄	他 $t^hɑ^{214}$		他们 $t^hɑ^{214}məŋ^0$	他 $t^hɑ^{214}$	他们 $t^hɑ^{214}məŋ$
	五台	他 $t^hɑ^{213}$		他们 $t^hɑ^{213}mən^{21}$	他 $t^hɑ^{213}$	他们 $t^hɑ^{213}mən^{21}$

(二) 第三人称代词的敬称形式及其来源探讨

1. 第三人称代词敬称形式的来源探讨

由表1-3-1可见，北区晋语第三人称代词部分方言点有尊称形式，尊称形式主要分布在雁门关以北地区。大同、怀仁等方言的敬称形式是"偲"后加"儿"尾后发生了儿化。太田辰夫（2003：104-105）认为"'偲'大概是由尊称'您'类推而来，在民国以后使用，用得还不太普遍"。吕叔湘（1985：37）指出："'偲'的生成在'您'的之后，其中多少有点类推作用。但这不是纯粹形式上的类推，倘使没有'他老（人家）'通行于前，可能产生不出一个'偲'。同时，倘使没有'你老'变'您'在先，'他老'也不会变'偲'。"从大同、怀仁及周边方言情况看，"偲"来源于"他老"当是无疑，也正好给吕叔湘先生的观点作了一个注脚。和"你老"一样，"他老"中的"老"在各点方言中的脱落情况也不尽相同，请比较：

大同	天镇	阳高	山阴	平鲁	浑源
t^har	$t^ha\ lar$	$t^ha\ la$	$t^hA\ lər$	$t^ha\ lɔ$	$t^ha\ liər$

可以看出，大同、怀仁方言"他老"中的"老"也已经完全脱落并进一步儿化了，其中的"儿"作为构词手段不可或缺。而山阴、平鲁、

天镇等方言中的"老"都还保留着。

2. 第三人称代词敬称形式的用法

北区晋语大多方言第三人称尊称单数形式为"偲儿""他老儿""他老"等，复数形式是在单数形式后加"们"构成。例如：

(1) 偲儿哪去了_{他老人家去哪了}？
(2) 偲儿们不啥个出去_{他们几个老人家不怎么到外地去}。（以上大同_{云州区}）
(3) 他老儿在家没_{他老人家在家吗}？
(4) 他老儿们身体咋底个_{他们几个老人家身体怎么样}？（以上山阴）

北区晋语朔州、大同等方言中，在背后提及长辈时，一般也得用尊称形式"偲儿""他老（儿）"或者"偲儿们""他老（儿）们"，否则就会被认为是不礼貌。

（三）第三人称代词复数形式的构成及地理分布

和第一、二人称代词复数形式构成相比，北区晋语第三人称代词复数形式要简单一些，且内部比较一致，和普通话也一致，主要是附加词尾"们"构成。

（四）领属语位置上的第三人称代词

根据第三人称代词在"亲属—集体名词"领属位置上的形式和用法，我们将北区晋语分成三类，第一类是和普通话的用法一样，如五寨、岢岚等方言，此处不赘。第二类是当核心名词是"亲属关系名词"时，领属代词是将主、宾语位置上的单数形式读音促化；当核心名词是社会关系、社会机构、集体等名词时，领属代词用第三人称代词复数，我们以大同方言为代表，称为"大同型"，这种类型主要分布在雁门关以北的方言点中。第三类是当核心名词是"亲属关系名词"时，领属代词用单数形式，且读音不发生变化；当核心名词是社会关系、社会机构、集体等名词时，领属代词用第三人称代词复数，我们以忻州方言为代表，称为"忻州型"，这种类型主要分布在雁门关以南的方言点中。

1. "大同型"

"大同型"包括大同、阳高、天镇、怀仁、左云、右玉、山阴、应县、浑源、灵丘、朔州、平鲁、偏关、神池、宁武 15 个方言点。下面我们以大同_{云州区}方言为例说明。

1)"他/她/它"

"他/她/它"在大同~云州区~方言中作第三人称单数，主要功能是在句中做主、宾语和定语，但"他/她"在不同句法位置上的读音会有所不同。即使在同一句法位置上，如果读音不同，表达的语气也不同。"它"只有一种读音 [tʰəʔ³²]。下面我们分别详细叙述。

A. 做主语

做主语时一般读 [tʰa⁴²]，有时变读成 [tʰəʔ³²]。读音不同，表达的语气也不同。例如：

（1）他毕业了两年啦~他已经毕业两年了。~

上例的"他"若读作 [tʰa⁴²]，表明说话人只是陈述了"他毕业两年"这一事实；若读作 [tʰəʔ³²]，意思就变成"他已经毕业两年了，但并没有实现预期的目的"等，说话人对此表示不满或轻视。

B. 做宾语

"他/她/它"做宾语时一般都读 [tʰəʔ³²]，不管是动词宾语还是介词宾语。例如：

（2）管他的哩，你做你的哇~别管他，你做你自己的吧。~

（3）我不待得问他~我懒得问他。~

（4）我去说给她~我去告诉她。~

（5）把她领上哇~把她带上吧。~

做宾语时，有时表示说话人对"他"不关心、轻视的语气，如例（2）；有时也未必表示这种语气或者说表示得不明显。太田辰夫（2003：114）认为，动词后面的"他"表示不关心、轻视的语气从唐代就有，如"白眼看他世上人"（王维诗）、"恋他朝市求何事？"（白居易诗）。由对这个动作的不关心，变成了对这个动作本身的否定。"他"的这种功能是宋代产生的，在现代汉语中只有"管他"这个形式保留了这一功能。并认为"这种用法恐怕由于'他'在成为第三人称以前是他称，由此义变化而成的"。"他"的这一功能，在北区晋语中是通过音变即"他"由舒声变读成入声体现出来的，用语音上的轻化（即促化）表现出了语气上的轻视，这不仅反映在"管他"里"他"的读音上，同时也反映在做主语的"他"的读音上。至于更多的"他"在宾语位置上的音变，我们认为当是受此类化或感染而发生的。

C. 做定语

做定语时，分三种情况：

a. 用于表亲属关系的名词前时，"他/她"读作 [tʰəʔ³²]，且中间一般不加结构助词"的"。如：

（6）我听说他姐姐给的城里头啦我听说他姐姐嫁到大同市了。

（7）她小叔儿在北京哪个部里头当的点儿哩她小叔子在北京某个部里有个一官半职。

b. 用于非亲属关系的名词前时，"他/她"读作 [tʰa⁴²]，中间必须加结构助词"的"。如：

（8）就她的东西是点儿东西，别人的东西就不是东西啦只有她的东西有用（值钱），别人的东西就都没用（不值钱）?

（9）他的学费也没交哩他的学费也没有交呢。

c. 一般不用在类亲属称谓词前。如：

（10）＊他老师来了。①

2）"他们"

"他们"的基本用法是用做第三人称复数，和普通话基本一致，在句中做主语、宾语和定语。受"他"的音变的影响，"他们"在三种句法位置上都有可能发生音变，音变情况和"他"相同。在同一句法位置上，如果读音不同，表达的语气也不同。下面分两种情况描写。

A. 做主语和宾语

"他们"做主语和宾语时的音变情况一样，一般读 [tʰa⁴²məʔ³²]，有时读 [tʰəʔ³²məʔ³²]。读 [tʰəʔ³²məʔ³²] 时常表示不关心、不满、轻视等语气。如山阴方言：

（11）他们来唡他们来吗？

上例的"他们"若读作 [tʰa⁴²məʔ³²]，表明说话人只是询问"他们是否来"这一事实；若读作 [tʰəʔ³²məʔ³²]，表示说话人对"他们是否来"并不十分关心或根本就不欢迎"他们来"。

（12）我说给他们啦我告诉他们了。

（13）把他们一起拉下水啦把他们全都拉下水了。

---

① 例句前的符号"＊"表示该说法在方言中不可接受，后文不再说明。

例（12）中的"他们"若读成 [tʰa⁴²məʔ³²]，表示一种陈述语气，并暗示"他们"会按我说的去做。但若读成 [tʰəʔ³²məʔ³²]，则含有"我已经告诉他们了，但他们并没有按我说的去做"，表示的是对"他们"不满的语气。例（13）中的"他们"读作 [tʰa⁴²məʔ³²] 时，说话人除了表示对事件的陈述外，甚至还表示对"他们"的同情和惋惜；若读成 [tʰəʔ³²məʔ³²]，则表示对"他们"的结局感到称心如意，从另一个角度表明说话者对"他们"的轻视。

由上面的分析可以看出，"他们"变读成入声表轻视、不关心、不满的语气更为显豁，这既是对"他"表"不关心"等语气的一个保留，更是一种显化和加强。

B. 做定语

"他们"做定语时和普通话大致一样，但在一定语用情况下可以代替"他"做领格，也分四种情况：

a. 用于亲属称谓前时，中间不加结构助词"的"。如：

她们女子 她女儿　　她们小子 她儿子　　她们媳妇儿 她儿媳妇

她们老人儿 她婆婆　　她们老汉 她公公　　她们大姑儿 她大姑子

她们小叔儿 她小叔子　　她们女婿 她女婿

这种用法多见于成年女性称呼同性的第三方的子女或配偶的亲属，相当于"她的"。后面的亲属称谓一般也是和第三方有直接关系的词，如"小子""老汉""大姑儿"等，一般不用从儿称和从夫称，表达的是一种客气或尊敬的口吻。成年男性一般用"她"，不用"她们"。

b. 用在类亲属称谓词前，中间不加结构助词"的"，相当于"他/她的"。如：

她们老师　　他们经理　　他们局长　　她们同学

和用法 A 不同，用法 B 不限性别和年龄。

c. 用在非亲属称谓词前，中间不加结构助词"的"，相当于"他/她们的"。如：

他们村　　他们县　　她们家　　他们学校

d. 用在表特定称谓的指示代词前，中间不加结构助词"的"。如：

她们那个 [nəʔ³²kəʔ³²]　　她们那个 [nəʔ³²kəʔ³²] 那个 [nəʔ³²kɤ⁵³]

这种用法仅用于成年女性称呼比较熟悉的第三方的丈夫。"她们那个

[nəʔ³²kəʔ³²]"是一种客气的说法,"她们那个[nəʔ³²kəʔ³²]那个[nəʔ³²kɤ⁵³]"有轻蔑的意味。

2. "忻州型"

"忻州型"包括河曲、保德、代县、繁峙、原平、忻州、定襄、五台8个方言点,我们以忻州方言为例说明。

忻州方言中,第三人称代词单数形式是"他[tʰɑ³¹³]",它可以做主语、宾语及领属语。做领属语时,如果中心语是亲属关系名词、社会关系及集体名词时,一般不加结构助词;如果中心语是普通名词时,一般要加结构助词"哩"。例如:

(14)你认哩他呀不哩_{你认识不认识他?}

(15)他爷爷可有俩下哩_{他爷爷很有本事呢。}

(16)他行有好几拨枣树_{他家有好几棵枣树。}

(17)他师傅伢对他可好哩_{他师傅对他挺好的。}

(18)他哩苹果还没咧吃完哩_{他的苹果还没有吃完呢。}

"他"可以修饰与家庭意义有关的普通名词(可以被家庭成员所共有的东西),表示"他家"。此时它们一般需要后加"哩""兀₂"或"兀₁个"。如:

(19)他兀₂电动车子好像在家哩,你借去哇_{他家的电动车好像在呢,你去借吧。}

(20)他兀₁个花椒树可长了个大_{他家那棵花椒树长得很高大。}

(21)他哩娃娃回来来没咧_{他家的孩子回来了没有?}

忻州方言中的第三人称代词复数形式是他们[tʰɑ³¹³məŋ⁰]。它可以做主语、宾语及领属语。做领属语时,如果修饰亲属称谓词、类亲属称谓词及表集体社会的名词,一般不加结构助词;如果修饰普通名词,一般需要加结构助词"哩",但是当它后面紧跟着指示代词或表时间、方位的定语时一般不加结构助词。例如:

(22)他们行都有了电来,就咱行还没咧_{他们家都有电了,就咱家还没有。}

(23)他们语文老师是新来哩_{他们的语文老师是新来的。}

(24)他们哩书包有些日脏来_{他们的书包有点儿脏。}

二 中区晋语的第三人称代词

(一) 中区晋语的第三人称代词形式

表1-3-2　　　　　　　　中区晋语的第三人称代词

		主、宾语		领属语	
		单数	复数	亲属关系	社会关系、集体名词
五台	阳曲	他 [tʰa¹¹]	他们 [tʰa¹¹m̩]	他 [tʰa¹¹]	他们 [tʰa¹¹m̩]
并州片	太原	他 [tʰa¹¹]	他们 [tʰa¹¹m̩]	他 [tʰa¹¹]	他们 [tʰa¹¹m̩]
	清徐	他 [tʰɒ¹¹] 兀家 [vəʔ⁵⁴tɕiɒ¹¹]	他们 [tʰɒ¹¹mə⁰] 他们家 [tʰɒ¹¹mə⁰tɕiɒ¹¹] 兀家们 [vəʔ⁵⁴tɕiɒ¹¹mə⁰]	他 [tʰɒ¹¹] 兀家 [vəʔ⁵⁴tɕiɒ¹¹]	他们 [tʰɒ¹¹mə⁰] 他们家 [tʰɒ¹¹mə⁰tɕiɒ¹¹]
	娄烦	他 [tʰã³³]	他们 [tʰã³³məʔ³²]	他 [tʰã³³]	他们 [tʰã³³məʔ³²]
	榆次	他 [tʰa¹¹] 兀家 [vəʔ¹¹tɕiɒ¹¹]	他们 [tʰa¹¹məʔ¹¹] 兀家们 [vəʔ¹¹tɕiɒ¹¹məʔ¹¹]	兀家 [vəʔ¹¹tɕiɒ¹¹]	兀家 [vəʔ¹¹tɕiɒ¹¹]
	寿阳	他 [tʰɑ²¹]	他们 [tʰɑ²¹məʔ²²]	他 [tʰɑ²¹]	他们 [tʰɑ²¹məʔ²²]
	太谷	他 [tʰa²²] 这家 [tsəʔ⁴³tɕia³²] 兀家 [vəʔ¹¹tɕia³²]	他们 [tʰa²²mə̃³²] 这家们 [tsəʔ⁴³tɕia³²mə̃³²] 兀家们 [vəʔ¹¹tɕia³²mə̃³²]	这家 [tsəʔ⁴³tɕia³²] 兀家 [vəʔ¹¹tɕia³²]	兀家 [vəʔ¹¹tɕia³²]
	祁县	他 [tʰa³²] 兀家 [uəʔ²²tɕia³³]	他们 [tʰa³²m̩] 兀家们 [uəʔ²²tɕia³³m̩]	兀家 [uəʔ²²tɕia³³]	兀家 [uəʔ²²tɕia³³]
	平遥	他 [tʰa¹³] 兀家 [uʌ¹³tɕia³¹]	兀家们 [uʌ¹³tɕia³¹məŋ⁵³]	兀家 [uʌ¹³tɕia³¹]	兀家 [uʌ¹³tɕia³¹]
	介休	他 [tʰa¹³] 兀家 [uʌʔ⁵³tɕia¹³]	他们 [tʰa⁵³məŋ⁴⁵] 兀家们 [uʌʔ⁵³tɕia¹³məŋ⁴⁵]	兀家 [uʌʔ⁵³tɕia¹³]	兀家 [uʌʔ⁵³tɕia¹³]
	灵石	兀家 [u⁵³tɕia⁴] [兀家] [uya²¹]	兀家们 [u⁵³tɕia⁴məŋ⁵³]	兀家 [u⁵³tɕia⁴]	兀家 [u⁵³tɕia⁴]
	榆社	他 [tʰɒ²²]	他们 [tʰɒ²²mɛɪ]	他 [tʰɒ²²]	他们 [tʰɒ²²mɛɪ]
	交城	他 [tʰa¹¹] 兀家 [uəʔ⁵³tɕia¹¹] 这家 [tsəʔ⁵³tɕia¹¹]	兀家们 [uəʔ⁵³tɕia¹¹mə̃¹¹] 这家们 [tsəʔ⁵³tɕia¹¹mə̃¹¹]	兀家 [uəʔ⁵³tɕia¹¹] 这家 [tsəʔ⁵³tɕia¹¹]	兀家 [uəʔ⁵³tɕia¹¹] 这家 [tsəʔ⁵³tɕia¹¹]
	文水	他 [tʰa²²] 兀家 [uəʔ²¹tɕia²³]	他们 [tʰa²²məʔ²³] 兀些们 [uəʔ²¹ɕi²²məʔ²³]	兀家 [uəʔ²¹tɕia²³]	兀家 [uəʔ²¹tɕia²³]

续表

		主、宾语		领属语	
		单数	复数	亲属关系	社会关系、集体名词
并州片	孝义	他 [tʰa¹³] 兀家 [uəʔ²tɕia¹¹]	他们 [tʰa¹³məŋ⁵³] 兀家们 [uəʔ²tɕia¹¹məŋ⁵³]	兀家 [uəʔ²tɕia¹¹]	兀家 [uəʔ²tɕia¹¹]
	孟县	他 [tʰa⁴¹²]	他们 [tʰa⁴¹²mə̃²²]	他 [tʰa⁴¹²]	他们 [tʰa⁴¹²mə̃²²]
大包片	平定	他 [tʰa³¹]	他们 [tʰa³¹məŋ²²]	他 [tʰa³¹]	他们 [tʰa³¹məŋ²²]
	阳泉	他 [tʰa³¹]	他们 [tʰa³¹məŋ²²]	他 [tʰa³¹]	他们 [tʰa³¹məŋ²²]
	昔阳	他 [tʰa³¹]	他们 [tʰa³¹məŋ²²]	他 [tʰa³¹]	他们 [tʰa³¹məŋ²²]
	和顺	他 [tʰa³¹]	他们 [tʰa³¹məŋ²²]	他 [tʰa³¹]	他们 [tʰa³¹məŋ²²]
	左权	他 [tʰa³¹] 兀₁人 [vər⁵³zəŋ¹¹] 兀₂人 [vɛi⁵³zəŋ¹¹]	他们 [tʰa³¹məŋ¹¹] 他都 [tʰa³¹tʌu³¹] 他都们 [tʰa³¹tʌu³¹məŋ¹¹] 兀人们 [vər⁵³zəŋ¹¹məŋ¹¹] 兀些人 [vəʔ¹¹ɕi³¹zəŋ¹¹]	他 [tʰa³¹]	他 [tʰa³¹]

（二）中区晋语的第三人称单数代词

1. "他"

在中区晋语的各个方言点中，均存在"他"这个第三人称单数形式，它能在句中做主语、宾语和领属语，与普通话中的"他"用法一致。例如清徐方言：

（1）他学习可好嘞他学习很好。

（2）老三正和他捣＝歇＝嘞老三正在和他聊天呢。

（3）他的衣裳真日脏嘞他的衣服真脏。

（4）他外爷可恓惶咧他姥爷特别可怜。

（5）他行地里种的甚嘞他家地里种的什么呢？

再如榆社方言：

（6）他可能说咧他特别善谈。

（7）这来远，谁给他捎来的这么远，是谁帮他捎过来的？

（8）他的车子刚头着人偷嘞他的自行车刚才被人偷走了。

（9）他单位夜来就发咾工资嘞他单位昨天就发工资了。

（10）他姑姑的院墙要拾掇一下嘞他姑姑的院墙要修整一下呢。

第三人称单数"他"做领属语时，若中心语是亲属关系名词和处所名词时，领属语和中心语之间不需加结构助词"的"；若中心语为普通名词时，则领属语和中心语之间需加结构助词"的"。

2. "兀家"

在中区晋语的交城、榆次、太谷、文水、祁县、平遥、孝义、介休、灵石方言中，相比于第三人称单数形式"他"而言，人们更倾向于使用与指示代词同形的"兀家"来表示第三人称单数意义。其在句中能做主语、宾语、领属语，但在做集体名词领属语时表示复数意义。例如太谷方言：

（11）兀家都不知道，还怎腻⁼教你咧 他都不懂，还怎么教你呢？

（12）除了叫喽兀家，还又叫上谁咧 除了请他，还请了谁？

（13）兀家的猫儿给丢咧 他的猫丢了。

（14）兀家猴鬼可精明嘞 他的孩子特别聪明。

（15）兀家村里道都安上路灯嘞 他们村里都已经安上路灯了。

又如介休方言：

（16）兀家今年多大岁数嘞 他今年多大年纪了？

（17）我嘴笨，说不过兀家 我嘴笨，说不过他。

（18）兀家的钱儿都输了，真是手背咧 他的钱全输了，手气真不好。

（19）兀家舅舅是我们学校的校长 他舅舅是我们学校的校长。

（20）你看兀家单位还给发这来多东西咧 你看他们单位还给发这么多东西呢。

再如交城方言：

（21）你刚知道咧，兀家早就不去嘞 你才知道啊，他早就不去了。

（22）你给兀家买上两块馍馍哇 你给他买上两个馒头吧。

（23）我就爱吃兀家的饼子 我就喜欢吃他做的饼子。

（24）兀家娃娃可有本事嘞 他的孩子很有本事。

（25）兀家学校开课啦 他们学校开学了。

第三人称单数"兀家"在句中做领属语时，若中心语为称谓名词或处所名词时，领属语和中心语之间不需加结构助词"的"；若中心语为除称谓名词或者处所名词之外的普通名词时，领属语和中心语之间则需加结构助词"的"。

第三人称单数形式"兀家"主要存在于中区晋语的中南部方言点，

太原北部的方言点基本上没有使用"兀家"这一人称代词的现象。

在"兀家"和"他"两种第三人称单数形式同时存在的方言中，二者有着细微差别："他"是受普通话影响后起的，多为年轻人使用，一般多用于比较正式的场合，而"兀家"则多用于口语交际中，使用范围要比"他"广。

在灵石方言中，"兀家"合音为"[兀家][uya^{21}]"，当作第三人称单数使用，在句中充当主语、宾语、领属语，一般可与"兀家"互换使用，意思不变。例如：

(26) [兀家][uya^{21}] 今日来不嘞他今天来不来？

(27) [兀家][uya^{21}] 的东西放得到处都是他的东西放的到处都是。

(28) 你看喽看[兀家][uya^{21}] 姐姐你探望了一下他姐姐？

3. "这家"

在中区晋语的交城、太谷方言中，也可以用"这家"表示第三人称单数，在句中常做主语、宾语、领属语。例如太谷方言：

(29) 我就要跟这家厮跟上进城里的呢我准备和他一起搭伴儿进城呢。

(30) 这家说得对，这二年老王过得就是挺恓惶他说得对，这几年老王生活得就是挺可怜的。

(31) 这家的锹儿给丢咧他的铁锹弄丢了。

(32) 这家的妮子刚结喽婚他的女儿刚结了婚。

(33) 这家的井儿给冻住咧他的水井冻住了。

再如交城方言：

(34) 咱不用这家咧，画的画儿一点也不真咱们不要雇佣他了，画的画儿太假了。

(35) 这家可不争气嘞他很不争气。

(36) 这家的袄儿可好嘞他的棉袄挺好的。

(37) 这家的娃娃可有能耐嘞他的孩子挺有本事。

(38) 这家地嘞种的西瓜嘞他的地里种的是西瓜。

"这家"在句中做领属语时比较特殊，若中心语为亲属关系名词时，领属语与中心语之间要加结构助词"的"；若中心语为处所名词时，领属语与中心语之间不需要加结构助词"的"；若中心语为其他普通名词时，领属语与中心语之间需要加结构助词"的"。

由于"这家""兀家"是近指代词"这"、远指代词"兀"在后面附加"家"构成的，受其理性意义的影响，在指代第三人称时二者之间存在亲疏远近之分："这家"多指关系比较亲近的第三人，而"兀家"则多指关系比较疏远的第三人。此外，"这家"所指的第三人有时就在身边，在实际交际中常配合手势指向其人。在第三人称单数"这家""兀家"共存的方言中，"兀家"的使用频率高于"这家"，这是由于"兀家"的所指范围要比"这家"的所指范围大。例如太谷方言：

（39）a. 这家真不自觉，老师不在就圪捣别人_{他真不自觉，老师一不在就捣乱别人}。

　　　 b. 兀家真不自觉，老师不在就圪捣别人_{他真不自觉，老师一不在就捣乱别人}。

例（39）a 中的"这家"就在说话人的身边，在距离其较近的范围之内，（39）b 中的"兀家"既可能在说话人距离较远的视线范围之内，也可能不在其视线范围内，只是单纯作为一个言谈对象。

（三）中区晋语的第三人称复数代词

1. "他们"

中区晋语第三人称复数形式"他们"是在单数"他"之后附加"们"构成的，与普通话中的"他们"用法一致，在句中常做主语、宾语、领属语。各方言点的用法基本一致。例如太原方言：

（1）他们晓不得_{他们不知道}。
（2）他们的工资都没啦发下来_{他们的工资都没有发下来}。
（3）他们领导过咾年就退休咧_{他们领导过了年就退休了}。
（4）他们村过些年就拆呀_{他们村过几年就拆迁呀}。

再如榆社方言：

（5）他们都是教语文_{他们都是语文老师}。
（6）他们的书包都叫偷咧_{他们的书包都被偷了}。
（7）他们老师刚布置咾作业_{他们老师才布置了作业}。
（8）他们老婆婆都还活着嘞_{他们的曾祖母都还活着呢}。

第三人称复数"他们"在句中做领属语时，若中心语为亲属关系名词或处所名词时，领属语和中心语之间不需加结构助词"的"；若中心语为其他普通名词时，领属语和中心语之间则需加结构助词"的"。

2. "兀家们"

在中区晋语中,"兀家们"可表示第三人称复数意义,多存在于中南部的交城、太谷、祁县、平遥、孝义、介休、灵石方言中,在句中常做主语、宾语,一般不做领属语,当第三人称复数做领属语时,多使用"他们",而不用"兀家们"。例如:

(9)你怎腻⁼找到兀家们的嘞你是怎么找到他们的呢?

(10)兀家们先前日就走咧他们大前天就走了。　　　　　(以上太谷)

(11)你自家不争气,不能怨兀家们你自己不争气,不能怪他们。

(12)兀家们早就吃完咧,你刚来他们早就吃完饭了,你才来?(以上交城)

在"兀家们""他们"两种形式共存的方言中,"兀家们"的使用频率高于"他们",这与第三人称单数"他""兀家"的使用范围、频率是一致的。

三　西区晋语的第三人称代词

(一)西区晋语的第三人称代词形式

表1-3-3　　　　　　　　西区晋语第三人称代词

	主、宾语		领属语	
	单数	复数	亲属关系	社会关系、集体名词
离石	[那家] niɛ³¹² □yɛ³¹²	那家(弭)nəʔ⁴tɕia²⁴(mŋ²⁴) 那些(弭)nəʔ⁴ɕiɛ²⁴(mŋ²⁴) 兀家(弭)uəʔ⁴tɕia²⁴(mŋ²⁴) 兀些(弭)uəʔ⁴ɕiɛ²⁴(mŋ²⁴)	那家 nəʔ⁴tɕia²⁴ 兀家 uəʔ⁴tɕia²⁴	兀家 uəʔ⁴tɕia²⁴
汾阳	那家 nəʔ²¹²tɕia³²⁴ [那家] ȵia³²⁴ 他 tʰa³²⁴	那家们 nəʔ²¹²tɕia³²⁴məŋ³²⁴ [那家]们 ȵia³²⁴məŋ³²⁴ 他们 tʰa³²⁴məŋ³²⁴	[那家] ȵia³²⁴ 他 tʰa³²⁴	[那家]家 ȵia³²⁴tɕia³²⁴ 他家 tʰa³²⁴tɕia³²⁴
方山	乃 nei³¹² 那家 nəʔ⁴tɕiA²¹⁴ 兀家 uəʔ³tɕia²⁴	那家(弭) nəʔ⁴tɕiA²¹⁴(mi⁴⁴) 兀家(弭)uəʔ⁴tɕia²⁴(mi⁴⁴)	乃 nei³¹²	那家(弭) nəʔ⁴iA²¹⁴(mi⁴⁴)

续表

	主、宾语		领属语	
	单数	复数	亲属关系	社会关系、集体名词
柳林	那 nəu^{314} 他 tʰa^{214}	那家（弭）nəʔ^3 tɕia^{24}（mi^{33}） 兀家（弭）uəʔ^3 tɕia^{24}（mi^{33}） 那家弭家 nəʔ^3 tɕia^{24} mi^{33} tɕia^{24} 兀家弭家 uəʔ^3 tɕia^{24} mi^{33} tɕia^{24}	那家 nəʔ^3 tɕia^{24} 兀家 uəʔ^3 tɕia^{24}	那家 nəʔ^3 tɕia^{24} 兀家 uəʔ^3 tɕia^{24}
临县	乃 nɛe^{312} 他 tʰA^{24}	[那家]家（弭）niəʔ^{24} tɕiəʔ^{44}（mi^0） 他们 tʰA^{24} mi^{312}	[那家] niəʔ^{24} tɕiəʔ^{44}	[那家] niəʔ^{24} tɕiəʔ^{44}
兴县	他 tʰA^{44} [那家] niɛ^{324} 那$_1$ nou^{53}	他弭 tʰA^{44} mi^{44} [那家] niɛ^{324} 那$_1$ nou^{53} 些 [那家] 乃 niɛ^{324} nai^{53} [那家] 乃些 niɛ^{324} nai^{53} ɕiɛ^{55} [那家] 些弭 niɛ^{324} ɕiɛ^{55} mi^{44} [那家] 些乃弭 niɛ^{324} ɕiɛ^{55} nai^{53} mi^{44}	[那家] niɛ^{324}	[那家] niɛ^{324}
中阳	兀 uɔ^{313} 他 tʰA^{55}	兀家 uəʔ^3 tɕiA^{24} 他弭 tʰA^{24} mi^{55} 兀家弭 uəʔ^3 tɕiA^{24} mi^{55}	兀家 uəʔ^3 tɕiA^{24}	兀家 uəʔ^3 tɕiA^{24}
岚县	他 tʰa^{214} 那家 nuə^{214} tɕia^{214} 兀家 uei^{214} tɕia^{214}	他们 tʰa^{214} mən^{11} 那些家（们） nuə^{214} ɕiə^{214} tɕia^{214}（mən^{11}）	那家 nuə^{214} tɕia^{214}	那家 nuə^{214} tɕia^{214}
交口	兀 vɔ^{213}	兀家（们）uəʔ^{33} tɕiA^{33}（məŋ^0）	兀家 uəʔ^{33} tɕiA^{33}	兀家 uəʔ^{33} tɕiA^{33}
石楼	那 nuə^{413}	那些 nəʔ^4 sɛi^{44} 兀家（们）uəʔ^{213} tɕia^{214}（məŋ^{214}）	兀家 uəʔ^{213} tɕia^{214}	兀家 uəʔ^{213} tɕia^{214}
静乐	他 tʰã^{24}	他们 tʰã^{24} məʔ^4	他 tʰã^{24}	他们 tʰã^{24} məʔ^4
隰县	他 tʰə^{51}	他们 tʰə^{51} məŋ^{55}	他 tʰə^{51}	他们 tʰə^{51} məŋ^{55}
大宁	他 tʰɑ^{31}	他些 tʰɑ^{31} ɕi^{31} 他些家 tʰɑ^{31} ɕi^{31} tɕia^{31}	他 tʰɑ^{31}	他些（家） tʰɑ^{31} ɕi^{31}（tɕia^{31}）

续表

	主、宾语		领属语	
	单数	复数	亲属关系	社会关系、集体名词
永和	他 $t^ha^{33}/t^hɐʔ^{35}$	他些 $t^ha^{33}ɕi^{33}$	他 t^ha^{33}	他些 $t^ha^{33}ɕi^{33}$
汾西	他 $t^həʔ^1$ 兀 [ui^{55}] 兀主 [uəʔ^{3}tsu^{33}] 兀家 [uəʔ^{3}tɕia^{11}]	他几 $t^həʔ^1tɕz^0$	兀家 [uəʔ^{3}tɕia^{11}]	兀家 [uəʔ^{3}tɕia^{11}]
蒲县	他 t^ha^{51}	他些 $t^ha^{51}ɕiə^{51}$	他 t^ha^{51}	他些 $t^ha^{51}ɕiə^{51}$

表1-3-3所示，在西区晋语中，大部分方言点的第三人称代词是由指示代词的远指兼指，有些方言点如岚县、静乐、大宁、永和、汾西、隰县、蒲县与普通话一样，用"他"表示第三人称代词单数；离石、汾阳、柳林、临县、中阳、兴县等方言点的第三人称代词单数不止一种形式。第三人称代词的复数形式的构成和第一、第二人称代词复数的构成一样。静乐、大宁、永和、汾西、隰县、蒲县这6个方言点是在"他"后加"们、些、几"，其余方言点是在远指代词后加"弭、们"。

西区晋语和中区晋语大部分方言一样，除了"他"以外，有些方言点的远指代词兼指第三人称代词。关于这个现象，吕叔湘（1985：66）指出："在早期，'们'字的应用比现代广，可以说'这们'和'那们'，意思是'这些人'和'那些人'，实际上等于'他们'。"邢向东（2001）指出，陕北的晋语则以远指代词"那"兼指第三身；唐正大（2005）也认为陕西关中的西安、永寿、耀县、渭南等中原官话的"兀"，是常用的远指代词兼第三身代词；史秀菊（2010）也指出吕梁片绝大多数方言都是用指示代词代替第三人称的，大多数与"那"同形，少数与"兀"同形。

（二）西区晋语的第三人称代词的用法

1. 第三人称代词做主、宾语

做主、宾语时，与普通话中的第三人称代词"他""他们"用法相同。例如：

（1）你走时告说［那家］啦没啦你走时告诉他了没有？
（2）兀家弭来又来迟哪他们又来迟了。（以上离石）
（3）把［那家］也吼上，［你家］弭厮跟上吧把他也叫上，你们一起去吧。
（4）［那家］弭来嘞一挂就又走啦他们来了一会儿就又走了。
（5）［那家］乃些弭正掰玉稻黍嘞他们正在掰玉米棒呢。（以上兴县）
（6）他随睡下就噎鼾睡他刚睡下就打呼噜。
（7）他些一搭子走啦他们一块儿走了。（以上大宁）
（8）那说那不走他说他不走。（柳林）
（9）乃还没啦说完嘞他还没说完呢。（临县）
（10）他在地儿动弹嘞他在地里干活呢。（静乐）
（11）那家们是谁嘞他们是谁？（汾阳）
（12）咱在外头等他些咱在外面等他们。（永和）

在离石、汾阳、中阳、临县、兴县方言中，都有"他"这个形式，这个形式是受普通话影响后起的，在方言中的使用不是很普遍，只用于一定的语境中，带有不屑、不想搭理的感情色彩。例如离石方言：

（13）不用管［那家］啊，由他去哇不用管他了，由他去吧！

离石方言中，第三人称有"［那家］［niɛ³¹²］""□［yɛ³¹²］"和"他"的说法，在用法上都表示第三人称，"［那家］［niɛ³¹²］"的用法比较普遍，"他"一般不用，较常用于"由他去哇"之类的语境中，"□［yɛ³¹²］"的感情色彩比"［那家］［niɛ³¹²］"的感情色彩重，有时带着贬义、嘲讽的感情。比如"□［yɛ³¹²］还，其也做不成他呀，什么都干不成。"

永和方言中，"他"有两个读音，说"［tʰa³³］"是背称，说"［tʰeʔ³⁵］"是面称；汾西方言中的第三人称有4种说法，"他［tʰəʔ¹］"是最常用的一种说法，"兀［ui⁵⁵］"指人时，用于戏谑的场合，有嘲讽等贬义色彩，"兀主［uəʔ³tsu³³］"是敬称，"兀家［uəʔ³tɕia¹¹］"可以是敬称，也可以是中性色彩。

2. 第三人称代词做领属语

第三人称代词做领属语时，当中心语是亲属关系名词时，西区晋语的大部分方言点用"那家"或者"兀家"，静乐、大宁、永和、汾西、隰县、蒲县等方言点用"他"，领属语和中心语之间不加结构助词"的"。

例如：

（14）兀₂家妈的⁼做的饭可好吃咧他妈做的饭很好吃。　　　　　（离石）
（15）兀₁是兀₂家娘娘的嘞不她是不是他奶奶？　　　　　　　（柳林）
（16）那家家老汉是种地的她丈夫是种地的。　　　　　　　　（兴县）
（17）那家妈的⁼真⁼年大小咧他妈今年多大年纪了？　　　　　（岚县）
（18）他妹子在念书着嘞她妹妹还在念书呢。　　　　　　　　（大宁）
（19）他爸还没回来他爸爸还没回来。　　　　　　　　　　　（永和）

当中心语是普通名词时，尤其是具体的名词时，领属语和中心语之间要加上结构助词"的"，在修饰集体名词时，既能加"的"，也可以不加"的"。例如：

（20）兀家学校有多儿人咧他们学校有多少人呢？
（21）那是不是兀家的单位咧那是不是他们单位？　　　　　（以上离石）
（22）兀₁是兀₂家的车嘞不那是他家的车吗？　　　　　　　（中阳）
（23）那₂的笔我早还咧他的笔我早就还给他了。　　　　　　（兴县）
（24）那的书还是新的咧他的书还是新的呢。　　　　　　　　（岚县）
（25）谁荷咾他的书嘞谁拿走了他的书？　　　　　　　　　　（永和）

四　东南区晋语的第三人称代词

（一）东南区晋语的第三人称代词形式

东南区晋语的第三人称代词见表 1-3-4。

表 1-3-4　　　　　　　　东南区第三人称代词

	主、宾语		领属语	
	单数	复数	亲属关系	社会关系、集体名词
长治	他 [$tʰa^{213}$]	他家 [$tʰa^{213}tɕie^{0}$]	他 [$tʰa^{213}$]	他家 [$tʰa^{213}tɕie^{0}$]
长子	他 [$tʰa^{534}$]	他都 [$tʰa^{534}təu^{0}$]	他 [$tʰa^{534}$]	他都 [$tʰa^{534}təu^{0}$]
屯留	他 [$tʰa^{213}$]	他都 [$tʰa^{534}təu^{0}$]	他 [$tʰa^{213}$]	他都 [$tʰa^{534}təu^{0}$]
黎城	哈⁼ [xa^{33}]	哈⁼都 [$xa^{33}təu^{0}$]	哈⁼ [xa^{33}]	哈⁼ [xa^{33}]

续表

	主、宾语		领属语	
	单数	复数	亲属关系	社会关系、集体名词
壶关	他 [tʰəʔ²¹]	他家 [tʰəʔ²¹ ciəʔ²¹] 他都 [tʰəʔ²¹ təu³³]	他 [tʰəʔ²¹]	他家 [tʰəʔ²¹ ciəʔ²¹] 他都 [tʰəʔ²¹ təu³³]
平顺	他 [tʰɑ²¹³]	他们 [tʰɑ²¹³ məŋ³³]	他 [tʰɑ²¹³]	他们 [tʰɑ²¹³ məŋ³³]
沁县	他 [tʰɑ²¹³]	他们 [tʰɑ²¹³ məŋ³³]	他 [tʰɑ²¹³]	他们 [tʰɑ²¹³ məŋ³³]
武乡	他 [tʰɑ²¹³]	他们 [tʰɑ²¹³ mə⁰]	他 [tʰɑ²¹³]	他们 [tʰɑ²¹³ mə⁰]
沁源	兀家 [uaʔ⁵³ tɕia³³] 他 [tʰɑ³³]	兀家们 [uaʔ⁵³ tɕia³³ mâ²¹²] 他们 [tʰɑ³³ mâ²¹²]	兀家 [uaʔ⁵³ tɕia³³]	兀家 [uaʔ⁵³ tɕia³³]
襄垣 襄垣东南	他 [tʰɑ³³] 哈⁼ [xa³³]	他们 [tʰɑ³³ məŋ¹¹] 哈⁼们 [xa³³ məŋ¹¹]	他 [tʰɑ³³] 哈⁼ xa³³	他们 [tʰɑ³³ məŋ¹¹] 哈⁼们 [xa³³ məŋ¹¹]
沁水东	他 [tʰɑ²²]	他都 [tʰɑ²² tʌu⁰]	他 [tʰɑ²²]	他都 [tʰɑ²² tʌu⁰]
晋城泽州	他 [tʰʌ¹¹]	他家 [tʰʌ¹¹ tɕiɑ³³]	他 [tʰʌ¹¹]	他家 [tʰʌ¹¹ tɕiɑ³³]
阳城	他 [tʰʌ²³²]	他家 [tʰʌ²³² ciɛ²³²]	他 [tʰʌ²³²]	他家 [tʰʌ²³² ciɛ²³²]
陵川	他 [tʰʌ³³]	[他们] [tʰə̃³³]	他 [tʰʌ³³]	[他们] [tʰə̃³³]
高平	他 [tʰɑ²¹²]	他都 [tʰɑ²¹² tʌu³³]	他 [tʰɑ²¹²]	他都 [tʰɑ²¹² tʌu³³]

(二) 第三人称代词的单数形式及地理分布

由表1-3-4可见，东南区晋语的第三人称代词单数和普通话一致，大多都是用"他"表示，黎城和襄垣东南部的第三人称形式是"哈⁼ [xa³³]"。关于这个形式的来源我们尚不清楚。我们看到，第三人称代词"哈 [xa³³]"只有韵母和普通话的"他"相同，声母和调值都与"他"不同。汉语里的"他"的声母一直是"[tʰ]"，而这些方言中的"哈⁼ [xa³³]"的声母是从舌尖音塞音 [tʰ] 发展为舌面后擦音 [x] 的，还是另有来源，有待于进一步探究。沁源方言中第三人称单数形式除了"他"以外，还有一个形式是"兀家 [uaʔ⁵³ tɕia³³]"。这个形式应该是周边中区晋语扩散的结果。第三人称代词复数的构成和第一、第二人称代词复数的构成是一样的，都是采用附加法构成，附加的复数词尾有"都""家""们"。

（三）领属语位置上的第三人称代词

1. 核心名词是普通名词

在东南区晋语中，第三人称代词做主、宾语的用法与普通话基本一致。在做领属语时，当核心名词是普通名词时，领属代词分单复数，形式同主、宾语位置上的代词（见表1-3-4），且领属语和中心语之间的领属标记一般不省略，这种用法也同普通话，不赘。

2. 核心名词是亲属—集体名词

1）核心词是家庭亲属关系名词

核心词是家庭亲属关系名词，领属代词常用第三人称单数形式。例如：

(1) 他 [tʰa²¹³] 姑姑这几天可吃香咧他姑姑这几天可受欢迎呢。

(2) 他 [tʰa²¹³] 兄弟在不在他弟弟在不在？（以上长治）

(3) 他 [tʰʌ¹¹] 奶奶身体好不好他奶奶身体好不好？

(4) 他 [tʰʌ¹¹] 兄弟可不省心嘞他弟弟很不让人省心。（以上晋城）

(5) 哈⁼[xa³³] 爷爷都八十多嘞他爷爷都八十多岁了。（黎城）

(6) 他 [tʰa²¹³] 哥哥是夜来结的婚他哥哥是昨天结的婚。（武乡）

2）核心词是社会关系、社会角色、群体、机构等名词

核心词是社会关系、社会角色时，领属代词可用第三人称复数形式，有时也可用单数形式；核心词是群体、机构等名词时，领属代词常用第三人称复数形式。例如：

(7) 给他 [tʰa²¹³] 同学拿上些特产哇给他的同学拿点特产吧。（武乡）

(8) 他们 [tʰa²¹³ mə⁰] 村嘞这几年变化可大嘞他们村子里这几年变化可大呢。（武乡）

(9) 他们 [tʰa³³ məŋ⁰] 主任刚出去他们主任刚出去。（襄垣）

(10) 哈⁼们 [xa³³ məŋ¹¹] 村里都铺上柏油路咧他们村子里都铺上柏油马路了。（襄垣）

(11) 他家 [tʰa²¹³ tɕiɛ⁰] 老师请假嘞他们老师请假了。（长治）

(12) 他家 [tʰʌ¹¹ tɕiɑ³³] 老板上青岛旅游去嘞他们老板去青岛旅游去了。（晋城）

(13) 去他都 [tʰa²² tʌu⁰] 家吃饭行不行到他家吃饭可以吗？（沁水东）

（14）他都［tʰa²¹²tʌu³³］学校这些年变化挺大他们学校这几年变化挺大。

（高平）

（15）［他们］［tʰə̃³³］学校这几天好像挺忙，天天开会他们学校这几天好像挺忙，每天开会。

（陵川）

（16）兀家［uaʔ⁵³tɕia³³］村兀几年快穷杀咧他们村里那几年快穷死了。

（沁源）

（17）他们［tʰa²¹³məŋ³³］村今年闹红火不他们村里今年闹红火吗？

（沁县）

（18）他都［tʰəʔ²¹təu³³］单位今儿发咾一袋面他们单位今天发了一袋面。

（壶关）

黎城方言部分方言中，中心语不论是亲属关系名词，还是社会关系、集体名词，都用单数形式"哈⁼"，如"哈⁼奶奶、哈⁼同学、哈⁼村、哈⁼书房、哈⁼单位……"用在集体名词前意思相当于复数义"他们"。

第二章

山西晋语人称代词的连用和重叠

山西晋语部分方言点中，三身人称代词单数在领属位置上能重叠，第三人称单数在主语位置上也能重叠，三身人称代词在领属语位置上复数和单数还能连用，但这种重叠和连用现象在地理上的分布很不均衡。目前我们调查到的只有北区晋语中雁门关以北的一些方言有这种现象。他称代词在山西晋语中形式多样，不同形式的他称代词也可以连用。

第一节 北区晋语领属代词复数和单数的连用

山西北区晋语中雁门关以北的部分方言，同一人称代词的复数和单数可以连用，不同人称代词的复数和单数也可以连用，连用后做亲属称谓名词的领属语，线性排列成［人称代词复数＋人称代词单数＋亲属名词］的格式，但整个领属结构语义的负载者是［人称代词单数＋亲属名词］，人称代词复数主要起语用作用。

一 人称代词的形式及其读音

北区晋语的大同、天镇、阳高、怀仁、左云、右玉方言的三身人称代词相同，都和普通话基本一致。应县、浑源、灵丘方言除第一人称代词多出了"俺、俺们"外，也和普通话基本一致。我们径以大同方言为代表。山阴、平鲁、朔州（城区）三点的三身人称代词各具特色。详见表2-1-1。①

---

① 因调值不影响我们的观点和结论，为简便，下文举例标音时不再标调值。调值参见第一章相关代词表。另，关于人称代词舒、入两种读法所表意义的差异，请参看第七章，此处不赘。

表 2-1-1　　　　　　　　北区晋语三身人称代词

	第一人称		第二人称		第三人称	
	单数	复数	单数	复数	单数	复数
大同	我 vo/vəʔ	我们 vo məʔ	你 ni/niəʔ	你们 ni məʔ	他 tʰa/tʰəʔ	他们 tʰaməʔ/tʰəʔ məʔ
山阴	我 vo/vəʔ	伍= vA　伍=们 vA məʔ	你 ni/niəʔ	[你们] niəu　[你们] 们 niəu məʔ	他 tʰa/tʰəʔ	他们 tʰA mə (ʔ) /tʰəʔ məʔ　[他们] tʰəu
朔州	我 vo/vəʔ	囊= nɒ	你 ni/niəʔ	[你们] niəu	他 tʰa/tʰəʔ	倘= tʰɒ
平鲁	我 vo/vəʔ	囊= nɒ（西山）　往= vɒ（东川）	你 ni/niəʔ	[你们] niəu	他 tʰa/tʰəʔ	倘= tʰɒ

北区晋语三身人称代词的单数形式大都和普通话一致,但都有舒、入两种读法。一般来说,做主语时,多读舒声,但第三人称单数做主语时也常读入声。做宾语时,三身人称代词单数都有舒、入两种读法:一般读入声,强调时读舒声。当主、宾语都是第三人称代词单数时,主语一般读舒声,宾语一般读入声。领属语的情况较为复杂:当核心名词是亲属称谓名词时,领属代词一般都读入声,领属代词和核心名词之间无领属标记;强调领属时,读舒声,领属代词和核心名词之间可加也可不加领属标记"的 [tiəʔ]"。当核心名词是一般名词时,读舒声,领属代词和核心名词中间一般加领属标记"的 [tiəʔ]"。我们以山阴方言为例说明,如:

(1) a. 我 [vo] 不去。

　　b. 你 [ni] 回哩不你回吗?

　　c. 他 [tʰA] 在没他在吗?

(2) a. 他 [tʰəʔ] 又知道我们聚会他是知道我们聚会的。

　　b. 她 [tʰəʔ] 啥还知道哩她其实啥都懂得。

(3) a. 你 [ni] 看我 [vəʔ] 做啥哩你看我干嘛呢?

　　a′. 你 [ni] 看我 [vo] 做啥哩你看我干嘛呢?

　　b. 小李给你 [niəʔ] 钱了没小李还你钱了没有?

　　b′. 小李给你 [ni] 钱了没小李还你钱了没有?

c. 你［ni］叫他［tʰə˧］啦没你请他了吗？

c′. 你［ni］叫他［tʰA］啦没你请他了吗？

(4) a. 她［tʰA］也想叫他［tʰə˧］去哩她也想让他去呢。

b. 他［tʰA］也没法跟她［tʰə˧］说这些事他也没办法跟她说这些事。

(5) a. 我［və˧］妈哪去啦我妈去哪里了？

b. 你［niə˧］女儿今年考得咋底个你女儿今年考得怎么样？

c. 他［tʰə˧］姑姑好啦没他姑姑的病好了没有？

d. 那是我［vo］（的）妈，又不是你［ni］（的）妈，你［ni］怕啥哩那是我妈，又不是你妈，你担心什么呢。

(6) a. 我［vo］的娃娃由我［vo］管哩我的孩子由我管教呢。

b. 这是你［ni］的衣裳这是你的衣服？

c. 他［tʰA］的话你［ni］也信哩他的话你也相信。

第三人称单数做主语读入声时，常带有说话者对主语的不满、轻视等主观态度或评价。

北区晋语三身人称代词复数形式分两套：一套是和普通话一致的三身人称代词复数形式，如大同、怀仁、阳高、天镇、左云、右玉等方言；一套是用单音节形式表示复数，我们称之为"单音节人称代词复数形式"。单音节人称代词复数形式只存在于山阴、平鲁、朔城区方言中，但在三地的存在情况也不完全一样：山阴方言只有单音节第一人称复数"佤⁼［vA］我们"和第二人称复数"［你们］［niəu］"①，没有相应的单音节第三人称复数形式，第三人称复数形式同普通话一致；平鲁方言和朔城区方言单音节三身人称代词复数齐备：第一人称复数是"囊⁼［nɒ］我们"，第二人称复数是"［你们］［niəu］你们"，第三人称复数是"倘⁼［tʰɒ］他们"，见表2-1-1。

北区晋语中，不论是和普通话一致的三身人称代词复数，还是单音节人称代词复数，在句中都可做主语、宾语和定语。做定语用在一般名词前表领属时，后面可加"的［tiə˧］"，也可不加，如大同云州区方言的"我们的车""我们村"，山阴方言的"佤⁼［vA］的车""佤⁼［vA］村"。不管

---

① 山阴方言中，这两个代词既可以用单音节形式表示复数，也可以在单音节后面加"们"构成双音节表示复数，二者可以自由替换使用，意义不变。

加不加"的〔tiəʔ〕",单音节人称代词复数都不能直接用在亲属称谓名词前表领属,如山阴方言不能说"伍⁼〔vʌ〕妈""伍⁼〔vʌ〕二姐"。和普通话一致的三身人称代词复数可以用在部分亲属称谓名词前表领属,如大同_{云州区}方言能说"我们二姐_{我丈夫的二姐}""你们三叔_{你丈夫的三叔}"等,但没有"我们妈""我们爹"的说法(武玉芳,2010:141-144)。北区晋语中,不论是单音节人称代词复数,还是和普通话一致的人称代词复数,都能和人称代词单数连用,连用后做亲属称谓名词的领属语,线性排列成〔人称代词复数+人称代词单数+亲属名词〕的格式。连用的情况有两种:(一)单音节人称代词复数和同一人称的代词单数连用,我们称之为"同一人称代词的复数和单数的连用";(二)第一、二人称代词的复数和第三人称的单数连用,我们称之为"不同人称代词的复数和单数的连用"。

二 同一人称代词复数和单数的连用

北区晋语中,单音节人称代词复数不能直接用在亲属称谓名词前表领属,但能和同一人称的单数连用,放在亲属称谓名词前做领属语,构成〔人称代词复数+同人称代词单数+亲属名词〕的格式,其中人称代词单数读相应的入声。如山阴方言:

(1) 伍⁼〔vʌ〕我〔vəʔ〕妈皮,那会儿可叫我奶奶欺倒啦_{我妈善良老实,以前常受我奶奶的欺负}。

(2) 〔你们〕〔niəu〕你〔niəʔ〕大爷九个生儿上倒放上羊啦_{你伯父九岁的时候就开始放羊了}。

再如朔城区方言:

(3) 曩⁼〔nɒ〕我〔vəʔ〕大真勤谨哩_{我父亲很勤快}。

(4) 〔你们〕〔niəu〕你〔niəʔ〕奶可厉害哩_{你奶奶很厉害}。

(5) 倘⁼〔tʰɒ〕他〔tʰəʔ〕爷可日能哩_{他爷爷很能干}。

再如平鲁方言:

(6) 曩⁼〔nɒ〕我〔vəʔ〕妈可偏心哩_{我妈很偏心}。 (西山)

(7) 往⁼〔vɒ〕我〔vəʔ〕妈给我买的这个兜兜_{我妈给我买的这个包}。

(东川)

(8) 〔你们〕〔niəu〕你〔niəʔ〕姥娘才活了四十来岁_{你姥姥才活了四十}

来岁。

(9) 倘⁼[tʰɒ] 他 [tʰəʔ] 舅当局长的哩_{他舅舅当局长的呢}。

同一人称代词的复数和单数连用表领属，常用于长辈或年长的平辈亲属称谓名词前，一般不用于晚辈，表示说话人的一种主观评价或态度立场。这种说法多用于多子女家庭，独生子女家庭不能用。目前这种说法正在消失。

北区晋语中，[人称代词复数+同人称代词单数+亲属名词]均可换说成[同人称代词单数+亲属名词]，也可换成相应的单数领属代词的重叠式（范晓林，2012），但用单数形式和重叠式均会显得生硬、直率，使用领属人称代词复数和单数的连用式就显得委婉得多。

据我们观察，北区晋语中只有人称代词复数形式是单音节时，才有同一人称领属代词单、复数形式的连用现象。人称代词复数是双音节形式时，没有这种连用现象。

三　不同人称代词复数和单数的连用

汉语北方方言中，表示从他亲属称谓普遍用的格式是[第三人称代词单数+亲属名词]，如"他爸"。有时为了指代明确，在[第三人称代词单数+亲属名词]前再加上人名，构成[人名+第三人称代词单数+亲属名词]格式①，如"红红他爸"等。北区晋语中，不仅人名可以和[第三人称代词单数+亲属名词]格式连用，第一、二人称代词的复数也能和这个格式连用，在线性排列上形成这样一个序列：[人称代词复数（除第三人称外）+第三人称代词单数+亲属名词]，其中第三人称单数读入声[tʰəʔ]。如山阴方言：

(10) 伓⁼[vA] 他 [tʰəʔ] 大妈可看好志强哩_{我孩子他大伯母很疼爱志强}。
(11) [你们] [niəu] 他 [tʰəʔ] 大爷给队上放过羊_{你孩子他大伯给村大队放过羊}。

再如大同_{云州区}方言：

(12) 我们 [vo məʔ] 他 [tʰəʔ] 二姑和我在一个学校呢_{我孩子他二姑和}

---

① 刘丹青（2006）指出，此结构是北方汉语亲属关系常有的一种特殊的专用表达手段，是用半虚化的"他"（口语没有"他—她"之别）来连接。

我在一个学校上班呢。

（13）我今天在街上还碰见你们［ni məʔ］他［tʰəʔ］奶奶一个儿买菜呢我今天在街上还碰到你孩子他奶奶自己买菜呢。

这种复数和单数连用的形式一般只是已婚女性使用，未婚女性和男性一般不这样说。在晋北地区，老年已婚男女都不习惯用亲属称谓词称呼配偶家人尤其是其父母和年长的同辈，如已婚女性一般不会称呼公婆为爹妈。① 没有面称，背称时常说"我们老汉我公公""我们老人儿我婆婆"。有时说话人为了表示尊重和亲近，常从儿或从夫称，如大同云州区方言的"我们他爷爷我孩子的爷爷""我们他大姑我孩子的大姑""你们二姐你丈夫的二姐"等（武玉芳，2010：141-147）。

北区晋语中，[人称代词复数（除第三人称外）+第三人称代词单数+亲属名词]也可以换说成[第三人称代词单数+亲属名词]，如例（10）也可以换说成"他大妈可看好志强哩"，例（12）可换说成"他二姑和我在一个学校呢"。不过，如果单用第三人称单数的话，一方面可能会造成指称模糊，另一方面会显得生硬和疏远。而第一、第二人称代词的复数和第三人称的单数形式连用后，既对所指表示尊敬或亲近，也可以拉近和交际方的心理距离。

四 领属人称代词复数和单数连用的语用功能

从语义功能方面看，上文所举例子中领属代词复数和单数连用是有矛盾的：对于同一人称代词的复数和单数的连用来说，整个领属短语的领属成分是复数还是单数呢？对于不同人称代词的复数和单数的连用来说，整个领属短语的领属成分在理解上不仅存在是复数还是单数的问题，还存在是哪个人称的问题。我们用删去其中之一的办法来测试连用的两个领属代词哪个是真值语义的负载者。

如前所述，北区晋语中，单音节人称代词复数不能直接用在亲属称谓名词前表领属，所以测试的结果是：删去人称代词单数形式的句子都是不

---

① 晋北地区，中年人目前仍然不习惯用亲属称谓词称呼配偶的父母，但常用亲属称谓词面称配偶年长的同辈；年轻人除了用亲属称谓词称呼配偶年长的同辈外，已开始用亲属称谓词面称配偶的父母，在城市中比较普遍。

合法的；删去人称代词复数，句子在语法上都是合法的，语义上也基本符合原意，只是语用意义有所不同。这个测试表明，同一人称代词的复数和单数连用时，整个领属结构的句法—语义功能的承担者是［人称代词单数＋亲属名词］部分，人称代词的复数是语用意义的负载者。

北区晋语中，和普通话一致的人称代词复数是可以直接用在亲属称谓名词前做领属语的，那么不同人称的领属代词复数和单数连用在一起时，是否都起着一定的句法—语义作用？我们仍然用删去其中之一的办法来测试连用的两个领属代词哪个是真值语义的负载者。

（12′）我们二姑和我在一个学校呢_{我丈夫的二姑和我在一个学校上班呢}。

（12″）他二姑和我在一个学校呢_{我孩子的二姑和我在一个学校上班呢}。

（13′）我今天在街上还碰见你们奶奶啦_{我今天在街上还遇见你丈夫的奶奶了}。

（13″）我今天在街上还碰见他奶奶啦_{我今天在街上还遇见你孩子的奶奶了}。

测试结果显示，无论删去哪个人称代词，句子在语法上都是合法的，但所表示的语义有所不同：删去人称代词单数后，句子的语义发生了变化，由从儿称谓变成了从夫称谓，不符合句子的原意了，如（12′）、（13′）；删去人称代词复数后，尽管所指有些模糊，语义上还是基本符合原意的，如（12″）、（13″），只是语用意义不同了。这个测试表明，第一、第二人称代词的复数和第三人称的单数连用时，整个领属结构的句法—语义功能的承担者是"第三人称单数＋亲属名词"部分。第一、第二人称的复数只起语用作用。

综上，北区晋语中，不管是同一人称代词的复数和单数形式连用，还是不同人称代词的复数和单数形式连用，做亲属称谓名词的领属语时都有这样一些特点：（1）代词连用的次序是固定的，都是复数形式在前，单数形式在后，不能相反。（2）删去人称代词单数形式的句子有可能不合法，语义也可能不符合原意；删去人称代词复数，句子在语法上都是合法的，语义虽然模糊但也基本符合原意，只是语用意义有所不同。这表明，句子的基本句法—语义功能的承担者是"人称代词单数＋亲属名词"部分，人称代词复数是语用意义的负载者，虽还有一定的语义，但主要起语用作用，使表达委婉。我们认为这一点和张伯江先生曾讨论的汉语限定成分共现的语用功能是一致的（张伯江，2010）。

第二节　北区晋语三身代词单数的重叠

一　北区晋语三身人称代词单数重叠作亲属领属语

据我们目前的调查，三身人称代词的重叠现象也只分布在北区晋语中雁门关以北的部分方言点，且能重叠的只有人称代词的单数形式。北区晋语的大同、山阴县、怀仁、应县、左云县、右玉县等方言中，人称代词单数"我""你""他（她）"用在亲属名词前表领属时，都可以重叠，重叠为"我我""你你""他他（她她）"。例如：

（1）a. 我［vo⁵⁴］我［vəʔ³²］老妈今年倒九十六啦_{我伯母今年已经九十六了。}

b. 你［ni⁵⁴］你［niəʔ³²］妈叫你［niəʔ³²］爹是不是就叫"您儿"哩_{你妈是不是就用"您儿"称呼你爹呢？}

c. 他［tʰa³¹］他［tʰəʔ³²］嫂子这会儿也叫他［tʰa³¹］叫"您儿"哩_{他嫂子到现在还用"您儿"称呼他呢。}　　　　　　（大同_{云州区}）

（2）a. 我［vo⁵²］我［vəʔ⁴］奶奶那会儿到我［vəʔ⁴］妈跟前也不赖_{我奶奶以前对我妈也不错。}

b. 你［ni⁵²］你［niəʔ⁴］大爷人家还识俩个字哩_{你伯父还认得几个字呢。}

c. 他［tʰa³¹³］他［tʰəʔ⁴］爸爸我［vo⁵²］也可惯哩_{我和他爸爸也很熟。}（山阴）

（3）a. 我我爷爷可看好我哩_{我爷爷很疼我。}

b. 你你姥姥今年多大岁数啦_{你姥姥今年多大年纪了？}

c. 她她爸爸可有本事哩_{她爸爸挺有本事的。}　　　　　　（应县）

（4）a. 我我女儿今年（中考）可给考好啦_{我女儿今年（中考）考得非常好。}

b. 你你爹是不当过民办教员_{你爹是不是做过民办教师？}

c. 她她姐姐和我同学哩_{她姐姐和我是同学。}　　　　　　（左云）

（5）a. 我我妈年轻那会儿可灵哩_{我妈年轻时候很聪明。}

b. 你你舅舅小时候就跟上人出口外放羊去啦_{你舅舅小时候就跟着人到内蒙古放羊去了。}

c. 他他大大那两天是不住院啦_{他父亲前几天是不是住院了}？（右玉）

北区晋语中，人称代词"我""你""他"做领属语时，读音和句法功能都分两种情况：第一，当领属对象是一般名词时，"我""你""他"都读舒声，后面一般要加结构助词"的［tiəʔ］"。第二，当领属对象是亲属名词时，"我""你""他"一般都变读为入声，后面不能再用结构助词"的［tiəʔ］"。

人称代词重叠式合取了上述两种读音，如大同_{云州区}方言分别读作"我我［vo⁵⁴vəʔ³²］""你你［ni⁵⁴niəʔ³²］""他他（她她）［tʰa³¹tʰəʔ³²］"。重叠式在做领属语时，后面也不能用结构助词"的［tiəʔ³²］"。

人称代词的重叠式做领属语时，一般均可换成相应的读入声的人称代词，语义和句法功能都不变。如：

(1′) a. 我［vəʔ³²］老妈今年倒九十六啦_{我伯母今年已经九十六了}。
   b. 你［niəʔ³²］妈叫你［niəʔ³²］爹是不是就叫"您儿"哩_{你妈是不是就用"您儿"称呼你爹呢？}
   c. 他［tʰəʔ³²］嫂子这会儿也叫他叫"您儿"哩_{他嫂子到现在还用"您儿"称呼他呢。}

(2′) a. 我［vəʔ⁴］奶奶那会儿到我妈跟前也不赖_{我奶奶以前对我妈也不错}。
   b. 你［niəʔ⁴］大爷人家还识俩个字哩_{你伯父还认得几个字呢}。
   c. 他［tʰəʔ⁴］爸爸我也可惯哩_{我和他爸爸也很熟}。

相比较而言，使用重叠式不仅具有明显的强调和凸显领属代词的作用，同时带有强烈的主观性。"主观性"（subjectivity）是指在话语中多多少少总是含有说话人"自我"的表现成分（沈家煊，2001）。也就是说，说话人在说出一段话的同时表明自己对这段话的立场、态度和感情，从而在话语中留下自我的印记（沈家煊，2015）。北区晋语领属代词用重叠式时一般都带有说话人对话语中所提及的亲属的主观评价，且一般是正面的、积极的评价。如若换成相应的读作入声的人称代词做领属语时，只是一种客观陈述，不带说话人的主观态度。

二　北区晋语第三人称代词单数重叠作主语

范晓林（2012）指出，晋北方言人称代词的重叠式一般用在亲属名词前，只能做领属语，一般不做主语和宾语。但据我们后来的调查发现，晋北方言第三人称代词的重叠式还能做主语。例如怀仁方言：

(25) 他他［tʰa³¹tʰəʔ³²］也又懂得，哄不了_{他自己也懂得，骗不了}。

(26) 他他［tʰa³¹tʰəʔ³²］一个儿也有个略摸哩_{他自己也有估摸呢}。

(27) 她她［tʰa³¹tʰəʔ³²］也不知道放哪啦_{她自己也不知道放在哪儿了}。

第三人称代词重叠式做主语，比做亲属名词的领属语的强调意味更重，相当于第三人称单数反身代词"他/她一个儿_{他/她自己}"，且能和"他/她一个儿_{他/她自己}"换说，意思不变。

藏缅语族很多语言都可用人称代词重叠构成反身代词（详见第六章），北区晋语第三人称单数重叠式做主语相当于反身代词的现象在汉语里看似特别，但从语言类型学的角度看，也是语言的一种共性特点。北区晋语三身人称代词单数做亲属名词领属语时都能重叠，但只有第三人称代词单数重叠式能做主语，我们认为这是和三身代词在主语位置上的读音有关。从前文可知，三身人称代词单数在主语位置上一般都读舒声［tʰa］，但第三人称代词做主语时也常读作入声［tʰəʔ］，且读入声时常带有强烈的主观性，表达了说话人对"他/她"的主观态度和评价等，这时主语位置上的"他/她"的指称性就很弱了，为了强调指称意义，又在其前叠加了一个读舒声的"他/她"以示强调，构成了变形重叠式。

三　小结

北区晋语三身人称代词单数重叠后都带有强烈的主观性。北区晋语三身人称代词单数重叠表强调的功能，和汉语其他词类如形容词等重叠的强调功能是一致的。就目前所见，人称代词重叠的现象在普通话中没有，也未见汉语其他方言点的相关报道。人称代词重叠并表示强调是汉藏语系藏缅语族的特征（参看戴庆厦、黄布凡等，1991；孙宏开，1996；张敏，1997）。北区晋语人称代词重叠并表强调的功能正与此相同，但其来源还有待进一步研究。

第三节 山西晋语"人家"义代词的形式及其连用

一 山西晋语"人家"义代词的形式

《现代汉语八百词》将代词"人家"解释为：①泛称说话人和听话人以外的人，和"自己"相对，大致相当于"别人"。②称说话人和听话人以外的人。大致等于"他"或"他们"。③称说话人自己，等于"我"。稍有不满的情绪（吕叔湘，1981：406－407）。普通话的人称代词"人家"，在山西晋语中有多种相应的表达形式，如表2－3－1所示。

表2－3－1　　山西晋语的"人家"义代词（单数）

区	方言点	"人家"义代词	区	方言点	"人家"义代词
北区	天镇	（人 z̩ɤ²²）伢 n̠ia⁵⁴ 人家 z̩ɤ²² tɕia⁵⁴	西区	离石	人家 æ⁴⁴ iəŋ²⁴/æ⁴⁴ tɕiaʔ⁴/ zəŋ⁴⁴ tɕiaʔ⁴
	大同云州区	人儿 z̩ər³¹³ 家 tɕiɛ³¹ 人家 in³¹³ tɕiɛ³¹		中阳	人家 ə̃⁵⁵ tɕiA⁰
	山阴	尔 ʌr⁵² 人家 z̩ə̃³¹³⁻³¹ tɕiE⁵²		临县	人家 z̩əŋ⁴⁴ tɕiəʔ⁴⁴⁻²¹
	平鲁	人儿 z̩ər²¹³， 人家 z̩ə̃²¹³ tɕiɛ⁵³		柳林	恩家 əŋ⁵⁵ tɕiA⁰/tɕiɛ⁰
	灵丘	人 zəŋ³¹²		兴县	人家 zəŋ⁴⁴ tɕiA⁰
	代县	人家 zəŋ²¹³⁻⁴² tɕia²¹ □za²¹³ 尔 ər²¹³		汾阳	伢 n̠ia³²⁴ 尔啦 ər³²⁴ la²² 尔那 ər³²⁴ na²² 人家 z̩əŋ³²⁴ tɕia³²⁴
	宁武	伢 n̠iA³³ 人伢 z̩ə̃³³ n̠iA³³ 人家 z̩ə̃³³ tɕiA²¹³⁻²¹			
	原平	□z̩A³³ 人家 z̩əŋ³³ ia⁰ 人家 z̩əŋ³³ tɕia⁰			
	忻州	伢 n̠iA³³ 人家 z̩əŋ³¹ tɕia³¹³		汾西	人家 zəŋ³⁵⁻²² təʔ⁰
	五台	那 na³³ 人 zən³³			

续表

区	方言点	"人家"义代词	区	方言点	"人家"义代词
中区	娄烦	伢 ȵia^{32} （嗯）那（əŋ）nʌʔ^{32} 人家 zəŋ^{33} tɕia^{33}	东南区	长治	人家 iŋ^{24} tɕiɛ^{213}
				晋城	□z̞ᴀ^{53}
	太原小店	那 na^{11} 人那 zəŋ^{11} na^{11}		长子	那 na^{53} 人家 in^{24} tɕia$^{213-53}$
	清徐	人家 ai^{11} nŋ^{11}		屯留	人家 in^{13} tɕiɛ$^{213-21}$
	平遥	人家 z.əŋ^{13} ȵia^{13} 那 ȵa^{13}		襄垣	伢 ȵia^{11} 人家 z.əŋ^{11} tɕia^{33}
	文水	那 na^{22} 伢 ȵia^{22} 人家 zəŋ^{22} ȵia^{22}		沁县	伢 ȵia^{33} 人家 zəŋ^{33} tɕia^{213}
	交城	伢 ȵia^{11} 尔伢 ər^{11} ȵia^{11} 尔那 ər^{11} na^{11}		武乡	伢 ȵia^{33}
	介休	人家 z.əŋ$^{13-55}$ ȵa^{13}/əŋ$^{13-55}$ ȵa^{13}		黎城	那 na^{53}
	孝义	□z̞.a^{11}		泽州	□z̞ᴀ^{53}
	和顺	□z̞.a^{31}，人家 z.əŋ^{22} tɕia^{31}			
南区	洪洞	人那 z.ən^{24} na^{24} 那 na^{24}	东北区	广灵	人 zɤ^{31}
	临汾	人那 zən^{13} na^{21} 那 na^{21}			
	河津	□z̞.a^{324} 人家 z.ẽ^{324} tʂa^{0}			
	万荣	伢 ȵia^{24} 人家 z.ei^{24} tʂa^{330}			

由表 2-3-1 可见，山西晋语的表"人家"义的代词形式多样，它们产生的途径各异。归纳起来，大致有合音式、省略式、重组式、叠置式四类。为方便讨论，下面将山西方言南区和东北区的官话也纳入讨论范围。

（一）合音式

山西晋语中，代词"人家"合音分两种：一种是合成 [ȵia] 类，包括 [ȵia]、[ȵiɑ]、[ȵie] 等，我们记作"伢"。① 另一种是合成 [z̞a] 类，包括 [z̞a] 和 [za] 等。"人"字在中古属日母。据王力（1985：494；504）日母的声母经历了 [ȵ]（先秦—隋唐）>[r]（五代—元）>

---

① 汉语方言学界对代词"人家"的古音合音式的记法有所不同，大部分记作汉字"伢"，有的记作汉字"牙"，有的用"人家"表示，也有的只标音，用"□"表示。本书均记作"伢"，转引时按原文所记。

[ʈ]（现在一般记为[ʐ̩]）（明清—现代）的演变过程；"家"字在中古是假开二平麻韵，其韵母经历了[eai]（先秦）>[eɑ]（西汉—南北朝）>[a]（隋唐—宋）>[ia]（元—现代）的演变过程。山西方言"人家"合音后声母的两种读音都符合古日母字的语音演变规律。就合音声母演变的历史来看，[ȵia]类为"人家"的古音合音式，[ʐa]为"人家"的今音合音式。相比较而言，古音合音式在晋语中分布比较广泛。除表2-3-1所列的方言点之外，北区的阳高、定襄，中区的阳曲、太原北郊、祁县、太谷、寿阳、榆社、左权，东南区的武乡、沁县，南区大部分方言点如吉县、乡宁、襄汾、侯马、闻喜、运城、新绛、永济、芮城等均是古音合音式。五台、娄烦、太原小店、文水、长子、洪洞、古县、临汾等方言中有个表"人家"义的代词读"[na]"。

高炯（1995：54）将长子方言的人称代词"那[na⁵³]"解释为"人家"的合音，胡双宝（1984：50；1988：20）将文水方言的人称代词"□[na²²]"解释为"人家"的合音，侯精一（1999：333）认为平遥方言的人称代词"牙[ɳa¹³]"是"人家"的合音词。乔全生（1999：19）将洪洞方言的人称代词"哪[na²⁴]"分析为"人家"的合音。本书将这些合音为[na]或[ɳa]的词均记作"那"（转引时按原文所记）。那么，"人家"是如何合音成为"那"的呢？

北区的忻州、原平、定襄，中区的平遥、祁县、太谷、孝义、文水、交城，西区的汾阳，东南区的武乡，南区的吉县、乡宁、运城、万荣等方言点，属古日母的"人家"的合音"伢"的声母[ȵ]与泥母细音字的声母相同，归入了泥母；其读音[ȵia]与古疑母假开二平麻韵的"牙、芽"等字完全相同而和疑母细音字合流。而古泥母细音字与古疑母细音字在山西大部分方言点合流，读[ȵ]声母（乔全生，2008：137）。山西大部分方言中，[n]和[ȵ]处于互补分布状态，[n]拼洪音，[ȵ]拼细音。平遥、介休方言中，[ɳ]也拼洪音。从表2-3-1可见，人称代词"那"的声母在有的方言点是舌尖后音[ɳ]（平遥、介休），有的方言点是舌尖中音[n]（洪洞、古县、临汾、长子）。这说明，在"人家"合音过程中，其声母的发音部位发生了前移——由舌面前到舌尖后，再到舌尖中，即[ȵ]→[ɳ]→[n]。在声母舌尖化的同时，韵母的介音[i]脱落，就形成了这样一个音变链：[ȵia]>[ɳa]>[na]。乔全生等（2013）在讨论晋语见组（见溪群三母）细音字声母演变时指出："在晋语中，有些方言的见组细音字不但发生了类似官话方言的腭化，而且还在此基础上进一步发展，形成了超前演变，即见组细音字声母在由舌根音变成舌面音的基础上，又进一步演变成舌尖音。"［ȵia］＞［ŋa］＞［na］的音变过程说明合入见组疑母细音字的"伢［ȵia］"也符合这一演变规律。

代词"人家"合音的过程中，各方言在声调的析取上也有所不同。大部分析取的是前一音节"人"的声调阳平调，如北区的宁武、原平、忻州、五台、定襄，中区的襄垣、沁县、武乡，南区的吉县、运城、永济、万荣等的"伢"，河津的"□［ʐ̩a］"，临汾、洪洞的"那"，都读阳平调。少部分方言析取的是后一音节"家"的声调阴平调，如和顺的"□［ʐ̩a³¹］"。

中区晋语平声不分阴阳，声调如何析取不容易分辨，如太原、清徐、孝义、介休、平遥等点，但文水的"那"和"伢"都读阴平调（参看胡双宝，1983：13），可见析取的是后一音节"家"的声调。北区的天镇和阳高方言中的"伢"既不读阳平调，也不读阴平调，而是读上声调。李荣（1965）指出：语法上属于同一小类的用法相近的字，有时在读音上会互相吸引，引起字音的改变。李荣把这种现象称作"感染作用"。汉语方言中，第三人称代词"他"受第一、第二人称代词"我""你"的声调感染读上声调的例子很多。我们认为，天镇、阳高方言中表"人家"义相当于第三人称代词"他"的"伢"读上声调，应该是受到读上声的第一、第二人称代词的声调感染所致。东南区晋城的"□［ʐ̩a］"和长子的"那"的声调，既不与"人"和"家"中的任何一个同，也没有受到第一、第二人称代词的声调感染，而是变调读去声（长子的"那"读阳去）。这一点比较特殊。陕西关中方言中代词"人家"的合音"伢"的声调基本同山西晋语，读阴平、阳平、上声、去声四个声调的情况都有，但大部分也是读作阳平调（参看孙立新，2010：38）。

根据语音、语义以及功能的对应，我们认为，上述方言点的人称代词"那［na］"是"人家"的古音合音"伢［ȵia］"的音变形式，属合音式。

(二) 省略式

将"人家"省略成"人"和"家"两个形式。"人"相当于北京话的"人₂"（张伯江、方梅，1996：168-173），如五台、灵丘等方言；有的方言将"人"儿化成"人儿"，如大同 云州区、左云、平鲁等方言。"家"一般读作 [tɕiɛ]／[tɕia] 等，如大同 云州区、右玉等方言。怀仁、山阴、应县、代县、宁武、繁峙等方言中，有个表"人家"义的代词"[ər]"。交城、汾阳、清徐等方言中，"人家"义代词的其中一个构词成分是"[ər]"。本书均记作"尔"。① "人家"义代词中"人"在不同方言点的读音情况如下：[ʐən／ʐəŋ]（如大同 云州区、忻州）、[ʐɤ]（如广灵）、[ʐər]（如大同 云州区、平鲁）、[əŋ]（如娄烦、介休、离石）、[ə̃]（如中阳）、[e]（如文水、交城部分村庄）、[ai]（如清徐）、[ɚ]（如汾阳、交城）。从"人家"中"人"的读音的地理分布，我们看到了从"人"到"尔"的音变链：

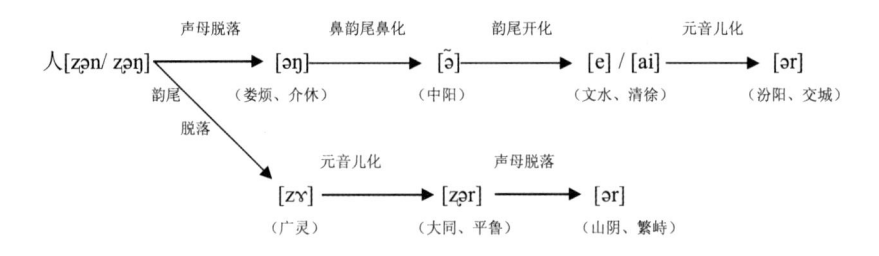

```
                  声母脱落        鼻韵尾鼻化      韵尾开化        元音儿化
人[ʐən/ʐəŋ]  ─────────▶  [əŋ]  ─────▶  [ə̃]  ─────▶  [e]/[ai]  ─────▶  [ər]
        韵尾             （娄烦、介休）   （中阳）       （文水、清徐）    （汾阳、交城）
        脱落 ↘
              元音儿化         声母脱落
              [ʐɤ]  ─────▶  [ʐər]  ─────▶  [ər]
              （广灵）        （大同、平鲁）   （山阴、繁峙）
```

从这个音变链我们可看出，山西晋语中表"人家"义的代词"[ər]"的音变过程不同。结合周边方言代词"人家"中"人"的音变情况来看，中区的交城、汾阳方言的构词成分"尔[ər]"是先经过声母脱落后的一系列音变而来的。"人"的声母脱落后，韵母从 [əŋ] → [ə̃] → [e]／[ai] 的音变过程与山西晋语古深臻、曾梗通五摄演变顺序相同，到最后元音 [e]／[ai] 儿化的过程又和山西晋语儿化韵形成的后半段过程一致：ʐ→i→[e]→[ai]→[ər]（参看乔全生，2008：294）。北区的怀仁、山阴、应县、繁峙等方言的"人家"义代词"尔[ər]"是先经过韵尾脱落后的一系列音变而来的。这个音变过程和来源于日母支脂之韵的

---

① 山阴、汾阳方言中 [ər] 的舌位偏后偏低，实际读音为 [ʌr]。

汉语元音"[ər]"的产生过程几近相似——声母[ʈ]（现在一般记为[ʐ]）消失，但韵母仍保留舌尖后的发音部位（参看王力，1985：593）。调查中，我们常能听到朔城区、大同_(云州区)人因语速快而摩擦减少，将[ʐər]省说成[ər]，这一现象也为我们的观点提供了事实依据。

代词"人家"的省略式"人"和"家"的声调，有的方言保持本调，如灵丘、广灵的"人"读阳平调，大同_(云州区)的"家[tɕiɛ]"读阴平调。交城方言平声不分阴阳，"尔"和"人"一样读平声。有的方言省略式"人"的声调和本调不同，如大同_(云州区)、左云、平鲁、朔城区的"人儿"，怀仁、应县、山阴的"尔"，都不读阳平调（山阴方言平声不分阴阳），而是读上声调。这应该也是受到读上声调的第一、第二人称代词的声调感染所致。

结合语音、语义及功能的对应，我们认为，"尔[ər]"不管是作为独立的代词，还是作为构词成分，都是"人家"的省略式"人"经过上述一系列音变后的结果，属于省略式。虽然省略顺序不同，但最后殊途同归。值得注意的是，上述音变只在"人"表"人家"义或作为代词"人家"的构词成分时才产生，其他用法的"人"没有产生这样的音变。

（三）重组式

一般是将代词"人家"的省略式和合音式连用，重新组合成一个新的形式。重组式常见的有："人伢"，如天镇、阳高、宁武、阳曲、文水、永济等方言；"人那"，如太原_(小店)、介休、洪洞、古县、临汾等方言；"尔伢/那"，如交城方言。汾阳方言的"尔啦[ər³²⁴la²²]"，在靠近文水的村庄都说成"尔那[ər³²⁴na²²]"。汾阳周围的清徐、文水、平遥、介休、孝义等方言中"哪"都读"[la]"，可证"[la]"和"[na]"属于音变。所以，"尔啦[ər³²⁴la²²]"也属于重组式。清徐方言的"[ai¹¹nɒ¹¹]_(人家)"同"尔那[ər³²⁴na²²]"，也是重组式，因为"儿、尔、二"等字在清徐方言中都读[ai]。娄烦方言的"恩哪[əŋ³³nʌʔ³²]"常可省略"恩"而说成"哪"，用法仍同"恩哪"。（郭校珍，1997）"恩[əŋ³³]"是"人"的音变，说明娄烦方言的"恩哪"也属于重组式。介休方言的"人家[əŋ¹³⁻⁵⁵ŋa¹³]"同娄烦方言的"恩哪[əŋ³³nʌʔ³²]"。

重组式是不同形式的"人家"义代词连用后发生词汇化的结果。

（四）叠置式

在大部分山西晋语中，除了存在一个或合音或省略的"人家"义代词外，大多还叠置了共同语的人称代词"人家"。"人"一般读作"[ʐən]／[zən]／[in]"，"家"一般读"[tɕiɛ]／[tɕia]／[ia]"等。我们之所以认为"人家"是共同语的叠置，是因为"人家"在各方言老派口语中不如合音式、省略式或重组式的使用普遍。如宁武方言中，"伢"在口语中常用，"人家"常出现于女知识分子口中（参看温旭霞，2010：22-23）。山阴方言口语中，"尔"比"人家"用得更为普遍。汾阳方言中，"人家"是书面语形式，"尔啦"是口语形式（宋秀令，1992）。另外，"人家"还能表泛称，相当于普通话中的他称代词"人家"（如山阴、定襄等），而合音式、省略式大多已表专称，有的已发展成为第三人称代词，详见后文。

综上，山西方言表"人家"义的代词形式的产生途径如下：

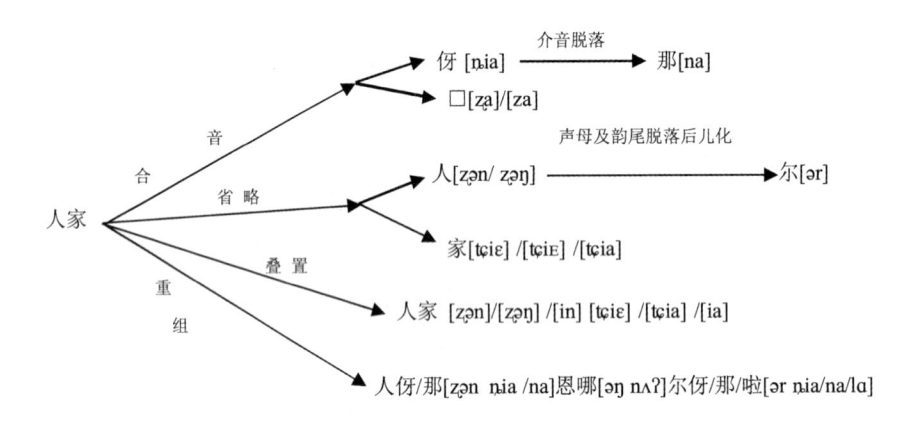

```
                                 介音脱落
                   ┌→ 伢 [ɲia] ─────────→ 那[na]
           ┌─ 合音 ─┤
           │       └→ □[zạ]/[za]
           │                   声母及韵尾脱落后儿化
           │       ┌→ 人[zən/ zəŋ] ─────────→ 尔[ɚ]
人家 ──────┼─ 省略 ─┤
           │       └→ 家[tɕie]/[tɕiɛ]/[tɕia]
           │
           ├─ 叠置 ─→ 人家 [zən]/[zəŋ]/[in] [tɕie]/[tɕia]/[ia]
           │
           └─ 重组 ─→ 人伢/那[zən ɲia /na]恩哪[əŋ nʌɲe]尔伢/那/啦[ɚ ɲia/na/lɑ]
```

胡双宝（1983）在讨论文水方言的人称代词"人家"时指出："当'别人'讲的'人家'说成[zəŋ²² ɲia²²]，做定语或表领属关系的宾语，可以在后边直接加'的'，而口语里更常见的是[na²²tiəʔ²²]。""文水的北邻交城、南邻汾阳，以及文水境内相当一部分与这两县相邻的村庄，'人家'（别人）说成[ɚna]或[ena]，写成同音字是'而那'，更多的地方则说成[ɲia]。"我们从胡双宝先生的描写中，也可窥见代词"人家"在山西晋语中形式多样之一斑。

二 "人家"义代词和第三人称代词

山西方言中,合音式和省略式的"人家"义代词现多由泛指变成了专指,如天镇方言的"伢"、山阴方言的"尔"、大同(云州区)方言的"家[tɕiɛ]"等。而有些方言点的"人家"义代词更进一步,已经由专指变为第三人称代词,如汾阳、宁武、代县、交城、晋城、长子、沁水、河津等方言。太原(小店)、临汾、洪洞、古县、长子等方言点的第三人称代词单数口语里常说的是"那",见表2-3-2。

表2-3-2　　山西方言第三人称代词单数、远指代词及"人家"义代词

	方言点	第三人称代词	远指代词	"人家"义代词
北区	五台	他 tʰa³³	兀 u⁵²	人家 zˌəŋ³³ tɕia³³ 那 na³³
中区	娄烦	他 tʰa³³ 他家 tʰa³³ tɕia³³	兀 vəʔ³²	嗯那 əŋ³³ na³² 那 naʔ³² 伢 ȵiaʔ³² 人家 zˌəŋ³³ tɕia³³
	太原(小店)	那 na¹¹ 他 tʰa¹¹	兀 vəʔ²	那 na¹¹ 人那 zˌəŋ¹¹ na¹¹
	清徐	兀家 vəʔ⁵⁴ tɕiɒ¹¹ 他 tʰɒ¹¹	兀 vəʔ¹¹	人家 ai¹¹ nɒ¹¹
	文水	兀家 uəʔ² tɕiɒ²² 他 tʰɒ²²	兀 uəʔ²	那 na²² 人伢 zəŋ²² ȵia²²
	交城	兀家 uəʔ³¹ tɕia¹¹ 他 tʰa²²	兀 uəʔ³¹²	伢 ȵia¹¹ 尔伢 ər¹¹ ȵia¹¹/na¹¹
	平遥	兀家 uʌʔ¹³ tɕia¹³ 他 tʰa¹³	兀 uʌʔ¹³	人家 zˌəŋ¹³ ȵia¹³ 那 ȵa¹³
	介休	兀家 uʌʔ⁴²³⁻⁴⁵ tɕia¹³ 他 tʰa¹³	兀 uʌʔ⁴²³	人家 zˌəŋ¹³⁻⁵⁵ ȵa¹³ 人家 əŋ¹³⁻⁵⁵ ȵa¹³
西区	汾阳	那家 nəʔ²¹² tɕia³²⁴ 他 tʰa³²⁴ 他□ tʰa³²⁴ miar³²⁴ 伢 ȵia³²⁴ 人家 zˌəŋ³²⁴ tɕia³²⁴ 尔啦 ər³²⁴ la²²	那 nəʔ²¹²	伢 ȵia³²⁴ 尔啦 ər³²⁴ la²² 尔那 ər³²⁴ na²⁴ 人家 zˌəŋ³²⁴ tɕia³²⁴
	离石	乃 nɛɛ³¹² 兀家 uəʔ³¹ tɕia¹¹ 他 tʰa²²	兀 uəʔ⁴⁴	人家 æ⁴⁴ iəŋ²⁴
	临县	乃 nɛɛ³¹² 他 tʰa²⁴	恁 nəŋ²⁴ 中 兀 u⁴⁴ 远	人家 zˌəŋ⁴⁴ tɕiəʔ⁴⁴⁻²¹
东南区	长子	那 na⁵³ 他 tʰa²¹³	那 ȵiɛ³²⁵	那 na⁵³ 人家 in²⁴ tɕia²¹³⁻⁵³
	黎城	哈 xa³³	那 niɛ²¹²	那 na⁵³
	晋城	[人家] zˌʌ⁵³ 他 tʰa¹¹³	那 niɛ³³	[人家] zˌʌ⁵³

续表

	方言点	第三人称代词	远指代词	"人家"义代词
南区	洪洞	那 na^{21}	兀 uo^{21}	那 na^{24} 人那 zən^{24} na^{24}
	临汾	倻 na^{21} 他 tʰa^{21}	兀 uɔ^{51} 那 na^{51} 书面语	那 na^{21} 人那 zən^{13} na^{21}
	河津	他 tʰa^{324} 伢 za^{324}	兀 u^{44}	□za^{324} 人家 zẽ^{324} tʂa^{0}
	万荣	伢 ȵia^{24} 他 tʰa^{55}	兀 u^{55}	伢 ȵia^{24} 人家 zei^{24} tʂa^{330}

大多数学者认为汉语方言第三人称代词"那"来自远指代词"那",因为"古代汉语以及大多数语言借用指示代词作第三身代词"(吕叔湘,1985:10)。汉语方言中确实也存在借用指示代词尤其是远指代词兼作第三人称代词的现象,如山西中区的文水、交城、平遥、太谷、介休等点多用本方言中的远指代词"兀"兼作第三人称代词(或词根)。关中方言用远指代词"兀"兼作第三人称代词(唐正大,2005)。陕北神木(邢向东,2001)、绥德(黑维强,2008)等方言用远指代词"那"兼作第三人称代词。山西西区和陕北隔黄河相望的临县、柳林、石楼等点也多用本方言中的远指代词"那"兼作第三人称代词。但正如汪化云(2008:214-216)所指出的,这种对应不具有普遍性,不能说明其间都具有同源关系。试比较表2-3-2所示的山西方言第三人称代词、远指代词及"人家"义代词的形式。

张惠英(1997)认为,由于"那"在山西还是被广泛使用的远指词,所以,尽管临汾、临县不用"那"做远指词,但第三人称的"那、那家"来自远指词"那"还是无疑的。

我们注意到,太原小店、临汾、洪洞、古县、长子等第三人称代词(单数)是"那"的方言中,都存在一个"人家"义代词"那"。这两个"那"不仅读音相近,且表"人家"义的"那"大多都已表专指,和第三人称代词"那"的用法常相混。山西方言中,"人家"义代词是"那"或"那"作为重组式的构词成分的方言点不少,北起北区的五台,经过中区的娄烦、太原、清徐、文水、汾阳(属西区,是中区和西区的交界地)、交城、平遥、介休,一直到南区的洪洞、古县、临汾和东南区的黎城、长子。

从表 2-3-2 可见，太原_{小店}和临汾、洪洞、古县等方言点的远指代词多是"兀"而非"那"。长子方言中远指代词虽然是"那"，但其读音"[ȵiɛ³²⁵]"和人称代词"[na⁵³]"的语音形式差别比较大，两者同源的可能性不大。临汾方言中虽然有远指代词"那"，但仅用于书面语，应该是后起的，所以也很难说这两个"那"同源。通过地理分布排比，根据语音、语义的对应，且基于以下几个事实：第一，中、南区方言"人家"义代词大多是合音式"伢[ȵia]"，太原_{小店}、临汾、洪洞、古县和长子方言的"人家"义代词"那[na]"是合音式"伢[ȵia]"的变音形式。第二，中、南区尤其是南区方言"人家"义代词"伢[ȵia]"做第三人称代词比较普遍，如翼城、新绛、沁水、河津、万荣（赵变亲，2012）。第三，中、南区方言远指代词是"兀"。我们推测，中、南区的太原_{小店}、临汾、洪洞、古县和东南区的长子，这几个方言点的第三人称代词（单数）"那[na]"也有可能来源于本方言的"人家"义代词（单数）"那[na]"，而非本方言中没有或仅用于书面语的远指代词"那"。这个推测既符合第三人称代词产生的历史演变，也能从音理上讲得通。若如此，则山西方言中语音形式相同的第三人称代词"那"的来源就可能有所不同：一个来源于远指代词"那"，用远指代词兼做第三人称代词（如临县、柳林等）；一个来源于"人家"义代词"那"（如太原_{小店}、洪洞、临汾、长子等）。

赵变亲（2012）认为，属晋南中原官话的洪洞、临汾、古县方言的第三人称代词"那"，是"他"受第一、第二人称代词的鼻音声母感染而产生的音变。我们觉得，单从一个小区域的语音系统来看，这个推测可能成立。但如果扩大范围并联系历史演变，或许会是不同的表现。所以，此语音感染说也值得再考虑。

根据唐正大（2005）的说法，兰州方言的第三身代词"那/那个（们）/那们"多出现在非正式场合的口语里，表亲昵，音[lɑ]。"那"是"人家"的合音。这说明，兰州方言的第三人称代词"那"也来源于人称代词"人家"。据雒鹏（2006）的研究，甘肃方言"非'他'型"第三人称代词单数形式如下："年[ȵiæ²]"（平凉）、"□[niə²]"（靖远）、"□[niə¹]/□伢[niə¹ȵia]"（天水）、"伢[ȵia¹]"（定西）、"伢[ȵiɛ¹]"（会宁）、"伢[ia²]"（张掖）、"□[ʐ̩a²]"（宕昌）等，均是"人家"合音的不同音变。陕西关中方言中部的富平、三原、高陵等处用"人家"的合音形式"[ȵia]／[ȵiɛ]"做第三人称代词（孙立新，2010：4）。汪化云（2008：202）指出，官话西宁方言常用"家"表示"他、人家"的意思。这个"家"可能是"人家"的省略。那么，同为西北官话的甘肃武威话的"□[tɕia²]"、景泰话的"□[tɕie²]"、通渭话的"□[iæ¹]"、临洮话的"家[tɕia¹]"（参看雒鹏，2006），这些第三人称单数形式应该也是"人家"的省略，也来源于"人家"义代词。

吕叔湘（1985：10）指出："'他'字是由一个别择之词变成了一个三身代词的经过，跟古代汉语以及大多数语言的借用指示词作第三身代词的取径不同。后来'人家'（=别人）一词又顺着这条路走，几乎也成了一个三身代词。"又说："从泛指别人变成专指别人里头的一个，'人'或'人家'就可以等于'他'。这个转变好像很特别，可是我们知道'他'字的专指第三人的用法就是这样来的，现在'人'字无非是又在走那条老路罢了"（吕叔湘，1985：91）。山西方言及甘肃、陕西关中等方言"人家"义代词已变成第三身代词的事实，为吕叔湘的观点做了最好的注解。

跨方言比较显示，山西方言表"人家"义代词不同形式的产生途径及其转化成第三人称代词的现象，在汉语方言中具有一定的普遍性。

三 不同形式的"人家"义代词的共存和连用

"人家"义代词的不同形式可以共存于同一方言中。这种现象在山西方言中也普遍存在。如天镇、阳高、忻州、孟县、平遥、沁县、襄垣等方言中，既有合音式"伢"，也有叠置式"人家"；晋城、和顺等方言中，既有合音式"[人家][ẓa]"，也有叠置式"人家"；大同_{云州区}方言中，既有省略式"人儿"和"家"，也有叠置式"人家"。山阴、应县、怀仁方言中，既有省略式"尔"，也有叠置式"人家"。

山西方言中，"人家"义代词的不同形式还可以叠加连用。连用形式主要有"人伢"（如天镇、阳高）、"人家伢"（如大同_{云州区}东部）、"伢人家"（襄垣、沁县）、"人那"（如太原_{小店}、洪洞）、"恩那"（娄烦、介休）、"尔伢"（如交城）"尔啦""尔那"（如汾阳、文水）、"尔人家"

（如山阴、应县）等。连用式都仍具有"人家"义，但比单用时更能强化指代对象。

不同形式的"人家"义代词叠加连用的现象在汉语方言中也比较普遍。如内蒙古丰镇话的连用式是"人＋［人家］［nie］"（周利芳，2004）。河北省大城县权村镇方言的连用式是"□［nie⁴⁵］＋人家"，其中"□［nie⁴⁵］"是"人家"的合音（高建英，2011）。雒鹏（2006）指出："甘肃天水方言'非他型'的第三人称代词有两个：一个是'□［ȵia¹］'，一个是'□伢［ȵia¹ȵia］'，［ȵia¹］、［ȵia］都是'人家'的合音，其中反映的现象很值得探讨。"从构成成分来看，天水方言的"□伢［ȵia¹ȵia］"其实是"人家"义代词合音式的连用，属于上文所说的重组式，但现已发生词汇化并已转化为第三人称代词了。孙立新（2010：39）指出，陕西户县方言的"人家"可换说成"人［人家］"，还可以在处于主语地位的"［人家］"后边加上"人家"，形成复指式"［人家］人家"，语义上仍相当于"［人家］"。孙立新将此定义为AAB式重叠式。其实户县方言的"人［人家］""［人家］人家"应该也是"人家"义代词不同形式的连用，其中"人［人家］"已经词汇化为一个单独的代词了。

就连用式而言，值得我们关注的是"人伢""人那""尔伢""尔啦""尔那""恩那"等形式，它们是把"人家"的合音式和省略式连用在一起；甘肃天水方言的第三人称代词"□伢［ȵia¹ȵia］"是"人家"合音式的连用。这些连用式在所在方言中都已经发生了词汇化，经过重新分析后成为一个独立的代词，即上文的"重组"式。孙立新（2010：40）指出，户县老派方言"［人家］"不作"人家"，也不作"人［人家］"，但中新派知识分子口语里能说。这个现象正好说明"人家"是共同语在方言中的叠置，"人［人家］"是省略式和合音式的重组，重组式是新产生的形式。所以，"重组"式在时间上是最新层次，是连用式词汇化的结果。

连用式"人家伢""伢人家""尔人家"等并没有发生词汇化。这基本符合汉语词在韵律上的要求，双音节结构更容易凝固成一个词（董秀芳，2011：39-40）。

人称代词不同形式的叠加连用乃至最后词汇化为一个代词的现象，古已有之。俞理明（1999）指出："汉魏时期，'他'由旁指代词转变为旁称代词。用表示旁指的'徐、边、旁、傍、别'等和表示旁称的代词'人'组合，作旁称也很常见。其中，'别人'后来固化成为一个词，专作旁称。旁称代词也出现了一些复合的形式，如人家、他人家、他别人、别人家等等。"

周利芳（2004）认为内蒙古丰镇话"人 nie⁵³"的意义结构是"人+[人家]"，由于"人家"的合音使用日久，称代功能虚化、泛化，"人家"的语素义、词义不断磨损，导致人们对［niaʔ⁵⁴］重新分析，把它当作类似"家"的单义语素，从而与"人"构成新的合成词。这个分析对我们很有启发。我们认为，"人家"的合音式和省略式都因其形式简化和使用日久而导致语义磨损严重，语法化程度较高。为强化指代，人们不惜叠床架屋，将不同形式的"人家"义代词叠加连用。刘丹青（2001）指出："（语法化中的）强化现象还启示我们语言的一个重要性质：表达上的叠床架屋是语言的一个正常现象。了解了语言的这个特性，我们也就不必把实词中的叠床架屋现象如'凯旋归来''悬殊很大'之类批评为表达不当了，因为'凯旋''悬殊'在口语中语义已经弱化，加上同义的强化成分是很正常的。"为了强化语义，将同义成分叠加在一起用的情况，在汉语其他词类如名词、动词、形容词、副词中也很常见。而同义成分叠加连用正是同义并列复合词产生的基础和来源。正如张谊生（2012）所言，叠加与强化是相通的，叠加是从表达形式着眼的，而强化是就表达效果而言的。

四 "人家"义代词和三身代词的连用

"人家"义代词还可和三身代词的单、复数连用，单、复数连用情况一样，我们只列和单数连用的情况。山西北区晋语多是三身代词在前，"人家"义代词在后，如"我伢、你伢、他伢"（天镇、阳高），"我家、你家、他家"（大同云州区），"我人家、你人家、他人家"（山阴）。北区晋语之外的其他区方言多是"人家"义代词在前，三身代词在后，如"伢你、伢我、伢他"（交城、祁县、平遥、武乡等）。关中方言也大都如此。处于北区和中区交界处的宁武、阳曲方言中两种情况都有，既有"伢我、伢你、伢他"的说法，也有"我伢、你伢、他伢"的说法，但"伢我、伢你、伢他"的使用频率更高一些，偏向中区晋语。

五台、太原~小店~、文水、洪洞、临汾等方言在三身代词前加"人家"义代词"那"构成了三身代词的变称形式。如单数形式"那我""那你""那他"（五台），"那我""那你（人那你）""那他（人那他）"（太原~小店~），"那我/耿""那你""那那/他"（文水），"那我""那你""那俹"（洪洞），"那我""那你""那那"（临汾）。乔全生（1999：132）指出，洪洞方言中，人称代词"哪"相当于普通话的"人家"，但在三身代词前的"哪"不合人称代词"人家"之义，本身并没有什么词汇意义，是虚化了的人称代词。组合格式"哪我""哪你""哪俹"比单用的三身代词总要增添一些附加意义。周利芳（2004）认为，和平遥话的"牙［ŋa¹³］"、武乡话的"伢［nia³⁵］"、丰镇话中"人家［niaʔ⁵⁴］"相比，洪洞方言的"哪"和其后的三身代词凝固程度很高，虚化程度很深。我们非常赞同这一见解。正因为洪洞等方言中"哪"的虚化程度很深，才导致人们觉得它不合人称代词"人家"的义了。汉语方言中，"人家"义代词由于某种语用表达的需要，经常和三身代词连用，这为"人家"义代词的虚化提供了条件。不同方言的"人家"义代词虚化的程度不同。太原~小店~、五台、文水、洪洞、临汾等方言中，"人家"义代词"那"和三身代词经常连用，形式日久凝固，语义却逐渐虚化乃至脱落，词汇化为一个独立的代词，成为三身代词原称相应的"变称"。

从和三身代词连用的位置来看，"人家"义代词在前面比在后面更容易虚化。"人家"义代词还可和问人的疑问代词"谁"连用，用法如同和三身代词连用。

"人家"义代词和三身代词连用后，语义上虽仍然相当于相应的单个三身代词，但语用意义和单个三身代词不同——连用式总要比单个三身代词多出一些意义，如和第一人称代词连用常表抱歉、后悔等义，和第二人称代词连用常表羡慕、赞赏、不满、讽刺等义，和第三人称代词连用表示委婉等义。这是因为说话人在三身代词所指代的言谈对象身上，又虚拟增加了另一个言说客体"人家"，移远了言谈的对象，使说话人和言谈对象之间有了一定的心理距离，从而产生了上述语用意义。这些语用意义的产生和"人家"义代词本身的语义、语用相关。

五 小结

山西晋语中"人家"义代词形式丰富。形式不同,产生的途径也不完全相同。山西晋语"人家"义代词通过合音、省略、重组和叠置四种途径产生,在汉语方言中具有一定的普遍性。部分方言的第三人称代词来源于"人家"义代词符合历史演变规律。不同形式的"人家"义代词的历史层次可能不同。"人家"义代词不同形式的叠加连用看似叠床架屋,实则是语义强化的需要。而不同形式的同义连用正是汉语词汇里同义并列式合成词产生的来源和基础,这一构词方式不论在汉语实词还是虚词系统里都有体现,在汉语双音词衍生发展过程中普遍存在。与"人家"义代词本身的语义、语用相关,"人家"义代词和三身代词连用时会产生一些特定的语用意义。

第四节 山西晋语人称代词和"咱(们)"的连用

晋语中普遍存在第一、二人称代词和第一人称复数包括式连用的现象。关于方言中的这一现象,乔全生和邢向东两位先生都曾有过精彩论述,但观点却有所不同。乔全生(1996)认为"洪洞的'我咱'、'你咱',汾阳的'俺咱'、'你咱'很可能均是从宋以来口语传承过来的",是一个独立的代词,是人称代词的一种变称形式。且"古今都是只有'我咱'、'你咱'没有'他咱'。"邢向东(2006:34-39)认为"现代方言的'我咱'、'你咱'不是一个代词,跟宋金口语的'我咱'、'你咱'没有直接关系,当是'我给咱'、'你给咱'的简略形式"。但两位先生都认为"我咱""你咱"表示的是商量、请求的语气。事实上,如果不考虑历史来源,从共时角度看,"我咱""你咱"等都是人称代词和"咱"的连用。山西晋语人称代词和"咱"的连用情况大致相同。下面描写人称代词和"咱(们)"的连用情况。

一 北区晋语人称代词和"咱(们)"的连用

北区晋语中人称代词和"咱(们)"的连用情况基本一致,只有第一、第二人称代词和"咱(们)"的连用,没有第三人称代词和"咱"

的连用。我们选取忻州方言为例。

忻州方言中既可以说"我咱 [tsã³¹³]、你咱 [tsã³¹³]",也可以说"我咱们 [tsã³¹³məŋ⁰]、你咱们 [tsã³¹³məŋ⁰]"。例如：

（1）我咱洗菜，你咱做饭，叫她给洗碗_{我来洗菜，你来做饭，让她给洗碗。}

（2）我咱们洗菜，你咱们做饭，她给洗碗_{我来洗菜，你来做饭，让她给洗碗。}

（3）我咱一个人去哇，你就不用去来_{我一个人去吧，你就不用去了。}

（4）你咱说给他，叫他不用做饭来_{你告诉他，让他不用做饭了。}

（5）我咱到人家行要上桶水哇_{我到别人家要一桶水吧。}

（6）我咱们到人家行要上桶水哇_{我到别人家要一桶水吧。}

（7）你咱好好儿打听打听，看看哪儿有营生哩_{你好好打听一下，看看哪里有活儿呢。}

（8）你咱们好好儿打听打听，看看哪儿有营生哩_{你好好打听一下，看看哪里有活儿呢。}

（9）我咱给咱（们）做黑夜饭去哇_{我去做晚饭吧。}

以上例句中，在人称代词和"咱（们）"之间都可以插入"给"，意思不变。人称代词后面跟"咱"或"咱们"的意思也一样，例（1）和例（2），例（5）和例（6），例（7）和例（8）的意义和用法相同，可以互换使用。例（9）中两个"咱"叠用，表明忻州话中和人称代词连用的"咱"的语法化程度很深，意义虚化严重，因此才出现了叠加现象。

二　中区晋语人称代词和"咱"的连用

中区晋语中，人称代词后常能跟"给咱"这一形式，大多表现商量、请求的语气，要比单用人称代词委婉一些。此时"咱"已经虚化，不再是具体的人称代词，没有实际的语法意义。例如太谷方言：

（1）你快给咱拾掇拾掇哇_{你快收拾收拾吧。}

（2）凑凑底哇，你给咱拆面，我给咱切菜_{快点吧，你来和面，我来切菜。}

在中区绝大多数方言中，"给咱"在使用时一般不可省略"给"，只有在交城、文水、孝义、娄烦等方言中，"给咱"可以省略为"咱"，例如文水方言：

（3）我（给）咱买菜去_{我去买菜吧。}

（4）你（给）咱看看的哇你给看看吧。

"第一、第二人称代词＋给＋咱"省略成"第一、第二人称代词＋咱"这种现象在中区晋语存在较少，只有在与西区晋语交界的方言中存在这种现象。可见，这种现象在中区晋语中出现是受到了西区晋语的影响。

三　西区晋语人称代词和"咱"的连用

在西区晋语中，第一、第二人称代词都能和"咱"连用。在离石、中阳、柳林这几个方言点中，第三人称代词也能和"咱"连用，连用后常做主语，做宾语，一般用于使役动词"叫、让"后。在西区晋语中，也都有"我/你＋给＋咱"的形式。在离石、汾阳、柳林、中阳、兴县、岚县方言点中，还有"我咱给咱、你咱给咱"的形式。下面我们以离石方言为例说明。

离石方言中，"三身人称代词＋咱"有祈使、商量、请求的语气，"咱"没有实在意义，是虚化了的人称代词。第一、第二人称代词和"咱"连用后只能做主语，不能做宾语和定语。第三人称代词和"咱"连用后能作"叫、让"的宾语。例如：

(1) 我咱焖米，你咱洗菜我来做米饭，你来洗菜。

(2) 我咱出去一下我出去一下。

(3) 我弭咱把这整理出来再给［你家］拿过去我们把这整理出来再给你们拿过去吧。

(4) 你咱捎的看电视捎的给咱捏扁食你一边看电视一边包饺子吧。

(5) 你咱稍微等一下，我里给你寻书去你稍微等一下，我进去给你找书去。

(6) 你咱问一下乃害啦底咧哭的兀底伤心你去问一下她为什么哭得那样伤心。

(7) ［你家］咱看电视，我弭咱出买菜去你们看电视着，我们出去买菜。

(8) ［你家］咱一会儿喽给咱把碗洗喽你们一会儿把碗洗了吧。

(9) 我今儿忙，叫乃咱和你去吧我今天很忙，让他和你一起去吧。

(10) 叫□［yε³¹］咱一会儿出去动把垃圾倒喽让他一会儿出去时把垃圾倒掉。

(11) 咱先吃哇，叫兀些咱再耍一会儿咱们先吃饭吧，让他们再玩会儿。

(12) 叫兀家咱一会儿喽给你送过去让他们一会儿给你送过去。

在离石方言中,"我/你给咱"和"我/你咱"并不一定能完全互换使用,有些情况二者可互换,有些替换后意思完全不同,体现了"咱"虚化的程度不同。例如:

(13) 我咱买菜去_{我去买菜}。= 我给咱买菜去。

(14) 你咱给我递一下书_{你给我递一下书}。≠ 你给咱给我递一下书。

(15) 交乃咱和你去吧_{让他和你去吧}。≠ 交乃给咱和你去吧。

此外,"咱"也可以用于亲属称谓之后,该用法多见于长辈对小孩子说话时,有一种亲切和哄劝的意思。例如:

(16) 娘娘咱给我弨孩儿穿衣裳_{让奶奶来给宝贝穿衣服吧}。

(17) 来,爸爸咱捎你_{过来,爸爸带你}。

(18) 不要哭啊,叫你妈咱给你买好吃的_{不要哭了,让你妈妈给你买好吃的}。

上述例(16)、(17)、(18)中的"咱"用法进一步虚化,只是起缓和语气的作用,用来哄劝小孩。成年男性用这种说法,更能体现这种语气。此处"咱"也不能换成"给咱"。

四 东南区晋语人称代词和"咱"的连用

东南区晋语人称代词和"咱"连用的现象比其他几个区少一些,且分布不均。

黎城方言中,"我给咱"和"我咱"两种形式并存,但没有"你咱"的说法,只说"你给咱……"例如(转引自冯子伟,2010:12):

(1) 我给咱去买些儿东西_{我去买点东西}。

(2) 我咱洗衣裳,你给咱去倒咾这些脏水_{我来洗衣服,你去倒了这些脏水}。

长子方言的第一、第二人称代词不能直接和"咱"连用,中间必须加"给",构成"人称代词+给+咱"的结构。例如:

(3) 你给咱炒炒菜吧,我一个人忙不过来_{你来炒菜吧,我一个人忙不过来}。

(4) 你给咱上街买些儿菜,叫我给咱和面_{你去上街买点儿菜,我来和面}!

(5) 妈,你咱在这等的,我给咱圪眈圪眈的_{妈,你在这里等着,我去看看吧}。

(6) 你给咱擦那面,我给咱擦这面,叫[人家]给咱换水_{你擦那边,我擦这边,让他帮咱换水}。

五 小结

就以上所见山西晋语材料，我们认为"人称代词+咱（们）"当是"人称代词+给+咱（们）"的省缩式，"咱"无实在意义。我们赞同邢向东（2006：35）的说法，"在沿河方言和内蒙古巴盟、鄂尔多斯方言、山西忻州方言（从中阳方言有'我咱给咱'、'你咱给咱'来看，该方言同忻州话）中，表商量、请求的祈使句经常在主语'我/你'后头加上介词结构'给咱'，以舒缓语气，其中部分方言可以省略'给'只用'咱'形成'我/你给咱'和'我/你咱'并用的局面"。不过我们也看到，这个结构在不同的方言中使用不同，在东南区晋语倾向于用原式"人称代词+给+咱"，在其他几个区中，原式和省缩式并存的情况更多，这也更能清楚地显示出"人称代词+咱（们）"的来源。

我们把"人称代词+咱（们）"当作是三身人称代词和"咱"的连用，这只是就共时状态而言。刘丹青（2009）指出："重叠现象既有原生的重叠，也有次生的重叠，前者是天生作为重叠手段存在的，后者则恰恰是由句法结构、话语反复等非重叠现象在历史演变中经过重新分析成为重叠形式的。"刘丹青将句法结构蜕化而来的重叠称为次生重叠，如由动量结构、并列结构、正反问等蜕化成的重叠式。这个观点对我们很有启发！按照这个观点，我们似乎可以把山西晋语代词的连用也分成两种：一种是原生连用，如我们前面讨论到的人称代词的其他连用；一种是次生连用，即由某种句法结构蜕化而来的、在共时层面上看到的连用，如由"人称代词+给+咱（们）"省略"给"而成的"人称代词+咱（们）"连用式。类似的次生连用在山西晋语中还有事例。比如北区山阴方言中"我给你……"经常会说成"我你"，如："我给你看哇。"能说成"我你看哇。"范慧琴（2007：71）提到定襄话"我给你"中的"给"可以省略。这两个次生连用的形成都是由于"给"的弱化消失造成的。

乔全生（1996）、邢向东（2006：34）两位先生都提到晋语中没有发现"他咱"的说法。邢向东（2006：38）解释说："从语气来分析，'我/你给咱'、'我/你咱'都是商量、请求，自然不会有'他给咱'、'他咱'的用法。"

关于"人称代词+咱（们）"表示商请语气，目前在学界已形成共识。邢向东（2006：34）解释道："介词'给'意思是'为'，表示服务对象。祈使句中用上'给咱'以后，仿佛'我'和'你'要做的事情都是为'咱们'而做的，方言正是通过这种把自己要做或要求对方去做的事情说成'咱们共同的事情'的方式，来表达商量、请求的口气。显然'给咱'起的是舒缓语气的作用。"邢向东先生所论甚是。不过我们觉得商请语气主要是"给"带来的，即使"给"省略了，这种语气还保留在这个构式中。

"给"在山西晋语中常表商请语气，如大同云州区方言：

（1）（姐对弟妹说）给姐把那点菜吃了哇你把那点菜吃了吧。

（2）（母亲对孩子说）给妈多吃点你多吃点。

（3）（老师对学生说）给老师好好儿学习你好好学习。

此处的"给"不是动词"给予"，也不是介词"替"或"为"的意思，应该是介词"给"意义进一步虚化后的一种意义，表示的是亲切、劝哄等商请语气。如果把此处的"给"理解成介词"替"或"为"，就会闹出笑话。有个平遥的朋友某天发了个朋友圈，是一对母女的一个对话场景，我们转写如下：

场景：晚上回到家，女儿开始写作业。

母亲："你先给妈妈把衣服脱下来，妈妈要洗衣服"。

女儿："为什么要'我'给你脱衣服？你怎么了？"

这位母亲随后发出疑问："研究'给'字句的朋友，我这话有毛病吗？"

事实上，造成这个误会的根源在于母女二人对"给"的理解不同：母亲发出的是商请，女儿理解的是"替"或"为"。

晋语中这种说法很常见，"人称代词+给咱（们）"这个构式不仅能省略"给"形成"我咱""你咱"等形式，北区晋语还能省去"咱"。如大同方言能说"我给（咱）游会儿泳去让我游一会儿泳去""我给（咱）睡会儿让我睡一会儿"。我们认为起商请语气作用的是"给"不是"咱"，"咱"还是它的本义，能拉近说话人和听话人的距离，以取得商请的结果。商请之事是说话人提出的，所商请的事被说成不是"利我"，而同时也是"为你"甚至包括不在现场的"他"，用"咱"实现和听话人的共情，更容易实现所商请的事，达到交际的目的。

第三章

山西晋语的指示代词

山西晋语的指示代词有二分和三分两种类型。二分型有"这—那"和"这—兀"两种对立二分，大致以雁门关一线为界。雁门关周边及其以北一带均为"这—那"型，以南为"这—兀"型。三分型主要聚集在西区和中区，主要是"这—那—兀"的三分对立（乔全生，2000：114 - 134）。

第一节 北区晋语的指示代词

一 北区晋语指示代词的类型

北区晋语指示代词的基本读音形式详见表3－1－1。

表3－1－1　　　　　北区晋语指示代词基本读音形式

方言点	指示代词		方言点	指示代词	
	近指	远指		近指	远指
大同	这₁ tʂəʔ³² 这₂ tʂʅ²⁴ 这₃ tʂɣ²⁴ 这₄ tʂəu⁵⁴	那₁ nəʔ³² 那₂ nɛe²⁴ 那₃ nɣ²⁴ 那₄ nəu⁵⁴	偏关	这₁ tsəʔ³¹ 这₂ tsei²⁴	那₁ nəʔ³¹ 那₂ nei²⁴
阳高	这₁ tʂəʔ³³ 这₂ tʂʅ²⁴ 这₃ tʂei²⁴ 这₄ tʂɣu²⁴	那₁ nəʔ³³ 那₂ nei²⁴ 那₃ nɣu²⁴	神池	这₁ tsəʔ⁴⁴ 这₂ tsʅ²¹ 这₃ tsɔ¹³ 这₄ tsəu⁵²	那₁ nəʔ⁴⁴ 那₂ nɛe⁵² 那₃ nᴀ⁵² 那₄ nəu⁵²
天镇	这₁ tʂəʔ³² 这₂ tʂɛe²⁴ 这₃ tʂʌ²⁴	那₁ nəʔ³² 那₂ nɛe²⁴ 那₃ nʌ²⁴	宁武	这₁ tsəʔ⁴⁴ 这₂ tsʅ⁵² 这₃ tsʅ²⁴ 这₄ tsəu⁵²	那₁ nəʔ⁴⁴ 那₂ nei⁵² 那₃ nᴀ⁵² 那₄ nəu⁵²
怀仁	这₁ tsəʔ⁴ 这₂ tsʅ²⁴ 这₃ tsəu⁵⁴	那₁ nəʔ⁴ 那₂ nɛi²⁴ 那₃ nəu⁵⁴	五寨	这₁ tsəʔ⁴⁴ 这₂ tsei¹¹ 这₃ tsɔ³¹ 这₄ tsəu¹¹	那₁ nəʔ⁴⁴ 那₂ nei¹¹ 那₃ nᴀ¹¹ 那₄ nəu¹¹

续表

方言点	指示代词		方言点	指示代词	
	近指	远指		近指	远指
左云	这$_1$ tsəʔ^{32} 这$_2$ tsɛe^{24} 这$_3$ tsəu^{54}	那$_1$ nəʔ^{32} 那$_2$ nɛe^{24} 那$_3$ nəu^{54}	河曲	这$_1$ tsəʔ^{44} 这$_2$ tsɛe^{213}	那$_1$ nəʔ^{44} 那$_3$ na^{213}
右玉	这$_1$ tsəʔ^{44} 这$_2$ tsʅ^{35}	那$_1$ nəʔ^{44} 那$_2$ nɛe^{24}	保德	这$_1$ tsəʔ^2 这$_2$ tsʅ^{52} 这$_3$ tsəʊ^{52}	那$_1$ nəʔ^2 那$_2$ nA^{52} 那$_3$ nɑʊ^{52}
山阴	这$_1$ tsəʔ^4 这$_2$ tsʅ^{335} 这$_3$ tsɔ^{313} 这$_4$ tsəu^{313} 这$_5$ tsəu^{52}	那$_1$ nəʔ^4 那$_2$ nɛe^{335} 那$_3$ nɔ^{313} 那$_4$ nəu^{313} 那$_5$ nəu^{52}	岢岚	这$_1$ tsəʔ^{44} 这$_2$ tsei^{52}	那$_1$ nəʔ^{44} 那$_2$ nA^{52}
应县	这$_1$ tsəʔ^4 这$_2$ tsʅ^{214}	那$_1$ nəʔ^4 那$_2$ nɛi^{214}	忻州	这$_1$ tsʅ^{53} 这$_2$ tsæ^{53} 这$_3$ tsəʔ^2 这$_4$ tsəʊ^{313}	兀$_1$ vei^{53} 兀$_2$ væ^{53} 兀$_3$ vəʔ^2 兀$_4$ vəʊ^{313}
浑源	这$_1$ tsəʔ^{44} 这$_2$ tsʅ^{13}	那$_1$ nəʔ^{44} 那$_2$ noʌ^{13}	原平	这$_1$ tsʅu^{53} 这$_2$ tsæɛ^{53} 这$_3$ tsəʔ^{34}	兀$_1$ vu^{53} 兀$_2$ væɛ^{53} 兀$_3$ vəʔ^{34}
灵丘	这$_1$ tsəʔ^{44} 这$_2$ tsʅ^{22}	那$_1$ nəʔ^{44} 那$_2$ nɛe^{31}	定襄	这$_1$ tsʅ^{53} 这$_2$ tsæ^{53} 这$_3$ tsəʔ^2 这$_4$ tsəʊ^{214}	兀$_1$ vei^{53} 兀$_2$ væ^{53} 兀$_3$ vəʔ^2 兀$_4$ vəʊ^{214}
广灵	这$_1$ tsʅ^{213} 这$_2$ tsɤ^{213}	那$_1$ nɔ^{213} 那$_2$ nɛe^{213}	五台	这$_1$ tsʅ^{52} 这$_2$ tsɛ^{52} 这$_3$ tsəʔ^{33} 这$_4$ tsəu^{213}	兀$_1$ vu^{52} 兀$_2$ vɛ^{52} 兀$_3$ vəʔ^{33} 兀$_4$ vən^{213}
朔州城区	这$_1$ tsəʔ^{35} 这$_2$ tsʅ^{53} 这$_3$ tsɔo^{312} 这$_4$ tsəu^{53}	那$_1$ nəʔ^{35} 那$_2$ nɛi^{53} 那$_3$ nɔo^{312} 那$_4$ nəu^{53}	代县	这$_1$ tsəʔ^{22} 这$_2$ tsʅ^{53} 这$_3$ tsuɔ^{213} 这$_4$ tsɤu^{53}	那$_1$ nəʔ^{22} 那$_2$ nai^{53} 那$_3$ nuɔ^{213} 那$_4$ nɤu^{53}
平鲁	这$_1$ tsəʔ^{35} 这$_2$ tsʅ^{51} 这$_3$ tsɔo^{213} 这$_4$ tsəu^{51} 这$_5$ tsəu^{213}	那$_1$ nəʔ^{35} 那$_2$ nɛi^{51} 那$_3$ nɔo^{213} 那$_4$ nəu^{51} 那$_5$ nəu^{213}	繁峙	这$_1$ tsəʔ^{13} 这$_2$ tsʅ^{24} 这$_3$ tsɔ^{53}	那$_1$ nəʔ^{13} 那$_2$ nei^{24} 那$_3$ nɔ^{53}

北区晋语的指示代词均为二分，共性特点是通过变韵和变调来区别不同的意义和语法功能，但各地指示代词的韵、调变化及具体的指代情况又有所不同。北区晋语按近指和远指的对立情况分成两个类型，一类是"这"和"那"的对立，我们称为"这—那"型，主要分布在雁门关及以北地区，以大同、朔州为代表，包括大同、天镇、阳高、右玉、左云、怀仁、浑源、广灵、灵丘、应县、山阴、朔州、平鲁、代县、繁峙、神池等方言点，我们也称其为"大同—朔州"型；一类是"这"和"兀"的对立，我们称为"这—兀"型，主要分布在雁门关以南地区，以定襄、忻州

为代表，包括定襄、忻州、原平、五台4个方言点，我们也称为"定襄—忻州"型。"定襄—忻州"型指示代词的意义和功能的变化是通过变韵、变调的方式来实现的，在形式上形成了整齐的对应，如忻州方言：这$_1$ tʂʅ^{53}—兀$_1$ vei^{53}；这$_2$ tʂæ^{53}—兀$_2$ væ^{53}；这$_3$ tʂəʔ^2—兀$_3$ vəʔ^2；这$_4$ tʂəŋ^{313}—兀$_4$ vəŋ^{313}。

二 北区晋语指示代词的用法

（一）北区晋语的人、物指代词

表3-1-2　　　　　　　　北区晋语人、物指代词

	近指	远指		近指	远指
大同	这$_1$个 tʂəʔ^{32}kəʔ^{32} 这$_1$些 tʂəʔ^{32}ɕiɛ^{32} 这$_1$些个 tʂəʔ^{32}ɕiɛ^{30}kəʔ^{32} 这$_2$些 tʂʅ^{24}ɕiɛ^{54}kəʔ^{32}	那$_1$个 nəʔ^{32}kəʔ^{32} 那$_1$些 nəʔ^{32}ɕiɛ^{32} 那$_1$些个 nəʔ^{32}ɕiɛ^{30}kəʔ^{32} 那$_2$些 nɛɛ^{24}ɕiɛ^{54}kəʔ^{32}	偏关	这$_1$ tsəʔ^{31}个/些 这$_2$ tsei^{24}个/些	那$_1$ nəʔ^{31}个/些 那$_2$ nei^{24}个/些
阳高	这$_1$个 tʂəʔ^{33}kʌ^{24} 这$_2$个 tʂei^{24}kʌ^{24} ［个］ tʂʌ^{24} 这$_1$些 tʂəʔ^{32}ɕiæ^{54}	那$_1$个 nəʔ^{33}kʌ^{24} 那$_2$个 nɛɛ^{24}kʌ^{24} ［那个］ nʌ^{24} 那$_1$些 nəʔ^{33}ɕiæ^{54}	神池	这$_1$ tsəʔ^{44}个/些 这$_2$ tsʅ^{21}个/些 这$_3$ tsɔ^{13}	那$_1$ nəʔ^{44}个/些 那$_2$ nɛɛ^{52}个/些 那$_3$ nʌ^{52}
天镇	这$_1$个 tʂəʔ^{32}kʌ^{24} 这$_2$个 tʂeɛ^{24}kʌ^{24} ［这个］ tʂʌ^{24} 这$_1$些 tʂəʔ^{32}ɕiæ^{54}	那$_1$个 nəʔ^{32}kʌ^{24} 那$_2$个 nɛɛ^{24}kʌ^{24} ［那个］ nʌ^{24} 那$_1$些 nəʔ^{33}ɕiæ^{54}	宁武	这$_1$ tsəʔ^{44}个/些 这$_2$ tsʅ^{52}个/些 这$_3$ tsɔ^{24}	那$_1$ nəʔ^{44}个/些 那$_2$ nei^{52}个/些 那$_3$ nʌ^{52}
怀仁	这$_1$个 tsəʔ^{4}kə^0 这$_1$嘎 tsəʔ^{4}ka^{53} 这$_2$个 tsʅ^{24}kə^0 这$_2$些 tsʅ^{24}ɕiæ^{31}	那$_1$ nəʔ^4 那$_1$嘎 nəʔ^{4}ka^{53} 那$_2$个 nɛɛ^{24}kə^0 那$_2$些 nɛɛ^{24}ɕiæ^{31}	五寨	这$_1$ tsəʔ^{44}个/些 这$_2$ tsei^{11}个/些 这$_3$ tsɔ^{31}	那$_1$ nəʔ^{44}个/些 那$_2$ nei^{52}个/些 那$_3$ nʌ^{52}
左云	这$_1$ tsəʔ^{32} 这$_2$个 tsɛɛ^{24}kəʔ^{32} 这$_2$些 tsɛɛ^{24}ɕiɛ^{31}	那$_1$ nəʔ^{32} 那$_2$个 nɛɛ^{24}kəʔ^{32} 那$_2$些 nɛɛ^{32}ɕiɛ^{31}	河曲	这$_1$ tsəʔ^{44}个/些 这$_2$ tsɛɛ^{213}个/些	那$_1$ nəʔ^{44}个/些 那$_3$ na^{52}个/些

续表

	近指	远指		近指	远指
右玉	这$_1$ tsəʔ^{44} 这$_1$个 tsəʔ^{44}kəʔ^{44} 这$_2$个 tʂʅ^{35}kəʔ^{44}	那$_1$ nəʔ^{44} 那$_1$个 nəʔ^{44}kəʔ^{44} 那$_2$个 nɛe^{35}kəʔ^{44}	保德	这$_1$ tʂəʔ^{2}个/些 这$_2$ tʂʅ^{52}个/些	那$_1$ nəʔ^{2}个/些 那$_2$ nA^{52}个/些
山阴	这$_1$个 tsəʔ^{4}kəʔ^4 这$_2$个 tʂʅ$^{335-35}$kəʔ^4 这$_2$些 tʂʅ$^{335-35}$ɕiɛ^{313}	那$_1$个 nəʔ^{4}kəʔ^4 那$_2$个 nɛe$^{335-35}$kəʔ^4 那$_2$些 nɛe$^{335-35}$ɕiɛ^{313}	岢岚	这$_1$ tʂəʔ^{44}个/些 这$_2$ tʂei^{52}个/些	那$_1$ nəʔ^{44}个/些 那$_2$ nA^{52}个/些
应县	这$_2$个 tʂʅ^{214}kəʔ^{44} 这$_2$些 tʂʅ^{214}ɕiə^{312} 这$_1$嘎 tsəʔ^{4}kʌ^{13}	那$_2$个 nɛi^{214}kəʔ^{44} 那$_2$些 nɛi^{214}ɕiə^{312} 那$_1$嘎 nəʔ^{4}kʌ^{13}	忻州	这$_1$ tʂʅ^{53}/ 这$_3$ tʂəʔ^{2}个/些 这$_4$ tʂəŋ^{313}些 这$_2$ tʂæ^{53}	兀$_1$ vei^{53}/兀$_3$vəʔ^{2}个/些 兀$_4$vəŋ^{313}些 兀$_2$væ^{53}
浑源	这$_2$个 tʂʅ^{22}kəʔ^{44} 这$_2$些 tʂʅ^{22}ɕiɛ^{52} 这$_1$个 tsəʔ^{44}koʌ^{13}	那$_2$个 noʌ^{13}kəʔ^{44} 那$_2$些 noʌ^{13}ɕiɛ^{52} 那$_1$个 nəʔ^{44}koʌ^{13}	原平	这$_1$ tʂu^{53}个/些 这$_3$ tʂəʔ^{34}个/些 这$_2$ tʂæ^{53}	兀$_1$ vu^{53}个/些 兀$_3$ vəʔ^{34}个/些 兀$_2$ væ^{53}
灵丘	这$_1$ tsəʔ^{44} 这$_2$个 tʂʅ^{213}kəʔ^{44}	那$_1$ nəʔ^{44} 那$_1$个 nɛe^{31}kəʔ^{44}	定襄	这$_1$ tʂʅ^{53}/ 这$_3$ tʂəʔ^{2}个/些 这$_4$ tʂəŋ^{214}些 这$_2$ tʂæ^{53}	兀$_1$ vei^{53}/ 兀$_3$ vəʔ^{2}个/些 兀$_4$ vəŋ^{214}些 兀$_2$ væ^{53}
广灵	这$_1$ tʂʅ^{213} 这$_1$个 tʂʅ^{213}kə^0	那$_1$ nɔ^{213} 那$_1$个 nɛe^{213}kə^0	五台	这$_1$ tʂʅ^{52}/ 这$_3$ tʂəʔ^{33}个/些 这$_4$ tsən^{21}些 这$_2$ tse^{52}	兀$_1$ vu^{52}/ 兀$_3$ vəʔ^{33}个/些 兀$_4$ vən^{24}些 兀$_2$ vɛ^{52}
朔州	这$_1$ tʂəʔ^{35} 这$_3$ tsɔo^{312} 这$_1$个 tʂʅ^{53} kɔo^0 这$_2$些儿 tʂʅ^{53} ɕiər^{21}	那$_1$ nəʔ^{53} 那$_3$ nɔo^{312} 那$_1$个 nɛi^{53} kɔo^0 那$_1$些儿 nɛi^{53} ɕiər^{21}	代县	这$_1$ tsəʔ^{22}/ 这$_2$ tʂʅ^{53}个/些 这$_4$ tsɤŋ^{53}些 这$_3$ tsuɔ^{213}	那$_1$ nəʔ^{22}/ 那$_2$ nai^{53}个/些 那$_4$ nɤŋ^{53}些 那$_3$ nuɔ^{213}
平鲁	这$_1$ tʂəʔ^{35} 这$_3$ tsɔo^{213} 这$_2$个 tʂʅ^{51} kɔo^0 这$_2$些儿 tʂʅ^{51} ɕiər^{21}	那$_1$ nəʔ^{35} 那$_3$ nɔo^{213} 那$_2$个 nɛi^{51} kɔo^0 那$_3$些儿 nɛi^{213} ɕiər^{21}	繁峙	这$_1$ tsəʔ^{13}个/些 这$_2$ tʂʅ^{24}个/些 这$_3$ tsɔ^{53}	那$_1$ nəʔ^{13}个/些 那$_2$ nei^{24}个/些 那$_3$ nɔ^{53}

1. "大同—朔州"型（"这—那"型）

"这—那"型主要分布在雁门关周边及以北地区，即今大同和朔州两市及所辖县区，以大同和朔州方言为代表，我们称为"大同—朔州"型。"大同—朔州"型方言的指示代词中表人、物的指代词有的既能单独使用，也可和数量短语结合使用，有的只能与数量短语组合使用。从语音形式看，"这"和"那"都有舒、促两种读法，一般来说读舒声的指示代词表达的是强调意味，如朔城区的"这$_2$""那$_2$"，右玉的"这$_2$""那$_2$"。读促声的指示代词表达的是一般性指代，有弱化指代义的意味，如大同方言的"这$_1$tʂəʔ^{32}""那$_1$nəʔ^{32}"。"这""那"可单独直接修饰名词，也可跟上数量短语再修饰名词。对举时有比较的作用，"这$_2$tʂʅ^{24}些个"有突出强调的色彩。例如：

（1）这$_1$房子比那$_1$房子大得多呢 这个房子比那个房子大很多。

（2）这$_1$人是村里最有钱的 这个人是村里最有钱的。

（3）这$_1$些车子在这儿放了可长时间啦 这些自行车在这里放了很长时间了。

（4）那$_1$几个人是村委会的 那几个人是村委会的。

（5）这$_2$些个灰皮又回来啦，吓死个人啦 这些个赖皮又回来了，吓死人了。

（以上大同）

（6）这$_1$件衣服是从大同买哩 这件衣服是从大同买的。

（7）那$_1$个人是小李哩小学老师 那个人是小李的小学老师。

（8）老刘那$_3$人可有心眼哩，你操心点儿哇 老刘那人特别有心计，你要当心。

（以上朔城区）

2. "定襄—忻州"型（"这—兀"型）

"定襄—忻州"型方言中，如忻州方言（下文指示代词标音均以忻州为例），一般用"这$_1$[tʂʅ]—兀$_1$[vei]"指别，"这$_2$[tʂæ]—兀$_2$[væ]"代替。"这$_1$[tʂʅ]—兀$_1$[vei]"与普通话的"这—那"相当，多做定语，不单独做主、宾语，只有和数词、量词、名词结合才能充当主语、宾语。例如：

（9）这$_1$个杯子是俺哥哥哩，兀$_1$个才是你哩 这个杯子是我哥哥的，那个才是你的。

（10）她没见过兀$_1$几件大衣 她没见过那几件大衣。

（11）这$_1$俩[lia^{31}]个杯子没咧烂了 这几个杯子没有破。

（12）这₁个杯子和兀₁个杯子是一样哩这个杯子和那个杯子是一样的。

（以上忻州）

（13）兀₁个黑狗子是不是［你们］［niɛ³¹³］家的那条黑狗是不是们你们家的？

（14）你夜来看哩是这₁个还是兀₁个你昨天看的是这个还是那个？

（以上原平）

（15）他说好像是在哪儿碰见过兀₁俩［liɑ³¹］个人他说好像在哪儿遇到过那几个人。

（16）这₁些儿萝卜是［你们］［niɛ³¹³］哩，兀₁些是俺爷哩这些萝卜是你们的，那些是我爷爷的。

（17）这₂些书不照兀₂些书好看这些书不如那些书好看。（以上定襄）

（18）这₁些儿果子是［你们］［niɛ³¹³］爷爷给咾他哩这些果子是你爷爷给他的。

（19）你认哩兀₁些同学呀认不哩你认识不认识那些同学？（以上五台）

"这一兀"型指示代词表示个体的人、事物时，要和量词"个"连用，其后的名词可有可无；如果确指则用具体的数词，如果不定指则用"俩个"或"些儿"。

"这₂［tʂæ］—兀₂［væ］"也同于普通话的"这—那"，用来代替，在句中可做主语、宾语及定语，做主语可代人、物，做宾语只能代物，做定语可直接修饰名词。例如：

（20）这₂老汉是［你们］［niɛ³¹³］甚来这个老人是你的什么人？

（21）兀₂妮子是谁娃来那个女孩是谁的孩子？（以上忻州）

（22）这₂风筝不好耍，圪抽圪扯来这个风筝不好玩儿，纠缠在一块了。

（23）覅说兀₂肖家沟来别说那个肖家沟了。（以上定襄）

（24）这₂底下有把笤帚这个下面有把笤帚。

（25）兀₂刀刀是伢大夫哩那把刀子是大夫的。（以上五台）

（26）这₂妮子伢真个袭⁼人哩这女儿真好看。

（27）兀₂娃娃伢可难看哩那个孩子丑得很。（以上原平）

忻州话的"这₁个""兀₁个"的合音形式是"这₂""兀₂"。两者修饰名词时可以替换，但意义存在差别，合音形式表达的意义更抽象且多为对人或事物的分类。如：

(28) 这₁个杯子是我哩，兀₁个杯子是他哩，兀₂才是你哩这个杯子是我的，那个杯子是他的，那个才是你的呢。

"定襄—忻州"型指示代词"兀₃儿兀₁"连用也可表示更远的地、人、物。例如忻州方言：

(29) 兀₃儿兀₂伢有几个人（指向远处）那儿有几个人。

(30) 兀₃儿兀₁个杯子才是他哩（指向远处）那个杯子才是他的。

(二) 北区晋语的方所指代词

表3-1-3　　　　　　　北区晋语的方所指代词

	近指	远指		近指	远指
大同	这₁儿 这₁（儿）这₁儿 这₁+里/摊儿/忽阑儿	那₁儿 那₁（儿）那₁儿 那₁+里/摊儿/忽阑儿	偏关	这₁ 这₂+边/面/忽阑儿	那₁ 那₂+边/面/忽阑儿
阳高	这₁儿 这₁（儿）这₁儿 这₁+里/边/头	那₁儿那₁儿 那₁+里/边/头	神池	这₁ 这₂+边/面/忽阑儿	那₁ 那₂+边/面/忽阑儿
天镇	这₁儿 这₁（儿）这₁儿 这₁+边/面/半	那₁儿 那₁（儿）那₁儿 那₁+边/面/半	宁武	这₁里 这₂+块块/坨坨/圪节儿/忽阑阑	那₁里 那₂块块/坨坨/圪节儿/忽阑阑
怀仁	这₁儿 这₁（儿）这₁儿 这₁+垛儿/忽阑儿	那₁儿 那₁（儿）那₁儿 那₁+垛儿/忽阑儿	五寨	这₁里 这₂+块块/坨坨/圪节儿/忽阑阑	那₁里 那₂+块块/坨坨/圪节儿/忽阑阑
左云	这₁儿 这₁+头/面/边	那₁儿 那₁+头/面/边	河曲	这₁ 这₂+边/面/忽阑儿	那₁ 那₂+边/面/忽阑儿
右玉	这₁儿 这₁/这₂+忽阑/圪垛儿	那₁儿 那₁/那₂+忽阑儿/圪垛儿	保德	这₁ 这₂+边/面/忽阑儿	那₁ 那₂+边/面/忽阑儿

续表

	近指	远指		近指	远指
山阴	这$_1$儿 这$_3$里 这$_1$/这$_2$+头儿/面儿/圪垯儿/忽阑（儿）	那儿 那$_3$里 那$_1$/那$_2$+头儿/面儿/圪垯儿/忽阑（儿）	岢岚	这$_1$ 这$_2$+边/面/忽阑儿	那$_1$ 那$_2$+边/面/忽阑儿
应县	这$_1$儿 这$_1$儿这$_1$儿 这$_1$/这$_2$+面/头/忽阑儿	那$_1$儿 那$_1$儿那$_1$儿 那$_1$/那$_2$+面/头/忽阑儿	忻州	这$_1$儿 这$_1$/这$_1$+面/头/半儿/忽阑儿	兀$_1$儿 兀$_1$/兀$_1$+面/头/半儿/忽阑儿
浑源	这$_1$里 这$_2$+方位语素	那$_1$里 那$_1$+方位语素	原平	这$_4$ 这$_2$行（行）	兀$_4$儿 兀$_2$行（行）
灵丘	这$_1$+摊儿/哈儿	那$_1$+摊儿/哈儿	定襄	这$_2$儿（搭）/坨儿	兀$_2$儿（搭）/坨儿
广灵	这$_1$+摊儿/哈儿	那$_1$+摊儿/哈儿	五台	这$_1$里 这$_2$+面（儿）/下厢	兀$_1$里 兀$_2$+面（儿）/下厢
朔州	这$_1$儿 这$_2$+面/头/半儿/忽阑儿 这$_3$里	那$_1$儿 那$_2$+面/头/半儿/忽阑儿 那$_3$里	代县	这$_1$里 这$_4$ 这$_2$个+地儿/堆儿 这$_2$+面/厢/板厢/下厢	那$_1$里 那$_4$ 那$_2$个+地儿/堆儿 那$_2$+面/厢/板厢/下厢
平鲁	这$_1$儿 这$_3$里 这$_2$+面/头/半儿/忽阑	那$_1$儿 那$_3$里 那$_2$面/头/半儿/忽阑	繁峙	这$_1$里/地儿 这$_2$+面/厢/圪节儿	那$_1$里/地儿 那$_1$+面/厢/圪节儿

由表3-1-3可见，北区晋语的方所指代词主要是"这、那/兀+方所语素"构成，其中由"忽阑"（"环"的分音词）、"摊儿""圪垯儿"构成的方位词所指方位比"这儿/里""那儿/里"要具体些。

1. "大同—朔州"型（"这—那"型）

（1）明天来我这$_1$儿耍哇_{明天来我这里玩吧}。

（2）泡转去喂！这$_1$儿这$_1$儿没你的地方_{滚吧！这里没你待的地方}。

（3）我记得以前这$_1$忽阑儿有棵大柳树呢_{我记得以前这里有一棵大柳树}。

（4）这$_1$摊儿的刀削面比那$_1$儿那$_1$儿的好吃这儿的刀削面比那儿的好吃。

（5）这$_1$里以前有座奶奶庙呢这里以前有座奶奶庙呢。　　　（以上大同）

（6）在这$_3$里，不是那$_3$里在这里，不在那里。

（7）那$_1$半儿的超市比这$_1$半儿的多那边儿的超市比这边儿的多。

（8）你把白菜就放这$_1$圪垯儿哇你把白菜就放在这儿吧。　　（以上朔城区）

（9）这$_1$面的学校都也不好这边儿的学校都不好。

（10）县城东面那$_1$头的房子都是老房子县城东面那边的房子都是老房子。

　　　　　　　　　　　　　　　　　　　　　　　　　　（以上浑源）

（11）这$_3$里没有，那$_3$里也没有这里没有，那里也没有。　　（平鲁）

（12）车不在这$_1$罕儿，在那$_1$罕儿车不在这里，在那里。　　（广灵）

（13）那$_1$搭儿日脏，不能坐那里脏，不能坐。　　　　　　　（保德）

2．"定襄—忻州"型（"这—兀"型）

"定襄—忻州"型方言如忻州方言表处所的指示代词"这$_3$儿 [tʂər^{313}]、这$_3$儿搭 [tʂər^{313}taʔ^2]、这$_1$忽阑儿 [tʂɿ^{53}xuəʔ^{2}luẽr^{31}]"都相当于普通话的"这儿"，"兀$_3$儿 [vər^{313}]、兀$_3$儿搭 [vər^{313}taʔ^2]、兀$_1$忽阑儿 [vei^{53}xuəʔ^{2}luẽr^{31}]"等都相当于普通话的"那儿"；"这$_1$头 [tʂɿ^{53}tʰəu^{31}]、这$_1$面 [tʂɿ^{53}mi^{53}]、这$_1$面儿 [tʂɿ^{53}mẽr^{53}]、这$_1$半儿 [tʂɿ^{53}puẽr^{53}]"都相当于普通话表方位的"这边"等；"兀$_1$头 [vei^{53}tʰəu^{31}]、兀$_1$面 [vei^{53}mi^{53}]、兀$_1$面儿 [vei^{53}mẽr^{53}]、兀$_1$半儿 [vei^{53}puẽr^{53}]"都相当于普通话表方位的"那边"等。两类意义功能基本一致，能做主语、宾语及定语。这$_1$忽阑儿 [tʂɿ^{53}xuəʔ^{2}luẽr^{31}]、兀$_1$忽阑儿 [vei^{53}xuəʔ^{2}luẽr^{31}] 指相对较小的范围。例如：

（14）你哩手表不在这$_3$儿，也不在兀$_3$儿你的手表不在这里，也不在那里。

（15）兀$_3$儿有个袭＝人妮子那儿有个漂亮姑娘。

（16）这$_3$儿有瓶好酒，你喝了哇这儿有瓶好酒，你喝了吧。

（17）我姐姐夜来没咧到我这$_1$儿来我姐昨天没来我这儿。

（18）我不去兀$_3$儿来我不去那儿了。

（19）这$_3$儿哩花儿比兀$_3$儿哩花儿开哩好这里的花比那里的花开得好。

（20）这$_3$儿哩苹果真个大哩这儿的苹果真大。

（21）爷爷这$_1$头伢有好几瓶酒哩爷爷家还有好几瓶酒呢。

（22）姐，你咋还在这₁头哩，爷爷在兀₁头寻你哩姐，你怎么还在这儿呢，爷爷在那儿找你呢。

（23）这₁个长椅子这₁头可日脏来，你坐兀₁头哇这个椅子这边很脏，你坐那边吧。

（24）这₁头哩这₁块玻璃烂来这边的这块玻璃破了。

（25）咱这₁头哩酒还没咧开哩，伢兀₁头已经吃下个不像样来咱这边的酒瓶还没开呢，人家那边已经吃得差不多了。

（26）我说的是这₁忽阑儿破来，不是兀₁忽阑儿我说的是这儿破了，不是那儿。

（27）你把兀₁些儿黑面放在兀₁忽阑儿晒晒就行来你把那些全麦面放哪儿晒晒就行了。

（28）咱这₁忽阑儿哩房子好像是要拆迁哩咱这儿的房子好像是要拆迁呢。

（三）北区晋语的时间指代词

北区晋语每个方言点都有"这会儿、那会儿"和"这阵子/儿、那阵子/儿"的形式，功能意义和普通话一致。普通话的"这些""那些"通常指代人和事物，而在北区常和时间名词"年""天""日子""时"等组成指代时间的结构，如大同方言"这₁些时""那₁些年"等。"这两年""这二年""这两天"等表示距今不太长的一段时间，比"这几年""这几天"要短些。如阳高方言"这₁二年玉荾子的行情一直不咋底最近几年玉米的行情一直不高"。北区晋语当"这""那"有舒声和促声对立的情况时，舒声往往带有强调的意味，如大同方言"这₁tʂə³²、这₂tʂʅ²⁴""那₁nə ʔ³²、那₂nɛe²⁴"等。

1. "大同—朔州"型（"这—那"型）

（1）这₁些时忙啥呢？二女结婚也没见你这段时间你忙啥呢？二女结婚时也没看见你。

（2）我那₁两天去了趟张家口我前几天去了趟张家口。

（3）这₂阵儿可难活呢，心口这这儿憋得这会儿很难受，胸口这儿觉得憋闷。

（以上大同）

（4）这₂两年有念书的呢，家里花销大最近这几年有上学的呢，家里花钱多。

（5）我上小学那₂会儿这儿这儿的水可深呢我上小学那时候这里的水还很深。

（以上阳高）

（6）60年国家困难那₂会儿谁的日子也不好过60年国家困难的时候谁家的日子也不好过。

（7）这₁些时顾不上回这段时间顾不上回家。　　　　　　　　（以上天镇）

（8）这₁段时间他老儿可受罪哩这段时间他老人家挺受罪的。

（9）倒这₂会儿啦，你还不快起都这个点儿了，你还不快点起来？

（以上浑源）

（10）这₁会儿比那₁会儿哩日子好多览⁼现在的日子比以前好多了。

（11）那₁阵阵你去咾哪览⁼刚才你去哪了？

（12）这₁会儿价览⁼，他咋还不来都这个点儿了，他怎么还不来？

（以上朔城区）

（13）刚分下地那₁阵儿种庄户的比做买卖的人多刚分了地那会儿种地的比做买卖的人多。

（14）这₁阵子俺娘娘的腿利索些嘞这段时间我奶奶的腿好些了。　　（保德）

2．"定襄—忻州"型（"这—兀"型）

"定襄—忻州"型方言如忻州方言中，"这₃会儿［tʂəʔ² xuər³¹］""这₁会儿［tʂɿ⁵³ xuər³¹］""这₁阵儿［tʂɿ⁵³ tʂẽr⁵³⁻³¹］""这₁阵子［tʂɿ⁵³ tʂəŋ⁵³ ləʔ⁰］""这₃会拉［tʂəʔ² xuei³¹³ la⁰］"等词，与"兀₃会儿［vəʔ² xuər³¹］""兀₁会儿［vei⁵³ xuər³¹］""兀₁阵儿［vei⁵³ tʂẽr⁵³⁻³¹］""兀₁阵子［vei⁵³ tʂəŋ⁵³ ləʔ⁰］""兀₃会拉［vəʔ² xuei³¹³ la⁰］"等词都表示时间。"这₁会儿"类大致与普通话的"现在""这会儿"相当，"兀₁会儿"类大致与普通话的"那会儿""那时候"相当。它们既可以表时间段也可以表时间点，可以做主语、宾语、定语和状语。老派多用"这₃会儿"和"兀₃会儿"，年轻人偏向用"这₁会儿""兀₁会儿"，这种变化可能和普通话对年轻人的强势影响有关系。无论老幼，用"这₃会儿"和"兀₃会儿"主观上都有急迫的情态表现。例如：

（15）俺妈兀₁会儿才拾掇好家，还没咧做饭哩我妈那会儿才收拾了家，还没做饭呢。

（16）这₁会儿是你关键哩时候，一定要抓紧现在是你的关键时刻，一定要抓紧。

（17）你已经到了这₁会儿来，还不知道自己到底是咋哩做错来都到这个时候了，你还不知道自己错在哪里。

（18）这₁会儿哩娃娃耍哩和我们兀₁会儿耍哩可些些儿也不一样现在孩子们的玩具和我们那会儿的一点儿也不一样。

（19）年时这₁会儿俺爷爷还能下地溜达哩去年这时候我爷爷还能下地走呢。

（20）爷爷兀₁会儿还在这₃儿搭念过书哩爷爷那会儿还在这里上过学呢。

（21）他让我说给你这₁会儿来不了来他让我告诉你，他现在来不了。

（22）这₃会儿来你爷爷咋还没咧起来哩都这个时候了你爷爷怎么还没起床？

（23）娃娃跌下来兀₃会儿他正做甚哩孩子掉下来那个时候他正干啥呢？

（24）这₁阵儿哩包子还没咧蒸熟哩现在包子还没蒸熟呢。

（25）这₁阵儿还摆架子哩这时候还摆架子呢？

（26）爷爷小时候兀₁阵儿没咧吃过这₂爷爷小的时候没吃过这种东西。

（27）前年这₁阵儿叔叔家儿就搬过来哩前年这个时候叔叔家就搬过来了。

"这₁阵子""兀₁阵子"做主语、定语及状语一般只表示时间段，而"这₃会拉""兀₃会拉"做主语及状语只表时间点且有责备的意思。例如：

（28）＊这₃会拉人们都不穷。

这₃会拉人们还不来这时候了人们还不来。

（29）＊兀₃会拉伢时兴喇叭裤爆炸头哩。

兀₃会拉爷爷起床来那时候爷爷起床了。

（30）＊你爸兀₃会拉在肖家山念书来。

你爸这₂是做甚去来来，这₃会拉来还没咧回来你爸干啥去了，这个点儿了还没回来。

（四）北区晋语的程度、性状、方式指代词

1. "大同—朔州"型（"这—那"型）

普通话的"这么""那么"在北区晋语往往合音成一个音节。比如大同、山阴、怀仁等方言中合成了"这₄tʂəu⁵⁴""那₄nəu⁵⁴"，经常用来指示程度、方式、性状等。指示方式时多用其叠加"么"的形式"这₄么""那₄么"。其实大同等方言的"这₄+么""那₄+么"是显化"指示程度"和"指示方式"等功能的一种手段。"这₄""那₄""这₄么""那₄么"指示程度、方式四者没有区别，可以替换。大同方言的"这₁样""那₁样"也可以指示程度、方式和状态。"这₄种""那₄种"分别相当于"这样""那样"，但有责怨否定的色彩。"那"类具有和"这"类相同特点。例如大同方言：

（1）强强早倒有你这₄/这₄么/那₄/那₄么高了强强早就有你这么高了。

下面的例子替换情况都与例（1）相同，不再赘举。

（2）吓死啦，这₄粗的树一下达⁼给撞断啦吓死了，这么粗的树一下就给撞断了。

（3）这₄大（的）人啦啥事也不懂这么大的人了啥事也不懂。

（4）今天这₁天咋这₄蓝呢今天这天怎么这么蓝呢。

（5）就这₄宽点儿小河还用架桥？开啥玩笑呢就这么宽的一条小河还用架桥？开什么玩笑呢。

（6）世上再没见过那₄不要脸的人啦世界上再没见过那么不要脸的人了。

（7）你朝这₄么做就对啦，甭家朝那么做你照着这样做就对了，不要照着那样做。

（8）他要是还这₁样你就去法院告他去他要是还这样你就去法院起诉他。

（9）头就这₄忽绕了一下就跑啦头就这么绕了一下就跑了。

（10）真是个伶俐虎儿，跟上学了这₄两天就啥也会啦真是个聪明的孩子，跟着学了这么几天就都会了。

（11）你说他咋是这₄种人你说他怎么是这样的人？

（12）你早这₁样学早就考住了你早点这样努力学习早就考上了。

（13）行，咱就这₄个做哇好的，咱们就这样做吧。

2. "定襄—忻州"型（"这—兀"型）

"定襄—忻州"型方言如忻州方言用"这₄个 [tʂəŋ³¹³ kuæ³¹³]"和"兀₄个 [vəŋ³¹³ kuæ³¹³]"表方式，其中"这₄ [tʂəŋ³¹³]""兀₄ [vəŋ³¹³]"分别是"这₃么 [tʂəʔ² məŋ³¹]""兀₃么 [vəʔ² məŋ³¹]"的合音。"这₄个 [tʂəŋ³¹³ kuæ³¹³]"和"兀₄个 [vəŋ³¹³ kuæ³¹³]"可以做主语、谓语、宾语和状语，意义功能与普通话"这样"和"那样"相同。例如：

（14）我教你咋个剥蒜哇，这₄个比兀₄个好抬我教你怎么剥蒜皮吧，这样比那样好剥。

（15）姐不待要说你来，你就好好这₄个哇姐不愿责备你了，你就这样固执吧。

（16）爷爷你以后可不能兀₄个喝酒来爷爷你以后不能那样喝酒了。

（17）你兀₄个切草，明年也切不完你那样切草，到明年也切不完。

（18）他就兀₄个一边走，一边说他就那样一边走，一边说。

"定襄—忻州"型方言，如忻州方言常用"这$_2$□［tʂæ⁵³mã³¹³］""兀$_2$□［væ⁵³mã³¹³］"表示性状，其中"这$_2$［tʂæ⁵³］"是"这$_3$个［tʂəʔ²kuæ³¹³］"的合音，"兀$_2$［væ⁵³］"是"兀$_3$个［vəʔ²kuæ³¹³］"的合音。"这$_2$""兀$_2$"也能用来表性状。它们的意义功能都和普话的"这样""那样"大体一致。例如：

（19）他爱见这$_2$□［tʂæ⁵³mã³¹³］娃娃，不爱见兀$_2$□［mã³¹³］娃娃_{他喜欢这样的孩子，不喜欢那样的孩子。}

（20）他咋是个这$_2$□［tʂæ⁵³mã³¹³］老师_{他怎么是个这样的老师！}

（21）兀$_2$□［mã³¹³］人我不待见_{那样的人我不喜欢。}

（22）他咋是个这$_2$人_{他怎么是个这样的人。}

（23）爷爷不待见兀$_2$孩子_{爷爷不喜欢那样的孩子。}

"定襄—忻州"型方言，如忻州方言中，指示程度的指示代词有"这$_4$［tʂəŋ³¹³］、这$_4$个［tʂəŋ³¹³kuæ³¹³］、这$_3$么（么）［tʂəʔ²məŋ³¹məŋ³¹］、这$_3$拉（拉）［tʂəʔ²la³¹la³¹］"，"兀$_4$［vəŋ³¹³］、兀$_4$个［vəŋ³¹³kuæ³¹³］、兀$_3$么（么）［vəʔ²məŋ³¹məŋ³¹］、兀$_3$拉（拉）［vəʔ²la³¹la³¹］"等，与普通话的"这么""那么"的意义用法大致相同，常做状语。例如：

（24）院行兀$_1$拨枣树差不多有你哥哥这$_4$个高来_{院里的那棵枣树差不多有你哥哥这么高了。}

（25）你不用这$_4$个结记她，她有钱花来_{你不用这么惦记着帮她，她有钱花呢。}

（26）兀$_1$个兀$_2$果子咋兀$_4$个红哩_{那个果子怎么那么红呢。}

（27）我都不知道原来他这$_4$个日能哩_{我都不知道原来他这么有本事呢。}

（28）姐姐这$_2$是咋来，真ˉ儿这$_4$个齐楚哩_{姐姐这是怎么了，今天这么齐整呢？}

（29）叔叔咋兀$_4$个即溜哩，怪不得相好哩兀$_3$么［məŋ³¹］多_{叔叔怎么那么精明呢，怪不得有那么多的朋友。}

（30）兀$_1$个风筝有这$_3$拉大_{那个风筝有这么大。}

（31）你看伢兀$_1$个新媳妇儿咋兀$_3$么［məŋ³¹］标致哩_{你看人家那个新媳妇儿怎么那么好看呢。}

（32）兀$_3$拉咸你还能吃下去_{那么咸你还能吃下。}

（33）你咋兀$_3$不听说哩_{你怎么那么不听话呢。}

（34）你这$_3$么［məŋ³¹］不待见他咾，就离哩他远些_{你这么不喜爱他的话，}

就离他远点。

（35）姐夫伢兀₃么［məŋ³¹］有权还用哩着你结记姐夫人家那么有权哪还用得着你惦记着帮衬。

事实上，虽然都指示程度，但"这₃么么"和"这₃拉拉"比"这₄个"指示的程度要深，"兀₃么么"和"兀₃拉拉"比"兀₄个"指示的程度要深，而"这₄""兀₄"做状语表程度相对更轻些、表量则少些。例如：

（36）给我这₃么么［məŋ³¹］多包子我可吃不咾给我这么多包子我可吃不完。

（37）爷爷伢咋这₃拉拉好喝哩爷爷怎么这么喜欢喝酒呢。

（38）他伢咋兀₃么么［məŋ³¹］爱见媳妇哩他怎么那么喜欢老婆呢。

（39）车子兀₃么么［məŋ³¹］贵我没唡钱车子那么贵我没钱买。

（40）他兀₃拉拉勤谨我可比不咾他那么勤奋我可比不上。

（41）这₄大大儿个包子你还吃不咾这么小的包子你还吃不完？

（42）兀₄远远儿他还不待要去那么近他还不愿意去。

（43）就这₄轻轻儿个袋袋子，你还提溜不动就这么轻的个袋子，你还提不动。

（五）北区晋语的数量指代词

1. "大同—朔州"型（"这—那"型）

"大同—朔州"型方言中，如大同方言，"这₄些"指示数量多、"这₄点儿"指示数量少，"这₄些"可重叠成"这₄些些"，表示更多；"这₄点儿"可重叠成"这₄点点儿"，表示更少。指示时修饰名词不加"的"，代替时可做主语、宾语。"这₁些""这₄点儿"指示数量无所谓多少也没有强调，"这₂些""这₂点儿"指示数量多少时比"这₄些""这₄点儿"的强调程度要弱。指示数量多的量级可以表示为：这₁些＜这₂些＜这₄些＜这₄些些，指示数量少的量级可以表示为：这₁点儿＜这₂点儿＜这₄点儿＜这₄点点儿。指示数量时近指和远指没有差别。

指示代词指示数量时对多数和少数的强调手段有两种，一是变化指示代词的韵或调，二是变化附加成分的韵或调。一般"点"类指示少、"些"类指示多，附加"儿"的"点"类、"些"类均指示少。原平方言是通过"些"的变读来区分意义,"这$_2$些$_1$ɕiɣ²¹³"和普通话"这些"相当,"这$_2$些$_2$ɕiɣ³³"指示数量多,"这$_2$些$_3$儿 ɕiɣr³³"指示数量少。一般儿化都指示数量少。"点"和"些"都能重叠,重叠后程度加深。

2."定襄—忻州"型("这—兀"型)

"定襄—忻州"型方言中,忻州方言的"这$_4$些儿""兀$_4$些儿"做主语、宾语及定语,表数量的多少大小时依靠语境来确定。用"这$_3$些些""兀$_3$些些"表数多量大,用"这$_1$些些儿""兀$_1$些些儿"表数少量小,表少而小时含有轻视贬责的情态,表大而多时有惊叹褒赞的情态。表数量的代词可以连用。例如:

(1)你看他还有这$_4$些儿包子哩,我咋就剩下兀$_4$些儿来你看他还有这么多包子,我怎么就剩那一点儿了?

(2)他咋就剩下这$_4$些儿包子来,你还有兀$_4$些儿哩他怎么就只剩这一点儿包子了,你还有那么多。

(3)就这$_4$些儿包子够谁吃就这么几个包子够谁吃?

(4)还剩兀$_4$些儿包子我可吃不咾还剩那么多包子我可吃不完。

(5)爷爷伢可能喝哩,兀$_4$些儿酒不够爷爷挺能喝酒的,那点儿酒不够。

(以上忻州)

(6)你看姐姐伢有这$_2$些些包包你看姐姐有这么多包。

(7)你抬上兀$_2$些些毛衣做甚呀,穿也穿不完你攒下那么多毛衣干什么呢,穿也穿不完。

(8)这$_2$些些酒够爷爷喝来哇这么多酒够爷爷喝了吧。

(9)教室里哩人兀$_2$些些,听不真教室里的人那么多,听不清楚。

(以上定襄)

(10)兀$_2$些些包子,太多来那么多包子,太多了。 (五台)

(11)这$_1$些些儿酒哪够咱俩个人喝这么点儿酒哪够咱们俩喝。

(12)兀$_1$些些儿包子哪够娃娃行吃那么几个包子哪够孩子们吃。

(13)这$_1$些些儿包子可不够娃娃行分这么几个包子不够孩子们分。

(14)他就蒸了兀$_1$些些儿包子,兀$_2$不够塞牙哩他就蒸了那么点儿包子,还不够塞牙缝呢。

(15)就这$_1$些些儿羊羔,你还喂不咾就这么几只羊羔你还喂不了?

（16）人伢娃才这₁些些儿就上学去哩那孩子才那么一点儿大就上学去了。

（17）爷爷小时候也就兀₁些些儿爷爷小时候也就那么高点儿。　　（以上忻州）

第二节　中区晋语的指示代词

一　中区晋语指示代词的类型

在晋语指示代词语义层级的问题上，主要有"二分"和"三分"两种说法。指示代词"二分"即为近指"这"和远指"那"或"兀"的对立；而关于"三分"问题不同学者有不同的观点。一种观点认为，汉语方言指示代词有"三分"现象。吕叔湘（1990）将指示代词分为三种类型：近指、中指、远指；近指、远指、更远指；近指、远指、非近非远指。侯精一、温端政（1993）指出，"山西方言有将近四分之一的点是三分的"。另一种观点认为，指示代词的三分系统并不是真正的三分，其实质仍然是二分，分近指和远指，远指层面上又分出远指和更远指两个层次。汪化云（2002）指出："第三个指示代词可分为三类：一是长音重读；二是定指词；三是共同语远指代词的叠置。进而得出结论，'第三指'或者是远指代词在使用中的特殊变化形式，或者与近指、远指不在一个平面上，或者只是一种词汇的更替的现象，这些都不是真正的三分。"张振兴（2004）指出："汉语方言的指示代词是二分的，所谓的一分、三分、四分说实质上都是二分。"邢向东（2005）通过对陕北晋语黄河沿岸七县（府谷、神木、绥德、佳县、吴堡、清涧、延川）的调查与研究，认为"那、兀"与"这"并不是并列关系，而应该将其放在远指代词的内部进行研究，和"这"并不能构成真正意义上的三分。我们同意"二分"说的观点，但为了便于叙述，下文我们仍采用"三分"的说法，只不过这个"三分"是指"近指""远指"和"更远指"。

中区晋语指示代词分"二分"和"三分"两类。指示代词"二分"是近指"这"和远指"兀"的对立，即"这—兀"型，包括太原、榆次、太谷、祁县、平遥、介休、灵石、清徐、交城、文水、孝义、昔阳、和顺、榆社、阳曲、娄烦等大部分方言点，我们称为"太原—孝义"型；指示代词"三分"表示的是近指"这"、远指"那"和更远指"兀"，主要有寿阳、盂县等方言点，我们称为"寿阳—盂县"型。

二 中区晋语指示代词的用法

（一）中区晋语的人、物指代词

1. "太原—孝义"型方言人、物指代词

表 3-2-1　　　"太原-孝义"型方言人、物指代词

	近指	远指
娄烦	这块⁼［tsəʔ²kuai²¹³］［这块⁼］［tsai²¹³］	兀块⁼［vəʔ²kuai²¹³］［兀块⁼］［vai²¹³］
太原	这块⁼［tsəʔ²kuai³⁵］［这块⁼］［tsai⁴²］	兀块⁼［vəʔ²kuai³⁵］［兀块⁼］［vai⁴²］
榆次	这块⁼［tsəʔ²kuai³⁵］［这块⁼］［tsai³⁵］	兀块⁼［vəʔ²kuai³⁵］［兀块⁼］［vai³⁵］
清徐	这块⁼［tsəʔ⁵⁴kuai⁴⁵］［这块⁼］［tsai⁵⁴］	兀块⁼［vəʔ⁵⁴kuai⁴⁵］［兀块⁼］［vai⁵⁴］
交城	这块⁼［tsəʔ¹¹kuɛ²⁴］［这块⁼］［tsɛ⁵³］	兀块⁼［uəʔ⁵⁴kuɛ²⁴］［兀块⁼］［uɛ⁵³］
太谷	这槐⁼［tsəʔ¹¹xuai³²³］［这槐⁼］［tsai³²³］	兀槐⁼［vəʔ¹¹xuai³²³］［兀槐⁼］［vai³²³］
文水	这槐⁼［tsəʔ³¹²xuai²²］［这槐⁼］［tsai⁴²³］	兀槐⁼［uəʔ²xuai²²］［兀槐⁼］［uai⁴²³］
祁县	这槐⁼［tsəʔ²²xuai³⁵］［这槐⁼］［tsai⁵³］	兀槐⁼［vəʔ²²xuai³⁵］［兀槐⁼］［vai³⁵］
平遥	这块⁼［tsʌʔ⁵³xuæ⁵³］［这块⁼］［tsæ⁵³］	兀块⁼［uʌʔ⁵³xuæ⁵³］［兀块⁼］［uæ⁵³］
孝义	这块⁼［tsəʔ³xuai³¹²］［这块⁼］［tsai³¹²］	兀块⁼［uəʔ³xuai³¹²］［兀块⁼］［uai³¹²］
榆社	这［tsɛ⁴⁵］［这个］［tɕie⁴⁵］	兀［vɛ⁴⁵］［兀个］［vie⁴⁵］
介休	这槐⁼［tʂei⁴²³xuɛi⁴²³］［这槐⁼］［tʂɛi⁴²³］	兀槐⁼［uei⁴²³xuɛi⁴²³］［兀槐⁼］［uɛi⁴²³］
灵石	这［tsiɛ⁵³］	兀［yəʔ⁵³⁵］

"太原—孝义"型各方言中，表人、物的基本指代词有"这""兀"，常做主语、宾语、定语，各点读音不同，如文水读"这［tsəʔ³¹²］""兀［uəʔ²］"，太谷读"［tsəʔ¹¹］""［vəʔ¹¹］"，祁县读"［tsəʔ²²］""［vəʔ²²］"等等。很多地方"这""兀"必须和量词组合使用，不单用。中区晋语指示代词基本形式大多是和量词"个"合音，以往多数记为"宰"和"外"音。胡双宝（1983）认为："量词'槐个'是晋中方言的通用量词，它的读音各地略异，例如与文水相邻的交城读'［kuɛ］'，平遥读'［kuæ］'，太原读'［kuai］'。"各方言点原形和合音形式都共存并用，不互相排斥，但意义功能也不一样。例如：

（1）这块⁼是清徐人这个人是清徐人。

（2）［这块⁼］人眼睛可大咧这个人眼睛可大呢。

（3）兀块⁼苹果是给咾他的那个苹果是给他的。

（4）［兀块⁼］学校前几年可不好嘞那所学校前几年很不好。（以上清徐）

（5）这槐⁼苹果是我的这个苹果是我的。

（6）兀槐⁼表是年时买的那块表是去年买的。

（7）［这槐⁼］/这槐⁼（［兀槐⁼］/兀槐）是孝义人这个人（那个人）是孝义人。（以上孝义）

"太原—孝义"型方言中，指代人、物时，常用"这/兀±数词+量词±名词"结构，做主、宾、定语，"这/兀±数词+量词±名词"不加名词时多表示称代；否则更侧重于指示。例如：

（8）吃咾半天就吃咾兀几个包子吃了半天就吃了那几个包子？

（9）左半掐这亩地都是茭子圪榄左面这块地里都是高粱秆。

（10）夜嘞剩下的兀些包子谁吃咧昨天剩下的那些包子谁吃了？

（11）兀他归⁼舍⁼就这三棵梨树他家就只有这三棵梨树？（以上清徐）

（12）姐姐要兀本咧，不是这本姐姐要那本呢，不是这本。

（13）你把兀些包子倒咧干甚呀你把那些包子倒了干什么啊？

（14）兀件比这件合适那件（衣服）比这件合适。（以上榆次）

（15）你看，我想不来了兀句话谁说的咧你看，我想不起来那句话是谁说的了。

（16）不用拾掇姐姐这一间咧，姨姨兀一间就够咧不用收拾姐姐这一间了，有姨姨那一间就够了。

（17）这一瓶子酒是谁喝咾的这瓶子酒是谁喝了的？（以上交城）

"太原—孝义"型方言指代人、物用"这/兀±数词+个±名词"更常见，"个"在各方言点的语音形式不同，有的读如"块"，有的读如"槐"，见表3-2-1。学者选择的记音字也不同（参见余跃龙，2014）。例如：

（18）这一槐⁼皮包是姐姐的这个皮包是姐姐的？

（19）你哈⁼过来兀槐⁼碗碗你拿过来那个碗。

（20）你把兀槐⁼西瓜吃咾哇你把那个西瓜吃了吧。（以上太谷）

（21）这槐⁼赖笼床能做甚嘞这个破蒸笼能做什么呢？

（22）兀槐⁼绵羊多重咧那只绵羊多重呢？

（23）这槐⁼大氅比兀槐⁼做得好这个大衣比那个做得好。（以上介休）

（24）这块=毛衣卖多钱咧这件毛衣卖多少钱呢？
（25）你半天就弄了这两块=盆盆你这么长时间就弄了这两个盆？
（26）你打掐兀两块=，我打掐这两块=你整理那两畦（地），我整理这两畦（地）。　　　　　　　　　　　　　　　　　　　　　　　　（以上孝义）

"太原—孝义"型方言在指代人、物的复数时，用"这些"和"兀些"，一般多用于指代数量较多的人、物，在句中常做主语、宾语、定语。例如：

（27）兀些东西都荷上嘞哇那些东西都拿上了吧？
（28）这些都是谁吃咧这些东西都是谁吃呢？
（29）这些是你行的，兀些是我行的这些是你们家的，那些是我们家的。
　　　　　　　　　　　　　　　　　　　　　　　　　　（以上榆次）
（30）兀些人可热心咧那些人很热情。
（31）我不要这些，要兀些我不要这些，我要那些。　　　（以上灵石）

2. "盂县—寿阳"型

"盂县—寿阳"型指示代词三分，如表3-2-2所示。

表3-2-2　　　　　"盂县—寿阳"型方言人、物指代词

	近指	远指	更远指
盂县	这个［tse²² kuæ⁴⁴］ ［这个］［tsæ⁴⁴］	［那个］［næ⁴¹²］	兀个［ve²² kuæ⁴⁴］ ［兀个］［væ⁴⁴］
寿阳	这［tsɔ⁴⁵］ 这个［tsəʔ² kuɤʔ³］	那［nɔ⁴⁵］ 那个［nəʔ² kuɤʔ³］	兀［vɔ⁴⁵］ 兀个［vəʔ² kuɤʔ³］

指示人或物的代词可用"哪个"或"谁"来替代，它们同时具有"指别"与"示距"两种功能。"指别"是对所指对象加以区别与确认，"示距"是用指示的不同方式区分所指对象的物理距离。近指用"这"，表示所指代的人或物在说话人与听话人的附近，距离说话人与听话人都较近；远指用"那"是相对于近指和更远指而言的，比近指远，而又比更远指的距离近，一般是不在说话人与听话人周围，但却在视线范围之内；更远指用"兀"是指距离说话人和听话人最远的距离或者超出了所在视线的范围。现场指示时，一般都伴有手部指示动作，以使指示明确。例如

寿阳方言：①

(32) 这个女的唱得不好，还不如刚才兀个女的唱得好勒这个女的唱得不好，还不如刚才那个女的唱得好呢。

(33) 行咾，你看是要这个嘞还是那个嘞可以，你是想要这个还是那个?

再如盂县方言：

(34) 这个［tse²²kuæ⁴⁴］没兀个［ve²²kuæ⁴⁴］贵这个没有那个贵。

(35) ［那个］［næ⁴¹²］帽子多钱唻那个帽子多少钱?

(二) 中区晋语的方所指代词

1. "太原—孝义"型方言方所指代词

"太原—孝义"型方言方所指代词如表3-2-3所示。

"太原—孝义"型方言中，指代方所的常用形式多是"这/兀+方位语素"，所搭配的方位语素有：头、港/旮、底、面等。就"太原—孝义"型方言的整体使用情况而言，"这港/旮"和"兀港/旮"的使用范围最广，其次是"这头"和"兀头"，而"这嘞"和"兀嘞"、"这面"和"兀面"使用较少。就与普通话的对应而言，"这港/旮"和"兀港/旮"、"这儿"和"兀儿"相当于普通话的"这里"和"那里"，"这头"和"兀头"、"这底"和"兀底"、"这面"和"兀面"相当于普通话的"这边"和"那边"。

表3-2-3　　　　　"太原—孝义"型方言方所指代词

	近指	远指
娄烦	这儿［tsər²］ 这头［tsəʔ²təu²］	兀儿［vər²］ 兀头［vəʔ²təu²］
太原	这里［tsəʔ²⁻²¹ləʔ²］ 这头［tsəʔ²tʂu¹¹］ 这底［tsəʔ²ti⁴²］	兀里［vəʔ²⁻²¹ləʔ²］ 兀头［vəʔ²tʂu¹¹］ 兀底［vəʔ²ti⁴²］
榆次	这儿［tsər³⁵］ 这搭儿［tsər³⁵ta⁵³］	兀儿［vər¹¹］ 兀搭儿［vər¹¹ta⁵³］
清徐	这底［tsəʔ²ti⁵⁴］	兀底［vəʔ²ti³¹］
交城	这旮［tsəʔ¹¹kɑ⁵³］ 这头［tsəʔ¹¹tʌɯ¹¹］ 这面面［tsəʔ⁵⁴miɛ²⁴miɛ⁵³］	兀旮［uəʔ¹¹kɑ⁵³］ 兀头［uəʔ¹¹tʌɯ¹¹］ 兀面面［uəʔ⁵⁴miɛ²⁴miɛ⁵³］

---

① 寿阳方言指示代词的例子均为温锁林先生提供，谨致谢忱！

第三章　山西晋语的指示代词　/　163

续表

	近指	远指
太谷	这头 [tsəʔ^{11}təɯ^{45}] 这港$^=$ [tsəʔ^{11}kɒ$^{323-45}$]	兀头 [vəʔ^{11}təɯ^{45}] 兀港 [vəʔ$^{11-45}$kɒ^{323}]
文水	这□ [tsəʔ^{312}ke^{423}]	兀□ [uəʔ^{312}ke^{423}]
祁县	这旮 [tsəʔ$^{323-32}$ka$^{213-21}$] 这头 [tsəʔ^{22}təu^{21}]	兀旮 [uəʔ$^{323-32}$ka$^{213-21}$] 兀头 [uəʔ^{22}təu^{21}]
平遥	这儿 [tsæ^{53}ʐʌʔ^{23}]	兀儿 [ua^{23}ʐʌʔ^{23}]
孝义	这坨 [tʂəʔ^{312}tE^{11}]	兀坨 [uəʔ^{312}tE^{11}]
榆社	这儿 [tsər^{53}]　这头 [tsɛ^{45}tou^{33}]	兀儿 [vər^{53}]　兀头 [vei^{45}tou^{33}]
介休	这儿 [tʂar^{31}]	兀儿 [uar^{31}]
灵石	这面 [tsiɛ^{53}miaʔ^{53}] 这垓$^=$ [tsiɛ^{53}kɛ^{535}]	兀面 [yəʔ^{53}miaʔ^{53}] 兀垓$^=$ [yəʔ^{53}kɛ^{535}]

A. 这/兀 + 港/旮

"太原—孝义"型方言中，"这港$^=$/旮—兀港$^=$/旮"与"这里—那里"相对应，多见于交城、太谷、祁县、文水和灵石等方言，它们的主要差别在于语音形式，如交城方言读"[tsəʔ^{11}kɑ^{53}]"、"[uəʔ^{11}kɑ^{53}]"，文水方言说"[tsəʔ^{312}ke^{423}]、[uəʔ^{312}ke^{423}]"。"这港$^=$/旮""兀港$^=$/旮"指代的处所地域空间大小不限，"港$^=$/旮"重叠使用时，指代面积、空间相对小的地域场所或一个更具体的位置。例如：

（1）年时这旮还有拔枣树嘞，咋底今年没啦嘞_{去年这里还有几棵枣树呢，怎么今年没有了}？

（2）这旮是太原吧_{这里是太原吧}？

（3）站兀旮热咧，坐这旮哇_{站那里热呢，坐这里吧}。　　　　（以上交城）

（4）这港$^=$够宽咧吧？能放下吧_{这里够宽了吧？能放进去吧}？

（5）这港$^=$比兀港树多_{这里比那里树多}。

（6）中午兀时候兀港$^=$港$^=$围的一群人，怎腻$^=$咧_{中午时候那个地方围着一群人，怎么了}？

（7）这霎霎这港$^=$不常出车祸咧_{现在这里不常出车祸了}。　　（以上太谷）

（8）你把［兀槐$^=$］椅子放到这旮旮吧_{你把那椅子放到这里吧}。

(9) 你过这旮旮哇，还有空位咧你来这儿吧，还有空位了。（以上祁县）

B. 这/兀+头、这/兀+底、这/兀+面

"太原—孝义"型方言中，"这/兀+头""这/兀+底""这/兀+面"等结构都分别相当于普通话的"这边""那边"，其中的方位语素重叠则能表示更具体的地方。例如：

(10) 你又拐错咧，快归这头你又拐错了，快往这边。

(11) 兀头太冷咧，过这头起吧，这头热那边太冷了，过这边来吧，这边热。

(12) 兀家这霎霎不在兀头，在爷爷这头咧他现在不在那边，在爷爷这边呢。

（以上太谷）

(13) 卖面的不在这头嘞卖面的不在这边。

(14) 兀家在兀头超市住咧，不在这头他在那边超市住呢，不在这边。

(15) 我在这头头等你哇我在这边等你吧？ （以上交城）

(16) 这搭是你种草莓的地方，兀搭不是吧这里是你种草莓的地方，那里不是了吧？

(17) 这桌子这头是白的，兀头是黑的这张桌子这边是白的，那边是黑的。

（以上孝义）

(18) 这底的葡萄比兀底的好这边的葡萄比那边的好。 （清徐）

(19) 兀面冷，你不应去兀面面坐那边冷，你不要去那边坐。 （交城）

(20) 兀家在兀面面超市咧，可远嘞他在那边超市呢，非常远。 （娄烦）

C. 这/兀+儿、这/兀+地方

娄烦、榆次、平遥、介休等使用"这/兀+儿"指代方位处所，做主语、宾语和定语，相当于普通话中的"这里""那里"。"这/兀+地方"在"太原—孝义"型方言中使用比较普遍。例如：

(21) 邮票在这儿嘞，不在兀儿邮票在这儿呢，不在那儿。

(22) 今年这儿比咱们兀儿冷今年这儿比咱们那儿冷。 （以上介休）

(23) 兀家在超市兀儿苦⁼着咧他在超市那儿住着呢。

(24) 人家这地方可比咱有钱咧人家这地方可比咱们那地方有钱呢。

（以上娄烦）

(25) ［兀槐⁼］时候这地方的人吃饭才恓惶咧那时候这里的人吃饭才可怜呢。

(26) 兀家怎腻⁼把猴鬼嫁的［兀槐⁼］穷地方咧他怎么把女儿嫁到那个穷

地方了？（以上太谷）

(27) ［兀块＝］地方的路可日怪嘞那里的路可奇怪呢。（清徐）

(28) ［兀块＝］地方超市比这地方大那里的超市比这里的大。（灵石）

(29) ［兀块＝］地方卖菜的人尽捣鬼，快不应去咧那里卖菜的常骗人，快不要去了。（孝义）

(30) ［兀块＝］大地方才卖［这块］＝包咧那个大城市才卖这个包呢。

（交城）

2. "盂县—寿阳"型方言方所指代词

表3-2-4　　　　"盂县—寿阳"型方言方所指代词

	近指	远指	更远指
盂县	这□儿［tsʏʔ⁵³ kɐr⁴¹²］	那□儿［næ⁴¹² kɐr⁴¹²］	兀□儿［vʏ⁵³ kɐr⁴¹²］
寿阳	这儿［tsei⁴⁵ æ⁴²³］ 这忽阑［tsəʔ² xuəʔ³ læ³³］ 这儿环［tsei⁴⁵ æ⁴²³ xuæ³³］ 这环环［tsəʔ²/tsei⁴⁵ xuæ³³ xuæ³³］	那儿［nei⁴⁵ æ⁴²³］ 那忽阑［nəʔ² xuəʔ³ læ³³］ 那儿环［nei⁴⁵ æ⁴²³ xuæ³³］ 那环环［nəʔ²/nei⁴⁵ xuæ³³ xuæ³³］	兀儿［vei⁴⁵ æ⁴²³］ 兀忽阑［vəʔ² xuəʔ³ læ³³］ 兀/兀儿环［vəʔ²/vei⁴⁵ æ⁴²³ xuæ³³］ 兀环环［vəʔ²/vei⁴⁵ xuæ³³ xuæ³³］

"盂县—寿阳"型方言指示处所的代词都可以用"这儿""那儿"来代替。更远指时一般会伴随手向较远处指示的动作。例如盂县方言：

(31) 就在这□儿［tsʏʔ⁵³ kɐr⁴¹²］买哇，快不用过那□儿［næ⁴¹² kɐr⁴¹²］咧，兀□儿［vʏ⁵³ kɐr⁴¹²］我更是懒得过去咧，也便宜不了多少就在这里买吧，不用去那边了，那边（指更远的地方）我更懒得过去了，也便宜不了多少钱。

寿阳方言中的处所指示词，都可用于现场指示与非现场指示。例如：

(32) 我说，坐的这儿，不看那儿是树底下，往下掉虫儿屎嘞我跟你说，坐在这儿，你看不见那儿是树底下，往下掉虫屎呢。

(33) 这忽阑可晒嘞，那忽阑也快晒上咧，干脆坐的兀忽阑昂这儿挺晒呢，那儿也快晒过去了，干脆坐在那边（指更远的地方）吧。

(34) 你站的这儿环，小王站的那儿环，刘二哥站的兀儿环你站在这儿，小王站在那儿，刘二哥站在那边（指更远的地方）。

例（32）中的"这儿""那儿"大体相当于普通话中的"这里""那里"。例（33）、（34）在指示更远处时必须用手来指示方向，且不只是指示出所指对象的处所，还对处所包含的范围有明确的指示，这应该与指示词中的构词语素"环"（"忽阑"为"环"的分音词）有关。"这忽阑""这儿环""这环环"的表意差别不大，所以各组相对应与近指、远指和更远指之间均可自由替换。不过，"这环环"组中的"这""那""兀"都有两个读音，读音不同，表达上有细微的语气差异。即读为舒声[tsei^{45}][nei^{45}][vei^{45}]时，语气上比读为促声[tsəʔ^2][nəʔ^2][vəʔ^2]时更有一种强调的意味。另外，"这忽阑""这儿环"组中的"阑"与"环"有时还能重叠使用，重叠时语气上略显舒缓，多出现于女性的口语中。

（三）中区晋语的时间指代词

1."太原—孝义"型方言时间指代词

表 3－2－5　　　　　"太原—孝义"型方言时间指代词

	近指	远指
娄烦	这阵阵［tɕi^{213}tsə̃^{54}tsə̃^{0}］ 这会儿［tɕi^{213}xei^{54}］	兀阵阵［vei^{2}tsə̃^{54}tsə̃^{0}］ 兀会儿［vei^{2}xei^{54}］
太原	这阵阵［tsəʔ^{2}tsəŋ^{35}tsəŋ$^{35-53}$］ 这霎霎［tsəʔ^{2}sa^{11}sa$^{11-21}$］	兀阵阵［vəʔ^{2}tsəŋ^{35}tsəŋ$^{35-53}$］ 兀霎霎［vəʔ^{2}sa^{11}sa$^{11-21}$］
榆次	这会儿［tsəʔ^{2}xuai^{35}］ 这霎霎［tsəʔ^{2}sa^{54}sa^{54}］	兀会儿［vəʔ^{2}xuai^{35}］ 兀霎霎［vəʔ^{2}sa^{54}sa^{54}］
清徐	这半天［tsəʔ^{54}pɛ^{45}t^{h}ie^{11}］ 这早番［tsəʔ^{54}tsɔu^{54}fɛ^{11}］	兀半天［vəʔ^{54}pɛ^{45}t^{h}ie^{11}］ 兀早番［vəʔ^{54}tsɔu^{54}fɛ^{11}］
交城	这一阵［tsei^{53}iəʔ^{11}tsə̃^{24}］ 这会儿［tsəʔ^{11}xuɚ^{53}］	兀一阵［uei^{53}iəʔ^{11}tsə̃^{24}］ 兀会儿［uəʔ^{11}xuɚ^{53}］
太谷	这会儿［tsəʔ^{11}xuɚ^{45}］ 这阵阵［tsəʔ^{11}tsə̃^{45}tsə̃^{45}］	兀会儿［vəʔ^{11}xuɚ^{45}］ 兀阵阵［vəʔ^{11}tsə̃^{45}tsə̃^{45}］
文水	这会儿［tsəʔ^{312}xuə^{423}e^{22}］	兀会儿［uəʔ^{2}xue^{423}e^{22}］
祁县	这阵阵［tsəʔ$^{323-32}$tsə̃^{35}tsə̃$^{35-21}$］ 这会儿［tsəʔ$^{323-32}$xuei^{35}ẓəʔ$^{22-32}$］	兀阵阵［uəʔ^{22}tsə̃^{35}tsə̃$^{35-21}$］ 兀会儿［uəʔ^{22}xuei^{35}ẓəʔ$^{22-32}$］

续表

	近指	远指
平遥	这一早番 [tsʌʔ⁵¹ iŋ³⁵ tsəŋ⁵¹ xuaŋ³¹] 这阵阵 [tsʌʔ⁵¹ tsəŋ³⁵ tsəŋ³⁵] 这班阵儿 [tsʌʔ⁵¹ paŋ³¹ tʂəŋ³⁵ zʌʔ⁵⁴]	兀一早番 [uʌʔ³⁵ iŋ³⁵ tsəŋ⁵¹ xuaŋ³¹] 兀阵阵 [uʌʔ³⁵ tsəŋ³⁵ tsəŋ³⁵] 兀班阵儿 [uʌʔ³⁵ paŋ³¹ tʂəŋ³⁵ zʌʔ⁵⁴]
孝义	这会儿 [tʂE⁵⁴ xuər¹¹] 这阵 [tʂE⁵⁴ tʂɿ¹¹]	兀会儿 [uei¹¹ xuər⁵³] 兀阵 [uəʔ² tʂɿ³³]
榆社	这阵 [tsɛ⁴⁵ tsɛʒ⁴⁵] 这霎 [tsɛ⁴⁵ sɒ⁴⁵]	兀阵 [vie⁴⁵ tsɛʒ⁴⁵] 兀霎 [vie⁴⁵ sɒ⁴⁵]
介休	这会儿 [tʂʌʔ⁴²³ xuer⁴⁵]	兀会儿 [uʌʔ⁴²³ xuer⁴⁵]
灵石	这阵 [tsiɛ⁵³ tsəŋ⁵³]	兀阵 [yəʔ⁵³⁵ tsəŋ⁵³]

A. 这/兀＋时间名词

"太原—孝义"型方言中,"这/兀"只有和时间名词搭配使用才能指代时间,常见有"这/兀三天""这/兀几个月""这/兀二年""这/兀几年"等,"三天""二年"和几个月、几年一样表示约指,可做主语、状语、定语。例如:

（1）他兀二年还没啦种草莓咧他那几年还没种草莓呢。（娄烦）

（2）本地西瓜兀几年要比这几年卖得贵本地西瓜那几年要比这几年卖得贵。（榆次）

（3）他这几年做甚的来他这几年干啥呢?（文水）

（4）兀几天我不在学校那几天我不在学校。（灵石）

B. 这/兀＋会儿

"太原—孝义"型方言除平遥、清徐两个方言点外,其余各点都能用"这/兀＋会儿"表时间点或时间段,常做主语、状语、定语。"这/兀＋会儿"在各点的语音形式略有差别,如交城方言读 [tsəʔ¹¹/uəʔ¹¹ xuɚ⁵³]、文水方言读 [tsəʔ³¹²/uəʔ² xuə⁴²³ e²²]、祁县方言读 [tsəʔ³²³⁻³²/uəʔ²² xuei³⁵ zʅʔ²²⁻³²] 等。

（5）姐姐下车兀会儿是几点咧姐姐下车那会儿是几点呢?

（6）你上礼兀会儿见了谁咧你交礼金那会儿见到了谁?

（7）这村子这会儿可不赖咧,兀会儿臭烘烘的这个村现在挺不错,那会儿臭气熏天。

（8）这会儿几点咧现在几点了？ （以上交城）

（9）你忙甚唻？这会儿才回来你忙什么呢？现在才回来。

（10）夜来这会儿爷爷倒睡下啦昨天这时候爷爷已经睡下了。

（11）这村里兀会儿可有钱咧这个村那时候很有钱。

（12）他兀会儿去学校做甚的嘞他刚才去学校干啥去了？ （以上太谷）

（13）这会儿还早咧，等等再去哇现在还有点早，等等再去吧。

（14）都这会儿咧，你打算去嘞不去到这个时候了，你打算去不去？

（15）兀会儿咱家里就只有一张被子那个时候咱们家里就只有一张被子。

（以上介休）

C. 这/兀 + 阵儿/阵阵/一阵

"太原—孝义"型方言中，娄烦、交城、太谷、祁县、平遥、孝义、灵石等方言用"这/兀 + 阵儿/阵阵/一阵"指代一段较近的时间，"兀阵儿/阵阵/一阵"指代一段较远的时间，常做主语、状语。此外榆次、太谷方言还以"这霎霎""兀霎霎"指代时间，与普通话"这会儿""那会儿"的意思相当。清徐、平遥等方言还常用"这/兀半天""这/兀早番"来指代时间。例如：

（16）他兀阵儿忙得都忘吃饭咧他刚才忙得都忘吃饭了。

（17）他兀阵阵还吵架咧，这阵阵又要上咧他刚才还吵架呢，这会儿又开始玩儿了。

（18）这阵子家里可紧咧这段时间家里经济挺紧张。

（19）兀阵子众人都想办法帮她那段时间众人都想办法帮她。 （以上娄烦）

（20）这一阵没雨，地里可旱嘞这段时间没下雨，地里庄稼挺旱。

（21）兀一阵我感冒来，这一阵好些咧那段时间我感冒了，这段时间好点了。

（22）兀一阵阵在学校忙来那段时间在学校忙呢。

（23）爷爷血压这一阵阵没啦兀一阵阵高爷爷的血压这段时间没那段时间高。

（以上交城）

（24）兀家这阵阵可是苦咧他这段时间挺苦的。

（25）兀阵阵他干甚的咧，我一直没啦见那段时间他干啥呢，我一直没见他。

（26）兀阵阵谁坐的咧刚刚谁来坐着呢？

（27）他这阵阵刚底＝晰＝过来伢说甚咧他这会儿才明白过来人家说的是什么意思。 （以上平遥）

（28）等下课兀霎霎你给我打电话吧等下课那个时间你给我打电话吧。

（太谷）

（29）兀早番你在学校弄甚咧刚刚你在学校干什么呢？

（30）兀半天他就说要来咧，都这半天了还没啦来咾刚才他就说要来呢，都现在了都还没来。

（31）这半天咧你还不走咧这会儿了你还不走吗？　　（以上清徐）

2."盂县—寿阳"型方言时间指代词

表3-2-6　　　　　"盂县—寿阳"型方言时间指代词

	近指	远指	更远指
盂县	这会儿[tse^{22} xuər^{22}]	那会儿[næ^{412} xuər^{22}]	兀会儿[vɤ^{53} xuər^{22}]
寿阳	这早番[tsəʔ^2 tsɔ^{45} fan^{33}] 这会（的）[tsəʔ^2 xuai^{45}]	那早番[nəʔ^2 tsɔ^{45} fan^{33}] 那会（的）[nəʔ^2 xuai^{45}]	兀早番[vəʔ^2 tsɔ^{45} fan^{33}] 兀会（的）[vəʔ^2 xuai^{45}]

盂县、寿阳方言在指代时间时，也可体现出近指、远指和较远指的差别：近指是指距现在最近的时间段或时间点；远指仍是相对于近指和更远指而言的，距离现在时间较远的时间点；更远指是指距现在最远的时间。指代时间的指示代词可以用"什么时候""什么时间"来替代，它们出现的句法环境一般是在谓词前状语的位置。例如：

（32）他那会儿不在，这会儿刚回来他刚才不在，现在才回来。

（33）兀会儿可穷咧过去很穷。　　　　　　　　　　（以上盂县）

（34）兀会的说咾不算，这会的才顶用咧过去说的不算数，现在说的才算数呢。

（35）叫佬你老半天哩这会的才来喊了你半天了现在才来。

（36）我十七岁那会（的）就叫阎锡山的人给抓去当佬兵哩我十七岁那个时候就叫阎锡山的部队抓去当了兵了。

（37）叫你早些来，你可倒好，这会（的）才来让你早点来，你可倒好，现在才来。

（38）这早番哩还不起嘞，真是个大懒虫这个时候了还不起床，真是个大懒虫。　　　　　　　　　　　　　　　　　　　　　　（以上寿阳）

寿阳方言中，时间指示词"这会（的）"组中的"这""那""兀"

也都有舒、促两种读法，读促声是一般指示，读相应的舒声有强调指示的作用。

（四）中区晋语的程度、性状、方式指代词

1."太原—孝义"型方言方式、性状、程度指代词

表3-2-7　"太原—孝义"型方言方式、性状、程度指代词

	近指	远指
娄烦	这底［tsəʔ²ti⁰］ 这来［tsəʔ²lai²¹²］	兀底［vəʔ²ti⁰］ 兀来［vəʔ²lai²¹²］
太原	这底［tsəʔ²ti⁴²］	兀底［vəʔ²ti⁴²］
榆次	这底［tsəʔ²ti⁵³］ 这来［tsəʔ²lai⁵⁴］	兀底［vəʔ²ti⁵³］ 兀来［vəʔ²lai⁵⁴］
清徐	这底［tsəʔ²⁻⁵ti⁵³］ 这来［tsəʔ²⁻⁵lai⁵⁴］	兀底［vəʔ²ti⁵³］ 兀来［vəʔ²lai⁵⁴］
交城	这底［tsəʔ¹¹ti⁵³］	兀底［uəʔ¹¹ti⁵³］
太谷	这底［tsəʔ⁴⁵ti⁵³］ 这来［tsəʔ⁴⁵lai⁴³⁴］	兀底［vəʔ¹¹⁻⁴⁵ti⁵³］ 兀来［vəʔ¹¹⁻⁴⁵lai⁴³⁴］
文水	这底［tsəʔ³¹²tʅ⁴²³］ 这来［tsəʔ³¹²lai²²］	兀底［uə²⁻¹tʅ⁴²³］ 兀来［uə²⁻¹lai²²⁻²³］
祁县	这块［tsəʔ³²³⁻³²xuai³⁵］ 这来［tsəʔ³²³⁻³²lai²¹］	兀块［və̃³⁵xuai³⁵］ 兀来［və̃³⁵lai²¹］
平遥	这底［tsəʔ³¹²ti⁵³］ 这来［tsəʔ³¹²læ⁵³］	兀底［uʌʔ⁴⁵ti⁵³］ 兀来［uʌʔ⁴⁵læ⁵³］
孝义	这底块=［tʂəʔ²ti⁵³xuai³¹²］ 这样儿地［tʂai³¹²iar⁵¹ti⁵³⁻³¹］	兀底块=［uəʔ²ti⁵³xuai³¹²］ 兀样儿地［uai³¹²⁻³¹iar⁵¹ti⁵³⁻³¹］
榆社	这底［tsəʔ²²ti⁴⁵］ 这来［tsəʔ²²lɛ⁴³⁴］	兀底［vəʔ²²ti⁴⁵］ 兀来［vəʔ²²lɛ⁴³⁴］
介休	这底块=［tʂʌʔ⁴²³tei³⁵xuɛi⁴²³］	兀底块=［uʌʔ⁴²³tei³⁵xuɛi⁴²³］
灵石	这底［tsiɛ⁵³ti⁵³⁵］	兀底［yəʔ⁵³⁵ti⁵³⁵］

由表3-2-7可见，"太原—孝义"型方言中，在表示方式、性状、程度的指代时，常使用以"底"为基本形式而构成的指示代词，例如："这底""兀底""这底槐=/块=/个""兀底槐=/块=/个"等等，其中，"这底"相当于普通话中的"这样"，"兀底"相当于普通话中的"那样"，二者均用于指代方式，在某些方言中，"这底""兀底"也可用于指代性状；"这底槐=/块=/个"相当于普通话中的"这么"，"兀底槐=/块=/个"相当于普通话中的"那么"，用于指代性状，在某些方言中也可用于指代方式、程度，由此可见，在中区晋语"太原—孝义"型方言中，指代方式、性状、程度的指示代词可以同形，即一词既可以指代方式，又可以指代性状，还可以指代程度。

A. 这/兀 + 底

"这底""兀底"是"太原—孝义"型方言常见表示方式、性状、程度的指代结构。吕叔湘（1985：241）指出："唐以前没有用'底'作为指示代词的例子，'底'作为指示代词很可能源于南朝文献中的'阿堵'，其中，'阿'是前缀，'堵'是'者（这）'的异体，后来'者（这）'字变成'底'，就写成'阿底'，更后来写成'兀底'。"邢向东（2005）指出："除了陕北晋语，山西晋语并州片、吕梁片的太原、清徐、太谷、平遥、文水、孝义、离石、石楼也用'这底'、'兀底/那底'或其同源词表'这样'、'那样'。"例如：

（1）兀家就这底蒸，哪［la¹³］阵儿才能蒸完咧他就这样蒸，啥时候才能蒸完啊。

（2）不敢着急，就先这底的吧不要着急，就先这样弄吧。

（3）一天天专故意儿这底跟你妈怄气咧每天都专门这样和你妈妈闹别扭。

（以上介休）

（4）你怎腻⁼买咾槐⁼兀底贵的包儿咧你怎么买了个那么贵的包呢？

（5）光夜来就喝咧这底多瓶光昨天就喝了这么多瓶酒。　（以上太谷）

（6）看这一地的啤酒瓶瓶，他们怎腻⁼喝咾这底多咧看这满地的啤酒瓶，他们怎么喝了这么多？

（7）看伢行新房子，兀底高的门看他家的新房子，那么高的门。

（8）你怎腻⁼这底高咧你怎么这么高了。　（以上文水）

（9）看伢他定亲这底利索看他定亲这么麻利。

（10）老二跟咾谁咧，怎腻⁼兀底勤谨咧老二像谁了，怎么那么勤快呢？

（以上平遥）

B. 这/兀 + 底个、这/兀 + 能⁼

"太原—孝义"型方言常用"这底 + 个/槐⁼/块⁼""兀底 + 个/槐⁼/块⁼"表性状，邢向东（2005）认为此类是语法化的结构形式。娄烦、祁县还用"这/兀能⁼"表方式和性状。例如：

（11）看兀家［兀槐⁼］娃，觉都不觉得，就兀底槐⁼高咧看他那孩子，还没觉得就长那么高了。

（12）这事儿可不是他兀底槐⁼说法这个事可不是他那样的说法。

（以上太谷）

（13）要这底槐ᵉ洗黄瓜就行咧照这样洗黄瓜就可以了。

（14）买喽兀底槐ᵉ好包买了个那么好的包。　　　　　　（以上介休）

（15）你先兀底块ᵉ洗，然后再这底块ᵉ洗你先那样洗，然后再这样洗。

　　　　　　　　　　　　　　　　　　　　　　　　（孝义）

（16）这底槐ᵉ一捏不就紧咧这样一捏就捏紧了。　　　　（介休）

（17）他要是非要兀底块ᵉ做就做吧，管不咾他他如果非要那样做就做吧，
　　　管不了他。　　　　　　　　　　　　　　　　　（灵石）

（18）年时冬天，风就兀能ᵉ大咧去年冬天，风就那么大。　（娄烦）

（19）菠菜可不能这能ᵉ洗菠菜可不能这样洗。　　　　　（祁县）

C. 这/兀+名词性词语/的字短语

娄烦、交城、榆次、太谷、祁县、平遥等方言常用"这""兀"来指代性状，后跟名词性结构。例如：

（20）兀家不待见这白寡寡的他不喜欢这种白颜色的。

（21）这样样的不如兀样样的耐嘞这种样子的不如那种样子的结实。

（22）这人稀寡没味不好处这种人多嘴多舌不好相处。　（以上交城）

（23）你怎腻ᵉ把脸晒得黑成这咧你怎么把脸晒得黑成这样了？

（24）兀家这会儿怎腻ᵉ是兀号儿人咧他现在怎么变成那样的人了？

（25）这的容易学，兀的难这样容易学，那样难。　　　（以上榆次）

D. 这/兀+来

"太原—孝义"型方言的"这来""兀来"多表程度深，大致与普通话中的"这么""那么"相当，可做状语。孝义、交城、文水等方言中，"来"也可以重叠，构成"这来来""兀来来"，与"这来""兀来"相比较，重叠式表示的数量少、重量小、程度浅。例如：

（26）你能吃咾这来大的西瓜你能吃了这么大的西瓜？

（27）看兀家开上兀来快也不知道急甚咧看他开得那么快也不知道急什么呢。

（28）这来近的道儿，还要开车咧这么近的路，还要开车呢？　（以上文水）

（29）快跑吧，这来大的水，一会儿就下来咧快跑吧，这么大的水，一会儿
　　　就冲下来了。

（30）你干甚的咧，这来长时间咧，还上不来你干啥呢，这么长时间了还上
　　　不来？

（31）兀来粗的木头肯定能持住那么粗的木头肯定能撑住。　（以上平遥）

(32) 这来来粗的一根电线这么细的一根电线。

(33) 兀来来长的一根绳绳那么短的一根绳子。　　　　　　（以上交城）

在"太原—孝义"型的许多方言中，除了"这/兀+来"表程度，"这/兀+底""这/兀底+个/块⁼"也能表程度，但意义和功能略有差别：和"这/兀+底""这/兀+底个"搭配的常常是消极色彩形容词，而"这来""兀来"则没有限制。例如：

(34) 姐姐怎腻⁼这底愣咧姐姐怎么这么傻呢。　　　　　　　　（太谷）

(35) 这块车咋底这底块⁼费油这个车怎么这么耗油。　　　　　（交城）

2. "盂县—寿阳"型方言方式、性状、程度指代词

表3-2-8　　"盂县—寿阳"型方言方式、性状、程度指代词

	近指	远指	更远指
盂县	这个 [tsəʔ⁵³kər²²] 这来（来）[tsəʔ⁵³laɛ²²]	那个 [nə⁵³kər²²] 那来（来）[nə⁵³laɛ²²]	兀个 [vəʔ⁵³kər²²] 兀来（来）[vəʔ⁵³laɛ²²]
寿阳	这个 [tsə̃⁴²³kuəʔ³] 这该 [tsə̃⁴²³kai³³] 这来 [tsəʔ²lai²²]	那个 [nə̃⁴²³kuəʔ³] 恁该 [nə̃⁴²³kai³³] 那来 [nəʔ²lai²²]	兀个 [və̃⁴²³kuəʔ³] 兀该 [və̃⁴²³kai³³] 兀来 [vəʔ²lai²²]

寿阳方言指代方式的指示代词可以用"如何""怎么样"来替代，即可用在"如何/怎么样+VP"结构中疑问代词的位置上。它们只有指示作用，没有替代作用，所以是指示词。例如：

(36) 你这个斜看，这布面的颜色就不一样你这样斜着看，这块布料的颜色就不一样。

(37) 绕毛线不能恁个绕，得这个绕嘞绕毛线不能那样绕，得这样绕呢。

(38) 夜儿黑将儿咋也睡不着，这该该睡下不行，恁该该睡下也睡不着，兀该该睡下还是不行，鸡儿叫时时才圪眯了一下昨晚怎么也睡不着，这样躺也不行，那样躺也不行，那样躺还不行，鸡叫时才迷糊着一会儿。

(39) 叫你这该做，你偏要恁该做让你这么做，你偏要那么做。

表示性状与程度的指示词只能用于"指示词+形容词"结构，其中的形容词表示人或物的属性与状态，指示词用来指示形容词所代表的性状与程度，可用"怎样""怎么"来替代，共有两组。例如：

（40）你把他说得这个好，恁个好，我看不出来_{你说他这么好那么好的，我没看出来。}

（41）你也用不着想得恁个坏，还说不定的嘞_{你也用不着想得那么糟糕，这还没定呢。}

（42）你十二岁哩才这来高高，二圪蛋比你小一岁都兀来高哩_{你都十二岁了才这么高，二圪蛋比你还小一岁呢都那么高了。}

（43）你把人都说得兀来来坏，我可不相信_{你把人都说得那么坏，我可不相信。}

"这个"组为性状指示词，近指的"这个"与普通话中的"这样"相当，远指和更远指与普通话中的"那样"相当，用以对事体性状的指示，所以"指示词+形容词"只能用于状语与补语的位置。"这来"组为程度指示词，近指的"这来"与普通话中的"这么"相当，远指和更远指与普通话中的"那么"相当，用以对事体性状的程度进行指示，由这类指示词构成的"指示词+来+形容词"，除了在状语与补语的位置，还常用于定语的位置。试比较：

（44）a. 我可没啦见过这来多的钱_{我可没见过这么多的钱。}

＊b. 我可没啦见过这个多的钱。

（45）a. 离你们学校那来（＊恁个）远，我就不去哩_{离你们学校那么远，我就不去了。}

＊b. 离你们学校恁个远，我就不去哩。

另外，"指示词+来+形容词"与"指示词+来+形容词重叠"两种表达在表意上是有区别的，后者倾向于表示程度低、量小，前者倾向于表示程度高、量大。试比较：

（46）a_1. 十二岁就这来高嘞_{十二岁就这么高了。}（表高）

a_2. 十二岁才这来高高_{十二岁了才这么高。}（表低）

b_1. 这来重我可扛不动_{这么重我可扛不动。}（表重）

b_2. 才这来重重我扛一里也不累_{才这么重我扛上走一里地也不累。}（表轻）

再如盂县方言：

（47）这个做哇，那个太慢咧_{这样做吧，那样太慢了。}

（48）你这个做的不如那个好_{你这样做的不如那样做的好。}

(49) 这娃年时才兀来高，今年就这来高咧这孩子去年才那么高，今年就这么高了。

（五）中区晋语的数量指代词

表3-2-9　　　　　"太原-孝义"型方言数量指代词

	近指	远指
娄烦	这些　[tsəʔ² ɕiei²²] 这些些　[tsəʔ² ɕiei²² ɕiei²²]	兀些　[vəʔ² ɕiei²²] 兀些些　[vəʔ² ɕiei²² ɕiei²²]
太原	这些　[tsəʔ²⁻²¹ ɕiəʔ²] 这底些　[tsəʔ² ti⁴² ɕiəʔ²] 这些些　[tsəʔ² ɕiəʔ²⁻²¹ ɕiəʔ²] 这捻捻　[tsəʔ² ȵiæ⁴²⁻³³ ȵiæ⁴²]	兀些　[vəʔ²⁻²¹ ɕiəʔ²] 兀底些　[vəʔ² ti⁴² ɕiəʔ²] 兀些些　[vəʔ² ɕiəʔ²⁻²¹ ɕiəʔ²] 兀捻捻　[vəʔ² ȵiæ⁴²⁻³³ ȵiæ⁴²]
榆次	这些　[tsəʔ² ɕie¹¹] 这些些　[tsəʔ² ɕie¹¹ ɕie¹¹] 这底些　[tsəʔ² ti⁴² ɕiəʔ²]	兀些　[vəʔ² ɕie¹¹] 兀些些　[vəʔ² ɕie¹¹ ɕie¹¹] 兀底些　[vəʔ² ti⁴² ɕiəʔ²]
清徐	这些　[tsəʔ⁵⁴ ɕie¹¹] 这底些　[tsəʔ² ti⁴² ɕiəʔ²] 这些些₁这么多　[tsəʔ⁵⁴ ɕie¹¹ ɕie¹¹] 这些些₂这么一点儿　[tsəʔ⁵⁴ səʔ² sɛ¹¹]	兀些　[vəʔ⁵⁴ ɕie¹¹] 兀底些　[vəʔ² ti⁴² ɕiəʔ²] 兀些些₁那么多　[vəʔ⁵⁴ ɕie¹¹ ɕie¹¹] 兀些些₂那么一点儿　[vəʔ⁵⁴ səʔ² sɛ¹¹]
交城	这些些₁指多　[tsəʔ⁵³⁻¹¹ ɕie¹¹⁻⁵³ ɕie¹¹] 这些些₂指少　[tsəʔ⁵³⁻¹¹ ɕia¹¹⁻⁵³ ɕia¹¹] 这些子　[tsəʔ⁵³⁻¹¹ ɕie¹¹⁻⁵³ tsəʔ¹¹]	兀些些₁指多　[uəʔ⁵³⁻¹¹ ɕie¹¹⁻⁵³ ɕie¹¹] 兀些些₂指少　[uəʔ⁵³⁻¹¹ ɕia¹¹⁻⁵³ ɕia¹¹] 兀些子　[uəʔ⁵³⁻¹¹ ɕie¹¹⁻⁵³ tsəʔ¹¹]
太谷	这些　[tsəʔ¹¹ ɕie²²] 这些些　[tsəʔ¹¹ ɕie²² ɕie²²] 这底些　[tsəʔ² ti⁴² ɕiəʔ²]	兀些　[vəʔ¹¹ ɕie²²] 兀些些　[vəʔ¹¹ ɕie²² ɕie²²] 兀底些　[vəʔ² ti⁴² ɕiəʔ²]
文水	这些些₁指多　[tsəʔ³¹²⁻²³ ɕi²² ɕi⁴²³/ɕia³¹² ɕia³¹²] 这些些₂指少　[tsəʔ³¹² se²² se²²⁻²³]	兀些些₁指多　[uəʔ² ɕi²² ɕi⁴²³/ɕia³¹² ɕia³¹²] 兀些些₂指少　[uəʔ² se²² se²²⁻²³]

续表

	近指	远指
祁县	这些 [tsəʔ²² ɕiei³³] 这些些 [tsəʔ²² ɕiei³³ ɕiei³³] 这底些 [tsəʔ² ti⁴² ɕiə²]	兀些 [uəʔ²² ɕiei³³] 兀些些 [uəʔ²² ɕiei³³ ɕiei³³] 兀底些 [vəʔ² ti⁴² ɕiə²]
平遥	这些儿 [tsʌʔ⁵⁴ ɕiɛ³ zʌ⁴⁵] 这些些 [tsʌʔ⁵⁴ ɕiɛ³ ɕiɛ³] 这底些 [tsʌʔ⁵⁴ ti⁴² ɕiə²]	兀些儿 [uo⁵⁴ ɕiɛ³ zʌ⁴⁵] 兀些些 [uo⁵⁴ ɕiɛ³ ɕiɛ³] 兀底些 [vʌʔ⁵⁴ ti⁴² ɕiə²]
孝义	这些儿 [tʂəʔ³¹²⁻³¹ ɕiar¹¹⁻⁵³] 这些些 [tʂəʔ³¹²⁻³¹ ɕia¹¹ ɕia¹¹]	兀些儿 [uəʔ² ɕiar¹¹⁻⁵³] 兀些些 [uəʔ² ɕia¹¹ ɕia¹¹]
榆社	这些 [tsəʔ²²⁻⁴⁴ ɕi²²] 这些些 [tsəʔ²²⁻⁴⁴ ɕi²² ɕi²²]	兀些 [vəʔ²²⁻⁴⁴ ɕi²²] 这些些 [tsəʔ²²⁻⁴⁴ ɕi²² ɕi²²]
介休	这些儿 [tʂʌʔ⁴²³ ʂɚʳ⁴⁵] 这些些 [tʂʌʔ⁴²³ ʂɚ⁴⁵ ʂɚ⁴⁵]	兀些儿 [uʌʔ⁴²³ ʂɚʳ⁴⁵] 兀些些 [uʌʔ⁴²³ ʂɚ⁴⁵ ʂɚ⁴⁵]
灵石	这些 [tsiɛ⁵³ ɕiɛ⁵³⁵] 这些些 [tsiɛ⁵³ ɕiɛ⁵³⁵ ɕiɛ⁵³⁵]	兀些 [yəʔ⁵³⁵ ɕiɛ⁵³⁵] 兀些些 [yəʔ⁵³⁵ ɕiɛ⁵³⁵ ɕiɛ⁵³⁵]

1. "太原—孝义"型方言数量指代词

A. 这/兀+些（些）、这/兀些+子

"太原—孝义"型方言中，指代两个以上的人或事物的指代词通常用"这/兀些（儿）"，但其中的"些"多可重叠，构成"这/兀些些"。一般来说，"这/兀些些"表示数量的多少要根据语境来定，有时候相当于普通话的"这/那么多"，有时候意思又相当于"这/那么少"。例如：

（1）a. 这些可是喝不喽这么多可喝不了。

b. 你能有多少，就给咾我这些些嘞你能有多少，居然给了我这么多？

（数量多）

c. 总共就这些些活计，凑凑的吧总共就这么点工作，抓紧吧。（数量少）

（以上太谷）

（2）a. 太多嘞，有这些儿就够咧太多了，有这点就够了。

b. 咋啦才吃兀些些咧怎么才吃那么点啊？ （数量少）

c. 这些些/兀些些包子你能吃完嘞这么/那么多包子你能吃完吗？（数量多）

（以上介休）

太原方言中的"这/兀一捻捻"表少量。例如：

（3）做下这/兀一捻捻饭够谁吃嘞做了这/那么一点饭够谁吃呢？

（4）咋呢就给我留了这/兀一捻捻怎么就给我剩下这/那一点儿？

清徐、交城、文水等方言中，"这/兀些（些）"中的"些"有两种读音形式，通过"些"的音变来表示数量的多和少。"这/兀些（些）$_1$"表数多量大，远超预计，且附着感叹赞美色彩；"这/兀些（些）$_2$"数少量小，远超预计，且有感叹贬责色彩。如交城方言：

（5）有这些些$_1$［tsəʔ$^{53-11}$ ɕie$^{11-53}$ ɕie^0］包子管够吃咧有这么多包子足够吃了。

（6）就这些些$_2$［tsəʔ$^{53-11}$ ɕia$^{11-53}$ ɕia^0］包子？快再买些哇就这么几个包子？快再买些哇。

另外，在交城方言里，"这些子［tsəʔ$^{53-11}$ ɕie$^{11-53}$ tsəʔ^{11}］""兀些子［uəʔ$^{53-11}$ ɕie$^{11-53}$ tsəʔ^{11}］"均表示数多量大，但"这些些$_1$［tsəʔ$^{53-11}$ ɕie$^{11-53}$ ɕie^0］""兀些些$_1$［uəʔ$^{53-11}$ ɕie$^{11-53}$ ɕie^0］"表示的数量更多更大。试比较：

（7）a. 这些子/兀些子包子吃不完这些/那些包子吃不完。

　　　b. 这些些$_1$/兀些些$_1$包子嘞，吃也吃不完这/那么多包子呢，吃也吃不完。

B. 这/兀底 + 些

太原、清徐、太谷、祁县、平遥等方言中"这/兀底 + 些"可表数量多也可表少，具体表示的是多还是少要在语境中判断，副词"就""只""刚"等可使意义显豁。可做主、宾语和定语。例如太谷方言：

（8）这底些苹果就花咾五十块钱咧这么几个苹果就花了五十块钱呢？

（9）这底些苹果才花咾五十块钱咧这么多苹果才花了五十块钱？

（10）买上兀底些苹果根本吃不咾买上那么多苹果根本吃不了。

（11）伢你才给咾兀底些苹果你就给了那么几个苹果。

（12）你就给妈担咾这底些水你就给妈挑了这么点儿水。

（13）你怎腻$^=$只卖了这底些葡萄咧你怎么只卖了这么点葡萄呢？

C. 这/兀（底）（一）点点

清徐、太谷、榆次、祁县、平遥用"这/兀（底）（一）点点"表示数量极少。例如清徐方言：

（14）你就买咾这点点葡萄，够谁吃嘞你就买了这点葡萄，够谁吃呢？

(15) 你买兀底一点点葡萄根本不够吃你买那么一点葡萄根本不够吃。

2. "盂县—寿阳"型方言数量指示词

表3-2-10　　　　　　"盂县—寿阳"型方言数量指示词

	近指	远指	更远指
盂县	这些［tsɤʔ⁵³ ɕiE⁴²¹］ 这些些 ［tsɤʔ⁵³ ɕiE⁴²¹ ɕiE⁴²¹］	那些［næ⁴¹² ɕiE⁴²¹］ 那些些［næ⁴¹² ɕiE⁴²¹ ɕiE⁴²¹］	兀些［vɤʔ⁵³ ɕiE⁴²¹］ 兀些些［vɤʔ⁵³ ɕiE⁴²¹ ɕiE⁴²¹］
寿阳	这些些［tsəʔ² ɕɿ³³ ɕɿ³³］ 这哒些些［tsəʔ² ta²² ɕɿ³³ ɕɿ³³］ 这些些［tsə̃⁴²³ ɕE³³ ɕE³³］	那些些［nəʔ² ɕɿ³³ ɕɿ³³］ 那哒些些［nəʔ² ta²² ɕɿ³³ ɕɿ³³］ 那些些［nə̃⁴²³ ɕE³³ ɕE³³］	兀些些［vəʔ² ta²² ɕɿ³³ ɕɿ³³］ 兀哒些些［vəʔ² ta²² ɕɿ³³ ɕɿ³³］ 兀些些［vəʔ² ɕE³³ ɕE³³］

数量指代即指代数量的多少，可用"多少"来替换。"盂县—寿阳"型方言的数量指示代词，既可以用于名词前做定语，也可单独做句子的论元。其中寿阳方言数量指代词中的"些"也有两种读音，也可以通过"些"的音变来表示数量的大小。寿阳方言数量指示代词共有三组，按指示数量的多少分为两个小类，前两组指示的是主观大量，后一组指示的是主观小量。

　　　　　　　　近指　　　　　　　　远指　　　　　　　　更远指
［指大量］这些些［tsəʔ² ɕɿ³³ ɕɿ³³］　那些些［nəʔ² ɕɿ³³ ɕɿ³³］　兀些些［vəʔ² ɕɿ³³ ɕɿ³³］
［指大量］这哒些些［tsəʔ² ta²² ɕɿ³³ ɕɿ³³］　那哒些些［nəʔ² ta²² ɕɿ³³ ɕɿ³³］　兀哒些些［vəʔ² ta²² ɕɿ³³ ɕɿ³³］
［指小量］这些些［tsə̃⁴²³ ɕE³³ ɕE³³］　恁些些［nə̃⁴²³ ɕE³³ ɕE³³］　兀些些［və̃⁴²³ ɕE³³ ɕE³³］

例如：

(16) 咱们就这些些人，你一下和佬这哒些些的面，能吃佬咱们就这几个人，你一下子和了这么多面，能吃完吗？

(17) 咱们这哒些些人嘞，你才和佬这些些面，能够吃咱们这么多人，你和了这么点儿面，够吃吗？

(18) 甲：你想把我累死嘞，给我分下这（哒）些些营生你是想把我累死吗，给我分了这么多活儿。

乙：就恁些些才，屹夹住一泼尿就做完哩就这点儿活儿，憋一泡尿的时间就做完了。

(19) 甲：你们十来个人一前晌才剥咾兀些些玉荍_{你们十来个人一上午}
才掰下那么点儿玉米？

乙：我们都剥咾这（哒）些些哩还少嘞_{我们都掰下这么多了还少吗？}

数量多少的断定，尽管有某种客观的标准，但也受到说话者主观标准的影响与判定。我们把带有说话者主观标准的量称为主观量，如上面的例（18）、例（19）两句。虽然语境中某个数量的多少是客观的，但在不同的说话者心中，数量指示代词在表量上都有强烈的主观性特点，数量多少往往有随说话人的主观估计而变的特点。所以我们将表量上凸显"大""多"倾向的前两组"×些些""×哒些些"称之为主观大量的指示词，将表量上凸显"小""少"倾向的第三组"×些些"称之为主观小量的指示词。

第三节　西区晋语的指示代词

一　西区晋语指示代词的类型

表 3–3–1　　　　　　　西区晋语指示代词类型

	近指	远指	更远指
离石	这$_1$ tɕie^{312} 这$_2$ tsɐi^{24} 这$_3$ tsəʔ^4	□ yɐ^{312} 那$_1$ nɐi^{24} 那$_2$ nəʔ^4	兀$_1$ uɐi^{24} 兀$_2$ uəʔ^4
柳林	这$_1$ tsɒ^{314} 这$_2$ tsai^{33} 这$_3$ tsəʔ^3	那$_1$ nai^{33} 那$_2$ nəʔ^3	兀$_1$ uɒ^{314} 兀$_2$ uai^{33} 兀$_3$ uəʔ^3
中阳	这$_1$ tsɒ^{313} 这$_2$ tsɐi^{214} 这$_3$ tsəʔ^{33}	那$_1$ nʌ^{24} 那$_2$ nɐi^{214} 那$_3$ ɲeʔ^{33}	兀$_1$ uɒ^{313} 兀$_2$ uɐi^{214} 兀$_3$ uəʔ^{33}
临县	这$_1$ tʂei^{312} 这$_2$ tʂəʔ^4	那$_1$ nəŋ^{24} 那$_2$ nei^{312}	兀$_1$ uei^{312} 兀$_2$ u^{44}
岚县	这$_1$ tsuə^{214} 这$_2$ tsəʔ^{44} 这$_3$ tsei^{214}	那 nuə^{214}	兀$_1$ uə^{44} 兀$_2$ uei^{214}
石楼	这$_1$ tʂuə^{413} 这$_2$ tʂəʔ^4 这$_3$ tʂei^{214}	那$_1$ nəʔ^4 那$_2$ nei^{214}	兀$_1$ uəʔ^{213} 兀$_2$ uei^{44}
大宁	这$_1$ tsei^{31} 这$_2$ tsəʔ^{31}	那$_1$ nei^{31} 那$_2$ nəʔ^{31}	兀$_1$ vei^{31} 兀$_2$ vəʔ^{31}
永和	这$_1$ tsəi^{312} 这$_2$ tsəʔ^{312}	那$_1$ nəi^{312} 那$_2$ nə^{312}	兀$_1$ uəi^{312} 兀$_2$ uəʔ^{312}
兴县	这$_1$ tsou^{324} 这$_2$ tʂəʔ^{55} 这$_3$ tʂei^{324} 这$_4$ tiɛ^{324}	茶 niɛ^{324}	那$_1$ nou^{53} 那$_2$ nei^{53} 兀 uəʔ$^{\underline{55}}$	那$_2$ nei^{53}
汾阳	这$_1$ tsai^{324} 这$_2$ tsəʔ^{22}	那$_1$ nai^{324} 那$_2$ nə^{22}	
交口	这$_1$ tsei^{35} 这$_2$ tsəʔ^{33}	兀$_1$ uei^{35} 兀$_2$ uəʔ^{33}	

续表

	近指	远指	更远指
方山	这$_1$ tʂei^{312} 这$_2$ tʂəʔ^4	兀$_1$ uei^{312} 兀$_2$ uəʔ^4	
隰县	这$_1$ tsei^{41} 这$_2$ tsəʔ^3 这$_3$ tsʅ^{24}	那$_1$ nei^{41} 那$_2$ nəʔ^3	
蒲县	这$_1$ tʂəʔ^{33} 这$_2$ tʂei^{44} 这$_3$ tʂuo^{51}	兀$_1$ u^{51} 兀$_2$ uei^{44} 兀$_3$ uo^{51}	
汾西	这$_1$ tsə^3 这$_2$ tsəŋ^{55}	兀$_1$ uə^3 兀$_2$ uəŋ^{55}	
静乐	这$_1$ tsei^{314} 这$_2$ tsəʔ^4	兀$_1$ vei^{53} 兀$_2$ vəʔ^4	

西区晋语的指示代词既有"近指和远指"的二分系统，也有"近指、远指和更远指"的三分系统。西区晋语指示代词二分系统有"这"和"那"的对立，即"这—那"型，主要是汾阳、隰县两个方言点，我们称为"汾阳—隰县"型；也有"这"和"兀"的对立，即"这—兀"型，主要有交口、方山、汾西、蒲县和静乐5个方言点，我们称为"静乐—汾西"型。三分系统是"这、那、兀"的对立，即"这—那—兀"型，包括以下8个方言点：离石、柳林、中阳、临县、岚县、石楼、大宁、永和，我们称为"离石—永和"型。据史秀菊（2014），兴县方言指示代词四分，分"近指、远指、更远指，更远指又分为两类"，是"这、茶⁼、那/兀、那"的对立。

二 西区晋语指示代词的用法

（一）西区晋语的人、物指代词

1. 西区晋语人、物指代词的形式

表3-3-2　　　　　　西区晋语人、物指代词

	近指	远指	
		远指	更远指
离石	这$_1$ tɕie^{312} 这$_2$ 个 tsɐi^{24} kuəʔ^{23} 这$_3$ 个 tsəʔ^4 kuəʔ^4 这$_2$/这$_3$（个）□ tsɐi^{24}/tsəʔ^4 kəʔ^4 tɕʰi^{312}	□ye^{312} 那$_1$ 个 nɐi^{24} kuəʔ^{23} 那$_2$ 个 nəʔ^4 kuəʔ^4 那$_1$/那$_2$ 个□ nɐi^{24}/nəʔ^4 kəʔ^4 tɕʰi^{312}	兀$_1$ 个 uɐi^{24} kuəʔ^4 兀$_3$ 个 uəʔ^4 kuəʔ^{22} 兀$_2$/兀$_3$ 个□ uɐi^{24}/uəʔ^4 kəʔ^4 tɕʰi^{312}

续表

	近指	远指	
		远指	更远指
汾阳	这₁ tsai³²⁴ 这₂个儿 tsəʔ²² kər³¹² 这₂个□tsəʔ²² kəʔ⁴⁴ tɕiæe³¹² 这₂［一个］tsəʔ²² iA⁵⁵	那₁ nai³²⁴ 那₂个儿 nəʔ²² kər³¹² 那₂个□nəʔ²² kəʔ⁴⁴ tɕiæe³¹² 那₂［一个］nəʔ²² iA⁵⁵	
柳林	这₁ tsɒ³¹⁴ 这₁□tsai³³ tɕʰiəʔ³ 这₂/₃个 tsai³³/tsəʔ³ kuəʔ³	兀₁ uɒ³¹⁴ 那₂ nai³³ tɕʰiəʔ³ 那₁/₂个 nai³³/nəʔ³ kuəʔ³	兀₂/₃个 uai³³/uəʔ³ kuəʔ³ 兀₂□uai³³ tɕʰiəʔ³
临县	这₁ tʂei³¹² 这₁□tʂei³¹² tɕʰiE³¹² 这₁/₂个 tʂei³¹²/tʂəʔ⁴⁴/kuəʔ⁴⁴	那₁个 nəŋ²⁴ kuəʔ⁴⁴ 那₂个 nei³¹² kuəʔ⁴⁴	兀₁ uei³¹² 兀₁□uei³¹² tɕʰiE³¹² 兀₁/₂个 uei³¹²/u⁴⁴ kuəʔ⁴⁴
中阳	这₁ tsɒ³¹³ 这₂/₃个 tsɛi³¹³/tsəʔ³³ kuəʔ³³ 这₂□/个□ tsɛi³¹³ tɕʰie³¹³/kuəʔ³³ tɕʰie³¹³	那₂/₃个 nɛi³¹³/nəʔ³³ kuəʔ³³ 那₂□/个□ nɛi³¹³ tɕʰie³¹³/kuəʔ³³ tɕʰie³¹³	兀₁ uɒ³¹³ 兀₂/₃个 uɛi³¹³/uəʔ³³ kuəʔ³³ 兀₂□/个□ uɛi³¹³ tɕʰie³¹³/kuəʔ³³ tɕʰie³¹³
交口	这₁个 tsei³⁵ kuɔ²¹³ 这₂ tsəʔ³³	兀₁个 uei³⁵ kuɔ²¹³ 兀₂ uəʔ³³	
方山	这₁ tʂ ei³¹² 这₁个 tʂ ei³¹² kuəʔ⁴ 这₁□tʂei³¹² tɕʰi³¹²	兀₁ uei³¹² 兀₁个 uei³¹² kuəʔ⁴ 兀₁□uei³¹² tɕʰi³¹²	
兴县	这₁ tsou³²⁴ 这₂个 tʂəʔ⁵⁵ kuəʔ⁵⁵ 这₂圪其 tʂəʔ⁵⁵ kəʔ⁵⁵ tɕʰi⁵⁵ 这₂圪□tʂəʔ⁵⁵ kəʔ⁵⁵ tɕʰiA⁰ 这₂呱 tʂəʔ⁵⁵ kuA⁵⁵	茶＝个 niɛ³²⁴ kuəʔ⁵⁵ 茶＝圪其 niɛ³²⁴ kəʔ⁵⁵ tɕʰi⁵⁵ 茶＝圪□niɛ³²⁴ kəʔ⁵⁵ tɕʰiA⁰ 茶＝呱 niɛ³²⁴ kuA⁵⁵	那₁ nou⁵³ 那₁个 nou⁵³ kuəʔ⁵⁵ 那₁圪其 nou⁵³ kəʔ⁵⁵ tɕʰi⁵⁵ 那₁圪□ nou⁵³ kəʔ⁵⁵ tɕʰiA⁰ 那₁呱 nou⁵³ kuA⁵⁵	那₂ nei⁵³ 那₂个 nei⁵³ kuəʔ⁵⁵ 那₂圪其 nei⁵³ kəʔ⁵⁵ tɕʰi⁵⁵

续表

	近指	远指	
		远指	更远指
岚县	这$_1$ tsuə^{214} 这$_2$块 tsə^{44}kuei^0 这$_3$一块 tsei^{214} kuei^0	那 nuə^{214} 那块 nuə^{44} kuei^0	兀$_1$那 uə^{44} nuə^{214} 兀$_1$块 uə^{44} kuei^0 兀$_2$块 uei^{214} kuei^0
石楼	这$_1$ tʂuə^{413} 这$_2$ □tʂə^4 tɕiɛ^{214} 这$_3$个 tʂei^{14} kuə^4	那$_1$ nə^4 那$_1$ □nə^4 tɕiɛ^{214} 那$_2$个 nei^{214} kuə^4	兀$_1$ uə^{213} 兀$_1$ □uə^{213} tɕiɛ^{214} 兀$_2$个 uei^{214} kuə^4
静乐	这$_1$ tsei^{314} 这$_2$ tsə^4 这个 tsei^{314} væ^{53}	兀$_1$ vei^{53} 兀$_2$ və^4 兀个 vei^{53} væ^{53}	
大宁	这$_1$ tʂei^{31} 这$_1$〔一个〕tʂei^{31}ie^{24} 这$_2$个 tsə^{31} kuo^{55} 这$_2$圪介 sə^{31}kə^{31}tɕiɛ^{31}	那$_1$ nei^{31} 那$_1$〔一个〕nei^{31}ie^{241} 那$_2$个 nə^{31} kuo^{55} 那$_2$圪介 nə^{31}kə^{31}tɕiɛ^{31}	兀$_1$ vei^{31} 兀$_1$〔一个〕vei^{31}ie^{24} 兀$_2$个 və^{31} kuo^{55} 兀$_2$圪介 və^{31}kə^{31}tɕiɛ^{31}
永和	这$_1$ tʂəi^{312} 这$_2$个 tʂə^{312} kuɤ^{33} 这$_2$圪介 tʂə^{312}kə^{33}tɕiə^{312}	那$_1$ nəi^{312} 那$_2$个 nə^{312} kuɤ^{33} 那$_2$圪介 nə^{312}kə^{33}tɕiə^{312}	兀$_1$ uəi^{312} 兀$_2$ uɤ^{312} 兀$_2$个 uɤ^{312} kuɤ^{33} 兀$_2$圪介 uɤ^{312}kə^{33}tɕiə^{312}
汾西	这 tsə^{33} 这个 tsə^{33} kuə^0	兀 uə^{33} 兀个 uə^{33} kuə^0	
隰县	这$_1$ tsei^{41} 这$_2$ tsə^3 这$_1$块 tsei^{41} kuei^{31}	那$_1$ nei^{41} 那$_2$ nə^3 那$_1$块 nei^{41} kuei^{31}	
蒲县	这$_3$ tʂuo^{51} 这$_2$ □tʂei^{44} tɕiɛ^{13}	兀$_3$ uo^{51} 兀$_2$ □uei^{44} tɕiɛ^{13}	

2. 人、物指代词的用法

在西区晋语中，二分的"这$_1$—那$_1$""这$_1$—兀$_1$"与三分的"这$_1$—那$_1$—兀$_1$"，在句子中可以直接做主语、宾语和定语，"这$_2$、那$_2$""这$_2$、兀$_2$""这$_2$、那$_2$、兀$_2$"一般要加上（数）量词后，才能做句子成分。例如：

（1）这$_1$是他前几年买的，兀$_1$是我将将滴⁼买的这是他前几年买的，那是我刚买的。

(2) 兀₁可好看嘞那个很好看。（以上交口）

(3) 这₁是你的三轮咧，那₁是谁的摩托咧这是你的三轮车，那是谁的摩托车？

(4) 这₂个儿是恩⁼哥，那₂个儿是恩⁼姐这个是我哥，那个是我姐。

(5) 我不喜欢这₂个□tsə^{22}kə^{44}tɕiæ^{312}包我不喜欢这个包。（以上汾阳）

(6) 这₁是甚车嘞，兀₁又是甚车嘞这是什么牌子的车？那是什么牌子的车？

（中阳）

(7) 我爷爷想吃这₁咧，他不想吃兀₁我爷爷想吃这个，他不想吃那个。

（方山）

(8) 这₁到究是干甚的个咧这到底是个做什么的？（离石）

(9) 兀₂些桌子是新的那些桌子是新的。（汾西）

离石、柳林、临县、中阳、兴县、石楼、大宁、蒲县等方言中的"□[tɕ/tɕʰ+i/ie]"既能指人也可以指物。常常伴随说话人好奇、疑惑的情态，语气夸张、强硬。试比较：

(10) a. 兀₂个□[tɕʰie^{313}]杯子是谁的嘞那个杯子是谁的？

b. 兀₂个杯子是谁的嘞那个杯子是谁的？

(11) a. 这₂个□[tɕʰie^{313}]椅子是谁荷过来的嘞这把椅子是谁拿过来的？

b. 这₂个椅子是谁荷过来的嘞这把椅子是谁拿过来的？（以上中阳）

(12) a. 弭婆婆可是黑⁼七⁼这₂□[tɕʰi^{312}]人咧我婆婆可讨厌这个人呢。

b. 弭婆婆可是黑⁼七⁼这₂人咧我婆婆可讨厌这个人呢。

(13) a. 这₂（个）□[tɕʰi^{312}]狗狗长得可是孬咧这个小狗长得可爱。

b. 这₂（个）小狗长得可是孬咧这个小狗长得可爱。（以上离石）

(14) a. 这₂个□[tɕʰi^{55}]壶里的水滚的吧这个壶里的水是开的吧。

b. 这₂个壶里的水滚的吧这个壶里的水是开的吧。

(15) a. 这₂个□[tɕʰi^{55}]女人可威嘞这个女人可厉害呢。

b. 这₂个女人可威嘞这个女人可厉害呢。（以上兴县）

（二）西区晋语的时间指代词

1. 西区晋语的时间指代词的形式

西区晋语时间指示代词的主要形式是"这/那/兀+阵/会/时候"。"阵"可以重叠成"阵阵"，所表时间要比"阵"短，距离说话时间更近，关涉的动作状态持续得更短暂。有些指代词后可再加上"子/来/

儿"等词尾。中阳、交口、静乐、石楼方言没有儿化。隰县方言中"这₂/那₂半儿/子"中的"半儿［pær⁴¹］"、离石方言的"一向"、兴县方言的"早番"在西区晋语中比较特别。凡有线性特点的时间、空间词语均有可能进入这种表示时间的指示领域，符合时间"过去→现在→将来"的线性变换的特点。隰县方言"半儿"表示的时间是空间在时间领域的映射，大致和晋语中表时间约数的"半天""半年"意思相当。时间指代词若对举时，表时间间隔长时近指指极近、远指指极远，如兴县方言的"这₂阵阵啦的人咋能知道那₂几年的人过的甚日子嘞现在的人哪能知道以前的人过的是什么日子"。在西区晋语中，兴县方言点的指示代词系统颇具特色，远指代词是"苶⁼［niɛ³²⁴］"，更远指是"那"，其他方言点大多是"那"和"兀"。在需要距离比较时"这、苶⁼、那"才有并举的必要，三者的区别只有这时才变得清晰。如果仅仅是"远"和"近"两者并举区别时，"苶⁼远"和"那更远"的差别可以忽略，二者能够互换使用。

2. 西区晋语的时间指代词的用法

"这/那会/阵"是西区晋语大部分方言点表示时点、时段的结构，分别相当于普通话的"这会儿""现在"和"那会儿""刚才"等，在句子中做主语、宾语、定语、状语。例如：

（16）这₂会家啊你还不走，在搭儿操甚的心咧这个点儿了你还不走，在这儿操什么心呢。

（17）那₂来时散⁼家，正好有个□［tɕʰi³¹²］□［tɕʰi³¹²］事咧那段时间，正好有个事儿呢。

（18）你这₃向又和你婶婶忙做甚来你这段时间和你婶婶忙着做什么呢？

（以上离石）

（19）这₂阵阵的人咋能知道那₂几年的人过的甚日子嘞现在的人哪能知道以前的人过的是什么日子。

（20）这₁早番你啦⁼就起来咧，没睡醒吧这会儿你怎么起来了，没睡醒吧。

（以上兴县）

（三）西区晋语的方所指代词
1. 西区晋语方所指代词的形式

表3-3-3　　　　　　　　　西区晋语方所指代词

	近指	远指	
		远指	更远指
离石	这₂儿 tsɐir²⁴ 这₃里 tsəʔ⁴li²⁴ 这₂/₃搭儿/搭儿家 tsɐi³¹²/tsəʔ²² tər⁴⁴/tər⁴⁴ tɕia⁴⁴ 这₃滴滴 tsəʔ⁴ti⁴⁴ti⁴⁴	那₁儿 nɐir²⁴ 那₃里 nəʔ⁴li²⁴ 那₁/₃搭儿/搭儿家 nɐi³¹²/nəʔ⁴tər⁴⁴/tər⁴⁴ tɕia⁴⁴ 那₃滴滴 nəʔ⁴ti⁴⁴ti⁴⁴	兀₁儿 uɐir²⁴ 兀₂里 uəʔ⁴li²⁴ 兀₁/₂搭儿/搭儿家 uɐi³¹²/uəʔ⁴tər⁴⁴/tər⁴⁴ tɕia⁴⁴ 兀₂滴滴 uəʔ⁴ti⁴⁴ti⁴⁴
汾阳	这₂□tsəʔ²² xar⁵³ 这₁儿 tsɐir³²⁴ 这₂面厢 tsəʔ²² mi⁵³ ɕiɔ³²⁴	那₂□nəʔ²²ɬxar⁵³ 那₁儿 nɐir³²⁴ 那₂面厢 nəʔ²² mi⁵³ ɕiɔ³²⁴	
柳林	这₃何里 tsəʔ³xəʔ³li³¹⁴ 这₃搭 tsəʔ³ta²¹⁴ 这₄ tsai³¹⁴	兀₃何里 uəʔ³xəʔ³li³¹⁴ 兀₃搭 uəʔ³ta²¹⁴ 兀₄ uai³¹⁴	
临县	这₂来 tʂəʔ⁴⁴lei³¹² 这₂搭儿 tʂəʔ⁴⁴tər²⁴ 搭儿 tɐr⁴⁴	那₂来 nəŋ²⁴lei³¹² 那₂搭儿 nei³¹²tər²⁴	兀₂来 u⁴⁴lei³¹² 兀₂搭 u⁴⁴tɐ²⁴
中阳	这₂ tsɛi³¹³ 这₃搭 tsəʔ³³tᴀ²⁴	那 nɛi³¹³ 那₃搭 nəʔ³³tᴀ²⁴	兀₂ uɛi³¹³ 兀₃搭 uəʔ³³tᴀ²⁴
交口	这₂□其 tsəʔ³³kæ²¹⁴tɕʰi⁴¹² 这₂搭 tsəʔ³³ta²¹⁴ 这₂里 tsəʔ³³li⁴¹² 这₂搭搭 tsəʔ³³ta²¹⁴ta⁰	兀₂□其 uəʔ³³kæ²¹⁴tɕʰi⁴¹² 兀₂搭 uəʔ³³ta²¹⁴ 兀₂里 uəʔ³³li⁴¹² 兀₂搭搭 uəʔ³³ta²¹⁴ta⁰	

续表

	近指	远指	
		远指	更远指
方山	这₁里 tʂei³¹²li³¹² 这₂里 tʂəʔ⁴li³¹² 这₁ tʂei³¹² （这₂）搭儿 təʔ⁴tər⁴⁴	兀₁里 uei³¹²li³¹² 兀₂里 uəʔ⁴li³¹² 兀₁ uei³¹² 兀₂搭儿 uəʔ⁴tər⁴⁴	
兴县	这₂勒/啦 tʂəʔ⁵⁵lə⁵⁵/lʌ⁰ 这₂搭（搭） tʂəʔ⁵⁵tʌ⁵⁵（tʌ⁵⁵） 这₃头 tsei³²⁴tʰou⁵⁵ 这₂半□ tʂəʔ⁵⁵pen⁵³tɕʰiɑ⁰	茶⁼勒/啦 niɛ³²⁴ləʔ⁵⁵/lʌ⁰ 茶搭（搭） niɛ³²⁴tʌ⁵⁵（tʌ⁵⁵） 茶一头 niɛ³²⁴tʰou⁵⁵ 茶半□ niɛ³²⁴pen⁵³tɕʰiɑ⁰	兀勒/啦 uəʔ⁵⁵lə⁵⁵/lʌ⁰ 兀搭（搭） uəʔ⁵⁵tʌ⁵⁵（tʌ⁵⁵） 那₂头 nei⁵³tʰou⁵⁵ 那₂半□ nei⁵³pen⁵³tɕʰiɑ⁰	那₁个搭 nou⁵³kuəʔ⁵⁵tʌ⁵⁵ 那₂个搭 nei⁵³kuəʔ⁵⁵tʌ⁵⁵
石楼	这₃ tʂei²¹⁴ 这₂搭 tʂəʔ⁴tɑ⁵²	那₁搭 nəʔ⁴tɑ⁵²	兀₂uei²¹⁴ 兀₂搭 uəʔ⁴tɑ⁵²	
岚县	这₂□□tsəʔ⁴⁴tie⁵³tie⁵³ 这₂儿 tsəʔ⁴⁴z̩əʔ⁴⁴	那□□nuəʔ⁴⁴tie⁵³tie⁵³ 那儿 nuəʔ⁴⁴z̩əʔ⁴⁴	兀₁□□uəʔ⁴⁴tie⁵³tie⁰ 兀₁儿 uəʔ⁴⁴z̩əʔ⁴⁴	
静乐	这₁ tsei³¹⁴ 这₁这 tsei³¹⁴tsei³¹⁴	兀₁ vei⁵³ 兀₁兀 vei³¹⁴vei³¹⁴		
大宁	这₂搭儿 tʂəʔ³¹tər³¹ 这₂各儿（下） tʂəʔ³¹kər³¹（xɑ²¹） 这₁岸儿 tʂei³¹ŋɐr³¹ 这₁头儿 tʂei³¹tʰəur²⁴	那₂搭儿 nəʔ³¹tər³¹ 那₂各儿（下） nəʔ³¹kər³¹（xɑ²¹） 那₁岸儿 nei³¹ŋɐr³¹ 那₁头儿 nei³¹tʰəur²⁴	兀₂搭儿 vəʔ³¹tər³¹ 兀₂各儿（下） vəʔ³¹kər³¹（xɑ²¹） 兀₁岸儿 uei³¹ŋɐr³¹ 兀₁头儿 vei³¹tʰəur²⁴	
永和	这₂里 tʂəʔ³⁵li⁰	那₂里 nəʔ³⁵li⁰	兀₁里 uei⁵³li⁰ 兀₂里 uəʔ³⁵li⁰	
汾西	这₂□ tsə³tɯ³⁵ 这₂里 tsə³lei³⁵	兀₂□ uə³tɯ³⁵ 那₂里 nə³lei³⁵		
隰县	这₂儿 tsər⁴⁴ 这₂搭儿 tsəʔ³tar⁵⁵	那₂儿 nər⁴⁴ 那₂搭儿 nəʔ³tar⁵⁵		
蒲县	这₂儿 tʂər⁴⁴ 这₂头 tʂei⁴⁴tʰou⁴⁴	兀₃儿 uor⁵¹ 兀₂头 uei⁴⁴tʰou⁴⁴		

在西区晋语中,表示方所的指代词主要有"这、那/兀""这/那/兀 + 方位语素",常用的一些方位语素包括"头、面、半"等。"这/那里/搭""这/那/兀里/搭"分别相当于普通话中的"这里、那里"。

2. 西区晋语方所指代词的用法

西区晋语中大部分指处所的指示代词用"这/那/兀里"和"这/那/兀搭",这两种说法都可以表示"这里、那里"的意思,但在具体用法上有一点区别:"这/那/兀里"所指的范围比"这/那/兀搭"所指的范围要小,"这/那/兀里"的范围界限比较模糊,需要放在具体的语境中理解。临县方言的"这搭儿"、"搭儿"所表的处所地域空间要小于"这来"。表示处所的指示代词中,只要表示的是大致范围的都可以互换使用,句子表达的意思基本不变。例如:

（1）这$_2$儿的包子比那$_1$儿的包子要好咧这儿的包子比那儿的包子好吃。

（2）你外后儿来一下这$_2$你大后天来一下这里。

（3）他一会儿来这$_3$搭儿,你在这$_3$搭儿家等着他他一会儿来这儿,你在这儿等着他。

（4）这$_3$搭的枣可好咧这里的枣可好吃呢。　　　　　（以上离石）

（5）你一会儿嘞就来这$_2$,我就不到兀$_2$嘞你一会儿来这里吧,我就不去那里了。

（6）我把钱包呀⁼在这$_3$嘞我把钱包落在这儿了。　　（以上中阳）

（7）这$_1$的酒卖的可贵了,兀$_1$的不贵这里的酒卖得贵,那里的不贵。（方山）

（8）乃甚会儿到的这$_2$来哩他什么时候来的这里?　　（临县）

（9）你把瓶子放在这$_2$搭你把瓶子放在这里。　　　　（汾西）

（10）这$_3$搭的酒不好喝这儿的酒不好喝。　　　　　（柳林）

（11）那$_2$面厢的房子高那边的房子高。　　　　　　（汾阳）

（12）这$_1$□[kæ²¹⁴]□[tɕʰi⁴¹²]的演员都是艺校毕业的这里的演员都是艺校毕业的。　　　　　　　　　　　　　　　　　　（交口）

（13）这$_2$半□[tɕʰiA⁰]菜地是咡家的,茶⁼半□[tɕʰiA⁰]是咡娘娘的这边的菜地是我家的,那边的是我奶奶家的。　　　（兴县）

（14）这$_1$岸⁼儿是案板正面,那$_1$岸⁼儿是背面这面是案板正面,那面是背面。　　　　　　　　　　　　　　　　　　　（大宁）

（四）西区晋语的程度、方式、性状指代词

1. 西区晋语表程度、方式、性状的指示代词的形式

西区晋语表程度、方式、性状的指示代词的形式见表3－3－4。西区晋语指代性状、方式、程度的常见结构是"这/那/兀＋底/的（家）"。吕叔湘（1985：240－242）认为："'底'其实就是'者（这）'音变而来的，'兀底'源于'阿底'。"邢向东（2005）认为'兀底'是从倾向于指示位置演化出表性状的功能的"，"在部分陕北晋语和山西晋语中，'底'和'这底'、'兀底/那底'加上后缀'个'、'价'后，语法化为表性状的指示代词"。西区晋语中的"底（家）ti^{44}（tɕia^{44}）"的用法基本同陕北晋语。"底"原本就是一个代词，其功能和意义在演变中不断变化拓展，但还保留了代词的特点。西区晋语表程度、方式、性状的指代词中还有个常见的后缀"来"。"这来""那来""兀来"指代方式、性状、程度时和普通话的"这么/样""那么/样"意思大致相当。

表3－3－4　　西区晋语表程度、方式、性状的指代词

	近指	远指	
		远指	更远指
离石	这$_3$底（家） tsəʔ^{4}ti^{44}（tɕia^{44}） 底（家）ti^{44}tɕia^{44} 这$_3$来 tsəʔ^{4}lɐi^{44}	那$_2$底（家） nəʔ^{22}ti^{44}（tɕia^{44}） 那$_2$来 nəʔ^{22}lɐi^{44}	兀$_2$底（家）uəʔ^{4}ti^{44}（tɕia^{44}） 兀$_2$来 uəʔ^{4}lɐi^{44}
汾阳	这$_2$来则 tʂəʔ^{22}lei^{22}tsəʔ^{22} 这$_2$来 tʂəʔ^{22}lei^{22} 这$_1$样儿 tsei^{324}iɔr^{55} 这$_1$ tsei^{324}	那$_2$来则 nəʔ^{22}lei^{22}tsəʔ^{22} 那$_2$来 nəʔ^{22}lei^{22} 那$_1$样儿 nei^{324}iɔr^{55} 那$_1$ nei^{324}	
柳林	这$_3$来 tsəʔ^{3}lai^{33} 这$_3$底 tsəʔ^{3}ti^{33}	兀$_3$来 uəʔ^{3}lai^{33} 兀$_3$底 uəʔ^{3}ti^{33}	

续表

	近指	远指	
		远指	更远指
临县	这$_2$底家 tʂəʔ^{44} ti^{24} tɕiəʔ^{44} 这$_2$家 tʂei^{24} tɕiəʔ^{44}	那$_1$底 nəŋ^{24} ti^{24}	兀底家 u^{44} ti^{24} tɕiəʔ^{44}	
中阳	（这$_3$）底 tsəʔ^{33} ti^{24} 这$_3$来 tsəʔ^{33} lɛi^{55} 这$_3$底家 tsəʔ^{33} ti^{24} tɕiA^{24}	那$_3$底（家）nəʔ^{33} ti^{24}（tɕiA^{24}） 那$_3$来 nəʔ^{33} lɛi^{55}	兀$_3$底（家）uəʔ^{33} ti^{24}（tɕiA^{24}） 兀$_3$来 uəʔ^{33} lɛi^{55}	
交口	这$_3$来 tsəʔ^{33} lai^{214} 这$_3$底 tsəʔ^{33} tiɛ^{214}	兀$_3$来 uəʔ^{33} lai^{214} 兀$_3$底 uəʔ^{33} tiɛ^{214}		
方山	这$_2$底 tʂəʔ^4 ti^{44}	兀$_2$底 uəʔ^4 ti^{44}		
兴县	这$_2$底 tʂəʔ^{55} ti^{324} 这$_4$底家 tiɛ^{324} ti^{324} tɕiA^0 这$_2$来（来） tʂəʔ^{55} lei^{55} lei^0	荼゠底 niɛ^{324} ti^{324} 荼゠底家 niɛ^{324} ti^{324} tɕiA^0 荼゠来（来） niɛ^{324} lei^{55} lei^0	兀底（家） uəʔ^{55} ti^{324} tɕiA^{55} 兀来（来） uəʔ^{55} lei^{55} lei^0	那$_1$底家 nou^{53} ti^{324} tɕiA^0
岚县	这$_2$□tsəʔ^{44} tiɛ^{214}	那$_1$□nuəʔ^{44} tiɛ^{214}	兀$_1$□uəʔ^{44} tiɛ^{214}	
石楼	这$_2$底 tʂəʔ^4 tiɛ^{214} 这$_2$来 tʂəʔ^4 lei^{44} 这$_2$来（来） tʂəʔ^4 lei^{44} lei^{44}	那$_1$底 nəʔ^4 tiɛ^{214} 那$_1$来 nəʔ^4 lei^{44} 那$_1$来（来） nəʔ^4 lei^{44} lei^{44}	兀$_1$底 uəʔ^4 tiɛ^{214} 兀$_1$来 uəʔ^4 lei^{44} 兀$_1$来来 uəʔ^4 lei^{44} lei^{44}	
静乐	这$_2$□tsəʔ^4 nɤ̃^{314}	兀$_2$□uəʔ^4 nɤ̃^{314}		
大宁	这么样 tʂəʔ^{31} mə^{31} ie^{31} 这$_2$么（个儿） tʂəʔ^{31} mə^{31}（kər^{31}） 这$_1$ tʂei^{31}	那$_2$么样 nəʔ^{31} mə^{31} ie^{31} 那$_2$么（个儿） nəʔ^{31} mə^{31}（kər^{31}） 那$_1$ nei^{31}	兀么样 vəʔ^{31} mə^{31} ie^{31} 兀么（个儿）vəʔ^{31} mə^{31}（kər^{31}） 兀$_1$ vei^{31}	
永和	这价 tʂəŋ^{312} tɕiəʔ^{33}	兀价 uəŋ^{312} tɕiəʔ^{33}	恁价 nəŋ^{312} tɕiəʔ^{33}	
汾西	这$_3$的 tsəŋ^{55} tə^0	兀$_3$的 uəŋ^{55} tə^0		

续表

近指		远指	
		远指	更远指
隰县	这₂么 tsə?³mə?³	那₂么 nə?³mə?³	
	这₂□tsə?³mæ⁴¹	那₂□nə?³mæ⁴¹	
蒲县	这₂tʂei⁴⁴	兀₂uei⁴⁴	
	这₃么 tʂuo⁵¹mai⁵¹	兀₁么 uo⁵¹mai⁵¹	

2. 西区晋语表程度、方式、性状的指示代词的用法

指示代词表程度可能源于指示代词表方式、性状时的并举比较，性状之间的比较就有强弱高下的对比，表程度本身就蕴涵着和其他同类的比较。如离石方言"兀₁□〔tɕʰi³¹²〕车子的颜色兀₂底红览⁼ 那个车子的颜色那么红"。其实"兀₂底红"是和其他车子比较的结果，换个说法就是"这车子比其他车子更红"。表性状时常常蕴涵不满怨责的感情色彩及负面的评价。表方式时代替的作用更加突出。指示代词是表性状还是表程度要放在具体语境中分析，一般有明显的比较并举是表程度，否则是表性状。例如：

（1）告说你那₂底（家）看不对着，你还不听 告诉你那样看不对，你还不听。

（2）他咋嘛是底□〔tɕʰi³¹²〕人咧 他怎么是这样的人。

（3）兀₁□〔tɕʰi³¹²〕车子的颜色兀₂底红览⁼ 那辆车的颜色那么红。

（4）袋子这₃来沉览⁼，咱两个一随搬哇 袋子这么重，咱俩一起搬吧。

（5）这菊花开得兀₂来来红览⁼ 这菊花开得这么红。　　　　（以上离石）

（6）你老要这₃底做，还不教人弭说 您老人家非要这样做，还不让别人说。

（7）他兀₃底说话，谁也不想听 他那样说话，谁也不想听。

（8）这₁哪有你说的兀₃底容易嘞 这哪有你说的那么容易了。　　（以上柳林）

（9）他要是还这₃底家解不开，兀₁就没法子嘞 他要是这样还不明白，那就没办法了。

（10）这两天还碰见兀₃底个□〔tɕʰie³¹³〕事，可是麻烦嘞 这两天还遇到了那样的事，很麻烦。

（11）他咋嘛这₃底忙嘞，一天家见不上他 他怎么这么忙，一天也见不着他。

（以上中阳）

（12）你敢是不用茶⁼底做，我教你这底写你不用那样做，我教你这样做。
（13）和爷爷说话，还能茶⁼底家和爷爷说话，还能那样？
（14）天冷咧，你还穿这来单嘞天冷了，你还穿这么单薄。
（15）茶⁼西瓜长得这来来大那西瓜长得这么大。（以上兴县）
（16）桌子这₂来宽，这根本放不下桌子这么宽，这儿根本放不下。
（17）兀₃来猴的个个，跳得还高嘞那么低的个子，跳得还挺高。（以上汾阳）
（18）真⁼怎的这₂口［nɤ̃³¹⁴］亮哩今天怎么这么亮呢？（静乐）
（19）老赵怎么兀₂么样儿呢老赵怎么那样呢？（大宁）
（20）你要这价［tʂəŋ³¹² tɕiəʔ³³］做，不要兀价做你要这么做，不要那么做。
（永和）

（五）西区晋语的数量指代词

1. 西区晋语数量指示代词的形式

表 3-3-5　　　　　　　　西区晋语表数量的指代词

	近指	远指	
		远指	更远指
离石	这₂/₃底一点点 tsɐi²⁴/tsəʔ⁴ti⁴⁴ iəʔ⁴ti³¹²ti³¹² 这₂/₃口 tsɐi²⁴/tsəʔ⁴kʰou³¹² 这₃底口 tsəʔ⁴ti³¹²kʰou³¹² 这₂/₃些 tsɐi²⁴/tsəʔ⁴tɕʰiɛ³¹² 这₁/₂些 tsɐi²⁴/tsəʔ⁴tɕʰiɛ³¹² 这₃（底）来来 tsəʔ⁴ti⁴⁴lɐi⁴⁴lɐi⁴⁴ 这₃些些 tsəʔ⁴ɕiəʔ⁴ɕiəʔ⁴	那₁/₂底一点点 nɐi²⁴/nəʔ⁴ti⁴⁴ iəʔ⁴ti³¹²ti³¹² 那₁/₂口 nɐi²⁴/nəʔ⁴kʰou³¹² 那₂底口 nəʔ⁴ti⁴⁴kʰou³¹² 那₁/₂些 nəʔ⁴ti⁴⁴tɕʰiɛ³¹² 那₂（底）来来 nəʔ⁴lɐi⁴⁴lɐi⁴⁴ 那₂些些 nəʔ⁴ɕiəʔ⁴ɕiəʔ⁴	兀₂/₃底一点点 uɐi²⁴/uəʔ⁴ti⁴⁴iəʔ⁴ti³¹²ti³¹² 兀₁/₂口 uɐi²⁴/uəʔ⁴kʰou³¹² 兀₂底口 uəʔ⁴ti⁴⁴kʰou³¹² 兀₁/₂些 uɐi²⁴/uəʔ⁴tɕʰiɛ³¹² 兀₂（底）来来 uəʔ⁴lɐi⁴⁴lɐi⁴⁴ 兀₂些些 uəʔ⁴ɕiəʔ⁴ɕiəʔ⁴

续表

	近指	远指	
		远指	更远指
汾阳	这₂圪丝儿 tsəʔ²² kəʔ²¹² sʅʳ³²⁴ 这₂来底底 tsəʔ²² lei²² ti²² ti⁰ 这₂口儿 tsəʔ²² kʰər³¹² 这₂固则 tsəʔ²² ku⁵³ tsəʔ²²	那₂圪丝儿 nəʔ²² kəʔ²¹² sʅʳ³²⁴ 那₂来底底 nəʔ²² lei²² ti²² ti⁰ 那₂口儿 nəʔ²² kʰər³¹² 那₂固则 nəʔ²² ku⁵³ tsəʔ²²	
柳林	这₃底一点（点）tsəʔ³ ti³³ iəʔ³ tiæ³¹⁴ tiæ⁰ 这₂些 tsai³³ ɕia³³ 这₃来来 tsəʔ³ lai³³ lai³³	兀₃底一点（点）uəʔ³ ti³³ iəʔ³ tiæ³¹⁴ tiæ⁰ 兀₂些 uai³³ ɕia³³ 兀₃来来 uəʔ³ lai³³ lai³³	
临县	这₁点 tʂei⁴⁴ tiɑr³¹² 这₂底些 tʂəʔ⁴⁴ tʅ²⁴ ɕiA²⁴ 这₂来来 tʂəʔ⁴⁴ lɛe⁴⁴ lɛe²¹	兀₂点 uei³¹² tiɑr³¹² 兀₂底些 u⁴⁴ tʅ²⁴ ɕiA²⁴ 兀₂来来 u⁴⁴ lɛe⁴⁴ lɛe²¹	
中阳	这₃（底）一点点 tsəʔ³³ ti²⁴ iəʔ³³ tie³¹³ tie⁰ 这₃底口 tsəʔ³³ ti²⁴ kʰəu³¹³ 这₃来来 tsəʔ³³ lɛi⁵⁵ lɛi⁰	那₃（底）一点点 nəʔ³³ ti²⁴ iəʔ³³ tie³¹³ tie⁰ 那₃底口 nəʔ³³ ti²⁴ kʰəu³¹³ 那₃来来 nəʔ³³ lɛi⁵⁵ lɛi⁵⁵	兀₃（底）一点点 uəʔ³³ ti²⁴ iəʔ³³ tie³¹³ tie⁰ 兀₃底口 uəʔ³³ ti²⁴ kʰəu³¹³ 兀₃来来 uəʔ³³ lɛi⁵⁵ lɛi⁵⁵
交口	这₂点 tsəʔ³³ tiɛ⁴¹² 这₂来点（点）tsəʔ³³ lai²¹⁴ tiɛ⁴¹²（tiɛ⁰） 这₂来些 tsəʔ³³ lai⁴¹² ɕiɛ²¹⁴	兀₂来点（点）uəʔ³³ lai²¹⁴ tiɛ⁴¹² tiɛ⁰ 兀₂来些 uəʔ³³ lai⁴¹² ɕiɛ²¹⁴	
方山	这₂底点 tʂəʔ⁴ ti²¹⁴ tiæ³¹⁴ 这₁点 tʂei⁴⁴ tiæ³¹⁴ 这₁些 tʂei³¹² ɕiA²¹⁴	兀₂底点 uəʔ⁴ ti²¹⁴ tiæ³¹⁴ 兀₁点 uei⁴⁴ tiæ³¹⁴ 兀₁些 uei³¹² ɕiA²¹⁴	

续表

	近指	远指	
		远指	更远指
兴县	这$_3$（口）口 tʂei^{324}（kʰou^{324}）kʰou^0 这$_3$一捻捻 tʂei^{324} iə^{55} niæ^{324} niæ^{324} 这$_1$些 tsou^{324} ɕiɛ^{55} 这$_3$来（来）tʂʔ^{55} lei^{324} 这$_3$些些 tʂʔ^{55} ɕiA^{53} ɕiA^0	茶些 niɛ^{324} ɕiɛ^{55} 茶一捻捻 niɛ^{312} iə^{55} niæ^{324} niæ^{324} 茶来（来）niɛ^{312} lei^{324} 茶些些 niɛ^{324} ɕiA^{53} ɕiA^0	那$_1$些 nou^{53} ɕiɛ^{55} 那一捻捻 nou^{53} iə^{55} niæ^{324} niæ^{324} 兀来（来）uə^{55} lei^{44} 兀些些 uə^{55} ɕiA^{53} ɕiA^0 那$_2$口 nei^{53} kʰou^0 那$_2$些 nei^{53} ɕiɛ^{55}
岚县	这$_2$口点点 tsəʔ^2 tie^{55} tiæ̃^{213} tiæ̃^{0} 这$_2$口（口）tsəʔ^2 tie^{55} kʰou^{213}（kʰou^0） 这$_2$些 tsəʔ^{44} ɕiɛi^{214} 这$_2$圪都＝都＝ tsəʔ^{44} kəʔ^{44} tu^{214} tu^0	那口点点 nuəʔ^{44} tie^{55} tiæ̃^{213} tiæ̃^{0} 那口口（口）nuəʔ^{44} tie^{55} kʰou^{21}（kʰou^0） 那些 nuəʔ^{44} ɕiɛi^{214} 那圪都＝都＝ nuəʔ^{44} kəʔ^{44} tu^{214} tu^0	兀$_1$些 uəʔ^{44} ɕie^{214} 兀$_1$些些 uəʔ^{44} ɕie^{214} ɕie^0
石楼	这$_3$点 tʂei^{413} tiɛ^{213} 口点 tiɛ^{214} tiɛ^{413} 口点点 tiɛ^{214} tiɛ^{413} ti^{iɛ0} 这$_2$来 tʂəʔ^4 lei^{44} 口些 tiɛ^{214} sei^{44}	那$_2$点 nei^{44} tiɛ^{413} 那$_2$来 nəʔ^{213} lei^{44} 那$_1$些 nəʔ^{213} tiɛ^{214} sei^{44}	兀$_2$点 uei^{44} tiɛ^{413} 兀$_1$来 uəʔ^{213} lei^{44} 兀$_1$口些 uəʔ^{213} tiɛ^{214} sei^{44}
静乐	这$_2$口点 tsəʔ^4 nɤ̃^{314} tiæ̃^{314} 这$_2$口（一）点 tsəʔ^4 nɤ̃^{314} iəʔ^4 tiæ̃^{314} 这$_1$（一）点点 tsei^{314}(iəʔ^4) tiæ̃^{314} tiæ̃^{0} 这$_3$口多（些）tsəʔ^4 nɤ̃^{314} tɤɯ^{24}（ɕie^{24}）		兀$_2$口点 uəʔ^4 nɤ̃^{214} tiæ̃^{314} 兀$_2$口（一）点 uəʔ^4 nɤ̃^{314} iəʔ^4 tiæ̃^{314} 兀$_1$（一）点点 uei^{314}（iəʔ^4）tiæ̃^{314} tiæ̃^{0} 兀$_2$口多（些）uəʔ^4 nɤ̃^{314} tɤɯ^{24}（ɕie^{24}）

续表

	近指	远指	
		远指	更远指
大宁	这₁点儿 tʂei³¹ tiɚ³¹ 这₂么一点点儿 tʂəʔ³¹ məʔ³¹ iəʔ³¹ tiẽ³⁵ tiẽ³¹ 这₁些 tʂei³¹ ɕia²⁴ 这₂些 tʂəʔ³¹ ɕie³¹	那₁点儿 nei³¹ tiɚ³¹ 那₂么一点点儿 nəʔ³¹ məʔ³¹ iəʔ³¹ tiẽ³⁵ tiẽ³¹ 那₁些 nei³¹ ɕia²⁴ 那₂些 nəʔ³¹ ɕie³¹	兀₁点儿 vei³¹ tiɚ³¹ 兀₂么一点点儿 vəʔ³¹ məʔ³¹ iəʔ³¹ tiẽ³⁵ tiẽ³¹ 兀₁些 vei³¹ ɕia²⁴ 兀₂些 uəʔ³¹ ɕie³¹
永和	这₂怎个 tʂəʔ³⁵ nəŋ³⁵ ker³³ 这₂些 tʂəʔ³¹² ɕia³⁵	那₂怎个 nəʔ³⁵ nəŋ³⁵ ker³³ 那₂些 nəʔ³¹² ɕia³⁵	兀₂怎个 uəʔ³⁵ nəŋ³⁵ ker³³ 兀₂些 uəʔ³¹² ɕia³⁵
汾西	这₂些 tsəŋ⁵⁵ ɕiI⁵⁵ 这₂一些 tsə³ iə³ sa³⁵	兀₂些 uəŋ⁵⁵ ɕiI⁵⁵ 兀₂一些 uə³ iə³ sa³⁵	
隰县	这₂（么）点儿 tsəʔ³（məʔ³）tiær³¹ 这₂底底 tsəʔ³ ti³¹ ti⁰ 这₂（么）些 tsəʔ³ məʔ³ ɕiə⁵⁵	那₂（么）点儿 nəʔ³ məʔ³ tiær³¹ 那₂底底 nəʔ³ ti³¹ ti⁰ 那₂（么）些 nəʔ³ məʔ³ ɕiə⁵⁵	
蒲县	这₂点儿 tʂei³² tiɚ²² 这₂些儿 tʂei³² ɕiə²²	兀₂点儿 uei³² tiɚ²² 兀₂些儿 uei³² ɕiə²²	

西区晋语的数量指代词的结构有"这/兀/那+数量语素""这/兀/那底+数量语素""这/兀/那来+数量语素"三种结构，其中表数量的构词语素往往是表量大的"些"和表量小的"点""丝""捻""口"等及其重叠式，表小量一般加"圪"字头如"圪都"等。重叠式表示的数量与基础形式同向增加，表示更大、更多或更小、更少，而且还常伴随主观的感情色彩。说话时往往表现出夸张、惊讶、厌嫌等面部表情。不同数量语素能够显示出鲜明的地域色彩，如兴县方言的"捻捻"等。

2. 西区晋语数量指示代词的用法

西区晋语数量指示代词表述数量的多少一般是视实际语境来定。例如：

(1) 这₂底一点点饭，够谁吃这么点儿饭，够谁吃？

(2) 兀₃底□[tɕʰiɛ³¹²]包子我可吃不咾那么多包子我吃不完。

(3) 把那₂□[tɕʰiɛ³¹²]信封给我把那些信封给我。

(4) 就剩嘞这些些览⁼就剩这点儿了？

(5) 这些些览⁼，根本吃不完这么多呢，根本吃不完。　　（以上离石）

(6) 兀些些信纸，能有多儿咧就那么点信纸，能有多少。

(7) 给我兀些些信纸览⁼，我用不咾给了我那么多信纸了，我用不完。

　　　　　　　　　　　　　　　　　　　　　　　　（以上兴县）

(8) 才打完兀₃底一点点嘞，止⁼则⁼完不咾嘞才打完那么一点点，估计做不完了。　　　　　　　　　　　　　　　　　　　　　　　（柳林）

(9) 就兀₁点饭，再没啦藏⁼余的就那么点饭，再没有多余的了。　（临县）

(10) 兀₁些房子不如这₂些房子那些房子不如这些房子。　　（岚县）

指示代词后加语素"来"除了表示程度外，也可以表示数量，在离石、柳林、临县、中阳、兴县等方言点中都有这个说法，一般是在其后面加名词，表示数量多，但是在兴县方言中，"来来"表示数量少。试比较：

(11) 这₃来来苹果，一下吃不了这么多苹果，一下子吃不完。　　（离石）

(12) 你给嘞我兀₃来来书，我还没看来你给了我那么多书，我还没看呢。

　　　　　　　　　　　　　　　　　　　　　　　　（中阳）

(13) 茶⁼个坑子里就茶⁼来来水那个池塘里就那么点儿水。　　（兴县）

第四节　东南区晋语的指示代词

一　东南区晋语指示代词的类型

（一）东南区晋语指示代词形式

表 3-4-1　　　　　东南区晋语指示代词的语音形式

	近指	远指	
		中指	远指
晋城	底₁tiA⁵³ 底₂tiɛ³³ 底₃ti³³ 底₄tiəʔ³³	那₁niA⁵³ 那₂niɛ³³ 那₃ni³³ 那₄niəʔ³³	
阳城	这₁tʂəʔ² 这₃tʂuə²¹²	那₁nə²² 那₃nuə²¹²	兀 vəʔ²

续表

	近指	远指	
		中指	远指
陵川	底₁tiə?³⁴ 底₂ti³³ 底₃tie³³ 底₄tə³³这儿 底₅təŋ³³这么	那₁niə?³ 那₂ni³³ 那₃nie³³ 那₄nə³³那儿 那₅nəŋ³³那么	
高平	底₁tiə?² 底₂ti³³ 底₃tiɛ³³ 底₄tiɔo⁵³	那₁niə?² 那₂ni³³ 那₃niɛ³³ 那₄niɔo⁵³	
沁水东	底₁tei²⁴ 底₂tɤ²¹ 底₃ti²⁴	那₁nei²⁴ 那₂nɤ²¹	
壶关	这₁tʃiɛ⁴² 这₂tʂəŋ⁵³⁵	那₁n̠iɛ⁴² 那₂nəŋ⁵³⁵	
长子	这₁tɕiɛ³²⁵ 这₂tsəŋ²¹³	那₁niɛ³²⁵ 那₂nəŋ²¹³	
长治	这₁tsə?²¹ 这₂tsæ²¹³ 这₃tsaŋ⁵³ 这₄tɕiaŋ⁵³	那₁niɛ⁵³ 那₂niaŋ⁵³	兀₁ua?²¹ 兀₂uei²¹³
潞城	这₁tɕiɤ²¹² 这₂tsɤ?⁵¹ 这₃tɕiu²¹	那₁niɤ²¹² 那₂na⁵¹ 那₃niu²¹	
平顺	这₁tsə?⁵³ 这₂tɕiɛ²¹³ 这₃tɕiaŋ²¹³ 这₄tsuɤ²¹³ 这₅tɕiŋ²¹³ 这₆tɕi⁵³	那₁nə?⁵³ 那₂niɛ²¹³ 那₃niaŋ²¹³ 那₄nuɤ²¹³ 那₅niŋ²¹³ 那₆ni⁵³	
屯留	这₁tsɤ⁵¹ 这₂tsəŋ⁵¹ 这₃tsaŋ⁵¹	那₁niɛ⁵¹ 那₂niŋ⁵¹ 那₃niaŋ⁵¹	
黎城	这₁tɕiɤ²¹² 这₂tɕiŋ²¹² 这₃tiaŋ⁵⁵ 这₄tuɤ⁵⁵	那₁niɤ²¹² 那₂niŋ²¹² 那₃niaŋ⁵⁵ 那₄nuɤ⁵⁵	
沁源	这₁tʂei⁵³	兀₁uei⁵³	
襄垣	这₁tsɤ²¹³ 这₂tsʌ?⁴³ 这₃tsəŋ²¹³	兀₁uei³³ 兀₂uo⁵⁵ 兀₃uəŋ³³	
沁县	这₁tɕiɛ⁵⁵ 这₂tsɛ⁵⁵ 这₃tsə?⁵³	兀₁vɛ⁵⁵ 兀₂və?⁴	
武乡	这₁tsɛ⁵⁵ 这₂səʔ³ 这₃tsei¹¹³	兀₁vɛ⁵⁵ 兀₂və?⁴ 兀₃vei¹¹³	

由表 3-4-1 可见，东南区晋语的指示代词既有二分也有三分，长治和阳城两个方言点是"这—那—兀"的三分对应，沁县、沁源、襄垣和武乡四个方言点是"这—兀"的对立，晋城、陵川、高平、沁水东四个方言点县"底—那"的对立，其余方言点均是"这—那"的对立。近指代词"底"的来源详见邢向东（2020）的讨论，此处不赘。

二 东南区晋语指示代词的用法

（一）东南区晋语的人、物指代词

表3-4-2　　　　　　东南区晋语的人、物指代词

	近指	远指	
		中指	远指
晋城	底$_1$ tiA^{53} 底$_2$ tiɛ^{33} 底$_3$ ti^{33} 底$_4$ tiəʔ^{33}	那$_1$ niA^{53} 那$_2$ niɛ^{33} 那$_3$ ni^{33} 那$_4$ niəʔ^{33}	
阳城	这$_1$ tʂəʔ^2 这$_2$ tʂuə^{212}	那$_1$ nəʔ^2 那$_2$ nuə^{212}	兀 vəʔ^2
陵川	底$_1$ tiəʔ^{34} 底$_2$ tiʔ^{33} 底$_3$ tə^{33} 底$_4$ tie^{33}	那$_1$ niəʔ^3 那$_2$ niʔ^{33} 那$_3$ nə^{33} 那$_4$ nie^{33}	
高平	底$_1$ tiəʔ^2 底$_2$ ti^{33} 底$_3$ tiɛ^{33} 底$_4$ tiɔʔ^{53}	那$_1$ niəʔ^2 那$_2$ ni^{33} 那$_3$ niɛ^{33} 那$_4$ niɔʔ^{53}	
沁水$_东$	底$_1$ tɤʔ^2 底$_2$ ti^{24} 底$_3$ tiɛ^{33}	那$_1$ tɤʔ^2 那$_2$ ti^{24} 那$_3$ tiɛ^{33}	
壶关	这 tʃiɛ^{42}	那 ȵiɛ^{42}	
长子	这 tɕiɛ^{325}	那 niɛ^{325}	
长治	这$_1$ tsəʔ^{21} 这$_2$ tsæ^{213}	那 niɛ^{53}	兀$_1$ uəʔ^{21} 兀$_2$ uei^{213}
平顺	这$_1$ tsəʔ^{53} 这$_2$ tɕiɛ^{213}	那$_1$ nəʔ^{53} 那$_2$ niɛ^{213}	
屯留	这 tsɤ^{51}	那$_1$ niɛ^{51} 那$_2$ na^{51}	
黎城	这$_1$ tɕiɤ^{212}	那$_1$ niɤ^{212}	
沁源	这$_1$ tʂei^{53}	兀$_1$ uei^{53}	
襄垣	这$_1$ tsɤ^{213} 这$_2$ tsəːʔ^{213}	兀$_1$ uei^{33} 兀$_2$ uo^{55}	
沁县	这$_1$ tɕiɛ^{55} 这$_2$ tsɛ^{55}	兀$_1$ ve^{55} 兀$_2$ vəʔ^4	
武乡	这$_1$ tsɛ^{55} 这$_2$ tsəʔ^3 这$_3$ tsei^{113}	兀$_1$ ve^{55} 兀$_2$ vəʔ^4 兀$_3$ vei^{113}	

东南区晋语指人、物指代词语音形式多样，语音形式不同，语法功能也不同。比如晋城$_{泽州}$方言：

（1）底$_1$/底$_2$是俺着呢，那$_1$/那$_2$是你着呢这是我们的，那是你们的。

（2）底$_1$/底$_2$好吃，那$_1$/那$_2$不好吃这好吃，那不好吃。

上面几例中，"底$_1$"和"底$_2$"、"那$_1$"和"那$_2$"可以互相替换使用，但"底$_1$/那$_1$"和"底$_2$/那$_2$"还是有所区别，区别主要在语法意义上，前者只能用于指物，不能用于指人，而后者则既可指物，也可指人。也即"底$_1$/那$_1$"和"底$_2$/那$_2$"只在指物时意义相同，可以互换使用。"底$_2$"和"那$_2$"指人时谓语常用"是"。例如：

（3）底₂是俺爸爸这是我爸爸。

（4）那₂是俺妈妈那是我妈妈。

"底₁/那₁"和"底₂/那₂"后都可以直接跟名词，"底₁"和"那₁"后面直接跟名词后，常泛指一类事物。如例（5）、例（7）。"底₂"和"那₃"后面直接跟名词后，一般指具体的事物。如例（6）、例（8）。

（5）底₁菜不错这菜不错。

（6）底₂米好吃这米好吃。

（7）那₁花开得不错。

（8）那₂人不甚高呀那个人不怎么高嘛。

"底₃"和"那₃"修饰名词时后面必须带量词，例如：

（9）把底₃本书给我把这本书给我。

（10）把那₃扇窗管住吧把那扇窗户插上插关吧。

"底₄"和"那₄"后面一般跟数量短语（数词除"一"外）组合后再修饰名词。例如：

（11）把底₄两本书给我把这两本书给我。

（12）把那₄几人留下吧把那几个人留下吧。

指示人、物的代词的用法在东南区晋语内部比较一致，我们不再赘举其他方言点的用法。

（二）东南区晋语的时间指代词

表 3-4-3　　　　　　东南区晋语的时间指代词

	近指	远指
晋城	底₃会儿 ti³³ xuər¹¹³	那₃会儿 ni³ xuər¹¹³
阳城	这₁阵间 tʂəʔ² tʂə̄⁵¹⁻⁵³ tɕiɛ²²	兀/那₁阵间 vəʔ²/nəʔ² tʂə̄⁵¹⁻⁵³ tɕiɛ²²
	这₁刚⁼ tʂəʔ² kaŋ²²	兀/那₁刚⁼ vəʔ²/nəʔ² kaŋ²²
陵川	底₁tiəʔ³/底₂ti³³/底₃tə³³会儿 xur³¹	那₁niəʔ³/那₂ni³³/那₃nə³³会儿 xur³¹
高平	底₁会儿 tiəʔ² xueiʅ⁵³	那₁会儿əʔ² xueiʅ⁵³
	底₂回 ti³³ xuei³³	那₂回 ni³³ xuei³³
壶关	这₁的 tʃiɛ⁴² təʔ²	那₁的 niɛ⁴² təʔ²
长子	这会儿 tɕiɛ³²⁵ xuər⁵³	那会儿 niɛ³²⁵ xuər⁵³
长治	这₁会儿 tsəʔ²¹ xuər⁵³	那₁会儿 niɛ⁵³ xuər⁵³

续表

	近指	远指
平顺	这$_2$ tɕiɛ²¹³	那$_2$ niɛ²¹³
屯留	这会儿 tsɤ⁵¹ xuər¹³	那$_1$ 会儿 niɛ⁵¹ xuər¹³
黎城	这$_1$ 会儿 tɕiɤ²¹² xuər²¹ 这$_2$ 早晚 tɕiŋ²¹² tsɑo²¹² væ²¹²	那$_1$ 会儿 niɤ²¹² xuər²¹ 那$_2$ 早晚 niŋ²¹² tsɑo²¹² væ²¹²
沁源	这$_2$ tsæ²¹³ 这$_3$ tsər⁴²	那$_1$/那$_2$ nie⁴⁴ nər⁴²
襄垣	这$_1$ □霎 tsɤ²¹³ kəʔ³ sa³³	兀$_1$ □霎 uei³³ kəʔ³ sa³³
沁县	这$_1$ 霎霎 tɕiɛ⁵⁵ sʌʔ⁴ sʌʔ⁴ 这$_1$ 阵阵 tɕiɛ⁵⁵ tsəŋ³³ tsəŋ³³	兀$_1$ 霎霎 vɛ⁵⁵ sʌʔ⁴ sʌʔ⁴ 兀$_1$ 阵阵 vɛ⁵⁵ tsəŋ³³ tsəŋ³³
武乡	这$_2$ 霎霎 tsəʔ³ sa¹¹³ sa⁰	兀$_2$ 霎霎 vɤʔ³ sa¹¹³ sa⁰

东南区晋语中，时间指代词"这会儿""那会儿""这霎霎""兀霎霎"等的用法与普通话的"这会儿"和"那会儿"类似。"这会儿"表示"现在""这个时候"；"那会儿"表示"过去""那个时候"。例如晋城$_{泽州}$方言：

（1）夜儿来八点那会儿你去哪来 昨天晚上八点那会儿你去哪了？
（2）是等那会儿走，还是这会儿就走 是等到那个时候走，还是现在就走？
（3）这会儿才看书太迟览⁼ 现在才看书太迟了。
（4）这会儿结婚都迟览⁼ 现在结婚就已经晚了。

在例（1）中"那会儿"表示过去某个时候；在（2）中"那会儿"表示将来某个时候。在（3）和（4）中"这会儿"表示"现在"。

（三）东南区晋语的处所指代词

表 3-4-4　　　　东南区晋语的处所指代词

	近指	远指	
		中指	远指
晋城	底$_1$ 坨儿/厢 ti³³ tʰuər/ɕiā³³ 底儿 tə̃r³³/ tɚ³³	那$_1$ 坨儿/厢 ni³³ tʰuər/ɕiā³³ 那儿 nə̃r³³/nɚ³³	
阳城	这$_1$ □ tʂəʔ² nɛ⁵¹ 这$_1$ □/边 tʂəʔ² xɛ⁵¹/pɛ⁵¹	那$_1$ nəʔ² nɛ⁵¹ 那$_1$ □/边 nəʔ² xɛ⁵¹/pɛ⁵¹	兀□ vəʔ² nɛ⁵¹ 兀□/边 vəʔ² xɛ⁵¹/pɛ⁵¹

续表

	近指	远指	
		中指	远指
陵川	底$_3$ tie^{33} 底$_1$摊儿 tiəʔ^3 tʰər 底$_4$哈⁼儿 tə^{33} xər^{53}底$_4$儿 tər^{33}	那$_3$ nie^{33} 那$_1$摊儿 niəʔ^3 tʰər 那$_4$哈⁼儿 nə^{33} xər^{53}那$_4$儿 nər^{33}	
高平	底$_3$儿 təŋ^{53} 底$_1$边儿 tiəʔ^2 pəŋ^{33}	那$_3$儿 nəŋ^{53}那$_1$边儿 niəʔ^2 pəŋ^{33}	
沁水$_东$	底儿 tɤ^{21}	那儿 nɤ^{21}	
壶关	这$_1$的 tʃiɛ^{42} təʔ^2	那$_1$的 ȵiɛ^{42} təʔ^2	
长子	这儿 tsar^{325}	那儿 nar^{213}	
长治	这儿 tsɑr^{42}	那儿 niər^{53}	
平顺	这$_1$里 tsəʔ^2 ləʔ^0	那$_1$里 nəʔ^2 ləʔ^0	
屯留	这儿 tsɐr^{51}	那儿 nɐr^{51}	
黎城	这$_3$ tiaŋ^{55} 这$_4$ tuɤ^{55}	那$_3$ niaŋ^{55}那$_4$ nuɤ^{55}	
沁源	这儿 tʂər^{53}	兀儿 vər^{53}	
襄垣	这$_1$摊儿 tsɤ^{213} tʰar^{33} 这$_2$哈⁼儿 tsʌʔ^{43} xɐr^{33}	兀$_1$摊儿 uei^{45} tʰar^{33} 兀$_1$哈⁼儿 uei^{45} xɐr^{33}	
沁县	这$_2$儿 tsɛʔ^{33} ər^{213} 这这 tsɤʔ^{33} tsɤ^{33} 这$_1$界 tɕiɛ^{33} tɕiɛ^0	兀$_2$儿 vəʔ^{53} ər^{213} 兀兀 vɤ^{33} vɤ^{33} 兀$_1$界 vəʔ^{53} tɕiɛ^{33}	
武乡	这$_2$儿 tsəʔ^3 ə^0	兀$_2$儿 vəʔ^3 ə^0	

东南区晋语指称方所时，可以在指示代词"底/这""那/兀"后加词缀"儿"或方位语素"坨儿、摊儿、边儿、厢"等，构成复合式指示代词，相当于普通话的"这儿""那儿"或"这块儿""那块儿"。例如晋城$_{泽州}$方言：

（1）把那竖柜挪到底$_1$坨儿［tiA^{33} tʰuər^{53}］吧把那个立柜挪到这儿吧。

（2）底$_1$坨儿［tiA^{33} tʰuər^{53}］没有，咱去那$_1$坨儿看看吧这儿没有，咱们去那儿看看吧。

"底厢""那厢"类相当于普通话的"这边""那边"。例如：

（3）你从底$_1$厢过去就行你从这边过去就行。

（4）那$_1$厢是电视台，底$_1$厢是医院那边是电视台，这边是医院。

(四) 东南区晋语的性状、方式、程度指代词

表3-4-5　　　　　东南区晋语的性状、方式、程度指代词

	近指	远指
晋城	底₄么 tiəʔ² mə³ 底₁样儿 tiᴀ³³ iɐ̃r⁵³	那₄么 niəʔ² mə³ 那₁样儿 niᴀ³³ iɐ̃r⁵³
阳城	这么 tʂəʔ² məʔ²	兀/那么 vəʔ²/nəʔ² məʔ²
	这么底 tʂəʔ² məʔ² tiɛ²²	兀/那么底 vəʔ²/nəʔ² məʔ² tiɛ²²
	这么价 tʂəʔ² məʔ² tɕiɛ²²	兀/那么价 vəʔ²/nəʔ² məʔ² tɕiɛ²²
	这［么样］tʂəʔ² maŋ²²	兀/那［么样］兀 vəʔ²/ nəʔ² maŋ²²
陵川	底₅təŋ³³ ［底₂样］个 tɔ̃ŋ³³ kʌʔ³	那 nəŋ³³ ［那₂样］个 nɔ̃ŋ³³ kʌʔ³
高平	底₁么（价）tiəʔ² mə̃i³³（ciɑ³³）	那么（价）niəʔ² mə̃i³³（ciɑ³³）
	底₁样 tiəʔ² i ɔ̃⁵³	那₁样 niəʔ² i ɔ̃⁵³
长子	［这样］（价）tsəŋ³²⁵ tɕiæ⁵⁴	［那样］（价）nəŋ³²⁵ tɕiæ⁵⁴
长治	［这样］个 tɕiaŋ⁵³ kəʔ⁵⁴	［那样］个 niaŋ⁵³ kəʔ⁵⁴
屯留	这样 tsɤ⁵¹ iaŋ¹³ ［这样］tsaŋ⁵¹	那样 niɛ⁵¹ iaŋ¹³ ［那样］niaŋ⁵¹
	［这样］价 tsaŋ⁵¹ tɕiɛ²¹³⁻³¹	［那样］价 niŋ⁵¹ tɕiɛ²¹³⁻³¹
黎城	这₂（价）tɕiŋ²¹² tɕiɛ²¹²	那₂（价）niŋ²¹² tɕiɛ²¹²
襄垣	这₁底 tsɤ²¹³ ti⁵⁵	兀₁底 uei³³ ti⁵⁵
	［这样］底个 tsəŋ⁵³ ti⁰ kʌʔ³	兀₁底个 uei³³ ti⁰ kʌʔ³
沁县	这₂价 tsɛ⁵⁵ tɕiɛ⁵⁵ 这₂样样 tsɤ⁵⁵ i ɔ̃⁵⁵ i ɔ̃⁵⁵	那价 na⁵⁵ tɕiɛ⁵⁵ 兀₁样样 vɛ⁵⁵ i ɔ̃⁵⁵ i ɔ̃⁵⁵

东南区晋语的"这样/那样"和"这样价/那样价"及其合音式等都可以指示程度、性状、方式，但是具体使用起来，又有些不同。具体如下：

1. 指程度

指程度时，其功能主要是指示作用。"这样/那样"要放在形容词的前面，而"这样/那样价"通常要把形容词夹在中间，构成"这样/那样+形容词+价"结构。"这样/那样价"也可以放在形容词前，这种情况往往要在"这样/那样"与"价"之间再插入一个强调程度的成分"么"。如长子方言：

(1) 这个苹果咋这样大这个苹果怎么这么大！
(2) 这个苹果咋这样大价这个苹果怎么这么大！

（3）这个苹果咋这样么价大这个苹果怎么这么大！

（4）你这个事做得这样快这个事你做得这样快！

（5）你这个事做得这样快价这个事你做得这样快！

（6）你这个事做得这样么价快这个事你做得这样快！

2. 指方式

"这样/那样"和"这样价/那样价"在指方式时，功能基本一样，即都有指示、代替双重功能。例如：

（7）照这样下去，事情还不知道会怎样嘞照这样下去，事情还不知道会怎样呢。

（8）你瞧这样价行不行你看这样行不行？

（9）你就按那样办吧你就按那样办吧。

（10）我觉得那样价不好。

（11）你这样价办这个事就对啦你这样做这个事就对了！

（12）你看这样价说行不行你看这样讲行不行？

（13）那样价说话是要惹人的那样说话是要得罪人的！

（14）你要是那样价做可是就不对啦你要那样做可就不对了！

3. 指性状

"这样/那样"可以指示事物的性状，通常其后要加"个"。"这样价/那样价"不能指示事物的性状。例如：

（15）你怎是这样个东西！（骂人的话，大致相当于普通话中"你真不是个东西！"）

（16）这样个东西你也能看得起这样一个东西你也能看得上眼？

（17）那样个事情谁吧办不了那样一件事情谁也能办得了！

（18）你瞧见我那样个衣裳来没呐？你看见我那样的那衣服没有？

（19）*这样价个东西你也能看得起？

（20）*那样价个事情谁吧办不了！

例（15）—（18）中，"这样/那样"后加"个"就可以指示事物的性状，"这样/那样个"作其后所修饰名词的定语，"这样价/那样价"不能做定语，所以不能指示事物性状，如例（19）、（20）不成立。

（五）东南区晋语的数量指代词

东南区的数量指代词见表3-4-6。

表 3-4-6　　　　　　　　东南区晋语的数量指代词

	近指	远指
晋城	底₄些 tiə$ʔ^{22}$ ɕiɛ^{33} 底₄么些儿 tiə$ʔ^2$ mə^3 ɕiər^{33}	那₄些 niə$ʔ^2$ ɕiɛ^{33} 那₄么些儿 niə$ʔ^2$ mə^3 ɕiər^{33}
阳城	这〔么样〕些个 tʂə$ʔ^2$ maŋ^{22} ɕiɛ$^{51-53}$ kaŋ^{22}	那/兀〔么样〕些个 nə$ʔ^2$／və$ʔ^2$ maŋ^{22} ɕiɛ$^{51-53}$ kaŋ^{22}
陵川	底₁/底₂/底₃个 tiə$ʔ^3$／ti^{33}／tə^{33} kʌʔ^3 底₅些 təŋ^{33} ɕiʌʔ^3	那₁/那₂/那₃个 niə$ʔ^3$／ni^{33}／nə^{33} kʌʔ^3 那₅些 nəŋ^{33} ɕiʌʔ^3
高平	这₁些儿 tiɛʔ^{33} ɕiər^{53}	那₁些儿 niɛʔ^{33} ɕiər^{53}
长子	这些 tɕiɛ^{325} ɕiɛ^{213}	那些 niɛ^{33} ɕiɛ^{213}
长治	这₁/这₂个 tsə$ʔ^{21}$／tsæ^{213} kəʔ^{54} 这₁/这₂些 tsəʔ^{21}／tsæ^{213} ɕiɛ^{213} 〔这₁样〕些儿 tsaŋ^{53} ɕiar^{213}	那₁/兀₁/兀₂个 niɛ^{53}／uə$ʔ^{21}$／uei^{213} kəʔ^{54} 那₁/兀₁/兀₂些 niɛ^{53}／uə$ʔ^{21}$／uei^{21} ɕiɛ^{213} 兀₂样多 uei^{213} iaŋ^{53} tuə^{213}
屯留	这₁些 tsɤ^{51} ɕiɛ$^{213-31}$ 这₁些儿 tsɤ^{51} sɚ/sɐr$^{213-31}$	那₄些 niɛ^{51} ɕiɛ$^{213-31}$ 那₄些儿 niɛ^{51} sɚ/sɐr$^{213-31}$
黎城	这₁ tɕiɤ^{212} 这₂ tɕiŋ^{212}	那₁ niɤ^{212} 那₂ niŋ^{212}
襄垣	这₁地些 tsɤ^{213} ti^{55} ɕiəʔ^5 这么多 这₁些些 tsɤ^{213} ɕiəʔ^5 这么点儿	兀₁地些 uei^{33} ti^{55} ɕiəʔ^5 这么多 兀₁些些 uei^{33} ɕiəʔ^5 这么点儿
沁县	这₁/这₂些些 tɕiɛ^{55}／tsɛ^{55} ɕiɛ^{213} ɕiɛ^{213} (表示不多) 这₁/这₂些些 tɕiɛ^{55}／tsɛ^{55} ɕiʌʔ^4 ɕiʌʔ^4 (表示多)	兀₁/兀₂些些 vɛ^{55}／və$ʔ^4$ ɕiɛ^{213} ɕiɛ^{213}那些(表示不多) 兀₁/兀₂些些 vɛ^{55}／və$ʔ^4$ ɕiʌʔ^4 ɕiʌʔ^{4}这许多

东南区晋语的数量指代词"这些儿、那些儿"等是由表指示的"这、那"和表不定数量的"些"组合而成，用于指数量。"这些、那些"表示数量相对较多，儿化形式"这些儿、那些儿"表示数量相对较少，相当于普通话的"这点儿、那点儿"。"这些、那些"和"这些儿、那些儿"可以在句子中做主语、宾语和定语。例如长子方言：

（1）这些樱桃是刚在山上摘的，味道还有些涩这些樱桃刚从山上摘下来，味道有点涩。

（2）这些儿将刚刚够给我塞牙缝，再给些吧这点儿刚够我塞牙缝，再给我一些吧。

（3）吃了这些儿，我再给你弄等吃完这些，我再给你做。

（4）你把那些儿先拿走，不够的话一会儿再来拿你先把那点儿拿走，不够的话一会儿再来拿。

（5）这些儿豆芽发得不好，没出来芽这点儿豆芽发得不好，没发出芽来。

（6）那些东西你要不要吧，拿回家也没呐个地置搁那些东西你要不要都行，拿回家也没有地方放。

第四章

山西晋语指示代词的连用和重叠

普通话中，代词整个词类一般不能句法重叠，也不能同类连用。山西晋语中，不仅人称代词可以重叠和连用，指示代词也可以重叠和连用。晋语的指示代词有二分和三分两个系统。二分系统中，又有两种情况。有的方言是"这"和"那"对立，有的方言是"这"和"兀"对立。有的是"底"和"那"的对立。从地理分布上看，这两种情况大致以雁门关一线为界，雁门关以北的方言是"这"和"那"的对立，我们称为"这—那"型；雁门关以南的方言是"这"和"兀"的对立，我们称为"这—兀"型；晋东南部分方言是"底"和"那"的对立，我们称为"底—那"型；三分系统中，近指是"这"，中指是"那"，远指是"兀"，我们称为"这—那—兀"型。关于山西方言指示代词的系统及三分系统的来源问题，学界已多有讨论，如乔全生（2000）、汪化云（2002）、张振兴（2004）、邢向东（2004）、张维佳（2005）等。我们主要讨论山西方言指示代词重叠和连用的形式及其功能。

我们把同音同义、又没有句法结构关系的两个指示代词接连出现在一个句子中的现象称为指示代词的重叠；把异音同义、有句法结构关系的两个指示代词接连出现在一个句子中的现象称为指示代词的连用。山西晋语指示代词的重叠和连用主要集中在处所指代词和人、物指代词两类上，指示数量和程度的指代词多是不完全重叠。

第一节　山西晋语指示代词的连用

一　山西晋语人、物指代词的连用

山西晋语指代人、物时，"这"和"那"都有几种不同的语音形式。语音形式不同，指代功能和句法功能也各异。不同语音形式的"这"和"那"可以同类连用，连用后的两个指示代词，前一个偏在指示，后一个重在代替。

（一）"这—那"型代词的连用

1. "这—那"型代词的形式

"这—那"型指示代词主要分布在北区晋语和中区晋语的部分方言点，详见前文。

北区晋语能连用的指示代词主要是人、物指代词。北区晋语指代人、物的代词形式都不只一套。有的方言点的指示代词形式（语音略有差异）相近，如阳高和天镇、朔城和平鲁、左云和怀仁、灵丘和山阴等。我们择取几个代表点的指示代词如表 4 – 1 – 1 所示。

表 4 – 1 – 1　　　　　　　北区晋语的人、物指代词

	近指	远指
大同	这$_1$［tʂəʔ^{32}］这$_2$［tʂʅ^{24}］这$_3$［tʂɤ^{24}］ 这$_1$□［tʂəʔ^{32}kɤ^{53}］	那$_1$［nəʔ^{32}］那$_2$［nɛe^{24}］那$_3$［nɤ^{24}］ 那$_1$□［nəʔ^{32}kɤ^{53}］
天镇	这$_1$［tʂəʔ^{32}］这$_2$［tʂɛe^{24}］这$_3$［tʂʌ^{24}］	那$_1$［nəʔ^{32}］那$_2$［nɛe^{24}］那$_3$［nʌ^{24}］
怀仁	这$_1$［tsəʔ^{43}］这$_2$［tsʅ^{24}］ 这$_1$嘎＝［tsəʔ^{43}ka^{53}］	那$_1$［nəʔ^{43}］那$_2$［nɛi^{24}］ 那$_1$嘎＝［nəʔ^{43}ka^{53}］
山阴	这$_1$［tʂəʔ^{44}］这$_2$［tʂʅ^{335}］这$_3$［tʂɒ^{313}］	那$_1$［nəʔ^{44}］那$_2$［nɛe^{335}］那$_3$［nɒ^{313}］
平鲁	这$_1$［tsəʔ^{34}］这$_2$［tsʅ^{52}］这$_3$［tsɔo^{213}］	那$_1$［nəʔ^{34}］那$_2$［nɛi^{52}］那$_3$［nɔo^{213}］

北区晋语指代人、物的代词"这"和"那"都有入声和舒声几种读法。这些语音形式有的可以确定是合音的产物，如天镇方言的"这$_3$［tʂʌ^{24}］"和"那$_3$［nʌ^{24}］"，分别是"这$_1$［tʂəʔ^{32}］"和"那$_1$［nəʔ^{32}］"与量词"个［kʌ^{24}］"的合音；平鲁方言的"这$_3$［tsɔo^{213}］""那$_3$

[nɔo²¹³]"分别是"这₁[tsəʔ³⁴]""那₁[nəʔ³⁴]"与量词"个[kɔo⁵³]"（常脱落声母说成[ɔo⁵³]"）的合音。有的语音形式还不能完全确定是否是合音或是哪些音节的合音，如山阴方言的"这₂""那₂"及"这₃""那₃"的读音。乔全生（2000：19）将山阴方言的"这₂""那₂"与"这₃""那₃"看作是屈折式构词，正如刘丹青（2009）指出的："这些形式不排除是合音的产物，但在缺乏历史证据的情况下——确定其来源并非易事，乔全生将它们都作为屈折构词的例子，这在共时平面是合理的分析。"

北区晋语的指示代词不仅语音形式有异，指代功能和句法功能也不同。"这₁""那₁"都既可用于指别，也可用于称代；既可单独做主语、宾语，也可直接做定语，后面可加也可不加量词或数量短语。"这₂""那₂"只能用于指别，不能用于称代，且它们不能单独做句法成分，必须和量词或数量短语组合后才能做句法成分。"这₃""那₃"都既可用于指别，也可用于称代；既可单独做主语、宾语，也可直接做定语，但后面不能再加量词或数量短语。以山阴方言为例（我们用"/"表示"或者"。如"这₁/那₁"表示"这₁"或"那₁"，下同）。如：

（1）这₁/那₁是个啥？　　　　（2）这₁/那₁颜色好看不？
　　＊这₂/那₂是个啥？　　　　　＊这₂/那₂颜色好看不？
　　这₃/那₃是个啥？　　　　　　这₃/那₃颜色好看不？
（3）这₁/那₁个人好像在哪见过。（4）这₁/那₁两盆花儿挺好看。
　　这₂/那₂个人好像在哪见过。　　这₂/那₂两盆花儿挺好看。
　　＊这₃/那₃个人好像在哪见过。　＊这₃/那₃两盆花儿挺好看。

"这₁/那₁"和"这₂/那₂"都可与量词组成指量短语，但"这₂/那₂"比"这₁/那₁"的指示性强一些，有强调的意味。"这₁/那₁"和"这₃/那₃"都可单独做主、宾语，也可和名词直接组合做定语，但"这₃/那₃"比"这₁/那₁"的指示性强。我们注意到，"这₂/那₂""这₃/那₃"都读舒声，"这₁/那₁"读入声。"这₂/那₂""这₃/那₃"比"这₁/那₁"的指示性强，正是语音象似性的一种体现。

大同方言的"这₁□[tʂəʔ³²kɤ⁵³]"和"那₁□[nəʔ³²kɤ⁵³]"，怀仁等方言的"这₁嘎⁼[tsəʔ ka]"和"那₁嘎⁼[nəʔ ka]"，这几个代词都既可指

代个体的人和物,也可指代种类。指代种类时,意思分别相当于普通话的"这种/类""那种/类"。目前,我们还不能确定其中"□[kɤ⁵³]""嘎⁼[ka⁵³]"的来源,也没有充分证据能证明这几个成分是否是量词"个[kəʔ³²]"的音变,但可以肯定的一点是,"□[kɤ⁵³]""嘎⁼[ka⁵³]"目前都不是量词,因为它们不能和数词结合,也不能被其他量词所替换。它们也不是词缀,因为它们只能和指示代词"这""那"及疑问代词"啥"组合成词,不能附加到类似的实词上,不具有能产性。因此它们只能算作词汇性的构词成分。为行文方便,下文我们把这几个指代词统称为"这₁嘎⁼"类词。"这₁嘎⁼"类词大都具有轻视、不满等感情色彩。另外,"这₁□[kɤ⁵³]""那₁□[kɤ⁵³]"都可以分别重叠成"这₁□□[tʂəʔ³² kɤ⁵³kɤ⁵³]""那₁□□[nəʔ³² kɤ⁵³ kɤ⁵³]";"这₁嘎⁼""那₁嘎⁼"可以分别重叠成"这₁嘎⁼嘎⁼""那₁嘎⁼嘎⁼"。重叠后,表示不满或轻视的感情色彩更加强烈,指人时尤甚。

2. 北区晋语人、物指代词的连用

1)"这₁/这₂+这₁/这₃""那₁/那₂+那₁/那₃"

北区晋语中,指代词"这₁/这₂"加(数)量词后可与"这₁/这₃"连用,"那₁/那₂"加(数)量词后可与"那₁/那₃"连用,可以构成以下四种连用式:

A. "这₁+(数)量词+这₁""那₁+(数)量词+那₁"式;
B. "这₂+(数)量词+这₁""那₂+(数)量词+那₁"式;
C. "这₁+(数)量词+这₃""那₁+(数)量词+那₃"式;
D. "这₂+(数)量词+这₃""那₂+(数)量词+那₃"式。

连用式都既可指代人也可指代事物,可直接做主语、宾语,也可直接做定语。例如大同方言云州区:

(5)这₁个这₁不好吃这个东西不好吃。
(6)搲⁼了那₁些那₁哇扔了那些东西吧。
(7)这₁个这₁事情以后再说哇这件事情以后再说吧。
(8)这₁些这₁烂东西不要啦这些破东西不要了。
(9)那₁个那₁货又倒走啦那个家伙又已经走了。
(10)那₁种那₁谷子可能打出哩那种谷子产量很高。

（11）这$_1$个这$_3$东西还要哩不啦这个东西还要吗？

再如山阴方言：

（12）把那$_1$个那$_3$给我递过来把那个东西给我递过来。

（13）这$_1$些这$_3$往哪放呀这些东西往哪里放呢？

（14）那$_1$些那$_3$货还来不来那几个人还来不来？

（15）那$_1$包那$_3$不穿的烂衣裳快给了人哇那包不穿的衣服快送了人吧。

我们将连用式中的前一个指代词称为前词，后一个指代词称为后词。以上各例中的前词"这$_1$""那$_1$"均可自由换说成相应的"这$_2$""那$_2$"，换说后，有强调指代的意味。不论是否换说，前词后面都必须加（数）量词，构成的指量短语对后词起修饰限制的作用。后词"这$_1$、那$_1$"与"这$_3$、那$_3$"可以自由换说成相应的形式。由于"这$_3$""那$_3$"本身具有较强的指示性，换说后，强调指代的意味更重。不论是否换说，后词后都不能再加（数）量词。也就是说，上述 A、B、C、D 四种连用式都可以相互替换，意思不变，但指代的强弱性不同。就指代的强弱程度而言，A 式最弱，D 式最强。

2）"这$_1$/这$_2$""那$_1$/那$_2$"与"这$_1$嘎⁼"类代词的连用

大同、怀仁、左云方言的"这$_1$/这$_2$"和"那$_1$/那$_2$"与量词组合后，分别可以作为前词与"这$_1$嘎⁼"类指代词连用，连用以后依据前面的量词来确定其是指代个体还是指代种类。连用后仍带有轻视或不满的感情色彩。例如大同方言云州区：

（16）那$_1$个那$_1$□［kɤ⁵⁴］不知道跑哪去啦那个家伙不知道去了哪里。

（17）我不爱见这$_1$个这$_1$□［kɤ⁵⁴］我不喜欢这个。

（18）这$_1$个这$_1$□［kɤ⁵⁴］孩子真气人哩这个孩子真让人生气。

（19）待理那$_1$些那$_1$□［kɤ⁵⁴］人别理那些人。

再如怀仁方言：

（20）这$_1$个这$_1$嘎⁼有使用没这个东西有用吗？

（21）那$_1$个那$_1$嘎⁼去哪啦那个家伙去哪里了？

（22）这$_1$些这$_1$嘎⁼不进眼货这些让人讨厌的家伙！

（23）那$_1$种那$_1$嘎⁼料子不好那种布料不好。

以上例句中的连用式，前词"这$_1$""那$_1$"均可自由换说成相应的

"这₂""那₂",换说后,有强调指代的意味。不论是否换说,前词后都必须加(数)量词。后词如"这₁嘎⁼"类代词中的词根成分一般只能用"这₁""那₁"。"这₁嘎⁼"类代词均可换成相应的重叠式,使不满或轻视的感情色彩更加强烈。

北区晋语指示代词在连用时一般遵循以下规则:

第一,这₁/那₁可做前词,也可做后词;这₂/那₂只能做前词,不能做后词;这₃/那₃只能做后词,一般不能做前词;"这₁嘎⁼"类代词只能做后词。

第二,前词后面必须加(数)量词,后词后面不能再加(数)量词。

第三,只能同类连用,不能有远近冲突。

第四,同类连用时,远近对立优先发生在同组内部,如近指选择"这₁",在同一话语片段中远指一般要选择"那₁"。

3. 北区晋语指示代词连用的功能

北区晋语指示代词连用在一起时,是否都起着一定的句法—语义作用呢?我们将前文所举连用例用删去其中之一的办法,来测试连用的两个指示代词哪个是真值语义的负载者。因连用式中构成前面指量短语的"这₁""那₁"均可换说成相应的"这₂""那₂",我们便将二者合并说明,用"这₁/这₂""那₁/那₂"表示;后面的指示代词"这₁""那₁"都能换说成相应的"这₃""那₃",我们也将二者合并说明,用"这₁/这₃""那₁/那₃"表示。

1)对"这₁/这₂"与"这₁/这₃"、"那₁/那₂"与"那₁/那₃"连用的测试

删掉后面的指示代词　　　　　删掉前面的指量短语

(5′) 这₁/这₂个不好吃。　　　(5″) 这₁不好吃。

(6′) 搋了那₁/那₂些哇。　　　(6″) 搋了那₁哇。

(7′) 这₁/这₂个事情以后再说哇。　(7″) 这₁事情以后再说哇。

(8′) 这₁/这₂些烂东西不要啦。　(8″) 这₁烂东西不要啦。

(9′) 那₁/那₂个货又倒走啦。　(9″) 那₁货又倒走啦。

(10′) 那₁/那₂种谷子可能打出哩。　(10″) 那₁谷子可能打出哩。

(11′) 这₁/这₂个东西还要哩不啦?　(11″) 这₃东西还要哩不啦?

(12′) 把那₁/那₂个给我递过来。　　(12″) 把那₃给我递过来。
(13′) 这₁/这₂些往哪放呀？　　　(13″) 这₃往哪放呀？
(14′) 那₁/那₂些货还来不来？　　(14″) 那₃货还来不来？
(15′) 那₁/那₂包不穿的烂衣裳　　(15″) 那₃不穿的烂衣裳
　　　快给了人哇。　　　　　　　　快给了人哇。

测试结果显示，连用的两个指示代词无论删去哪一个，句子在语法上都是合格的。这说明北区晋语的指示代词既可表示指示，也可表示代替。但在语义上略有差别：删去后面的指示代词后，意思不变，所指是具体明确的。删去前面的指量短语后，有的句子中的所指对象依然比较明确，如（5″）、（7″）、（9″）、（10″）、（11″）；有的句子中的指代对象不太明确，如（16″），有的需要借助一个更具体的语境才能让人清楚具体指代的是什么，如（15″）；有的句子中所指代的对象发生了变化，由复数变成了单数，和原句的语义有所不同，如（6″）、（8″）、（13″）、（14″）。这表明，连用的两个代词在句中共同承担着句法—语义作用。

2）对"这₁/这₂"与"这₁嘎⁼"、"那₁/那₂"与"那₁嘎⁼"类连用的测试

　　　删掉后面的指示词　　　　　　　　删掉前面的指量短语
(16′) 那₁/那₂个不知道跑哪去了。　(16″) 那₁个 [kɤ⁵⁴] 不知道跑哪去了。
(17′) 我不爱见这₁/这₂个。　　　　(17″) 我不爱见这₁□ [kɤ⁵⁴]。
(18′) 这₁/这₂个孩子真气人哩。　　(18″) 这₁□ [kɤ⁵⁴] 孩子真气人哩。
(19′) 待理那₁/那₂些人。　　　　　(19″) 待理那₁□ [kɤ⁵⁴] 人。
(20′) 这₁/这₂个有使用没？　　　　(20″) 这₁嘎⁼有使用没？
(21′) 那₁/那₂个去哪了？　　　　　(21″) 那₁嘎⁼去哪了？
(22′) 这₁/这₂些不进眼货！　　　　(22″) 这₁嘎⁼不进眼货！
(23′) 那₁/那₂点儿料子不好。　　　(23″) 那₁嘎⁼料子不好。

这种连用情况和前文讨论的连用一样，不论删去前面的指量短语还是后面的"这₁嘎⁼"类指示代词，在语法上也都是合格的，但在语义上略有差别。删去后面的"这₁嘎⁼"类代词后，不仅是所指可能不明，如（16′）、（21′），连原有的感情色彩也失去了。因"这₁嘎⁼"类指示代词都既可指代个体的人和物，也可指代种类，而连用式是依据前面的量词来

确定其是指代个体还是指代类别的,故删去前面的指量短语后,所指都会变得模糊而有可能导致与原句意不符,如(16″)、(17″)、(22″)。这说明,这两个连用的代词也是在句中共同承担着句法—语义作用。

从语义上看,指示代词连用后,前词偏在指示,后词重在代替。从句法上看,前面表指示的指量短语对后面表代替的指示代词起限制作用。这样,连用的指示代词就构成了一个偏正短语。指示代词的连用式变成指示代词单用式后,不论指示代词读哪种读音,意念上总有一个对举或比较的对象存在。用连用式表示后,就没有这种对举或比较的意思,而是突出强调了前一个指示代词的指示性。北区晋语指示代词连用,一般是在说话人觉得用一个代词指代不够具体明确时使用的一种形式。连用式看似重复羡余,实则是通过叠加强化了指代,使指代对象更加清楚和明确。据宗守云(2005),和晋北毗邻的河北涿怀话有两套指示代词,这两套指示代词可以与量词"个"连用,例如:"既这个坏了,你给我修修。|奈那个闹得哪来去了?"涿怀话指示代词的连用形式虽与北区晋语指示代词的连用形式不完全相同,但连用起到的强调效果是一样的。

(二)"这—兀"型代词的连用

"这—兀"型指示代词在整个山西方言中分布都很广泛,从北区晋语的原平方言始,一路向南,直到南区官话,并两翼延伸到西区和东南区晋语。我们这样说,只是就共时地理分布而言,并不是说这一类型起源于原平方言。据我们调查,"这—兀"型代词的连用现象在北区、中区、西区晋语方言中都存在。下面我们将主要以忻州方言为例说明"这—兀"型代词的连用情况。

忻州方言中的"这$_1$〔tʂʅ^{53}〕"和"兀$_1$〔vei^{53}〕"相当于普通话的"这"和"那"。"这$_1$"和"兀$_1$"只能用于指别不能称代,所以它们一般只做定语,不能单独做主语和宾语,必须和(数)量词组成"这$_1$/兀$_1$(+数词)+量词(+名词)"的结构才能做句子的主语或宾语。忻州方言的"这$_2$〔tʂæ^{53}〕"和"兀$_2$〔væ^{53}〕"也相当于普通话的"这"和"那"。它们既可以做定语,也可以做句子的主语、宾语。做主语时既可以指代人也可以指代物,但做宾语时一般只能指代物。做定语时后面一般不加数量结构,可以直接修饰名词。在忻州方言中,指代人或物的代词也经常连用，一般来说"这₁［tʂʅ⁵³］（＋数词）＋量词"可以后加"这₂［tʂæ⁵³］"构成"这₁［tʂʅ⁵³］（＋数词）＋量词＋这₂［tʂæ⁵³］＋（名词）"，"兀₁［vei⁵³］（＋数词）＋量词"可以后加"兀₂［væ⁵³］"构成"兀₁［vei⁵³］（＋数词）＋量词＋兀₂［væ⁵³］＋（名词）"。如"这₁［tʂʅ⁵³］个这₂［tʂæ⁵³］""兀₁［vei⁵³］（三）个兀₂［væ⁵³］"等，"这₁［tʂʅ⁵³］些儿这₂［tʂæ⁵³］""兀₁［vei⁵³］些儿兀₂［væ⁵³］"等形式。连用式有强调的作用。试比较单用句式和连用句式如下：

(1) a. 这₁个是我哩，不是你哩这个是我的，不是你的。
　　b. 这₁个这₂是我哩，不是你哩这个是我的，不是你的。

(2) a. 这₁件儿衣裳和兀₁件儿衣裳哪个好看这件衣服和那件衣服比哪个好看？
　　b. 这₁件儿这₂衣裳和兀₁件儿兀₂衣裳哪个好看这件衣服和那件衣服比哪个好看？

(3) a. 兀₁个老汉汉是不是□［niɛ³¹³］爷爷那个老头是不是你爷爷？
　　b. *兀₁个兀₂老汉汉是不是□［niɛ³¹³］爷爷？

(4) a. 你是要这₁俩个还是兀₁俩个你是要这几个还是那几个？
　　b. 你是要这₁俩个这₂还是兀₁俩个兀₂你是要这几个还是那几个？

(5) a. 这₁些儿是好哩，兀₁些儿是烂哩这些是好的，那些是破的。
　　b. 这₁些儿这₂是好哩，兀₁些儿兀₂是烂哩这些是好的，那些是破的。

(6) a. 你认哩兀₁些儿草呀认不哩你认不认得那些草？
　　b. 你认哩兀₁些儿兀₂草呀认不哩你认不认得那些草？

(7) a. 这₂是不是□［niɛ³¹³］姐这是不是你姐姐？
　　b. *这₁个这₂是不是□［niɛ³¹³］姐？

(8) a. 兀₂是谁儿来那是谁呢？
　　b. *兀₁个兀₂是谁儿来？

(9) a. 咱们能不能嫑［pɛ⁵³］说兀₂来咱们能不能不说那些？
　　b. 咱们能不能嫑［pɛ⁵³］说兀₁个兀₂来咱们能不能不说那些？

(10) a. 这₂人真个才好哩这个人真好呢。
　　 b. 这₁个这₂人真个才好哩这个人真好呢。

(11) a. 这₃么［tʂəʔ²məŋ³¹］多人，这₄［tʂəŋ³¹³］些儿饭不够这么多

人，这点儿饭不够吃。

  b. 这$_3$么［tʂəʔ²məŋ³¹］多人，这$_4$［tʂəŋ³¹³］些儿这$_2$饭不够这么多人，这点儿饭不够吃。

(12) a. 你抬上兀$_4$［vəŋ³¹³］些儿，不够哇你弄了那点儿，不够吧？

  b. 你抬上兀$_4$［vəŋ³¹³］些儿兀$_2$，不够哇？

  由上面的例子可以看出，指代人或物的代词连用后仍然可以指物、指人。其中，指物时，连用式可以做主语、宾语及定语。指人时，连用式一般不做主语、宾语，可以做定语，经常用来表达说话人的主观态度和评价，一般表达的是负面的评价。在表客观的事实时一般不用连用式。如一般不说例（3）b"兀$_1$个兀$_2$老汉汉是不是□［niɛ³¹³］爷爷？"但是如果说话者在说话时已经对"老头"做出了主观判断，认为他是"很凶或者是很邋遢"等负面形象，就可以使用连用式了。比如可以说"兀$_1$个兀$_2$老汉汉真个才灰哩那个老头真坏呢。"

  连用式在句子中做主语或宾语时，前面的指量短语"这$_1$/兀$_1$个"用来指示，后面的指示代词"这$_2$/兀$_2$"则用来代替，可以突出强调所指代的事物。如例（1）b"这$_1$个这$_2$是我哩"中"这$_2$"用来指代所指示的东西，指明了"这$_1$个"所指示的事物，对比例（1）a句"这$_1$个是我哩"，显然"这个东西是我的"比"这个是我的"更加强调了所指示的事物。又如例（9）b"咱们能不能嫑［pɛ⁵³］说兀$_1$个兀$_2$来？"中用"兀$_1$个"指示了"兀$_2$"，表明了就是那个东西，而不是其他的东西。对比例（9）a"咱们能不能嫑［pɛ⁵³］说兀$_2$来？"，显然例（9）b能突出强调了所称代的事物。

  连用式在句子中做定语时，前面的指量短语用来指示，后面的指示代词"这$_2$/兀$_2$"一般是用来指代某一类人或事物。如例（10）b"这$_1$个这$_2$人真个才好哩"中，用"这$_2$"来表示具有这样品质的一类人，而"这$_1$个"突出指示的是这类人其中的一个。对比例（10）a中"这$_2$人真个才好哩"，显然例（10）b强调了这类人中的某一个人。例（11）、例（12）中，连用式"这$_4$些儿这$_2$"等做定语时，前半部分的"这$_4$些儿"指示数量，后半部分指示代词"这$_2$"表类指，但强调的重点还是在指示上。

  指代数量的指示代词部分重叠后还可以和"这$_2$"或"兀$_2$"连用，

构成"这$_1$/这$_3$些些儿+这$_2$""兀$_1$/兀$_3$些些+兀$_2$"的连用式。试比较：

(13) a. 这$_1$些些儿哪够_{这点儿哪能够？}

　　 b. 这$_1$些些儿这$_2$哪够_{这点儿哪能够？}

(14) a. 你咋就兀$_1$些些儿_{你怎么就那点儿？}

　　 b. 你咋就兀$_1$些些儿兀$_2$_{你怎么就那点儿？}

(15) a. 这$_1$些些儿菜肯定不够他吃_{这点儿菜肯定不够他吃。}

　　 b. 这$_1$些些儿这$_2$菜肯定不够他吃_{这点儿菜肯定不够他吃。}

(16) a. 这$_1$些些用不咾就丢下扔来_{这些（东西）用不完就扔了吧。}

　　 b. 这$_1$些些这$_2$用不咾就丢下扔来_{这些（东西）用不完就扔了吧。}

(17) a. 你寻上兀$_1$些些作甚呀，又用不咾_{你找了这么多干什么呢，又用不完。}

　　 b. 你寻上兀$_1$些些兀$_2$作甚呀，又用不咾_{你找了这么多干什么呢，又用不完。}

(18) a. 他拿上兀$_1$些些书作甚去呀_{他拿了那么多书准备去干啥？}

　　 b. 他拿上兀$_1$些些兀$_2$书作甚去呀_{他拿了那么多书准备去干啥？}

(19) a. 她真ᵉ儿吃不咾多哩，这$_4$些儿就够来_{她今天吃不多，有这些就够了。}

　　 b. 她真ᵉ儿吃不咾多哩，这$_4$些儿这$_2$就够来_{她今天吃不多，有这些就够了。}

如例（13）—例（19）所示，连用式前面的指量短语用来指示数量，后半部分"这$_2$""兀$_2$"用来代替，构成了一个偏正短语，如例（13）b"这$_1$些些儿这$_2$哪够？"和例（13）a"这$_1$些些儿哪够？"相比，例（13）b 明确指出所指，起到了强调的作用。再如祁县方言：

(20) 这槐ᵉ［这槐ᵉ］铺铺的东西可便宜了，兀些些人进的买东西_{这个商店的东西很便宜，那么多人进去买东西呢。}

(21) 这槐ᵉ［这槐ᵉ］品种的西瓜皮厚，口头甜_{这个品种的西瓜皮厚，吃起来甜。}

(22) 兀槐ᵉ［兀槐ᵉ］娃娃不待见吃肉和菜_{那个孩子不喜欢吃肉和菜。}

(23) 兀槐ᵉ［兀槐ᵉ］地方可美了_{那个地方很美。}

又如太谷方言：

(24) 这槐⁼〔这槐⁼〕是我的这个是我的。

(25) 兀槐⁼〔兀槐⁼〕坏咧那个（东西）坏了。

(26) 兀槐⁼〔兀槐⁼〕人可小气嘞那个人很小气！

娄烦方言中"〔这槐⁼〕""〔兀槐⁼〕"不但可以修饰单个事物，也可以修饰多个事物及不可计量的一些名物，起指示作用。指代名物时，"〔这槐⁼〕／〔兀槐⁼〕"还可以和复数形式"这些/兀些"结合，共同复指同一种事物（参见郭校珍、张宪平，2005：143-144）。例如：

(27) 要的这些〔这槐⁼〕作甚嘞要这些做什么。

(28) 兀些〔兀槐⁼〕死咯都不亏像他那种人死了都不亏。

离石方言指示代词的连用现象比较丰富。在指代人或物时，有"这〔tsɿ²⁴〕+量词+这〔tɕiɛ³¹²〕"和"兀〔uɐɪ²⁴〕+量词+□〔yɛ³¹²〕"的连用形式；在指代人、物的数量时，有以下多种连用式："这〔tsəʔ⁴〕些些这〔tɕiɛ³¹²〕、底〔tŋ⁴⁴〕些些这〔tɕiɛ³¹²〕、兀〔uəʔ⁴〕些些□〔yɛ³¹²〕，这〔tsəʔ⁴〕来来这〔tɕiɛ³¹²〕、兀〔uəʔ⁴〕来来□〔yɛ³¹²〕，这〔tsɿ²⁴〕（一）点点这〔tɕiɛ³¹²〕、兀〔uɐɪ²⁴〕（一）点点□〔yɛ³¹²〕，这〔tsəʔ⁴〕底（一）点点这〔tɕiɛ³¹²〕、兀〔uəʔ⁴〕底（一）点点□〔yɛ³¹²〕"等。一般而言，连用式前面的指量短语都是用来指别的，后面连用的指示代词"这₁〔tɕiɛ³¹²〕或□〔yɛ³¹²〕"都是用来称代的，相当于一个名词，形成的是一个偏正结构。这种结构主要是强调所指代的人或物。

据宗守云（2018：143），张家口晋语两套型指示代词可以组合，一种是相邻组合，主要分布在涿鹿、怀来、赤城，都是"既这个、奈那个"；一种是隔离组合，分布在万全、怀安、尚义、张北、康保，但各方言点的组合情况有所不同：近指组合各点都一样，远指组合万全、怀安、尚义是"这个宰、兀个外"，张北是"这个宰、那个外"，康保是"这个宰、那个乃"，组合形式不同，但用法完全相同。张家口晋语指示代词的组合，宗守云（2018：148）称之为"指别词和称代词并用"，其实就是我们所说的指示代词连用的现象。其中万全话和我们所说的"这—兀"型连用现象一样，有"这个宰、兀个外、未个外"三种连用式。和单用形式不同，连用式既有指别作用，又有称代作用。其中"这个宰"一般用来指物，指人时有贬义；"兀个外、未个外"只能指物。

（三）"底—那"型代词的连用

晋东南晋语中晋城等方言指人、物的代词近指是"底"，远指是"那"，意思相当于普通话的"这"和"那"。我们以晋城方言为例说明。晋城方言中，"底"和"那"都有多种语音形式，详见前文。其中"底[tiA³³]"和"那[niA³³]"只可指物，不可指人；"底[tiɛ³³]"和"那[niɛ³³]"既可指人，也可指物。在指物时，前者常可以表示类指，后者多指具体的个体，但界限并不严格。"底[tiɛ³³]""那[niɛ³³]"常可以和"底[tiA³³]""那[niA³³]"同类连用，构成连用式"底底[tiɛ³³tiA³³]"和"那那[niɛ³³niA³³]"，意思相当于普通话"这个/那个+（名词）"。连用式具有强调的意味，以引起听话人的注意。连用式既可指物，也可指人，但指人的时候，一般表示贬义。例如：

（1）你看底底[tiɛ³³tiA³³]你看这个东西。

（2）底底[tiɛ³³tiA³³]不是个好东西，那那[niɛ³³niA³³]也不是好东西这个人不是个好人，那个人也不是个好人。

晋城方言中，指代人、物的代词复数形式分别是"底些[tiəʔ²²ɕiɛ³³⁻³]"和"那些[niəʔ²²ɕiɛ³³⁻³]"，复数形式也可以和表类指的"底[tiɛ³³]""那[niɛ³³]"同类连用，构成连用式"底些底[tiəʔ²²ɕiɛ³³⁻³tiɛ³³⁻⁵³]"和"那些那[niəʔ²²ɕiɛ³³⁻³niɛ³³⁻⁵³]"，意思相当于普通话的"这些/那些"（+名词）。连用式既可指人，也可指物。例如：

（3）你看底些底，一来了就蹦得欢着呢你看这些孩子，来了就玩得高兴着呢。

（4）底些底留着，那些那没用了这些（东西）留着，那些（东西）没用了。

（四）"这—那—兀"型代词的连用

"这—那—兀"型代词主要分布在中区晋语和西区晋语，我们以中区寿阳方言为例说明。

寿阳方言中指示代词三分：近指、较远指、远指。指代人、物的指示代词都有三种读音。其中读单音舒声韵母的"这[tsɔ⁴⁵]、那[nɔ⁴⁵]、兀[vɔ⁴⁵]"一组是基本指示代词，既可以用来指别，也可以用来替代；读入声的"[这tsəʔ²]、那[nəʔ²]、兀[vəʔ²]"和读复元音韵母的"这[tsei⁴²³]、那[nei⁴²³]、兀[vei⁴²³]"只能用来指别，且不能单用，只能用来构成复合代词，构成指示人或物的代词如"这个[tsəʔ²kuəʔ³]、那个[nəʔ²kuəʔ³]、兀个[vəʔ²kuəʔ³]""这个[tsei⁴²³kuəʔ³]、那个

[nei⁴²³kuəʔ³]、兀个［vei⁴²³kuəʔ³］"。相比而言，两组复合指示代词中读入声的一组的指示意义弱一些，读复元音韵母的一组的指示意义要强一些，形成了一组强弱对比式。这一点和我们前文讨论的北区晋语的情况一样。有时，为了强调指别，指示性弱的即读入声的那一组指示代词会连用基本指代词，构成连用式"这个这［tsəʔ²kuəʔ³ tsɔ⁴⁵］、那个那［nəʔ²kuəʔ³nɔ⁴⁵］、兀个兀［vəʔ²kuəʔ³vɔ⁴⁵］"。连用式多用来指物，指人时含有贬义。可以做主、宾语，也可以做定语。例如：

(1) 这个这女的唱得不好，嗓的和烂砂锅啊地，还不如刚才兀个女的唱得好勒_{这个女的唱得不好，嗓子像破锣似的，还不如刚才那个女的唱得好呢。}

(2) 看那个［nəʔ²kuəʔ³］那［nɔ⁴⁵］做甚勒？这个［tsəʔ²kuəʔ³］这［tsɔ⁴⁵］好看那个干啥？这个好。

(3) 我不要这个［tsəʔ²kuəʔ³］这［tsɔ⁴⁵］，也不要那个［nəʔ²kuəʔ³］那［nɔ⁴⁵］，我要的是兀个［vəʔ²kuəʔ³］兀［vɔ⁴⁵］_{我不要这个，也不要那个，我要的是那个（指更远处）。}

二 处所指代词和事物指代词的连用

处所指代词和人、物指代词的连用现象主要分布在山西晋语五台片、吕梁片和并州片。有两种情况，一种是处所指代词在前，人、物指代词在后；另一种是人、物指代词在前，处所指代词在后。不论人、物指代词在前或在后，都不再指代人、物，只是用来确认处所，使所指代的处所更具体，起强调的作用。据现有材料看，处所指代词和人（物）指代词连用现象在忻州、蒲县、汾阳、晋城、寿阳、文水等方言点存在，但这并不意味着其他方言点没有这种情况。我们调查的雁门关以北方言没有这种连用现象，其他方言点因为调查者的语感等造成的调查难度使我们暂没有调查到，现有研究也未见有相关报道，但这确是一个值得继续加强调查研究的问题。

（一）处所指代词+事物指代词

忻州方言指代处所时，除了单用处所指代词"这儿［tʂər³¹³］"和"兀儿［vər³¹³］"等外，处所代词还可以和指代事物的代词"这

［tṣæ⁵³］/兀［væ⁵³］"连用。构成连用式"这儿这［tṣər³¹³tṣæ⁵³］"和"兀儿兀［vər³¹³væ⁵³］"。例如：

（1）a. 兀儿有棵枣儿树那儿有棵枣树。
　　　b. 兀儿兀有棵枣儿树那儿有棵枣树。
（2）a. 这儿哩花儿开哩挺旺哩这儿的花儿开得挺旺盛的。
　　　b. 这儿这哩花儿开哩挺旺哩这儿的花儿开得挺旺盛的。
（3）a. 你看兀儿是个甚来你看那儿是个什么？
　　　b. 你看兀儿兀是个甚来你看那儿是个什么？
（4）a. 你等会儿到这儿来哇你待会儿来这儿吧。
　　　b. 你等会儿到这儿这来哇你待会儿来这儿吧。
（5）a. 这儿哩老师好不好这儿的老师好不好？
　　　b. 这儿这哩老师好不好这儿的老师好不好？
（6）a. ——衣裳放哪儿啦衣服放哪里了？
　　　　——兀儿在那儿。
　　　b. ——衣裳放哪儿啦衣服放哪里了？
　　　　——兀儿兀在那儿。

上举各例所示，连用式在句子中可以做主语、宾语及定语。从处所词单用和连用式即各例的a、b比较可看出，连用式"这儿这［tṣər³¹³tṣæ⁵³］"和"兀儿兀［vər³¹³væ⁵³］"中的"这［tṣæ⁵³］"和"兀［væ⁵³］"不再指示事物，它们起的是强调的作用，"这儿这"和"兀儿兀"仍指代处所，交际双方交流的关注点仍旧是"处所"。连用式"这儿这"和"兀儿兀"已经词汇化为一个结构体，它们和"这儿""兀儿"在词汇意义上没有什么区别。如例（1）b"兀儿兀有棵枣儿树"和例（1）a"兀儿有棵枣儿树"意思没有区别，只是用"兀［væ⁵³］"强调了"兀儿［vər³¹³］"。

此外，处所指代词"这儿搭［tṣər³¹³tɑʔ²］""兀儿搭［vər³¹³tɑʔ²］"也可以和指示事物的"这［tṣæ⁵³］""兀［væ⁵³］"同类连用，构成连用式"这儿搭［tṣər³¹³tɑʔ²］这［tṣæ⁵³］"和"兀儿搭［vər³¹³tɑʔ²］兀［væ⁵³］"。与连用式"这儿这［tṣər³¹³tṣæ⁵³］"和"兀儿兀［vər³¹³væ⁵³］"指示的是处所义不同，"这儿搭［tṣər³¹³tɑʔ²］这［tṣæ⁵³］"和"兀儿搭［vər³¹³tɑʔ²］兀［væ⁵³］"指示的是事物，连用式的语义中心是后面的指示事物的"这［tṣæ⁵³］"和"兀［væ⁵³］"，构成的是一个偏正短语，意思分别是"这儿的这个（东西）""那儿的那个（东西）"等。我们以近指代词为例说明，远指代词同理。试比较：

(7) a. 你用手捉上下这儿［tʂər³¹³］你用手抓住这儿。
    b. 你用手捉上下这儿这［tʂər³¹³ tʂæ⁵³］你用手抓住这儿。
    c. 你用手捉上下这儿搭［tʂər³¹³ tɑʔ²］你用手抓住这儿。
    d. 你用手捉上下这儿搭［tʂər³¹³ tɑʔ²］这［tʂæ⁵³］你用手抓住这儿。

(8) a. 你哩杯子不在我这儿［tʂər³¹³］你的杯子不在我这儿。
    b. 你哩杯子不在我这儿这［tʂər³¹³ tʂæ⁵³］你的杯子不在我这儿。
    c. 你哩杯子不在我这儿搭［tʂər³¹³ tɑʔ²］你的杯子不在我这儿。
    d. *你哩杯子不在我这儿搭［tʂər³¹³ tɑʔ²］这［tʂæ⁵³］。

从上举例子可见，在忻州方言中，虽然"这儿搭"和"这儿"的意思和用法完全相同，但连用式如"这儿搭这"和"这儿这"等的意义却不相同，我们推测这可能和连用式本身的音节结构及这两种连用式的词汇化速度不同相关。由于"这儿搭"本身已经是个双音节词，再加上一个音节是很难词汇化成一个词的，所以"这儿搭这"在语音形式上是分开的，在意义表达上也是分开的，"这儿搭"仍指示处所，"这［tʂæ⁵³］"仍指示事物，整体上是一个偏正结构，这样"这儿搭"和"这［tʂæ⁵³］"连用时，强调的是具体位置上的"这［tʂæ⁵³］"。而"这儿［tʂər³¹³］"是一个音节，再加上"这［tʂæ⁵³］"这一个音节之后，形成的是一个双音节。两个音节由于高频连用，很容易发生词汇化，结果成为一个词。在这个词汇化过程中，意义偏指处所，指代事物的意义逐渐被销蚀掉，所以连用式整体上指代的是处所。

据霍小芳（2004），蒲县方言的处所指示代词"这儿［tʂər⁵³］"和"兀儿［vɔr⁵³］"可以与指示事物的"这［tʂyɛ³¹］"和"兀［yɛ³¹］"同类连用，构成连用式"这儿这［tʂər⁵³ tʂyɛ³¹］"和"兀儿兀［vɔr⁵³ yɛ³¹］"。"这儿这"和"兀儿兀"也可指代处所，"这儿这"在口语中可说成"这儿"，意思同普通话的"这里"，"兀儿兀"在口语中可说成"兀儿"，相当于普通话的"那里"。"这［tʂyɛ³¹］""兀［yɛ³¹］"在意义上都具有复指和强调意味，使其前面的"这儿"或"兀儿"所指代的处所更具体。例如：（以下两例转引自霍小芳，2004）

(9) 奈这儿这风俗和兀儿兀不一样这儿的风俗和那儿的不一样。

（10）奈这儿这苹果结的好这儿的苹果长得好。

寿阳方言中，指代处所的代词是"这儿［tsei⁴⁵ æ⁴²³］、那儿［nei⁴⁵ æ⁴²³］、兀儿［vei⁴⁵ æ⁴²³］"，大体相当于普通话中的"这里""那里"。处所指代词可以和指代事物的代词"这［tsɔ⁴⁵］、那［nɔ⁴⁵］、兀［vɔ⁴⁵］"连用，构成连用式"这这［tsei⁴²³ tsɔ⁴⁵］、那那［nei⁴²³ nɔ⁴⁵］、兀兀［vei⁴²³ vɔ⁴⁵］"，但在构成连用式的过程中脱落了"儿"尾。连用式具有强调的作用，在使用时一般伴随有手部指示。试比较：

（11）a. 我说，坐的这儿，不看那儿是树底下，往下掉虫儿屎嘞我说，坐在这儿，看不见那儿是树下，往下掉虫屎呢。

b. 叫你看这这，谁叫你看那那来让你看这儿，谁让你看那儿了？

c. 你锄这这，我锄那那，兀兀的咯咱们明儿再锄你锄这里，我锄那里，（用手往远处指）那里的咱们明天再锄吧。

连用式还常常用于纠偏正误的场合。例如：

（12）不要放的那那，放的这这，耳朵就像聋哩不要放在那儿，放在这儿，耳朵就像聋了似的。

（13）谁说他不来的？你看兀兀是谁嘞谁说他不来了？你看看那是谁？

在这种场合，虽然也可以单用处所代词，但是用连用式更具能体现纠偏正误的语气，体现出了连用式强调指示意义的作用。

"处所指代词+事物指代词"的连用现象再如：

（14）兀儿［uər²⁴］□［yɛ³¹²］是有甚好看的咧那儿有什么好看的呢？

（15）兀搭儿［uaʔ²² tər⁴⁴］□［yɛ³¹²］是怎嘛啊那边发生什么事情了？

（以上离石）

（16）他着底儿底［tə̃r³³ tiɛ³³⁻⁵³］不好，俺着那儿那［nə̃r³³ niɛ³³⁻⁵³］才好呢他们这地方不好，我们那儿才好呢。　　　　（晋城）

（17）这儿这［tʂər³¹² tsai³¹²］是做甚咧这里发生了什么事情？　　（汾阳）

（18）你一会嘞就到这搭这来哇你一会儿过这儿来吧。　　　　　（中阳）

（二）事物指代词+处所指代词

晋语中，"事物指代词+处所指代词"的连用现象目前所见不多。文水方言指代事物的代词"［这槐=］［tsai⁴²³］"还可以跟指示处所的代词"这□儿［tsəʔ³¹² ker⁴²³］这里"连用，同样，"［兀槐=］［uai⁴²³］"也可以和"兀□儿［uaʔ² ker⁴²³］那里"连用，构成连用式"［这槐=］这□儿"

[tsai⁴²³⁻⁴²tsəʔ³¹²ker⁴²³]、[兀槐⁼]兀□儿[uai⁴²³ uəʔ²ker⁴²³]"，但连用式的意思不是"这个这里、那个那里"，而只有确认是"这里、那里"的作用，即强调作用（参见胡双宝，1983）。例如：

(1) 甲：来这□儿[tsəʔ³¹²ker⁴²³]过这儿来。
    乙：哪□儿[lə²²ker⁴²³]哪儿？
    甲："[这槐⁼]这□儿"[tsai⁴²³⁻⁴²tsəʔ³¹²ker⁴²³]这儿。
(2) 甲：我去兀□儿[uəʔ²ker⁴²³]呀我去那儿呀。
    乙：你去拉哪□儿[lə²²ker⁴²³]呀你去哪里？
    甲：去[兀槐⁼]兀□儿[uai⁴²³ uəʔ²ker⁴²³]去那儿。

我们调查时，发音人告诉我们，人们平时不连着这样说，只有在需要特别强调具体、确切的地点的时候才会说出这种结构，不一定每句话都这样说，而且年轻人现在已不常这样说了。

娄烦方言处所指代词近指是"这儿[tsɛr³³]"，远指是"兀儿[vɛr³³]"。处所指代词可以前加同类事物指代词"这[tsɛi³⁵]"和"兀[vɛi³⁵]"，构成连用式"这这儿[tsɛi³⁵ tsɛr³³]"和"兀兀儿[vɛi³⁵ vɛr³³]"。连用式可以做主语、宾语和定语。连用式起强调作用，用来进一步确指处所和方位。例如：

(3) 这这儿的东西好这儿的东西好。
(4) 放到兀兀儿去放到那儿去。

（三）处所指代词＋处所指代词＋事物指代词

离石方言中，不仅有"处所指代词＋事物指代词"的连用现象，甚至有"处所指代词＋处所指代词＋事物指代词"三个指示代词的连用现象。前两个代词都指代处所，后一个是指物的指示代词，强调的仍然是处所"那儿"，指物的指示代词意义虚化了。这种现象在山西晋语中比较特殊。我们推测这种连用式应该是在"处所指代词＋事物指代词"的基础上形成的，说话人为强调指示，增强处所的确定、具体，在原有的"处所指代词＋事物指代词"形式前又叠加了一个处所指代词。例如：

(1) 这搭儿[tsəʔ²² tər⁴⁴]这儿[tsər²⁴]这[tɕiɛ³¹²]是怎嘛哪，有这来来人咧这儿发生了什么事情了，有这么多人。
(2) 兀搭儿[uəʔ²² tər⁴⁴]兀儿[uər²⁴]□[yɛ³¹²]是有甚咧那儿有什么呢？

第二节　山西晋语指示代词的重叠

山西晋语中，指示代词的完全重叠现象多见于处所指代词，分布范围较广，也有少量人、物指代词能重叠。表数量、时间、程度等的代词多数是部分重叠，且一般只能重叠后面表数量、时间、程度等义的语素。

一　人、物指代词的重叠

山西晋语中，人、物指代词的完全重叠现象不多见，但在中原官话区的翼城、绛县方言中存在。翼城、绛县方言的指示代词分近指和远指，近指代词"这"和远指代词"兀"在指代人、物时都能重叠，可重叠成"这这"和"兀兀"，一般成对使用，表强调。重叠式既可指代人也可指代物，意思与普通话的"这个、那个"相当。它们可做句子的主语、宾语、定语。例如：

(1) 这这〔tʂɛi⁵¹⁻⁵⁵ tʂɛi⁰〕红，外外〔vɛi⁵¹⁻⁵⁵ vɛi⁰〕绿，这俩苹果你要哪个这个红，那个绿，这两个苹果你要哪个？

(2) 这这〔tʂɛi⁵¹⁻⁵⁵ tʂɛi⁰〕女子比外外〔vɛi⁵¹⁻⁵⁵ vɛi⁰〕女子高，可是没有外外〔vɛi⁵¹⁻⁵⁵ vɛi⁰〕女子长得好看这个姑娘比那个姑娘个子高，可是没有那个姑娘长得好看。　　　　　　　　　　（以上翼城）

(3) 这这〔tʂai³³ tʂai⁰〕多少钱，兀兀〔uai³³ uai⁰〕咋卖哩这个多少钱？那个多少钱？

(4) 我爱见兀兀〔uai³³ uai⁰〕，不爱见这这〔tʂai³³ tʂai⁰〕我喜欢那个，不喜欢这个。

(5) 这这〔tʂai³³ tʂai⁰〕人比兀兀〔uai³³ uai⁰〕人好处这个人比那个人好相处。　　　　　　　　　　　　　　　　　　（以上绛县）

二　处所代词的重叠

处所代词重叠式较基式所指的处所更具体确定，有强调所指处所的意味。处所指代词的重叠分完全重叠和不完全重叠两大类，完全重叠又分原形重叠和变形重叠两类。

（一）处所代词的完全重叠

1. 处所代词的原形重叠

北区晋语能重叠的指示代词主要是指示处所的代词。北区晋语和普通话一样，指代处所时，近指常说"这儿"，远指常说"那儿"。和普通话不同的是，北区晋语如大同、天镇、阳高、左云、怀仁等方言的"这儿"和"那儿"还能重叠。我们以大同_{云州区}方言为例，如：

(1) 甲：你就站这儿［tṣar⁵⁴］等着_{你就站在这里等着}。

乙：站哪_{站在哪儿}？

甲：（用脚划个圈）就这儿这儿［tṣar⁵⁴tṣar³⁰］_{就站在这个地方}。

(2) 甲：你把锁子搁哪啦_{你把锁子放在哪里了}？

乙：（手指着）搁的那儿［nar⁵⁴］啦_{放在那儿了}。

甲：那儿［nar⁵⁴］是哪_{那儿是哪儿}？

乙：就窗台那儿那儿［nar⁵⁴nar³⁰］呢_{就在窗台那儿放着呢}。

(3) 咱们这儿这儿［tṣar⁵⁴tṣar³⁰］不肥_{咱们这个地方不富裕}。

(4) 我就在这儿这儿［tṣar⁵⁴tṣar³⁰］坐呀，叫他坐了那儿那儿［nar⁵⁴nar³⁰］去哇_{我就在这儿坐，让他坐在那儿吧}。

上举各例中的"这儿这儿［tṣar⁵⁴tṣar³⁰］"和"那儿那儿［nar⁵⁴nar³⁰］"还可以自由替换成相对应的"这这儿［tṣəʔ³²tṣar³⁰］"和"那那儿［nəʔ³²nar³⁰］"，意思不变。从形式上看，"这这儿［tṣəʔ³²tṣar³⁰］"和"那那儿［nəʔ³²nar³⁰］"是指示代词"这［tṣəʔ³²］"和"这儿［tṣar⁵²］"、"那［nəʔ³²］"和"那儿［nar⁵²］"连用构成的。若果，这种连用式便和前文讨论过的"事物指示词+处所指示词"类型相同。但依据发音人和调查者的语感，觉得把"这这儿［tṣəʔ³²tṣar³⁰］"和"那那儿［nəʔ³²nar³⁰］"理解成是"这儿这儿［tṣar⁵⁴tṣar³⁰］"和"那儿那儿［nar⁵⁴nar³⁰］"因快说而省略了前一个后缀"儿"的省说形式，似乎更符合当地人的语感。这样的话"这这儿［tṣəʔ³²tṣar³⁰］"和"那那儿［nəʔ³²nar³⁰］"仍是处所代词的重叠式。

由上例可以看出，北区晋语处所指代词重叠后既可指代地方，也可指代具体的位置。

北区晋语处所指代词的重叠式和基式相比，语义和句法功能都不变。

当重叠式和基式同时出现时，重叠式较基式所指的处所更具体确定，有强调所指处所的意味，如例（1）和例（2）。这种情况下，重叠式不能换成相应的基式。事实上，目前更常用的情况是处所指代词的重叠式单独出现，语义上也没有特别强调的意味，相当于普通话的"这儿"和"那儿"，完全可以替换成基式，如例（3）和例（4）。这表明北区晋语处所代词的重叠式正处于词汇化的进程当中。地理上和晋北邻近的内蒙古晋语丰镇话与北区晋语相似，处所代词既有基式"这儿"和"那儿"，也有相应的重叠式。重叠式也有两种，分别是："这儿这儿，这这儿"与"那儿那儿，那那儿"（薛宏武，2005），重叠式比基式所指位置更具体确定。邢向东（2001）研究的陕北神木方言中，贺家川话处所代词既有基式"这儿"和"那儿"，也有重叠式"这儿这儿"和"那儿那儿"；而神木话只有重叠式"这儿这儿"和"那儿那儿"，没有相应的基式。这表明贺家川话处所代词重叠式处于词汇化过程中，神木话处所代词重叠式已经完成了词汇化而固化成一个词了。

2. 方所代词的变形重叠

变形重叠是通过改变指示代词基本形式的读音构成，包括变声、变韵、变调。这方面目前所见只有静乐方言一例，李建校（2005：271）在分类词表中只列出了两个指示代词"□□儿 [tɕiɑe²⁴ tɕia：e²⁴⁻⁵³] 这儿""兀兀儿 [viae²⁴ via：e²⁴⁻⁵³] 那儿"。从形式上看，像是通过变韵尤其是主元音变长构成的。惜李著未对此有更多的例句和更加详细的描写，但这个现象我们值得进一步调查研究。

（二）处所代词的不完全重叠

处所指代词的不完全重叠式主要是基式 AB 通过重叠表处所义的语素 B，构成 ABB 式重叠式。重叠式有强调指示的作用，使所指处所范围更具体确定。

清徐方言指示处所的代词有"这刚⁼ [tsə?¹¹ kɒ⁵⁴]""兀刚⁼ [və?¹¹ kɒ⁵⁴]"，这两个代词都能重叠，重叠式分别是"这刚⁼刚⁼ [tsə?¹¹ kɒ⁵⁴⁻⁴⁴ kɒ⁵⁴]""兀刚⁼刚⁼ [və?¹¹ kɒ⁵⁴⁻⁴⁴ kɒ⁵⁴]"。和基式相比，重叠式指代的处所和方位更加具体，常伴有手部的指示性动作。试比较：

（1）a. 你来这刚⁼ [tsə?¹¹ kɒ⁵⁴⁻⁴⁴] 坐来哇你来这边坐吧。

　　b. 这刚⁼刚⁼ [tsə?¹¹ kɒ⁵⁴⁻⁴⁴ kɒ⁵⁴] 有空椅子，你过来坐来哇这儿有空椅子,你过来坐吧。

(2) a. 兀刚⁼的车是谁家的嘞那边的车是谁的?

b. 兀刚⁼刚⁼的新车是我的那儿的那辆新车是我的。

交城方言中,指示处所的代词近指有"这占⁼[tsəʔ^{53}kɑ^{24}]""这头[tsəʔ^{53}tʌɯ^{11}]",远指有"兀占⁼[uəʔ^{53}kɑ^{24}]""兀头[uəʔ^{53}tʌɯ^{11}]",重叠式分别是"这占⁼占⁼[tsəʔ^{53}kɑ^{24}kɑ$^{24-53}$]""兀占⁼占⁼[uəʔ^{53}kɑ^{24}kɑ$^{24-53}$]","这头头[tsəʔ^{53}tʌɯ^{11}tʌɯ^{0}]""兀头头[uəʔ^{53}tʌɯ^{11}tʌɯ^{0}]"。重叠式比基式指代的处所和方位更加具体。试比较:

(3) a. 你来这占⁼[tsəʔ^{53}kɑ^{24}] 坐哇你来这边坐吧。

b. 你来这占⁼占⁼[tsəʔ^{53}kɑ^{24}kɑ$^{24-53}$] 坐哇你来这儿坐吧。

(4) a. 你把书包放兀占⁼[uəʔ^{53}kɑ^{24}] 哇你把书包放那边吧。

b. 你把书包放兀占⁼占⁼[uəʔ^{53}kɑ^{24}kɑ$^{24-53}$] 哇你把书包放那儿吧。

(5) a. 我说的是在这头 [tsəʔ^{53}tʌɯ^{11}] 等你,就不是在兀头 [uəʔ^{53}tʌɯ^{11}] 我说的就是在这边等你,就不是在那边。

b. 我说的是在这头头 [tsəʔ^{53}tʌɯ^{11}tʌɯ^{0}] 等你,就不是在兀头头 [uəʔ^{53}tʌɯ^{11}tʌɯ^{0}] 我说的就是在这儿等你,就不是在那儿。

表处所义的语素"搭"在西区晋语分布很广泛,但读音有所不同。西区指示代词普遍三分,近指是"这搭",较远指是"那搭",远指是"兀搭"。其中"搭"可以重叠成"搭搭"。例如:

交口　这搭 tsəʔ^{33}ta^{214}—— 这搭搭 tsəʔ^{33}ta^{214}ta^{0}

　　　兀搭 uəʔ^{33}ta^{214}—— 兀搭搭 uəʔ^{33}ta^{214}ta^{0}

兴县　这搭 tʂəʔ^{55}tʌ^{55}—— 这搭搭 tʂəʔ^{55}tʌ^{55}tʌ^{55}

　　　那搭 niɛ^{324}tʌ^{55}—— 那搭搭 niɛ^{324}tʌ^{55}tʌ^{55}

　　　兀搭 uəʔ^{55}tʌ^{55}—— 兀搭搭 uəʔ^{55}tʌ^{55}tʌ^{55}

岚县　这搭 tsəʔ^{44}tie^{53}—— 这搭搭 tsəʔ^{44}tie^{53}tie^{53}

　　　那搭 nuəʔ^{44}tie^{53}——那搭搭 nuəʔ^{44}tie^{53}tie^{53}

　　　兀搭 uəʔ^{44}tie^{53}—— 兀搭搭 uəʔ^{44}tie^{53}tie^{53}

离石　这搭 tsəʔ^{4}ti^{44}—— 这搭搭 tsəʔ^{4}ti^{44}ti^{44}

　　　那搭 nəʔ^{4}ti^{44}—— 那搭搭 nəʔ^{4}ti^{44}ti^{44}

　　　兀搭 uəʔ^{4}ti^{44}—— 兀搭搭 uəʔ^{4}ti^{44}ti^{44}

和基式相比，重叠式表示的范围更加具体，多用于大人与小儿的对话中或者年轻女性撒娇时，带有亲昵的感情色彩。例如：

（6）我**奀孩儿过来坐在这滴滴**宝贝过来坐在这儿。　　　　　　　　（离石）

（7）**咱坐在这搭搭**咱坐在这儿。　　　　　　　　　　　　　　　　（交口）

（8）**奀孩嘞就在这搭搭停⁼停⁼地站着，妈妈过那搭搭买菜去，一下就过来咧**宝贝你就站在这儿不要动，妈妈去那边买菜，一会儿就过来了。（兴县）

据邢向东（2002：565）、李延梅（2005）等，和西区晋语邻近的陕北晋语中也存在处所义语素"搭"重叠的情况。不仅如此，神木方言"这搭儿搭儿"还可以省说成"搭儿搭儿"，延长方言和儿童对话时近指能说成"搭搭"。

三　程度指代词的重叠

山西晋语中，程度指代词的重叠方式大多是不完全重叠，一般都是只重叠后一语素。

忻州方言表程度的指示代词主要是"这么 [tʂəʔ² məŋ³¹]""兀么 [vəʔ² məŋ³¹]"和"这拉⁼ [tʂəʔ² la³¹]""兀拉⁼ [vəʔ² la³¹]"。"这么 [tʂəʔ² məŋ³¹]"和"兀么 [vəʔ² məŋ³¹]"可以分别合音成"这 [tʂəŋ³¹³]"和"兀 [vəŋ³¹³]"，修饰单音节形容词重叠儿化式，表示的程度轻，有"减量"的意思，修饰积极形容词后的意义和消极形容词的意义没有分别。例如：

（1）这 [tʂəŋ³¹³] **大大儿个西瓜你还吃不咾**这么小的个西瓜你还吃不完？

（2）兀 [vəŋ³¹³] **远远儿你也不待要去**那么近你还懒得去。

（3）就这 [tʂəŋ³¹³] **粗粗儿个绳子，一拽就断来**就这么细的根绳子，一拽就断了。

"这么 [tʂəʔ² məŋ³¹]""兀么 [vəʔ² məŋ³¹]"和"这拉⁼ [tʂəʔ² la³¹]""兀拉⁼ [vəʔ² la³¹]"都表示程度深。这两组指代词都可以重叠，"这么 [tʂəʔ² məŋ³¹]""兀么 [vəʔ² məŋ³¹]"分别重叠成"这么么 [tʂəʔ² məŋ³¹ məŋ³¹]""兀么么 [vəʔ² məŋ³¹ məŋ³¹]"，"这拉⁼ [tʂəʔ² la³¹]""兀拉⁼ [vəʔ² la³¹]"分别重叠成"这拉⁼拉 [tʂəʔ² la³¹ la³¹]""兀拉⁼拉 [vəʔ² la³¹ la³¹]"。重叠式可以和基式互换使用，意思不变，但重叠式强调的程度更深。例如：

（4）a. 这么多我可吃不咾这么多我可吃不完。
　　　b. 这么么多我可吃不咾这么多我可吃不完。
（5）a. 你伢咋这拉好哩你怎么这么好呢。
　　　b. 你伢咋这拉拉好哩你怎么这么好呢。
（6）a. 兀拉沉我可拿不动那么重我可提不动。
　　　b. 兀拉拉沉我可拿不动那么重我可提不动。
（7）a. 兀么贵我可买不起那么贵我可买不起。
　　　b. 兀么么贵我可买不起那么贵我可买不起。
（8）a. 他伢咋兀么爱见学习哩他怎么就那么喜欢学习呢。
　　　b. 他伢咋兀么么爱见学习哩他怎么就那么喜欢学习呢。

在中区和西区晋语里广泛分布着指代程度的代词"这来、兀来"，意思大致相当于普通话中的"这么、那么"，常表示程度深，在句中可做状语，多修饰单音节形容词。部分方言点的"这来、兀来"中的"来"可以重叠，构成"这来来、兀来来"的形式，只能修饰单音节形容词。修饰积极意义的形容词如"高、大、厚、远"等时，意思相当于"这/那么（一）点儿"，使积极意义形容词的性状程度削弱，和相对的表示消极意义形容词的意义没有了分别，有"减量"的作用；修饰消极意义的形容词如"低、小、薄、近"等时，消极意义形容词的性状程度加强，有强调的作用，例如太原_{晋源区}方言：

（9）a. 穿这来厚的毛衣能不热咾穿这么厚的毛衣能不热吗。
　　　b. 穿这来来厚的毛衣能不冷咾穿这么薄的毛衣能不冷吗。
　　　c. 穿这来来薄的毛衣能不冷咾穿这么薄的毛衣能不冷吗。
（10）a. 兀来小的孩子敢叫一个人走那么小的孩子敢让他自己走？
　　　b. 兀来来大的孩子敢叫一个人走那么小的孩子敢让他自己走？

再如交城方言：

（11）a. 这块＝字咋写得这来小这个字怎么写得这么小。
　　　b. 这块＝字咋写得这来来大这个字怎么写得这么小。
（12）a. 兀来粗的根绳子那么粗的一根绳子。
　　　b. 兀来来粗的根绳绳，一拽就断了那么细的一根儿绳子，一拽就断了。

侯精一（1999：391）指出，平遥方言"这来""兀来"的"重叠式是'这来来''兀来来'。重叠后有'这么一点'的意思。"试比较（以下 4 例转引自侯精一，1999：391）：

①这来重我搬不动。（这么重我搬不动。）

②这来来重我搬动了。（这么一点分量我能搬动。）

③这来粗的橡儿行了。（这么粗的橡子可以用。）

④这来来粗的橡儿不顶行行。（这么一点粗的橡子不顶用。）

山西晋语中的"这来来、兀来来"的强调作用和普通话的"这么、那么"一样。吕叔湘（1981：356；589）指出：这么/那么的"强调作用同样适用于积极意义的形容词（大、高、多……）和消极意义的形容词（小、低、少……）。但如果句子里有'只、就、才'等副词，'那么/这么'加积极意义的形容词跟加相应的消极意义的形容词的意义没什么两样：'只有那么/这么大'等于'〔只有〕那么/这么小'。"

四　数量指代词的重叠

普通话指代数量时可以用"点"和"些"，山西晋语也多用"点"和"些"表示数量，还有一些比较有特色的、表少量的叠音后缀如"捻捻""拧拧"等。山西晋语表数量的"点"和"些"都能重叠，构成"点（儿）点（儿）""些些（儿）"等重叠式。有些方言可以通过"些"的音变方式表示数量的多少。

忻州方言表数量时一般只用"些"。表数量多时用"些"的重叠式"些些"，表数量少时则用"些"重叠后儿化的形式"些些儿"。例如：

(1) 你看伢有这些些〔tʂəʔ² ɕieʔ² ɕieʔ²〕书你看人家有这么多书。

(2) 这些些〔tʂəʔ² ɕieʔ² ɕieʔ²〕水应该够真˭儿喝来哇这么多水应该够今天喝了吧。

(3) 你抬上兀些些〔vəʔ² ɕieʔ² ɕieʔ²〕做甚呀，吃不咾你做了那么多干什么，吃不了。

(4) 火车站兀些些〔vəʔ² ɕieʔ² ɕieʔ²〕人哩，自己操心些儿火车站那么多人，自己多注意。

(5) 兀些些〔vəʔ² ɕieʔ² ɕieʔ²〕太多来那些太多了。

忻州方言的"这些些儿〔tʂʅ⁵³ ɕie³¹³⁻³¹ ɕiər⁵³〕""兀些些儿〔vei⁵³ ɕie³¹³⁻³¹ ɕiər⁵³〕"除了可以指代事物的数量少或体积小，还可以指代人的数量少、个子矮或年龄小，相当于普通话的"这么点儿""那么点儿"，但主观色彩比较浓，有时会蕴含不喜欢的情感色彩。它们可以做主语、谓语、宾语和定语。例如：

（6）这些些儿哪够咱几个人吃这么点儿哪够咱们几个人吃。
（7）兀些些儿个西瓜哪够他吃那么点儿个西瓜哪够他吃。
（8）这些些儿西红柿可不够咱们分这么点儿西红柿不够咱们分。
（9）你就做了兀些些儿饭，够谁吃你就做了那么点儿饭，够谁吃？
（10）就这些些儿个娃娃，你还管不咾就这么大点儿个孩子，你还管不了？
（11）你小时候也就兀些些儿你小时候也就那么高点儿。
（12）咱娃才这些些儿就上学去呀咱家孩子才那么大点儿就要上学去了？

中区晋语部分方言可以通过"些"的音变表示数量的多少。

交城方言"这些［tsəʔ⁵³ɕiɛ¹¹］"和"兀些［uəʔ⁵³ɕiɛ¹¹］"指代的是复数的人或物，本身无所谓数量的多少。"这些"和"兀些"都可以重叠，重叠形式分别为"这些些"和"兀些些"。重叠式有两种读音，若"些些"读为［ɕiɛ¹¹⁻⁵³ɕiɛ⁰］表示数量多，读为［ɕia¹¹⁻⁵³ɕia⁰］则表示数量少。试比较：

（13）你荷上这些［tsəʔ⁵³ɕiɛ¹¹］菜走哇你拿走这些菜吧。
（14）这些些［tsəʔ⁵³ɕiɛ¹¹⁻⁵³ɕiɛ⁰］菜嘞，吃也吃不完这么多菜呢，吃也吃不完。
（15）才这些些［tsəʔ⁵³ɕia¹¹⁻⁵³ɕia⁰］饭，不够吃就这点儿饭，不够吃。
（16）你把兀些［uəʔ⁵³ɕiɛ¹¹］东西给了我哇你把那些东西给了我吧。
（17）兀些些［uəʔ⁵³ɕiɛ¹¹⁻⁵³ɕiɛ⁰］枣儿嘞，吃不完那么多枣呢，吃不完。
（18）才做兀些些［uəʔ⁵³ɕia¹¹⁻⁵³ɕia⁰］面，够谁吃嘞才做那么点儿面，够谁吃呢。

清徐方言"这些［tsəʔ¹¹ɕiɛ¹¹］"和"兀些［uəʔ¹¹ɕiɛ¹¹］"指代的是复数的人或物，本身无所谓数量的多少。"这些"和"兀些"都可以重叠，重叠形式分别为"这些些"和"兀些些"。重叠式有两种读音，若"些些"读为［ɕiəʔ¹¹ɕiɛ¹¹］表示数量多，读为［səʔ¹¹sɛ¹¹］表示数量少。例如：

（19）荷上这些些［tsəʔ¹¹ɕiəʔ¹¹ɕiɛ¹¹］够不够拿上这么多够不够？
（20）荷上这些些［tsəʔ¹¹səʔ¹¹sɛ¹¹］够不够拿上这么点儿够不够？
（21）来咾兀些些［uəʔ¹¹ɕiəʔ¹¹ɕiɛ¹¹］人来了那么多人。

(22) 才来咯兀些些［ɕeu⁷sə⁷sɛ¹¹］人 就来了那几个人。

据胡双宝（1983），文水方言表数量的"些［ɕi²²］"可以重叠为"些些"。重叠式"些些"有两种变读形式，读为"［ɕiaʔ²ɕiaʔ³¹²］"时，所表示的量比重叠原式"［ɕi²²ɕi²²⁻⁴²³］"更多；读为"［se²²se²²⁻³⁵］"时，表示量少，意思是比预料的少，用于中性或贬义。

五　小结

概括起来，山西晋语指示代词连用和重叠现象有如下几个特点：

（一）地理分布不平衡

山西晋语中，人、物指示代词重叠现象较少，连用现象比较普遍，在山西晋语各区都有分布。据现有研究看，河北晋语、内蒙古晋语也存在相关现象。陕北晋语有指代词的重叠现象，未见有连用现象的相关报道。河南晋语目前未见有指代词的重叠和连用的相关报道。已见材料显示出该类现象地理分布的不平衡性。另据我们调查，五台方言有远指代词的连用现象，常说"兀个［vu kuɛ］兀［vɛɛ］"，但近指代词一般不这样说。和五台方言相同的是山西方言东北区的广灵方言，远指代词常能连用，比如说"给咱把那［nə］个那［nɔ］拿过来给我把那个（东西）拿过来"，但近指一般不连用。与此相反，南区中原官话中的临猗方言只说"这个［tʂə kə］这［tʂɛɛ］"，相应的远指一般不连用。这说明指代词的重叠和连用现象不仅存在地理分布不平衡，在指代词系统内部也存在着分布不平衡的现象。

（二）重叠的形式比较丰富

既有完全重叠式，也有不完全重叠式。完全重叠式大部分是原形重叠，也有个别方言出现的变形重叠，如静乐方言。不完全重叠基本都是ABB式。和基式相比较，重叠式具有强调指示意义的作用，使所指示的事物或处所更加具体。

（三）指示代词连用遵循一定的规则

一般来说，人、物指代词的连用式的前、后词不能互换位置；前词一般加量词构成指量短语，限制后词，构成一个偏正结构。连用式的前词一般偏在指示，后词重在代替，且后词大多是合音词；只能同类连用，一般不能有远近冲突；同类连用时，远近对立优先发生在同组内部，如近指选择"这₁",在同一话语片段中远指一般要选择"那₁"。

连用式有强调指示的作用。

(四) 处所指代词和事物指代词连用后仍指示处所

事物指代词意义虚化,在连用式中只起强调指代处所的作用,不再指示事物。

(五) 重叠和连用的界限有时不很分明

比如大同、丰镇等方言的处所指代词"这这儿"和"那那儿",如果单从这几个点看,可看作是重叠式"这儿这儿""那儿那儿"的省说式,但从整个晋语看,指示处所的表达存在"事物指代词+处所指代词"的连用式,从形式上看,"这这儿"和"那那儿"又像是"事物指代词+处所指代词"。这让我们一时难以决断。类似的现象还有娄烦方言的"这这儿〔tsɛi³⁵ tsɛr³³〕"和"兀兀儿〔vɛi³⁵ vɛr³³〕"以及晋城方言的"底底〔tiɛ³³ tiA³³〕"和"那那〔niɛ³³ niA³³〕"。我们判断的标准除了看形式外,还看这个形式在该方言是否有完全重叠式,如有,我们认为是完全重叠的省说式,仍属于重叠式,比如大同、丰镇方言。若没有完全重叠式,且毗连的两个代词在语法功能上有一定的差别,我们则认为是"事物指代词+处所指代词"连用式,比如娄烦方言和晋城方言。

我们认为,山西晋语指示代词重叠和连用的构成基础和语义基础本质上是一样的。在形式上,完全重叠式和连用都是两个同类指示代词前后接连出现,区别只在于两个前后接连出现的指示代词是否同音。完全重叠是两个同音同义的指示代词前后接连出现。连用是两个异音同义的指示代词前后接连出现,相当于词组的重叠。在语义上,重叠和连用都是同义成分的叠加使用。这种叠加形式的形成动因大多是指代词因高频使用而导致的指代对象和范围逐渐模糊,语义慢慢磨蚀。指示代词的重叠和连用都是在语义磨蚀后而采取的补偿手段。重叠和连用也有一样的语用功能,都是通过同义叠加起到强化指代的作用。它们都有描摹作用,具有明显的主观性。汉语中通过同义叠加形式进行强化的语法现象很普遍(刘丹青,2001;张谊生,2010;杨勇,2017)。山西晋语处所指代词的重叠式目前正处在词汇化过程中,这意味着用重叠这种手段来强化指代的作用开始逐渐减弱,可能又会产生新的机制来进行补偿。处所指代词和事物指代词的连用式目前有的已完成了词汇化,如忻州方言、蒲县方言、文水方言等;

人、物指代词的连用式目前大多还是以偏正短语的形式存在，没有任何词汇化的迹象。

山西晋语指示代词连用的强化作用与汉语中其他实词如副词的同类连用的功能相同（钱兢，2005），体现了汉语词类的系统性和一致性。山西晋语指示代词的重叠式和基式相比，有明显的强调的作用。这一点不仅和汉语其他实词如形容词等重叠后的功能一致，也和藏缅语族语言如基诺语（盖兴之，1986：48－49）、景颇语（戴庆厦、徐悉艰，1992：55－57）等语言指示代词重叠的强调功能一致，表现出了语言的一些共性。

第 五 章

山西晋语疑问代词及其连用和重叠

第一节　北区晋语的疑问代词

目前所见，对晋语疑问代词作全面研究的是郭利霞（2015），该书第四章对晋语的各类疑问代词的形式及功能作了全面的描述，并对部分疑问代词进行了探源。所以，本章不再罗列晋语疑问代词的形式，为使本书的研究系统性强一些，只做一些一般性的描述。北区晋语内部的疑问代词比较一致，只有在问物时有所差别，这个差别的地理分布类型跟我们在第一章和第三章提到的一样，也分"朔州—大同"型和"定襄—忻州"型。"朔州—大同"型方言除天镇、阳高方言用"甚"外，其余都用疑问代词"啥"，我们以大同_{云州区}方言为例说明。"定襄—忻州"型方言用疑问代词"甚"，我们以忻州方言为例说明。

一　问人、物的疑问代词

（一）"谁""谁们""谁家"

北区"朔州—大同"型方言的"谁"和普通话的"谁"相同，可以指一个人，也可以指不止一个人，可以做主语、宾语，修饰名词，也可以表示任指、虚指。例如大同_{云州区}方言：

（1）你们俩个儿谁大_{你俩谁年龄大}？

（2）谁想跟他们打交道哩，不是没法子么_{谁愿意和他们打交道呢，不是没办法嘛}！

（3）你说谁哩_{你说谁呢}？

（4）谁的孩子这灰哩_{谁家的孩子这么捣蛋}！

(5) 这个事儿谁也不知道这个事谁都不知道。

(6) 谁也不想说一个儿的不是谁都不愿意承认自己的错误。

"朔州—大同"型方言的"谁们[mɔ̃⁵³]"和"谁"一样，它可以用于问一个人，也可以问不止一个人；"谁们"可以做主语、宾语，做定语时，定语和中心语之间加结构助词"的"。也可以表示任指、虚指。例如大同_{云州区}方言：

(7) 谁们来了谁来了？

(8) 谁们和我一圪搭儿去哩谁和我一块儿去呢？

(9) 你说谁们哩你说谁呢？

(10) 谁们的钱不是钱谁的钱不是钱？

以上的"谁们"在"朔州—大同"型方言中都可换说成"谁"。但用"谁们"询问，语气较为柔和婉转。需要注意的是，用"谁"的情况不一定都能换说成"谁们"。

"定襄—忻州"型方言中的"谁们"一般指两个及两个以上的人，相当于普通话的"是（有）些谁""哪些人"等，它一般做句子的主语、宾语和定语，做定语时只能修饰普通名词，且需加结构助词"哩"。例如忻州方言：

(11) 谁们真⁼儿来咱行来今天来咱家的是些谁？

(12) 谁们在兀₃儿站哩哩都是些谁在那儿站着呢？

(13) 他这₂是说谁们哩他这是说哪些人呢？

(14) 你这₂是相跟哩谁们来你这是和哪些人在一起？

(15) 你精不精明这₂是谁们哩小凳子来你知不知道这是谁的小板凳？

"谁家[tɕiɛ⁵³]"与普通话"谁家"的意思和用法均不同。普通话的"家"是一个实义成分，而大同_{云州区}方言的"家"已经完全虚化成一个词缀了。大同_{云州区}方言中，词缀"家"和实义成分的"家"主要靠读音来区别，词缀"家"读作"[tɕiɛ⁵³]"，表实义的"家"读"[tɕia⁴²]"。大同_{云州区}方言中，"谁家"可以和"谁们"互换使用，不过一般是老年人常用。

忻州方言中的"谁家"合音成了"[suɑ³¹]"，既可以问"谁家"，又可以问人。问"谁家"时，"家"具有实在意义；问人时，"家"义虚化，变成了一个后缀，相当于"谁"。可见，"［谁家］［sua³¹］"正处在虚化的过程中。它可以做主语和定语。做主语时，一般意为"谁家"。例如：

(16)［你们］［niɛ³¹³］们［谁家］［sua³¹］有花椒树哩你们谁家有花椒树呢？

(17)［谁家］［sua³¹］还没咧交电费哩谁家还没有交电费呢？

(18)［谁家］［sua³¹］兀₃儿还没咧修路哩谁家跟前还没修路呢？

做定语时，如果修饰普通名词，须加结构助词"哩"，也是问"谁家"。例如：

(19)［谁家］［sua³¹］哩笤帚来扔哩门前做甚哩谁家的笤帚扔在门外面干什么呢？

(20)［谁家］［sua³¹］哩玉茭子还没咧收哩谁家的玉米还没收割呢？

如果修饰亲属称谓词、社会称谓词及与集体社会有关的词，则不需要加结构助词"哩"，意为"谁"。例如：

(21)兀₃儿搭兀₂是［谁家］［sua³¹］妈来那边那个人是谁的妈妈呀？

(22)［谁家］［sua³¹］行有枣树哩谁家有枣树呢？

再进一步比较：

(23)［谁家］［sua³¹］有高凳子了哩谁家有高凳子呢？

(24)［谁家］［sua³¹］哩高凳子能让我用一用谁家的高凳子能让我用一下？

(25)［谁家］［sua³¹］行哩高凳子能让我用一用谁家的高凳子能让我用一下？

例(23)和例(24)中的"［谁家］［sua³¹］"是"谁家"的意思，"家"还表实在的"家庭"义，但例(25)和例(22)一样，因为有表示"家"义的"行"的出现，"［谁家］［sua³¹］"就只能是"谁"的意思，"家"已经没有实在的意义了。

(二)"啥""甚"

"啥"和"甚"的区别只在于地域分布不同，它们的用法相同，都用于问物，相当于普通话的"什么"，可能是"什么"的合音。"朔州—大同"型方言能用"啥"的地方，在"定襄—忻州"型方言中都可以换作"甚"，我们用"啥/甚"表示。"啥/甚"在句中主要做主语、宾语，也可以用在名词前做定语。例如：

（26）这是啥/甚这是什么？

（27）您儿说啥/甚咧您说什么呢？

（28）你把啥/甚给掼啦你把什么东西给扔了？

（29）啥/甚事情把你愁成个这什么事把你愁成这个样子？

"啥/甚"也可以表示任指和虚指。例如：

（30）啥/甚也不知道就甭瞎说什么也不懂就别胡说。

（31）你就啥/甚东西也不当个东西你是什么东西都不好好珍惜。

（32）我也没个啥/甚做的，你要忙了就叫我我也没什么事干，你如果需要帮忙就喊我。

（33）看你说的，这还能做个啥/甚看你说的客气的，我这还能帮你什么呀。

"啥/甚"还可进入"动词/形容词+成啥/甚"格式中，使动词或形容词所表之义带夸饰意味。例如：

（34）你看把你妈气成个啥/甚啦你把你妈气成什么样了。

（35）好好儿点儿东西叫你着⁼成个啥/甚啦好好的东西让你弄成个什么样子了。

例（34）意思是"你把你妈气得够呛"，例（35）意思是"好好的东西让你弄得不像样子了"，都有夸饰的意味。

"啥/甚"还可以组成一些固定格式，如"啥/甚不啥/甚""不差啥"。"啥/甚不啥/甚"，意思是"不管怎么样""无论如何"。例如：

（36）啥/甚不啥/甚先吃饭哇，吃了饭再说不管怎么样先吃饭吧，吃了饭再说。

（37）啥/甚不啥/甚明儿你得来哩无论如何明天你得来。

"不差啥"，意思是"差不多"，如：

（38）看个不差啥/甚就买上它哇觉得差不多就买了吧。

（39）我看这两个不差啥/甚，哪个也行我觉得这两个差不多，哪一个都行。

"朔州—大同"型方言中的"啥"还能和"些（儿）"组合成词"啥些儿"。"啥些儿"常和"人""地方""东西"等组合，意思是"好的""超出一般的""比较重要的"等。例如山阴方言：

（40）就他那个不机明货才去哩，啥些儿人你就是贴上俩个人家也不去只有他那个傻子才去呢，一般人就是倒贴上钱人家也不会去。

（41）他那人你啥些儿话就不能和他说_{他那种人，你有些比较重要的话就不能跟他说。}

（42）啥些儿地方人家都去过了_{好一点的地方人家都已经去过了。}

（43）啥些儿东西我也都吃过了_{一些好吃的东西我也已经吃过了。}

二　问指别和处所方位的疑问代词

（一）问指别

北区晋语一般用"哪个"来问指别，既指东西也指人，意为"哪一个"。例如：

（1）你看这两个哪个好看？

（2）哪个是您儿的眼镜儿？

（二）问处所方位

北区晋语问处所方位的疑问代词有"哪""哪了""哪摊儿""哪忽阑（儿）""哪圪垯儿"等，意思是"哪儿""哪个地方"等。例如山阴方言：

（3）你把东西放哪啦_{你把东西放在哪儿了？}

（4）你老家是哪的_{你老家是哪里的？}

（5）哪了有水哩_{哪里有水？}

（6）今儿去哪了吃呀_{今天准备去哪里吃饭呢？}

（7）他说的是哪了的话_{他说的是哪个地方的话？}

（8）你在哪圪垯儿寻见的_{你在哪里找着的？}

还可以表示任指和虚指。如：

（8）我今年哪也没去_{我今年哪里都没去。}

（9）不知哪（圪垯儿）难活哩，说不出来_{不知哪里难受呢，说不上来。}

"哪"也可以加上语气词用在答话中，表示否定的客气说法。例如：

（10）——这孩子这会儿可有出息哩！

——哪子哩！您儿尽瞎说哩_{哪里哪里，您净开玩笑！}

再如大同方言：

（11）你把遥控器放的哪忽阑（儿）了_{你把遥控器放到哪里了？}

（12）我走哪摊儿你跟到哪摊儿，麻烦死了_{我走到哪里你跟到哪里，真烦人！}

三　问时间的疑问代词

北区晋语中，一般都用"多会儿""几时"等来问时间，表示"什么时候"。例如：

（1）你多会儿来的<small>你什么时候来的?</small>
（2）多会儿能写完<small>什么时候能写完?</small>

"多会儿"可用于反问，否定对方的看法。如：

（3）我多会儿和你说过这话<small>我什么时候和你说过这种话?</small>
（4）我多会儿一个儿去过<small>我什么时候自己去过?</small>

"多会儿"也可以指某一时间或任何时间。例如：

（5）等你多会儿有工夫了再去哇<small>等你有时间再去吧</small>。
（6）我多会儿都能哩<small>我什么时候都可以</small>。
（7）你多会儿有功夫多会儿再着=，不着忙<small>你什么时候不忙什么时候再做，不着急</small>。

以上各例中的"多会儿"都能换说成"几时"，句义不变。

四　问方式、原因和情况的疑问代词

北区晋语中，一般都用"咋"来问方式、原因和情况，相当于普通话的"怎么""怎么样"等意思，可以充当谓语、状语、宾语，也可以单用。例如天镇方言：

（1）他能把我咋了<small>他能把我怎么样?</small>
（2）你说这可咋抬=呀<small>你说这可怎么办呀?</small>
（3）你咋做出来的? 快教教我<small>你怎么做出来的? 快教教我吧</small>。
（4）你这是咋呀，还有完没完啦<small>你想怎么样，还有完没完?</small>
（5）咋? 你还想打我两下啊<small>怎么? 你还想打我几下?</small>

还可用在主语前后，表示疑问语气，没有实指意义。例如怀仁方言：

（6）咋你一个儿来啦<small>你怎么一个人来了?</small>
（7）咋这工夫大啦<small>他怎么这么长时间了还没出来?</small>
（8）今儿咋这冷<small>今天怎么这么冷?</small>
（9）你咋这不懂事<small>你怎么这么不懂事?</small>

"咋"还可表任指。如山阴方言：

（10）你说咋就咋，我没意见你说怎么办就怎么办，我没意见。

（11）我咋看他咋不进眼我怎么看他都觉得他讨厌。

"咋"还可组成固定格式。主要有以下几个：

A. "咋也"

意思是"大概"。例如大同云州区方言：

（12）咋也人家这会儿有了，不是就那气粗哩大概人家现在有钱了，要不然就那么财大气粗的。

（13）他咋也不来了，甭等他了他大概不来了，别等他了。

表任指的"咋"和"也"组合，意思是"怎么都"。例如：

（14）你先和伢说好，我咋也行你先和他商量好，我怎么着都行。

（15）就因为这点儿事两口子就离婚了，叫咱咋也做不出来就因为这么点儿小事两口子就离婚了，换了我怎么都不会这样做。

B. "不咋"

意思是"不要紧""没事儿"，有时说"不咋些儿""不咋咋儿"。例如大同云州区方言：

（16）我不咋，死不了的哩，你们忙你们的去哇我不要紧，死不了，你们去忙你们的吧。

（17）我看不咋些儿了，今儿能出院了我觉得不要紧了，今天能出院了。

（18）我不咋咋儿，您儿甭怕我没事儿，您别担心。

"不咋"还可表示程度浅，意思是"不太""不常"。例如右玉方言：

（19）这点儿肉不咋好，甭割它了这点肉不太新鲜，别买了。

（20）孩子们忙得也不咋回来孩子们忙得也不常回来。

C. "咋也不咋"和"不咋"的意思相当，但比"不咋"的语气更为肯定、强烈，意思是"没有任何问题""一点事儿都没有"，在句中充当谓语或单独成句。例如山阴方言：

（21）这条裤子还咋也不咋的哩，你就不穿了这条裤子还好好儿的，你就不穿了？

（22）——你叫妈知道了骂你呀你让你妈知道了骂你呀！

——咋也不咋没事，不会知道的！

D. "咋（的）啦"，相当于普通话的"怎么了"，可做谓语或"知道"等的宾语，也可单独成句。例如大同云州区方言：

（23）你今儿咋（的）啦？话也不说你今天怎么了？话也不说。

（24）我也不知咋（的）啦，肚子老疼_{我也不知怎么了，肚子经常疼}。

（25）——咋（的）啦_{怎么了}？

　　　——不咋，没事没事儿。

E. "咋底（个）"

意思是"怎么样"。这个词使用频率高，用法、功能具有多样性，情况较为复杂。主要有以下几种情况：

a. 用来询问状况，在句中作补语或宾语。如大同_{云州区}方言：

（26）你的事情办得咋底（个）了_{你的事办得怎么样了}？

（27）您儿这阵儿觉意咋底（个）_{您现在觉得怎么样}？

b. 用来询问原因，在句中作定语。如山阴方言：

（28）这是咋底回事_{这是怎么回事}？

c. 用来询问性状，在句中作谓语。如应县方言：

（29）你看这个颜色咋底个_{你觉得这个颜色怎么样}？

（30）您儿这向身体咋底个_{您这段时间身体怎么样}？

d. 询问意愿，在句中作谓语。如山阴方言：

（31）人家说不想去了，你咋底，还去不去_{他说不愿意去了，你怎么样，还去吗}？

e. 表惊讶，在句首，是独立成分。如山阴方言：

（32）咋底，紧点儿走呀，不再坐会儿了_{怎么，急着走呀，不再坐一会儿了}？

f. "咋底"还有一种较为委婉的说法，用来代替不便说出来的动作或情况。用于否定句、疑问句。例如大同_{云州区}方言：

（33）我看这个人不咋底，你操心些儿哇_{我觉得这个人不怎么样，你小心点吧}。

（34）他能把我咋底个了_{他能把我怎么样了}？

g. "咋底"还常用来表达对对方的挑衅、示威，一般用在两人吵架的场合。例如大同_{云州区}方言：

（35）咋底，想打架哩_{怎么，想打架}？

（36）你说咋底就咋底_{你说怎么着就怎么着}。

（37）你想咋底_{你想怎么样}？

第二节　中区晋语的疑问代词

在中区晋语的一些方言中，除了用"甚"对物进行询问外，还可以用疑问代词"哪+数词+量词+名词"的形式进行询问,其中的"哪"在有的方言点读"啦⁼",在有的方言点读"啊⁼"。就语音形式而言,汉语方言中大量存在"n""l"不分的情况,这种现象在山西方言中也存在。所以中区晋语的"啦⁼"和"哪"应该是同一个词,而"啊⁼"则是"啦⁼"或"哪"脱落声母所构成的。因此,我们认为中区晋语中的"啦⁼""哪""啊⁼"其实质是一样的,都是"哪"的音变形式,故我们有时径将"啦⁼"和"啊⁼"都记成"哪"。

在实际交际中,数词、量词、名词有时会省略,但数词、量词不可同时省略,即可以构成"哪+数词""哪+量词""哪+数词+名词""哪+量词+名词""哪+数词+量词""哪+数词+量词+名词"等六种形式使用,却不能组合成"哪+名词"的形式。

"哪+数词+量词+名词"的形式在中区晋语的大部分方言中均存在,只有少数方言中没有这种询问形式。就这一形式分布范围而言,"哪+数词+量词+名词"的形式主要存在于并州片与吕梁片交接的方言中,如娄烦、交城、文水方言等,甚至还延伸到了清徐方言;"哪+数词+量词+名词"的形式主要位于并州片的中部方言中,例如太原、太谷、祁县方言中;"哪+数词+量词+名词"的形式主要位于并州片的南部方言中,例如灵石、介休、榆社方言中。

中区晋语中的"哪"还可以和其他语素搭配,用来询问处所、时间等。

一 问人、物的疑问代词

表 4-2-1　　　　　　　中区晋语询问人、物的疑问代词

	问人	问事物
盂县	谁 [suei²²] 谁们 [suei²² mə̃⁵³] [谁家] [çyɑ⁴¹²]	甚 [sə̃⁵⁵] 哪个 [nɑ⁴¹² kuæ⁴⁴]
娄烦	谁 [fu²²] 谁家 [fu²² tɕia²²]	甚 [sʅ⁵⁴]
太原	谁 [fu¹¹] 哪个 [a⁴² kuai³⁵] 谁家 [fu¹¹ a⁴²]	甚 [səŋ⁴⁵] 哪个 [a⁴² kuai³⁵]
寿阳	谁 [fu²²] 谁家 [fu²² tɕiaʔ²²]	甚嘞 [sə̃⁴⁵ lə²¹]
榆次	谁 [su¹¹] 谁家 [su¹¹ xa¹¹]	甚 [səŋ³⁵]

续表

	问人	问事物
清徐	谁［çy¹¹］ 谁们［çy¹¹mə］ 谁家［çy¹¹ɒ］	甚［ʂəŋ⁴⁵］ 哪一块［lɒ¹¹iəʔ¹¹kuai⁵］
交城	谁［çy¹¹］ 谁们［çy¹¹məʔ¹¹］ 谁家［çyɑ¹¹］	甚［sɛ²⁴］
太谷	谁［fu²²］ 谁们［fu²²mə̃³²］ 谁家［fu²²a⁴²］	甚［sə̃⁴⁵］ 哪一［a⁴²iəʔ⁴⁵］
文水	谁［sue²²］ 谁们［sue²²⁻³³məʔ²］ 谁家［sue²²⁻³³tɕiɒ²²］	哪槐＝［la²²⁻¹¹xuai²²⁻²³］
祁县	谁［suei³³］ 谁家［suei³³a³³］	甚［sə̃³⁵］
平遥	谁［suei¹³］／［fu²⁴］ 谁们［fu²⁴məŋ³⁵］ 谁家［fu²⁴tiɑ］	甚［ʂe⁵³］
孝义	谁［suei¹¹］ 谁们［suei¹¹məŋ¹¹］ 谁家［suei¹¹tɕia¹¹］	甚［ʂəŋ⁵³］ 呀＝一块［ia¹¹iəʔxuai⁵⁴］
榆社	谁［fy²²］ 谁们［fy²²mə⁰］ 谁家［fy²²tɕiŋ²²］	甚［sɛɪ⁴⁵］ 哪一［ɒ²²iəʔ⁴⁵］
介休	谁［suei¹³］ 谁家［suei¹³tɕia¹³］	甚［ʂəŋ⁴⁵］ 哪块［la¹¹xuɛ⁴⁵］
灵石	谁［suɛ¹⁴］ 谁家［suɛ¹⁴tɕia⁵³⁵］ 谁们［suɛ¹⁴məŋ⁵³］	甚［ʂəŋ⁴⁵］ 哪块［la¹¹xuɛ⁴⁵］

（一）"谁""谁们""谁家"

中区晋语各方言点询问人的基本形式是"谁"，但各方言点的读音有所不同，如娄烦读"［fu²²］"，文水读"［sue²²］"，介休读"［suei¹³］"等。"谁"后加"们"表复数，后加"家"表领属。"谁"可做主语、宾语。例如：

（1）谁把车子卖咧，门面也卖咧谁把车子卖了，门面也卖了？　　（盂县）
（2）谁去过上海唻嘞谁去过上海呢？　　（清徐）
（3）谁当上书记咧嘞谁当上书记了？　　（榆社）
（4）你跟谁去香港呀嘞你和谁一起去香港呀？　　（盂县）
（5）兀块人跟谁结下嘞仇唻嘞他和谁结下仇了？　　（清徐）
（6）敲桌子的兀人是谁咧敲桌子的那个人是谁啊？　　（榆社）

中区晋语普遍有"兀谁"的用法，指代一时说不上名字的人或不愿意说出来的人，常伴随一些肢体动作和表情，不同场合下常能表达一些特殊的意义。例如太原方言：

（7）兀谁吃喽没啦咧那个谁吃了没有？

（8）你又去咾兀谁家底嘞你又去了那谁家了？

中区晋语"谁"和"谁们"的分工比较明确，"谁们"多用来表复数。例如：

（9）谁们在会议室嘞哪些人在会议室呢？　　　　　　　　　　　　（盂县）

（10）谁们要跟你厮跟上走咧哪些人要和你一起走呢？　　　　　　（太谷）

（11）谁们还没啦交作业嘞哪些人还没有交作业呢？　　　　　　　（交城）

（12）你叫谁们抬床嘞你叫哪些人收拾床呢？　　　　　　　　　　（盂县）

（13）都是谁们跟你当早扫街的咧都是哪些人早晨和你去扫街了？　（太谷）

（14）你明天跟谁们打篮球嘞你明天和哪些人打篮球呢？　　　　　（交城）

（15）谁们哩车子咧都是谁的车子呢？　　　　　　　　　　　　　（盂县）

（16）这是谁们的绳绳嘞这是哪些人的绳子呢？　　　　　　　　　（太谷）

（17）谁们的营生快完嘞哪些人的活儿快干完了呢？　　　　　　　（交城）

中区晋语的方言中"谁们"多做主语，做宾语和领属语相对少些。一般是对预设中的多数人询问才说"谁们"，表领属时如果修饰的是普通名词要加"的"，如果是称谓名词和处所名词就不加。

中区晋语的"谁家"在句中做领属语，其中"家"有两个意义，一是实在的家庭意义集体名词，强调的是被修饰名物的家庭归属；二是"家"义虚化，和"谁"相同。这一点和北区忻州方言相同。我们从回答上也可以看出两者的区别。例如：

（18）——谁家的绳绳谁的绳子？

　　　——我家的。　　　　　　　　　　　　　　　　　　　　　（交城）

（19）——谁家的笼床咧谁家的蒸笼啊？

　　　——是六六家的。　　　　　　　　　　　　　　　　　　　（平遥）

（20）——这是谁家的二王车嘞这是谁家的手推车了？

　　　——兰兰家的。　　　　　　　　　　　　　　　　　　　　（榆社）

（21）——这是谁家的包包咧这是谁的包呢？

　　　——老师的。　　　　　　　　　　　　　　　　　　　　　（太谷）

（22）——这是谁家的书嘞这是谁的书了？

　　　——花花的。　　　　　　　　　　　　　　　　　　　　　（太谷）

(二)"甚"

中区晋语询问事物的常用疑问代词有两类,一是"甚",二是"哪"及其变音形式和由它们构成的复合式。复合式是"哪一""哪块""哪个"等,可做主语、宾语、领属语。例如:

(1) 甚烟嘞什么烧烟了?　　　　　　　　　　　　　　　　(太原)
(2) 甚吃完咧什么吃完了?　　　　　　　　　　　　　　　(榆社)
(3) 他是疑猜你甚嘞他是怀疑你什么呢?　　　　　　　　　(太原)
(4) 你荷走她甚嘞你拿走她什么了?　　　　　　　　　　　(榆社)
(5) 兀是甚破东西嘞那是什么破东西呢?　　　　　　　　　(太原)
(6) 你还有甚的景点没啦去过咧你还有什么景点没有去过呢?　(太原)
(7) 兀家除了水果,还待见甚咧他除了喜欢水果,还喜欢什么呢?(榆社)
(8) 你想看哪个户型咧你想看哪一个户型呢?　　　　　　　(太原)
(9) 你要选哪块车嘞你要买哪款车呢?　　　　　　　　　　(介休)

二　问时间的疑问代词

中区晋语询问时间主要有三种形式:"甚+时间语素""多+时间语素""哪+时间语素"。时间语素主要有"会儿""时候""阵儿""早番"等,其中"甚会儿""甚时候"分布范围比较广。在句中可做主语、宾语、领属语、状语,例如:

(1) 伢甚时候拾掇嘞他什么时候收拾呢?
(2) 兀是甚时候的围巾?都日胡麻擦成［兀块⁼］那是什么时候的围巾?都脏成那样了。
(3) 伢他爷爷多会儿睡嘞的他爷爷是多会儿睡觉的呢?
(4) 甚时候游泳嘞什么时候游泳呢?
(5) 你多会儿才去买衣服上的扣扣嘞你多会儿才去买那衣服上的纽扣呢?
(6) 你是哪一霎霎做完咾的你是什么时候做完的?
(7) 兀电视剧你看咾多来时咧那部电视剧你看了多久?　　　(以上太原)
(8) 这是甚会儿的灯哩这是什么时候的灯?
(9) 我甚会儿骂过你唻我什么时候骂过你呀?
(10) 甚会儿种麦咧什么时候种麦子呢?　　　　　　　　　(以上盂县)
(11) 多会儿是［你们］村里的会咧你们村什么时候赶集呢?

（12）兀是多阵儿的帽子啊？都没啦见你戴过那是啥时候买的帽子？都没见你戴过。

（13）新村多会儿才能送上电嘞新村多会儿才供电呢？　　　　（以上太谷）

（14）兀家多久才去一次超市咧他多长时间才去一次超市呢？　　　（榆次）

（15）你多早番和你姐说的这嘞你什么时候和你姐说的这个呢？　　（清徐）

（16）他哪会儿成喽支书的他什么时候当上支书的？　　　　　　　（榆社）

（17）你是哪阵儿去过上海的嘞你是什么时候去上海的？　　　　　（介休）

（18）这是哪一阵的事嘞这是什么时候的事情呢？　　　　　　　　（交城）

三　问处所方位的疑问代词

中区晋语询问处所方位的疑问代词有两类：一类是"甚"类及其复合式，一类是"哪"类及其音变复合式。"哪"类包括"啦""呀""昂""啊"等变读及其复合式。复合式的构成均为"词根+方所语素"，常见的方所位置语素有"个""儿""里""塔""垛""头""面""地方"等，表方位的语素如"面、头"等还可以重叠成"面面、头头"等。在句中做主语、宾语、领属语、状语。例如：

（1）你哪嘞去来咪你到哪里去了？

（2）先前日司机们在哪嘞加油嘞大前天司机们在哪里加油了？

（3）哪嘞的羊杂割好吃嘞哪里的羊杂割好吃呢？　　　　　　　（以上太原）

（4）哪□［ke⁴²³］卖这苹果嘞哪里卖这苹果了？

（5）你又去哪□［ke⁴²³］呀你又去哪里呀？

（6）哪□［ke⁴²³］的房子户型好嘞哪里的房子户型好呢？　　（以上文水）

（7）甚地方有厕所嘞什么地方有厕所呢？

（8）这是甚地方的习惯嘞这是什么地方的习俗呢？

（9）他们都是从甚地方买上这衣服的咧他们都是从什么地方买到这种衣服的？

（10）政府在城哪旮旮嘞政府在城里哪边呢？

（11）电业局在哪面面嘞电业局在哪边呢？

（12）你行学校在甚地方嘞你们学校在什么地方呢？　　　　　　（以上交城）

（13）甚地方能交了电费咧什么地方能交电费呢？

（14）你能告咾我这是甚地方你能告诉我这是什么地方吗？

（15）我不知道刚刚底是甚地方的人寻你来我不知道刚才是什么地方的人找

你呢？（以上寿阳）
（16）他是哪儿的嘞他是哪里的人呢？
（17）他从哪儿买的面嘞他从哪里买的面呢？（以上榆社）

四 问原因、目的的疑问代词

中区晋语询问原因的疑问代词有两类："甚"类及其复合式、"怎/咋"类及其复合式。"甚"类主要通过前加"为"和"因为"构成，"怎"类是后加"底"构成，"底"有变读形式"腻⁼""地""儿"等。不同类型在某一地方会表现出比较稳固的倾向，比如寿阳、文水多用"为甚"，而清徐、祁县多用"怎腻⁼"。两类兼有的地方当询问者使用"怎"类询问原因时常伴随着惊诧、厌烦的态度及相应的体态动作表情，而"甚"类要客观得多。比如太谷、榆社、孝义、榆次等。盂县"为怎么"可能是受到"为甚"的影响而形成。如：

（1）你为甚不来嘞，都说好咧你为什么不来了，都说定了？
（2）他这底做是为甚嘞他这样做是为什么呢？（以上太原）
（3）你怎腻⁼不做嘞你为什么不做了？
（4）你这是怎腻⁼咧你这是怎么呢？（以上清徐）
（5）你怎腻⁼还不去理发咧你为什么还不去理发呢？
（6）怎腻⁼又吐开咧怎么又开始吐了？
（7）他怎底兀来嘞烦呢他为什么那么烦人呢？
（8）你怎底不说咧你怎么不说话呢？
（9）你怎腻⁼哭咧你怎么哭了呢？（以上太谷）
（10）你为甚哭咧你为什么哭呢？
（11）你咋底就喝了一点点咧你怎么就喝了那么一点儿呢？（以上介休）
（12）兀家为甚不来学校咧他为什么不来学校了？
（13）为甚不喝水咧为什么不喝水呢？（以上榆社）
（14）你怎底给躺下咧你怎么躺下了？
（15）这咋就没啦我家的咧这为什么就没有我家的呢？（以上娄烦）
（16）他为怎么要这个儿哩他为什么要这样呢？
（17）你为怎么做哩你为什么做呢？（以上盂县）

五 问方式的疑问代词

中区晋语询问方式的疑问代词是"怎/咋"类及其复合式。"怎呢""怎啦""咋啦""怎几""咋底""怎里"等。例如：

(1) 咱们咋去学校咧咱们怎么去学校呢？
(2) 我该咋底感谢人家呢我该怎么感谢他呢？
(3) 你的袖口咋底破嘞你的袖口怎么破了？　　　　　（以上介休）
(4) 你叫我咋底办嘞你让我怎么办呢？
(5) 这块=花咋底块=绣呀这个花怎么绣呢？　　　　　（以上交城）
(6) 你怎呢做的这风筝嘞你怎么做的这个风筝呢？　　　　　（娄烦）
(7) 这风筝是怎呢做的咧这个风筝是怎么做的呢？　　　　　（太谷）

六 问数量的疑问代词

中区晋语对数量的询问大多使用疑问代词"多少"和"几"。太谷、盂县等方言也可用省略式"多"。"多少"询问的数量不论多或少，"几"是询问的数量相对较少时使用。例如：

(1) 你一天能看咾多少哩你一天能看多少呢？
(2) 铺地得买多少砖哩铺地要买多少砖呢？　　　　　（以上文水）
(3) 你要多少箱子哩你要多少箱子呢？
(4) [这块]梨儿树结多少果哩这颗梨树结了多少果子呢？
(5) 你们乡有多人哩你们乡有多少人呢？　　　　　（以上盂县）
(6) 你拾掇楼房总共花咾多少钱嘞你装修楼房一共花了多少钱呢？（太原）
(7) 你吃咾几悔=苹果咧你吃了几个苹果呢？　　　　　（介休）
(8) 你们年级有几个 [ai^{53}] 党员嘞你们年级有几个党员呢？（太谷）
(9) 五加三等于几咧五加三等于几呢？　　　　　（榆次）

第三节　西区晋语的疑问代词

一 问人、物的疑问代词

西区晋语询问人的疑问代词主要是"谁"，单、复数有形式上的区别。多数方言点用"谁"表单数，在表示复数时，常在"谁"后加

"们""弭""些""家"等词尾。汾阳方言的"[ɕyA²²]"、兴县方言的"[ɕyA⁵³]"是"谁家"合音形式。汾西方言主语、宾语位置上的"谁"单、复数同形。静乐方言领属位置上的"谁啊[fu³³ɑ²⁴]"可能是"谁家"合音趋变阶段声母先脱落了的形式。

（一）问人的疑问代词

表 5 – 3 – 1　　　　　　　　问人的疑问代词

方言点	问 人	方言点	问 人
离石	谁 su⁴⁴ 谁弭 su⁴⁴ mi³¹² 谁家 su⁴⁴ tɕiɐ³¹²	岚县	谁 su⁴⁴ 谁们 su⁴⁴ məŋ⁰ 谁家 su⁴⁴ tɕia²¹⁴
汾阳	谁 suei²² [谁家] ɕyA²² 谁们 suei²² məŋ³²⁴	石楼	谁 ʂu⁴⁴ 谁们 ʂu⁴⁴ məŋ²¹⁴ 谁家 ʂu⁴⁴ tɕiɐ²¹⁴
柳林	谁 ɕy³³ 谁弭 ɕy³³ mi³³ 谁家 ɕy³³ mi³³ tɕia²¹⁴	静乐	谁 fu³³ 谁们 fu³³ mɤ̃⁵³ 谁啊 fu³³ ɑ²⁴
临县	谁 suɛ⁴⁴ 谁弭 suɛ⁴⁴ mi⁴⁴ 谁家 suɛ⁴⁴ tɕiA²⁴	大宁	谁 ʂu²⁴/ʂuo²⁴ 谁些 ʂu²⁴ ɕi³¹ 谁家 ʂu²⁴ tɕiɐʔ³¹
中阳	谁 su⁵⁵ 谁弭 su⁵⁵ mi⁵⁵ 谁家 su⁵⁵ tɕiA²⁴	永和	谁 ʂu³⁵ 谁些 ʂu³⁵ ɕi³³ 谁家 ʂu³⁵ tɕiɐʔ⁰
交口	谁 su²¹⁴ 谁们 su²¹⁴ məŋ⁰ 谁家 su²¹⁴ tɕiA⁵¹	汾西	谁 fv³⁵ 谁家 fv³² tɕz⁰
方山	谁 ɕy⁴⁴ 谁弭 ɕy⁴⁴ mi⁴⁴ 谁家 ɕy⁴⁴	隰县	谁 su²⁴ 谁们 su²⁴ məŋ⁴¹ 谁家 su²⁴ tɕiɐ⁴¹
兴县	谁 ɕy⁵⁵ 谁弭 ɕy⁵⁵ mi⁵⁵ [谁家] ɕyA⁵³	蒲县	谁 ʂu¹³ 谁些 ʂu¹³ ɕiə²² 谁□ ʂu¹³ tiəʔ⁵¹

西区晋语中，询问人的疑问代词主要是"谁"，在句中做主语、宾语和定语。做定语时，一般只用来修饰普通名词，并且加结构助词"的"。例如：

（1）谁才刚写完咧刚刚谁写完了？　　　　　　　（离石）
（2）这是谁的皮鞋咧这是谁的皮鞋。　　　　　　（离石）
（3）兀₂人是个谁嘞那是谁呢？　　　　　　　　（临县）
（4）谁把那个麻袋将过来的谁把那个麻袋拿过来的？　（兴县）
（5）这₁娃娃是谁嘞这孩子是谁？　　　　　　　（方山）
（6）你才给谁做手术咧你刚给谁做手术呢？　　　（中阳）
（7）谁的手机押⁼在这嘞谁的手机落在这儿了？　　（柳林）

西区晋语中，问人的疑问代词的复数有"谁们、谁弭、谁些、谁几"等，构词语素中"弭"和普通话"们"的功能和适用范围相同。"些""几"除了指代人外也可以指代事物，"些"表不确定的多数，常和指示代词及数词"一"结合使用。"几"作为询问数量的疑问代词询问的数量是不定的，但预设是多数，故"些""几"具有的多数意义使它们得以成为问人的疑问代词的复数标记。在一个相对封闭的系统中，有共同特点的语素在功能上很容易彼此浸染趋同，"几些""弭家"同义连用的现象就是很好的说明。表复数的疑问代词在句中做主语、宾语和定语。在修饰一般名词时，要在其后面加上"的"。如：

(8) 这$_1$是谁弭出来啊这是谁出来了？ （离石）

(9) 兀$_2$是谁弭种在这$_1$的嘞那是谁在这儿种的呢？ （中阳）

(10) 才刚谁弭说是明来嘞刚才是谁说明天来呢？ （离石）

(11) 才将进来的是谁些刚刚进来的是些谁？ （大宁）

(12) 谁几些跟出来咧谁跟着出来了？ （汾西）

(13) 这是谁弭家咧，款的来认不得俩这是谁啊？俏得都不认得了。（离石）

(14) 这些是谁弭的衣服嘞这些是谁的衣服呢？ （兴县）

在西区晋语中，"谁家"是具有领属意义的专门形式，单、复数同形。汾阳、兴县方言的"[ɕyA]"是"谁家"的合音，"[谁家]"修饰亲属称谓、社会称谓和集体名词时，不需加结构助词"的"，在修饰普通名词时，可加也可不加结构助词"的"。例如：

(15) [谁家] 班嘞的学生？这阵啦才来上课嘞谁班里的学生？现在才来上课。 （兴县）

(16) 这是谁弭家的车咧？这底好这是谁的车？这么好。 （离石）

(17) 那$_2$是谁弭家的细＝弭嘞那是谁家的孩子们呢？ （柳林）

(18) 兀$_1$是谁家筐放在这$_1$的嘞那是谁家的筐子放在这儿了？（中阳）

(19) 谁家爸会做这饭咧谁的爸爸会做这种饭呢？ （方山）

第五章 山西晋语疑问代词及其连用和重叠 / 251

（二）问物的疑问代词

表 5 – 3 – 2　　　　　　　　　　问物的疑问代词

	问　物		问　物
离石	甚 səŋ⁵² 哪个 lɑ⁴⁴kuə?⁴ 哪来个 lɑ⁴⁴lai⁴⁴kuə?⁴	岚县	甚 səŋ⁵³ 哪块 a⁵³kuei³²⁴ 哪些 a⁴⁴ɕie²¹⁴
汾阳	甚 səŋ⁵⁵ 何些儿 xə?²²ɕiər³²⁴ 何一块 xə?²²ie?²²xuai³²⁴ 何［一个］xə?²²iɑ⁵⁵	石楼	甚 ʂəŋ⁵² 什么 ʂə?⁴mɑ²¹⁴
柳林	甚 səŋ⁵³ 哪来个 ia²¹⁴lai³³kuə?⁰ 哪哪些 ia²¹⁴nai³³ɕia²¹⁴	静乐	甚 sɣ̃⁵³
临县	哪些ᴀ²⁴ɕiə⁴⁴ 哪个□ᴀ²⁴kə?⁴⁴tɕʰi ᴇ³¹²	大宁	甚 səŋ⁵⁵ 什么 ʂə?³¹mɐ?³¹ 哪［一个］nɑ³¹ie³¹
中阳	甚 sə̃⁵³ 哪 i ᴀ²⁴ 哪些 i ᴀ²⁴ɕie²⁴	永和	甚 səŋ⁵³
交口	甚 səŋ⁵¹	汾西	甚 səŋ⁵³ 什么 səŋ⁵³mə⁰
方山	甚 səŋ⁵²	隰县	甚 səŋ⁵⁵
兴县	甚 ʂəŋ⁵³ 哪个/些 l ᴀ⁵⁵kuə?⁵⁵/ɕiə?⁵⁵	蒲县	什 ʂɛɪ³³ 什么 ʂɛɪ³³mə⁰

　　西区晋语询问事物的常用疑问代词是"甚"和"哪"。"甚"是"什么"的合音，询问事物时可单独使用。"哪"作为疑问代词在询问事物时不单独使用，需要加上指示或数量词，有了指别功能方可。"哪"和数量词"一个/一块⁼/一槐⁼"结合起来询问单一事物时，就表示和其他剩余的同类事物划清了界限；"哪些"是询问事物的复数的。它们本质是同一区域的事物中"这一个"和"其余"、"这些"和"其余"的对立。不管是询问单数还是复数的事物，预设中总和其余存在的事物作比较。所以，疑问代词"哪"承继了指示代词指别的功能。西区晋语中，"哪"和数量短语之间还可以加上语气词"来"舒缓节奏，增强疑问语气。"哪"在柳林方言中读"［ia²¹⁴］"，中阳方言中读"［iᴀ²⁴］"，可能是"哪些"合音后先脱落了"哪"，而后"些"的声母"ɕ"又脱落了的形式，即 nɑ ɕia/ɕie→ia/iᴀ。所以"ia/iᴀ"其实就是"哪些"经过合音、脱落等音变后的结果，后又加上一些能提示和本源联系的成分，如再附加上"些"形成"［ia²¹⁴ɕia²¹⁴］"（柳林）、"［iᴀ²⁴ɕie²⁴］"（中阳），或者干脆再叠加上

"原型"如"哪哪些（柳林）"等。西区晋语疑问代词的不同形态是历史叠加沉淀的结果。汾阳询问事物的疑问代词"何"要更早些，在西区晋语乃至整个晋语区也是比较少见的。

"甚"做主语、宾语和定语，相当于普通话中的"什么"。石楼和大宁、汾西等方言说"甚"也说"什么"，大概是受普通话的影响。例如：

(1) 他把甚放在桌子上咧他把什么放在桌子上了？ （离石）

(2) 你今日叫他做甚呀你今天叫他做什么呀？ （兴县）

(3) 你爷寻甚嘞你爷爷找什么呢？ （静乐）

(4) 这₁肉有一股甚味嘞这肉有一种什么味道呢？ （中阳）

(5) 我出买衣服去呀，你要买甚嘞我出去买衣服呀，你要买什么？ （柳林）

(6) 兀是甚那是什么？ （大宁）

(7) 院子些种了甚树院子里种了什么树？ （大宁）

(8) 兀₂是个甚狗那是条什么狗？ （石楼）

(9) 兀是个甚东西那是个什么东西？ （汾西）

西区晋语有的方言点如离石、方山、中阳、岚县等，用"甚人"来问人的身份以及地位，回答的时候，主要是回答这个人是干什么的，以及他的具体情况。例如离石方言：

(10) 来的是个甚人来了个什么人？

(11) 这是个甚人了这是个什么人？

(12) 来我看看来了个甚人咧让我看看来了个什么人。

"哪"及其变读形式的复合式有单数和复数的分别，相当于"哪个、哪些"，做主语、宾语和定语。例如：

(13) 你要给他哪[la⁴⁴]来一搭⁼咧你要给他哪个呢？ （离石）

(14) 哪[la⁴⁴]来些苹果是要给兀₂家的咧？我给去哪些苹果是准备给他家的？我去送。 （离石）

(15) 何呀人给你的苹果嘞谁给你的苹果？ （汾阳）

(16) 你说的哪[ia²¹⁴]来个人是兀家舅舅的嘞你说的哪个人是他舅舅呢？ （柳林）

(17) 哪[A²⁴]个□[tɕʰiE³¹²]是乃嘞哪个是她？ （临县）

(18) 哪[lA⁵⁵]个超市卖这号子笔嘞哪个超市卖这种笔呢？ （兴县）

二 问处所的疑问代词

西区晋语询问处所的疑问代词主要是基本形式"哪"以及加表方位的语素构成的复合式。表处所方位的语素有"里""搭""头""面""底"和儿化的"个儿""底儿"等等。汾阳方言保留了比较古老的疑问代词"何",加上"地儿""圪儿""头儿"等构成复合形式。

表5-3-3　　　　　　　　　　问处所的疑问代词

	问处所		问处所
离石	哪儿 lar^{52} 哪来 la^{52}lɤɪ^{44}	岚县	哪 a^{53} 哪□□a^{53} tie^{53} tie^{53} 哪红＝红＝a^{53} xuəŋ^{44} xuəŋ^{0} 哪里 a^{53} zʅ^{0}
汾阳	甚地方 səŋ^{55} tʅ^{53} fər^{324} 何地儿 xə?^{22} tər^{324} 何圪儿 xə?^{22} kər^{324} 何头儿 xə?^{22} tʰər^{324}	石楼	哪儿 nar^{52} 哪搭 nar^{52} ta^{52}
柳林	哪 ia^{52} 哪搭 ia^{52} ta^{33}	静乐	哪 lã^{314} 哪头 lã^{314} tʰɤɯ^{33} 哪面 lã^{314} miæ̃^{53}
临县	哪里 A^{24} lei^{312} 哪搭 A^{24} tA^{24}	大宁	哪里 na^{31} liə^{55} 哪儿 na^{31} tər^{31} 哪个儿 na^{31} kər^{31}
中阳	哪 iA^{53} 哪₁搭儿 iA^{24} tAr^{55} 哪哪面 iA^{24} nɛi^{313} mie^{53} 哪哪头 iA^{24} nəi^{313} tʰə^{55}	永和	哪里 na^{35} li^{312} 哪头儿 na^{35} tʰəur^{24} 哪个儿 na^{51} kər^{31}
交口	哪里 nA^{412} li^{412} 哪头 nA^{432} tʰou^{55} 哪面 nA^{412} mien^{53}	汾西	哪 na^{35} 哪里 na^{35} lʅ^{0} 哪□ na^{35} tu^{35}
方山	哪儿 lA r^{52} 哪里 lA^{44} li^{312} 哪底儿 lA^{44} tər^{44} 哪底儿个儿 lA^{44} tər^{44} kər^{44}	隰县	哪里 na^{24} lei^{31} 哪搭 na^{24} ta^{55}
兴县	哪 lA^{55} 哪头 lA^{55} tʰou^{55} 哪搭 lA^{55} tA^{55}　哪搭搭 lA^{55} tA^{55} tA^{55}	蒲县	哪 na^{22} 哪头 na^{22} tʰou^{13}

(一)"哪"

西区晋语"哪"及其变读形式可以单独用来询问处所,相当于普通

话中的"哪儿、哪里",做主语、宾语和定语。例如:

(1) 你到究是到咯哪儿［lɑr⁵²］啢咧你到底是去哪里了？ （离石）

(2) 哪［iɑ⁵²］有你买的兀₁个嘞哪有你买的那个（东西）呢？ （柳林）

(3) 他在哪儿［lʌr⁵²］等着你咧他在哪里等着你呢？ （方山）

(4) 他在哪［lʌ⁵⁵］上班嘞他在哪儿上班呢？ （兴县）

(5) 你哪［a⁵³］去呀你去哪儿呀？ （岚县）

(6) 你放在哪儿嘞你放在那里了？ （石楼）

（二）询问处所的复合式疑问代词

"哪搭""哪头""哪嘞""哪来"等都是询问处所的复合式疑问代词,可做主语、宾语和定语。例如:

(1) 你去哪来［ʌ²⁴lei³¹²］去呀你去哪里呀？ （临县）

(2) 你家在哪来嘞你家在哪里了？ （交口）

(3) 这₁是哪儿［lɑr⁵²］来,我一下就思谋不起来嘞这是哪里,我一下子想不起来了。 （离石）

(4) 这是哪嘞嘞,岔走咧吧这是哪儿,走错了吧。 （兴县）

(5) 哪［lɑ⁵²］头有你说的咧,哄人咧哪里有你说的呢,骗人呢。 （离石）

(6) 你在哪搭［lʌ⁵⁵tʌ⁵⁵］买的?

在太原买的你在哪买的? 在太原买的? （兴县）

(7) 他在何头坐车咧他在哪里坐车? （汾阳）

(8) 你在学校哪［ʌ²⁴］搭嘞你在学校哪个位置呢? （临县）

(9) 咱在哪［iɑ⁵³］哪头健身去呀咱们去哪里健身呢? （中阳）

兴县方言的"哪搭搭［lʌ⁵⁵tʌ⁵⁵lʌ⁵⁵］",年轻女性在使用时常伴随撒娇的意味,长辈对晚辈用时常伴随亲昵和宠爱的意味,还伴随相应的情态动作。例如:

(10) 我的戒指你在哪搭搭放着嘞,你给我寻一下么我的戒指你放在哪儿了? 你给我找一下呗。

(11) 你和爷爷说,你那阵在哪搭搭来咧你告诉爷爷,你刚才在哪儿呢?

三 问时间的疑问代词

表 5-3-4　　　　　　　　问时间的疑问代词

	问时间		问时间
离石	甚会儿 səŋ³¹² xuər²⁴ 多长时间 tɔ²⁴ tsʰɒ⁴⁴ sʅ⁴⁴ tɕiæ²⁴ 哪 lɑ⁴⁴ +时间词	岚县	甚会 səŋ⁵³ xuei⁵³ 哪 a⁵³ 时间词
汾阳	甚会儿 ʂəŋ⁵⁵ xuar³²⁴ 何一会儿 xəʔ¹¹ iəʔ²² xuɐr³²⁴ 何日儿 xəʔ²² iər⁵⁵ 何一 xəʔ²² iəʔ²² +时间词	大宁	甚时候 ʂəŋ⁵⁵ sʅ²⁴xou⁵⁵ 甚会儿 ʂəŋ⁵⁵ xuɐr³¹ 多会儿 tuo⁵⁵ xuɐr³¹ 多少时候 tuo³¹ ʂɐu³¹ sʅ²⁴ xəu²⁴
柳林	甚会 səŋ⁵² xuai⁵² ［哪一］ 哪 ia²¹⁴nai³³ +时间词	静乐	甚会 sɣ̃⁵³ xuei⁵³ 哪天 lã³¹⁴ tʰiæ²⁴
临县	甚会 ʂəŋ⁵³ xuei²⁴ 哪ᴀ²⁴ +时间词	石楼	甚会 ʂəŋ⁵² xuɛi⁵² 哪 nɑ⁴¹³ +时间词
中阳	甚会 sə̃⁵³ xuæ⁵³ 多时长 tɒ²⁴ sʅ⁵⁵ tsʰɒ⁵⁵ 多长时间 tɒ²⁴ tsʰɒ⁵⁵ sʅ⁵⁵ tɕie²⁴ ［哪一］ iᴀ²⁴ +时间词	永和	甚会儿 ʂəŋ³⁵ xueir⁰ 哪天 nɑ³⁵ tit³³
交口	甚时候 səŋ⁵² sʅ²¹⁴ xəu⁵² 哪 nᴀ²¹⁴ +时间词	汾西	甚 səŋ⁵³ 什么 səŋ⁵³ mə⁰
方山	哪 lᴀ²¹⁴ 甚会儿 səŋ⁵² xuər⁴⁴ 多长 tɒ²¹⁴ tsʰɒ⁴⁴	隰县	甚会 səŋ⁵⁵ xueir⁴¹ 哪天 nᴀ²⁴ tʰiɛ⁴¹ 多会儿 tə⁴¹ xueir⁴¹
兴县	甚时候 ʂəŋ⁵³ sʅ⁵⁵ xou⁰ 甚早番 ʂəŋ⁵³ tsɔu³²⁴ xuæ⁰ 哪阵阵 lᴀ⁵⁵ tʂəŋ⁵³ tʂəŋ⁰ 哪阵 lᴀ⁵⁵ tʂəŋ⁵³ 甚时 ʂəŋ⁵³ sʅ⁵⁵	蒲县	什么时候 ʂei³³ mə⁰ sʅ¹³ xou³³ 多会 tuəʔ⁵¹ xuei³³ 哪 na²² +时间词

西区晋语询问时间一般分时点和时段，也就是相对短暂和相对长的时间。这样的区别其实是非常主观的，同样三个月有的人认为是较长的时段，有的人可能觉得很短暂。但表示时间的一些成分在意义上还是有些区别的，比如"会儿""时候""阵儿"表示的时间要短些，侧重询问时间点。相当于"多长时间"询问时间段的说法，在西区晋语通用的说法是

"甚会"。"哪"常和表时间的名词"天""日""月""年"等构成复合形式。"多"也可和时间名词结合构成复合式,如离石方言说"多长时间"、中阳方言说"多时长"、大宁方言说"多少时候"等。汾阳方言的"何"也能和时间词结合询问时点和时段。

西区晋语询问时间的疑问代词"甚会、甚时候"使用频率最高,询问时间段、时间点可通用,做主语、宾语、定语和状语。例如:

(1) 你爸甚会来咾的咧你爸什么时候来的?　　　　　　　（离石）
(2) 这枣嘞甚时候能收嘞这枣什么时候能收呢?　　　　　（兴县）
(3) 你甚会咾出去圪转转咧你什么时候出去转转吧?　　　（岚县）
(4) 你是甚会过来的你是什么时候过来的?　　　　　　　（永和）
(5) 这是甚会放在桌上的这是什么时候放在桌上的?　　　（柳林）
(6) 你多会上礼哩你什么时候交礼钱呢?　　　　　　　　（大宁）
(7) 他多会来的他是多会儿来的?　　　　　　　　　　　（隰县）
(8) 他哪天回去咧他哪天回去呢?　　　　　　　　　　　（离石）
(9) 你姐是哪[A^{24}]一年来的你姐是哪年来的?　　　（临县）
(10) 何一天就能做完咧哪天就能做完了?　　　　　　　（汾阳）
(11) 兀是[哪一][iA^{24}]天回去唻他哪天回去的?（中阳）

四　问性状、方式、程度的疑问代词

西区晋语询问性状、方式、程度等的疑问代词基本形式是"怎"、"哪"和"多",复合式有"怎么""怎底""哪底""怎么个""怎底个""哪底个"等。表示性状、程度的疑问代词,大部分做谓语或补语。例如:

(1) 你看这个杯子怎么个你看这个杯子怎么样?　　　　　（离石）
(2) 你说我穿这搭⁼衣裳怎么个你说我穿这件衣服怎么样?（柳林）
(3) 这的油怎么个这儿的油怎么样?　　　　　　　　　　（临县）
(4) 我这一衣裳怎么个儿我这件衣服怎么样?　　　　　　（大宁）
(5) 你看这个沙发哪底个你看这个沙发怎么样?　　　　　（离石）
(6) 这车有多新咧这车有几成新?　　　　　　　　　　　（离石）
(7) 这水泥有多□[tɕɛ^{53}]沉咧这水泥有多重呢?　　（临县）
(8) 食堂吃得咋底个食堂吃得怎么样?　　　　　　　　　（兴县）

询问方式主要是询问和动作行为有关的程序、程式、方法、态势等等，普通话用"怎么""怎样"。西区晋语常用的疑问代词是"怎么、咋（底）、哪底"等。例如：

（9）怎么才能里去咧怎么才能进去？　　　　　　　　　　　　（离石）
（10）回学校怎走咧回学校怎么走？　　　　　　　　　　　　（中阳）
（11）你怎么去的嘞你怎么去的了？　　　　　　　　　　　　（柳林）
（12）再往前怎么出去嘞再往前怎么出去呢？　　　　　　　　（蒲县）
（13）明天下了雨，枣怎么弄哩明天下雨，枣怎么弄呢？　　　（大宁）
（14）这菜怎么价做咧这菜怎么做呢？　　　　　　　　　　　（永和）
（15）你姐最后哪底走的咧你姐最后怎么走的？　　　　　　　（离石）
（16）你去告说他哪底做来你去告诉他怎么做了？　　　　　　（柳林）
（17）哪底办呀怎么办呢？　　　　　　　　　　　　　　　　（临县）

五　问原因的疑问代词

西区晋语询问原因的疑问代词常用的有"怎么""咋""咋来"与"为甚""因为甚"两大类。离石方言的"害⁼最儿 [xɐi⁵² tsuər⁴⁴]""害⁼哪底 [xɐi⁵² lɐ⁴⁴ tʅ⁴⁴]"，中阳方言的"害⁼□ [xɛi⁵³ tsuɵ⁵³]""（害⁼）怎嘛 [xɛi⁵³ tsəʔ³³ mA²⁴]"也是用来询问原因的，并希望对方能给出确切的后案。例如离石方言：

（1）为甚咧还没啦完工咧为什么还没有完工呢？
（2）你怎么嘞咧不吃饭你为什么不吃饭？
（3）这₁是怎么着咧这是为什么呢？
（4）他害⁼最⁼儿咧没啦回居舍他究竟为什么没回家？
（5）你害⁼哪底咧头疼的你究竟为什么头疼？

再如：

（6）为甚来的你这来迟嘞为什么你这么晚？　　　　　　　　　（柳林）
（7）你因为甚要这底家做你为什么要这样做？　　　　　　　　（兴县）
（8）为甚嘞你还没啦上去为什么你还没有上去？　　　　　　　（临县）
（9）你因为甚没去你因为什么没去？　　　　　　　　　　　　（静乐）
（10）你这是怎么着嘞你这是为什么呀？　　　　　　　　　　（中阳）

（11）你怎么不想活嘞你为什么不想活了？　　　　　　　　（方山）
（12）怎么不能去为什么不能去？　　　　　　　　　　　　（石楼）
（13）你害＝怎么不想念书去你究竟因为什么不想上学去？　（中阳）

六　问数量的疑问代词

"数""量"的概念关涉世界的所有领域，但凡关涉都可针对性地提出疑问。对名物的数量、动作的频次、性状的程度等等。正是数量的概念和复杂世界的简单对应关系导致询问数量的方式才如此简单统一，或者是"多少"或者是"几"。西区晋语中，"几"侧重对"数"的问询，"多少"兼及量和度。例如：

（1）拢共装了多少咧总共装了多少了？
（2）你还有几本没啦还咧你还有几本没还呢？　　　　　　（以上离石）
（3）夜日多少钱买的牛奶昨天多少钱买的牛奶？
（4）[弭家]村嘞淹了几回咧你们村淹了几回了？　　　　（以上兴县）
（5）你煮嘞多少鸡蛋你煮了多少鸡蛋？
（6）你手里还有几张票嘞你手里还有几张票呢？　　　　　（以上中阳）
（7）多少袋就够嘞多少袋就够了？　　　　　　　　　　　（柳林）
（8）你借嘞多少钱你借了多少书钱？　　　　　　　　　　（隰县）
（9）你些家有几个老师你们家有几个当老师的？　　　　　（大宁）

第四节　东南区晋语的疑问代词

东南区晋语疑问代词的基本类型和中区、西区晋语大致一样，在东南区晋语内部各个方言点中也比较一致。常见的基本型疑问代词有"哪、甚、怎、多、谁"等，以基本型疑问代词为基础构成复合疑问代词式，构成方式和中区、西区晋语也大体相近。用来构成复合式疑问代词的构词语素一般也和指示代词一致。

一　问人、物的疑问代词

（一）"谁""谁家"

东南区晋语中，问人最常用的疑问代词是"谁""谁家"。"谁"的用法与普通话的疑问代词"谁"的用法类似，但"谁"是单数形式，"谁家"是复数形式。例如晋城泽州方言：

（1）谁［ʂuɛe¹¹³］呀？我是老三。
（2）谁［ʂuɛe¹¹³］给你买的新鞋览⁼谁给你买的新鞋呢？
（3）那₂［nie³³］老架儿是谁［ʂuɛe¹¹³］来那个年纪大的男人是谁？
（4）下星期你计划请谁［ʂuɛe¹¹³］吃饭来下周你计划请谁吃饭？
（5）小明借能⁼是谁［ʂuɛe¹¹³］的书来小明借的是谁的书？
（6）小李去谁［ʂuɛe¹¹³］家屋儿览⁼小李去谁家了？
（7）谁家要去郑州圪遛要去郑州旅游的有些谁？
（8）谁家明儿来咱屋儿呀明天来咱家的有些谁？
（9）开头儿是谁家来来刚才来的人有些谁？
（10）是谁家交了作业览⁼交了作业的有些谁？
（11）外头晒能⁼都是谁家能麦来外边晒的麦子都有谁家的？

（二）"甚""哪一"

东南区问物的疑问代词多数是"甚"，有时也可用"哪一"来问。"甚［ʂẽ⁵³］"和"哪一［nɑ¹¹³⁻¹¹iA⁵³］"都可以对事物来进行提问，一般情况下，二者可以自由替换。"哪一"表示从中间选择一个。例如晋城泽州方言：

（1）甚/哪一能擦干净玻璃什么能擦干净玻璃？
（2）甚/哪一是你能⁼凉窝来哪个是你的袜子？
（3）你家小实⁼喜欢吃甚/哪一你儿子喜欢吃啥？
（4）你开头儿干甚览⁼你刚才干什么了？
（5）你妈做的甚/哪一饭好吃你妈做的什么饭好吃？
（6）你觉能甚/哪一衣裳好看你认为哪件衣服好看？

"哪一"是对特定对象中选择一个进行提问的一种方式，表示任指。句子中做主语、宾语。例如：

（7）相片儿上哪一是你能⁼杠⁼来照片上哪个人是你的连襟？
（8）那背锅儿是哪一来那个驼背的人是哪一个？

二 问时间的疑问代词

东南区晋语中，一般都用"甚会儿""甚时候（儿）"等来问时间，

表示"什么时候",对时间进行询问。在句子中经常用来做状语。例如晋城泽州方言:

(1) 你甚会儿开学呀你什么时候开学?

(2) 妈甚会儿过生日呀妈是什么时候的生日?

"甚会儿"也可在非疑问句中出现,例如:

(3) 你甚会儿来寻我去耍都行你什么时候找我去玩儿都行。

(4) 甚会儿咱都得学习什么时候我们都得学习。

"甚会儿"在(3)中是任指,在(4)中是虚指。

三　问方所的疑问代词

在东南区晋语中,一般用"哪儿"和"甚地方儿"来问方所,二者是对地点进行询问的疑问代词,与普通话的"哪里""什么地方"意义相当,一般情况下二者能互换使用。例如晋城泽州方言:

(1) 甚地方儿[ʂẽ⁵³ ti⁵³ fɚ⁵³⁻⁰²]/哪儿[nɑr¹¹³⁻¹¹]是他家屋儿来他家的房子在哪里?

(2) 甚地方儿/哪儿是咱家上课的教室来咱们上课的地方在哪里?

(3) 你想去甚地方儿/哪儿旅游你想去哪里旅游?

(4) 他想去甚地方儿/哪儿上大学你想去什么地方上大学?

(5) 甚地方儿/哪儿的花好看些儿哪里的花更好看?

(6) 小李是甚地方儿/哪儿的人小李是哪里人?

四　问方式、性状的疑问代词

东南区晋语问方式时,常用疑问词"怎么""怎价"等,相当于普通话里的"怎么样""怎样""怎么"在句中可以做状语和谓语。做谓语时含有"不满"的意味。例如晋城泽州方言:

(1) 你怎么[tʂẽ¹¹³ mə⁰²]做能⁼捞饭来你怎么做的小米饭?

(2) 圪蟆怎么跑到咱家屋儿来览⁼蛤蟆是怎么跑到咱家来的?

(3) 她怎么你览⁼,你哭成这样儿她把你怎么了,你哭成这个样子?

(4) 你管我怎么卖玉茭览⁼你管我是怎么卖玉米的?(有"不满"的意味)

再如长子方言:

（5）你说这个事怎价办吧你说这件事怎么办吧？

（6）怎价才能把事情办好嘞怎么样才能把事情办好？

"怎价"也常常可以说成"怎"。例如：

（7）他怎说，你就怎做他怎么说，你就怎么做。

（8）你怎办呀打算你打算怎么办呀？

问性状时，东南区晋语常用"怎""怎个样""咋样儿"等疑问词。"怎"用于询问病情、问题，"怎个样"用于询问别人对事物的评价和事情的进展状况，相当于普通话的"怎么样"。例如长子方言：

（9）你怎了呀？蔫几几的你怎么了？蔫不拉几的。

（10）你把事情办得怎个样了你把事情办得怎么样了？

再如晋城泽州方言：

（11）小李做能扯面吃能咋样儿〔tʂa¹¹³⁻³³ iɐ̃r⁵³〕小李做的扯面吃起来怎么样？

（12）他的茭荞种得咋样儿〔tʂa¹¹³⁻³³ iɐ̃r⁵³〕他的高粱种得怎么样？

五 问数量的疑问代词

"多少""几"是东南区晋语中是对人或物的数量进行提问的疑问代词，和普通话中"多少"相比，除表现形式不同外，语法功能基本相同。经常和量词"个"等结合使用做定语。例如晋城泽州方言：

（1）去年你家的麦打览⁼多少去年你家的麦子收了多少？

（2）你家屋儿有多少/几口人你家有几口人？

（3）他捡览⁼多少/几个轱辘他捡了多少个瓶子？

六 问原因的疑问代词

"为甚"是东南区晋语中用来对原因进行询问的疑问词，与普通话中的"为什么"意思相当。经常做状语，有时候还可以单独做谓语，或者是用于非疑问句。例如晋城泽州方言：

（1）你为甚要去他家屋儿呀你为什么要去他家呢？

（2）你为甚喜欢中国文学呀你为什么喜欢中国文学？

（3）——我那天就不来览⁼我到那天就不过来了。

——为甚为什么？

(4) 为甚倒霉能˵又是我来为什么倒霉的又是我。（非疑问句）

第五节　山西晋语疑问代词的连用和重叠

一　山西晋语疑问代词的连用

（一）山西晋语疑问代词肯定和否定的连用

1. 山西晋语疑问代词的非疑问用法

由前文可知，山西晋语中，问物时，除北区晋语雁门关一线以北（除阳高、天镇外）的方言点多用"啥"，其余方言几乎都用"甚"；问性状、方式时，山西晋语用的疑问代词比较一致，大多用"咋/怎"。山西晋语中，疑问词"啥""甚""咋/怎"除了表疑问外，也都有非疑问用法。非疑问用法中最常见的是用于任指和虚指。虚指用法请参看后文。用于任指时，后面常和"也"配合使用，暗含了"无论什么/怎么都""不管什么/怎么都"的意思。这种现象在山西晋语各区都存在，内部比较一致。例如：

（1）啥也不会什么都不会。

（2）我啥还知道哩我什么都知道。　　　　　　　　　　　　（以上山阴）

（3）甚也能，吃饱就能什么都行，只要吃饱就行。

（4）你就甚也闹不成你就什么都干不成。　　　　　　　　　　（以上神池）

（5）咋说也不听，由他哇怎么说都不听，由他去吧。

（6）我咋学也学不会，不想学了我怎么都学不会，不想学了。　（以上平鲁）

"啥""甚""咋"在指代性状时，都有相应的否定式，即在其前加否定词"不"，构成相应的否定式"不啥""不甚""不咋"。"不啥""不甚""不咋"的意思基本一样，都有"不怎么""不太"，表示程度不高或频率低。所以，在同一个方言点中，"不啥"和"不咋"、"不甚"和"不咋"在表程度或频率时能替换使用，意思基本不变。需要注意的是，"不啥"中的"啥"在北区晋语中读音有变，一般读为促声"[saʔ]"，音同本方言中的"色"。如：

（7）——这个颜色咋底个这个颜色怎么样？

　　　——我觉意不啥/不咋好我觉得不怎么好看。　　　　　　　（怀仁）

（8）——你常去忻州不你常去忻州吗？

——不甚/不咋去，正常去朔州哩_{不怎么去，反倒是常去朔州呢}。（神池）

我们看到，"啥""甚""咋"在表示性状或频率时有否定式，在表示任指义时，没有相应的否定式。

2."啥不啥""甚不甚""咋不咋"

在山西晋语中，普遍分布着"啥不啥""甚不甚""咋不咋"的说法。马庆株（2000）曾指出："广义地说，重叠可以包括叠用。肯定否定叠用。这是正反选择问格式，不仅汉语普通话有，不少方言和许多其他汉藏语也有这种格式。"正如马庆株先生所言，这种肯定否定叠用在汉藏语系语言中广泛存在，在汉语中常见的是动词和形容词的肯定否定叠用，如"来不来""去不去""能不能""应该不应该""好不好""高不高""红不红"等，肯定和否定叠用后构成一个并列短语。但对于重叠，我们采用的狭义的定义，所以我们把肯定否定叠用看作是一种连用现象。山西晋语中，肯定否定的连用不仅动词和形容词有，在疑问代词里也存在。主要是表任指的"啥/甚""咋"肯定否定连用，连用后的意思相当于"无论/不管怎么样"，后面常跟副词"先"或"也"。例如：

（9）啥不啥先吃饭哇_{不管怎么样先吃饭吧}。

（10）啥不啥我先去呀，你们一个儿看哇_{不管怎样我先去呀，你们自己看着办吧}。

（11）啥不啥你来哇_{不管怎样你来吧}。　　　　　　　　（以上大同）

（12）甚不甚吃饱饭再说_{不管怎样先吃饱饭再说其他的}。

（13）甚不甚先买上它再说_{不管怎样先买了它再说别的}。

（14）甚不甚你明天得来哩_{不管怎样你明天必须来}。（以上神池）

（15）咋不咋也得好好儿念书哩_{不管怎样也得好好上学呢}。

（16）咋不咋你明儿个去医院看看去哇_{不管怎样，你明天去医院看看吧}。

（以上山阴）

和动词、形容词的肯定否定连用构成的大多是并列短语不同，"啥不啥""甚不甚""咋不咋"现在已经凝固成一个词了，成词的理据和汉语中由反义语素构成的联合式合成词一样。关于"啥不啥""甚不甚""咋不咋"的词汇化讨论，详见后文。

（二）山西晋语疑问代词和人称代词、指示代词的连用

山西晋语中，疑问代词"谁"可以跨类和他称人称代词"人家"

"伢"等连用,构成"谁人家""人家谁""伢谁""谁伢"等连用式。"谁""啥/甚"也可以和指示代词连用,主要是和远指代词"那/兀"的连用。张伯江、方梅(2001:160-162)讨论了现代北京口语里的"那谁、那哪儿、那什么",认为它们是有定指代词"那"和无定指代词的复合形式,指出这些形式并非临时组合,而是固定的词汇形式。且其中的"那"只能读成 nèi 或 nè,不能读成 nà。我们看到,北京口语里的"那谁、那哪儿、那什么"中的后一构成成分"谁""哪儿""什么"事实上正是疑问代词,只是这些疑问代词在此处不表疑问,而是表无定的指代词。山西晋语中,也存在类似的结构,如"那/兀谁""那(个)啥""兀甚"等。其中的"那"多读促声"[nəʔ]","兀"多读"[vai]"。例如:

(1)那谁哪去啦_{那谁去哪儿了}?
(2)那谁不和你去_{那谁不和你一起去吗}?　　　　　　(以上大同_{云州区})
(3)兀谁哪去啦_{那谁去哪儿了}?
(4)兀谁不和你去_{那谁不和你一起去吗}?
(5)兀谁知道兀人咋是兀个样儿_{谁能知道那人怎么是那个样子}。
(6)兀谁和你一样咧_{谁和你一样呢}。　　　　　　　　(以上太原_{小店})
(7)那(个)啥,我不想去啦,你一个儿去哇_{那什么,我不想去了,你自己去吧}。
(8)那(个)啥,和你说个事_{那什么,和你说个事}。　　　(以上山阴)
(9)兀甚,你再这样,我告你妈呀_{那什么,你再这样,我要告诉你妈}。
(10)兀甚,有个事要告你一下嘞么_{那什么,有件事要跟你说一下}。

(以上太原_{小店})

和北京话一样,山西晋语中的"那/兀谁""那(个)啥""兀甚"中的定指代词只能用"那/兀",不能用相应的"这"。从表达上看,例(1)—(4)的"那/兀谁"是说话人心中认为听话人对自己所说之人是明确的,只是自己一时叫不上名字或不方便指名道姓,或就是不必说出来,但指称的是确定的人。例(5)、(6)"兀谁"的用法相当于"谁",指代的是"我",意思却是否定的,相当于"我不"。这个用法在近代汉语里就已有,吕叔湘(1985:109)指出:"有意思的是专门指'我'说的'谁',等于'我不'、'我没'。"例(7)、(8)中的"那(个)啥"

和例（9）、（10）中的"兀甚"基本没有指代作用，只是起一种舒缓语气的和提起话头的作用，相当于一个话题标记。

二 山西晋语疑问代词的重叠

（一）指人疑问代词的重叠

山西晋语中，用于虚指的"谁"可以重叠。和普通话一样，"谁"重叠后指代不必或不愿具体说明的对象。这种现象在山西晋语中极为普遍，且内部一致性较强，一般都是三叠式。例如山阴方言：

（1）一天就能瞎翻腾，今儿个谁谁谁长了，明儿谁谁谁短了一天就爱嚼舌根，今天谁长了，明天谁短了。

（2）谁谁谁咋了哇和个人有啥相干谁怎么样了又和自己有什么关系呢。

（3）我就眼红人家谁谁谁的娃娃考住公务员啦，谁谁谁的娃娃考住老师啦我就羡慕谁家的孩子考上公务员了，谁家的孩子考上教师编制了。

（二）处所疑问代词"哪"的重叠

据郭利霞（2015：131），山西晋语中的娄烦、静乐方言点，内蒙古晋语中的包头土右旗、乌拉特前旗、兴和、五原、托克托、临河方言点，陕北晋语中的神木等方言点，问处所的疑问词"哪"可以重叠，重叠后仍表疑问，指代处所，意思相当于"哪儿/里"。例如（以下例句均转引自郭丽霞）：

（1）哪哪有旅社哪里有宾馆？

（2）哪哪有旅馆哪里有宾馆？

（3）你家住在哪哪你家住在哪里？　　　　　　　　　　（以上神木马镇乡）

（4）跟前哪哪儿有厕所了附近哪里有厕所？

（5）你说的哪哪儿的话览＝你说的是哪里的话？

（6）去哪哪儿耍了去哪儿玩儿过？　　　　　　　　　　（以上包头）

（7）哪哪儿有宾馆了哪里有宾馆呢？

（8）你是哪哪儿的你是哪里的？　　　　　　　　　　（以上乌拉特前旗）

（9）哪哪儿有宾馆了哪里有宾馆呢？　　　　　　　　　　（五原）

（10）哪哪儿卖鞋了哪里有卖鞋的呢？　　　　　　　　　　（托克托）

（11）哪哪儿有宾馆了哪里有宾馆呢？　　　　　　　　　　（临河）

（12）你说的是哪哪的话勒你说的是哪里的话？　　　　　　　　　　（静乐）

(13) 哪哪的东西便宜勒_{哪里的东西便宜}? （娄烦）

因我们没有来得及赴内蒙古和陕北晋语区调查，山西境外的晋语代词材料大多都是从已有研究中谨慎采用，但郭丽霞（2015：131）报道的"哪"的重叠材料我们认为是绝对可信的。因为从第四章我们可以看到，上述方言点中的神木、静乐、娄烦存在处所指代词重叠的现象，相应的问处所的疑问词能重叠也不足为奇。内蒙古晋语中的大部分点属于晋语大包片和张呼片，而大包片中如大同、张呼片中如丰镇等方言中也存在处所指代词重叠的现象，所以郭著中列举的内蒙古的这些方言点中，也很可能存在处所指代词重叠的现象，那么，问处所的疑问词能重叠也就不足为奇。郭著中没有比较"哪"和"哪哪"的区别，依据处所指示代词重叠后能使所指处所具体化的特点，我们推测，"哪哪"和"哪"相比较而言，也应该具有强调的作用。虽然这个推测是合理的，但仍然需要我们进一步调查。这也是我们后续工作的重点。

郭校珍（2008：162）也指出，娄烦方言的疑问代词"哪"的重叠式是"哪哪"。"哪哪"仍有疑问的功能，可以做句子的主语、宾语和定语。"哪哪"主要出现在对对方所说话题存疑的语境中，在一般的问话中不会出现。如：

(14) 你才刚说叫我放的哪哪览_{你刚才让我放在哪儿呢？}

(15) 哪哪的东西便宜嘞_{哪儿的东西便宜呢？}

(16) 哪哪也得讲道理嘞_{哪儿也得讲讲道理。}

从郭校珍（2008：162）描写的"'哪哪'主要出现在对对方所说话题存疑的语境中"一句中，我们可以有这样的理解：娄烦方言中，"哪哪"主要是用于需确指或需使处所具体化的语境中。这其实也能部分证实我们上面的推断。

第六章

代词重叠和连用的类型学比较

第一节 代词重叠的类型学比较

一 普通话中的代词"重叠"及相关讨论

重叠是汉语中一种重要而常见的语法手段。学界对于重叠现象的相关研究主要集中于动词、形容词、量词等词类的重叠。关于普通话中"代词能否重叠"这个问题语法学界有不同的看法。

有的学者认为代词一般不能重叠,比如林祥楣(1958:1-52)认为:"汉语的动词、形容词都有重叠的形式,代词则不能重叠,虽然有'什么什么都预备好了。'这样的用例。这只是几个代词的连用,都能从修辞上得到解释。或者是为了强调,因而把'什么'重复一下。这些都和作为语法形式的重叠没有关系"。石毓智(1996)认为重叠是有范围限制的,由于语义的限制,代词整个词类都不能句法重叠。冯志纯(2005:51-56)也持同样的观点,认为代词一般没有重叠形式。在像"他说有怎样怎样的困难"之类的句子中,"怎样怎样"是代词的连用,不是代词的重叠。唐燕玲(2011:8)认为"因为重叠的基式不能无限制地重现,一般是只能重现一次,而词的连用可以一连用好几个",故把"谁谁谁""什么什么什么"类的用法也看作连用而不是重叠的句法形式。

有的学者认为部分代词主要是疑问代词由于表达的需要可以重叠。比如:于细良(1964)通过讨论疑问代词"什么、啥"的用法后认为,疑问代词用于疑问的时候不能重叠,只有用于非疑问的时候才能重叠,表示很多、不必列举或不用列举的意思。王松茂(1983:79-141)等认为,"谁"可以重叠使用。赵静贞(1984)指出汉语代词没有重叠的语法特点，但由于表达的需要，有些疑问代词和指示代词在一定条件下可以重叠，可以重叠的疑问代词有"谁、什么、啥、如何、怎么、怎样、哪"，指示代词有"一切、如此、彼此"和特殊代词"某"。单音节的重叠形式为 AA 式或 AAA 式，双音节的重叠形式为 ABAB 式，重叠后有夸张强调、含蓄委婉等表达作用。尹世超（1987）认为，疑问代词"谁"有二重的重叠和三重的重叠，指出"谁"重叠后具有"隐姓埋名"的作用，表示不必或不便称名道姓的人。邢公畹（1994：111-114，251-252）认为"疑问代词在活用时可以重叠使用，例如：他告诉了我谁谁来过。｜他说他哪儿哪儿都去过，多会儿多会儿去的，花了多少多少钱，买了什么什么东西。表示不止一人、不止一事物、不止一时一地、不止一种方式、不止一种行为等意思"。邢福义（1996：13-24，44-64，200-207，308-344）认为"疑问代词重叠使用，结果是把分别列举的事项笼统化"。陈淑梅（1998）对笼统指的叠用范围、叠用形式和语义蕴含以及语用价值作了进一步的描述。马庆株（2000）认为"真正的代词重叠限于疑问代词"，如"谁谁、什么什么、多少多少、多会儿多会儿、哪儿哪儿（到处某地）"，且重叠式"只用于口语包孕小句"，如：我告诉你那儿有谁谁。｜谁谁跟我说的那件事。｜我到过哪儿哪儿。李珊（2003：165-179）认为疑问代词"谁、什么、哪儿、哪里、怎么、多少"可以重叠，代词重叠在句中起强调作用。华玉明（1994；2001；2003：45-53，56-85）对普通话的代词重叠进行过较为全面的研究，他认为，在现代汉语实词中，代词是重叠性最弱的词类之一。人称代词一般不能重叠，有重叠用法的主要是疑问代词。常见可重叠疑问代词有：谁、啥、怎样、怎么、如何、什么、多少、哪里。疑问代词重叠不表示疑问，一般都表示说话人对重叠式所指代的事物或现象的主观量的强化，含有"多"义，并附有描写意味。"谁"比较特殊，可以重叠为"谁谁"，也可以重叠为"谁谁谁"。在向第三者叙述时，"谁"的重叠式用"隐姓埋名"的方式称代本来是确定的、但此时此地不必或不便直呼姓名的人。它可以指一个人，也可以指不止一个人。徐默凡（2010）认为用于疑问的疑问代词不能重叠，非疑问用法的疑问代词都可以重叠。表泛指和借指的疑问代词重叠后，不仅表示数量的增加，还附带了"不在乎、不以为然"的主观评价意义，有时候略带讽刺的意味。并指出疑问代词的泛指用法和借指用法的重叠开始走上主观化和语法化的历程，逐步具备了语法重叠的雏形，而疑问代词任指用法的重叠更像修辞上的一种重复现象。

由以上讨论可以看出，学界对普通话的代词能否重叠这一问题的分歧焦点不仅在于对"重叠"这一概念界定的广狭，还在于大家都意识到，代词重叠和其他词类如动词、形容词、量词之类的重叠有明显的不同。马庆株（2000）指出，重叠是指同一语言单位的接连出现，但又不形成基本句法结构。动词、形容词、量词之类的词一般是同一语言单位接连出现两次。重叠后是会增加一些语法意义，但词汇意义一般不会改变。代词重叠只发生在疑问代词这个小类里，但疑问代词重叠后却不表示疑问，且同一语言单位不一定只接连出现两次，有的能接连出现三次甚至多次，这也是人们不把它当作重叠至少不算作典型的重叠看待的一个重要原因。

黄伯荣、廖序东（2011：23）指出，疑问代词的主要作用是表示疑问，但也可以不表疑问，引申为任指和虚指两种用法。"任指"表示任何人或任何事物，说明在所说范围内没有例外；"虚指"指代不能肯定的人或事物，包括不知道、说不出或不想说出的。在转述别人说的话时，可以用来指代不必或不愿具体说明的对象，这时代词可以重叠着用。李宇明（1996）指出，当基式不止一种意义或用法时，重叠只可能在一种意义或用法上进行。我们看到，疑问代词重叠后一般表示很多、表示不必列举或不尽列举的意思，这个意义的产生事实上和疑问代词的虚指用法息息相关。正如徐默凡（2010）指出的，"泛指"的意思是"某种"，重叠以后的意思就是有多个"某种"，无法一一指明，由此就产生了列举未尽的含义。所以，我们赞同徐文对疑问代词重叠的界定：疑问代词的重叠现象不仅是语词形式的重复，而且必须具有特定的语法意义。

虽然普通话中只有疑问代词能重叠，人称代词和指示代词一般都不能重叠，但在汉语方言和民族语的材料中不仅疑问代词能重叠，人称代词和指示代词也有重叠的现象。

二 代词重叠的跨方言比较

前文可见，山西晋语中，代词重叠在整个代词系统里都有体现，人称代词、指示代词、疑问代词都能重叠，且重叠后其词汇意义并不改变。目前所见汉语其他方言中代词重叠的现象较集中在指示代词这一小类中。

(一) 人、物指代词的重叠

在山西中原官话中，指代人、物的指代词可以完全重叠。如翼城方言指代人、物的"这〔tʂɛi⁵¹〕""兀〔vɛi⁵¹〕"都可以重叠，意义与普通话的"这个、那个"相当。例如：

(1) 这〔tʂɛi⁵¹〕是我哥，兀〔vɛi⁵¹〕是我弟这个是我哥，那个是我弟。

(2) 这这〔tʂɛi⁵¹⁻⁵⁵ tʂɛi⁰〕是我哥，兀兀〔vɛi⁵¹ vɛi⁰〕是我弟这个是我哥，那个是我弟。

(3) 这这〔tʂɛi⁵¹⁻⁵⁵ tʂɛi⁰〕大，兀兀〔vɛi⁵¹⁻⁵⁵ vɛi⁰〕小，这俩东西哪一好唻这个大，那个小，这两个东西哪个好呢?

(4) 你买这这〔tʂɛi⁵¹⁻⁵⁵ tʂɛi⁰〕哇，我买兀兀〔vɛi⁵¹⁻⁵⁵ vɛi⁰〕呀你买这个吧，我准备买那个。

(5) 这这〔tʂɛi⁵¹⁻⁵⁵ tʂɛi⁰〕人比兀〔vɛi⁵¹⁻⁵⁵ vɛi⁰〕兀人高，可是没有兀兀〔vɛi⁵¹⁻⁵⁵ vɛi⁰〕人胖这个人比那个人高，可是没有那个人胖。

(6) 这这〔tʂɛi⁵¹⁻⁵⁵ tʂɛi⁰〕娃是个〔vɛi⁰〕好娃这个孩子是个好孩子。

(7) 眊兀兀〔vɛi⁵¹⁻⁵⁵ vɛi⁰〕人，懒死了看那个人，懒死了。

再如绛县方言，表近指的"这〔tʂai⁵³〕"可重叠为"这这〔tʂai⁵³ tʂai⁰〕"，表远指的"兀〔uai⁵³〕"可重叠为"兀兀〔uai⁵³ uai⁰〕"。"这这""兀兀"与普通话中的"这个""那个"意思一样。例如：

(8) 这〔tʂai⁵³〕是我姑，兀〔uai⁵³〕是我姨这个是我姑姑，那个是我姨姨。

(9) 这这〔tʂai⁵³ tʂai⁰〕是我姑，兀兀〔uai⁵³ uai⁰〕是我姨这个是我姑姑，那个是我姨姨。

(10) 这这〔tʂai⁵³ tʂai⁰〕大，兀兀〔uai⁵³ uai⁰〕小这个大，那个小。

(11) 这这〔tʂai⁵³ tʂai⁰〕手机比兀兀〔uai⁵³ uai⁰〕手机好用这个手机比那个手机好用。

(12) 你要这这〔tʂai⁵³ tʂai⁰〕呀，还是要兀兀〔uai⁵³ uai⁰〕哩你要这个还是那个?

(13) 兀兀〔uai⁵³ uai⁰〕人是谁那个人是谁?

翼城、绛县等方言指代人、物的指示代词重叠后和单用所表达的意思相同，但重叠式表强调，即表示具体的特定的人、物，这一点在成对使用时更加明显。

(二) 处所指代词的重叠

汉语方言中，指示代词的重叠现象更多地集中在处所、方位指代词这一小类。在晋语中如此，在官话中亦如此。从重叠形式看，既有完全重叠式，也有不完全重叠式。不完全重叠式既有 ABB 式，也有 AAB 式。（A 是表指示义的语素，B 是表处所、方位义的语素）。

据孙立新（2008，2010：78-80），陕西关中有不少方言用处所指代词的重叠式表示确指。例如（以下例子均转引自孙立新，2010）：

户县：这儿 [tʂə³¹] ——这儿这儿 [tʂə³¹tʂə⁰]
　　　兀儿 [uə³¹] ——兀儿兀儿 [uə³¹uə⁰]
　　　这搭儿 [tʂei⁵⁵tə⁰] ——这搭儿搭儿 [tʂei⁵⁵tə⁰tə⁰]
　　　兀一搭儿 [uei⁵⁵tə⁰] ——兀搭儿搭儿 [uei⁵⁵tə⁰tə⁰]
　　　那搭儿 [næ⁵⁵tə⁰] ——那搭儿搭儿 [næ⁵⁵tə⁰tə⁰]

岐山：这搭 [tʂʅ⁵²ta⁰] ——这搭 这搭 [tʂa⁵²tʂa⁰]
　　　兀搭 [u⁵²ta⁰] ——兀搭 兀搭 [ua⁵²ua⁰]

陇县：这搭 [tʂʅ⁴⁴ta³¹] ——这搭搭 [tʂʅ⁴⁴ta³¹ta⁰]
　　　兀搭 [u⁴⁴ta³¹] ——兀搭搭 [u⁴⁴ta³¹ta⁰]

商州：札儿 [tʂar⁵³] ——札札儿 [tʂar⁵⁵tʂar⁰]
　　　哇儿 [var⁵³] ——哇哇儿 [var⁵⁵var⁰]

云阳：这儿 [tʂər³¹] ——这儿这儿 [tʂər³¹tʂər⁰]
　　　兀儿 [uər³¹] ——兀儿兀儿 [uər³¹uər⁰]

乾县：这陀儿 [tʂɤ⁵²tʰuər³⁵] ——这陀陀 [tʂei⁵²tʰuɤ³⁵tʰuɤ³¹]
　　　兀一陀儿 [vei⁵²tʰuər³⁵] ——兀一陀陀 [vei⁵²tʰuɤ³⁵tʰuɤ³¹]
　　　那陀儿 [læ⁵²tʰuər³⁵] ——那陀陀 [læ⁵²tʰuɤ³⁵tʰuɤ³¹]

陕西关中方言中，处所指代词重叠后都表示确指，相较于基式，所指更具体，指某个"具体的地方"。甘肃中原官话陇东小片（王娟之2014：23）也存在处所代词重叠的情况，如：

靖远：这儿——这儿这儿　兀儿——兀儿兀儿
　　　这搭——这搭搭　兀搭——兀搭搭
庆城：这搭——这搭搭　那搭——那搭搭
灵台：这搭——搭——搭搭

王双成（2009）指出，西宁方言的指示代词"这儿"可以重叠为

"这这［tʂa³tʂa³］"。西宁方言中"这"有两种语音形式：［tʂʅ⁵］和［tʂa³］。［tʂa³］的来源不清楚，可能是带上儿尾后有产生儿化韵，变为［tʂɛ³］，后来元音低化而成。

据李启群（1994），吉首方言（属西南官话）指示代词"那个、那□［dau⁴²］个,条（中指）、那边、那块儿哪儿"可以重叠成"那那个、那那□［dau⁴²］、那那边、那那块儿"。例如：

这个（近指）　　　那个（中指）　　　那那个（远指）
这□［dau⁴²］（近指）那□［dau⁴²］（中指）那那□［dau⁴²］（远指）
这边（近指）　　　那边（中指）　　　那那边（远指）
这块儿（近指）　　那块儿（中指）　　那那块儿（远指）

李启群（1994）指出，吉首方言指示代词重叠式比非重叠式所指代的事物距离更远，从而与非重叠式形成了"中指"与"远指"的对立。

湘南土话用远指代词的重叠或重复来表示更远的距离（卢小群，2004：144）。

据伍和忠（2006），荔浦方言（属西南官话桂柳片）的指示代词主要是"即这"和"那"，用"即"表近指，用"那"表远指。由"即"和"那"构成的合成指示代词主要有"即边、那边、即头、那头、即垱这里、那垱那里、即时、那时"等。这些合成指示代词都是名词性的，其中"即时""那时"指时间，其余都指方位、处所。除"即时"外，其他都能重叠成 AAB 式：

即边——即即边　　那边——那那边
即头——即即头　　那头——那那头
即垱——即即垱　　那垱——那那垱　　那时——那那时

和基式相比，荔浦方言用指示代词的重叠式来表示更远指或者更近指，这符合语言的象似性原则。

据苏俊波（2007：40－41），丹江方言（属西南官话鄂北片）的指示代词"那"在指示方位时，可以重叠为 AA 式，例如"那边、那头、那□［mər⁰］、那个屋的、那个上头"分别可以重叠为"那那边、那那头、那那□［mər⁰］、那那个屋的、那那个上头"等。例如："我说的不是那边，是在那那边。""东西好像放在那那个上头。"如果继续强调所指事物距离说话人更远，也可以三叠甚至多叠来表示。例如："太阳落到山的那那那□［mər⁰］（边）去唠。""我一口气可以跑到那那那那头。"相比远指代词基式，重叠式表示所指事物离说话人距离更远。指示代词"那"的重叠，其语法意义在于表量，表示程度上的加强。

以上材料大致显示，汉语方言中，指示代词的重叠现象多数都集中在方位、处所指代词这一小类中，且指示方位、处所等的代词重叠时，晋语和西北官话的不完全重叠倾向于 ABB 式，西南官话的不完全重叠倾向于 AAB 式。

三 代词重叠的跨语言比较

"重叠"是藏缅语族语言表达语法意义的重要手段之一，是藏缅语族语言普遍存在的语言现象，不仅名词、动词、形容词、量词可以重叠，部分语言中也存在代词重叠的现象。本节中的民族语材料大多来自《中国的语言》（孙宏开等，2007），部分语言的材料也参照了《民族语简志》系列丛书和已公开发表的单篇论文。《中国的语言》收录了我国 56 个民族的 129 种语言，分属汉藏语系、阿尔泰语系、南岛语、南亚语、印欧语五大语系，此外，还有一些混合语。我们梳理了一下，发现代词重叠现象集中在汉藏语系的藏缅语族里。其关于代词重叠现象的记录较为详细，并列举了用例。下面的代词重叠材料及用例我们都是直接转引，尽量遵照原文。①

（一）人称代词的重叠

在藏缅语族语言中，人称代词重叠大多能构成反身代词，有的语言是完全重叠人称代词的某一种格，如主格或领格，有的是在人称代词的重叠式中间插入词缀。

1. 完全重叠式

景颇语的人称代词中除领属代词、反身代词和第一人称复数包括式代词不能重叠外，其余均能重叠。重叠式在句中主要充当被强调的主词。代

---

① 为使全书标音统一，我们将所引原文中的送气符号一律改为上标符号"ʰ"，调值统一用数字标注，并在音标右下角用小号字注出汉语解释。在引用例词和例句的标音时，若其他文献的标音和《中国的语言》有出入时，以《中国的语言》为准。为明显，我们将用例中的代词重叠部分统一用下划线标识出来，所引例句均用楷体字显示。下文不再一一说明。

词重叠的主要作用是突出和强调代词在句中的地位（引自徐悉艰，1990）。

(14) ŋai³³ ŋai³³ ko³¹ naŋ³³ ko̠ʔ⁵⁵ si³³ na³³ sai³³ ŋu⁵⁵, ʃat³¹ ʃa̠³¹ tu³³
我 我 （结助）你 饿 将要（句助）转述 饭 煮
kjiŋ⁵⁵ si³³ ŋa³¹ ŋ³¹ ŋai³³.
忙 死（正在）（句助）
（译文：我啊，觉得你饿了，正在忙着做饭。）

(15) ʃan⁵⁵ tʰe³³ tʰe³³ ko³¹ puŋ³¹ li³¹ kǎ³¹ lo³³ ŋut⁵⁵ kau⁵⁵ mjit³¹ pjo³³
他们（重叠）（结助）活儿 做 完毕（助动）愉快
si³³ ŋa³¹ ma̠ʔ³¹ ai³³.
死 正在（句助）
（译文：他们啊，活儿干完了，愉快极了。）

基诺语的人称代词能重叠，重叠后表示人或事物的重复出现，含有"总是"的意思。例如（引自孙宏开等，2007：337-338）：

(16) nə⁴ nə⁴ ɣɯ¹ lɔ⁴ a. （译文：总是你来。）
你 你 只 来

(17) kʰə⁴ kʰə⁴ ɣɯ¹ lɔ⁴ a. （译文：总是他来。）
他 他 只 来

独龙语中人称代词分单数、双数和多数，它们都能重叠，重叠后表示反身。例如（引自孙宏开，1993）：

ŋa⁵³ 我 —— ŋa⁵³ ŋa⁵³ 我自己
na⁵³ 你 —— na⁵³ na⁵³ 你自己
ǎŋ⁵³ 他 —— ǎŋ⁵³ ǎŋ⁵³ 他自己
iŋ⁵⁵ ne⁵⁵ 我俩 —— iŋ⁵⁵ ne⁵⁵ iŋ⁵⁵ ne⁵⁵ 我俩自己
nɯ⁵⁵ ne⁵⁵ 你俩 —— nɯ⁵⁵ ne⁵⁵ nɯ⁵⁵ ne⁵⁵ 你俩自己
ǎŋ⁵⁵ ne⁵⁵ 他俩 —— ǎŋ⁵⁵ ne⁵⁵ ǎŋ⁵⁵ ne⁵⁵ 他俩自己
iŋ⁵⁵ 我们 —— iŋ⁵⁵ iŋ⁵⁵ 我们自己
nɯ⁵⁵ niŋ⁵⁵ 你们 —— nɯ⁵⁵ niŋ⁵⁵ nɯ⁵⁵ niŋ⁵⁵ 你们自己
ǎŋ⁵⁵ niŋ⁵⁵ 他们 —— ǎŋ⁵⁵ niŋ⁵⁵ 他们自己

彝语中，反身代词的构成一般是在人称代词后加"ʑi²¹ dɯ³³/tsʅ⁵⁵ tɕe³³ 自己"构成，但当说话人要强调动作主体时，单数反身代词则可以重叠单数领格代词来构成反身代词的强调式，双数、多数反身代词的强调式，就通过直接重叠双数、多数代词来构成。例如（引自陈士林等，1985：120-123；马辉，2016）：

ŋa^{55} 我的——ŋa^{55} ŋa^{55} 我自己

ni^{55} 你的——ni^{55} ni^{55} 你自己

tsʰʅ^{21} 他的——tsʰʅ^{21} tsʰʅ^{33} 他自己

ŋa^{21} ȵi^{55} 我们俩的——ŋa^{21} ȵi^{55} ŋa^{21} ȵi^{55} 我俩自己

nɯ^{21} ȵi^{55} 你俩的——nɯ^{21} ȵi^{55} nɯ^{21} ȵi^{55} 你俩自己

tsʰʅ^{21} ȵi^{55} 他俩（的）——tsʰʅ^{21} ȵi^{55} tsʰʅ^{21} ȵi^{55} 他俩自己

o^{21} 我们的——o^{21} o^{21} 我们自己

no^{21} 你们的——no^{21} no^{21} 你们自己

tsʰo^{21} 他们的——tsʰo^{21} tsʰo^{21} 他们自己

孙宏开等（2007：267-268）将这种重叠式称为"反身交互格"，它专门用做主语，有加强语势的作用。

纳木依语三身人称代词单数主格都可以三重重叠，构成人称代词的加强式，强调本人亲自或单独进行某种活动。重叠式要发生变调。例如（引自孙宏开等，2007：976）：

ŋa^{55} 我——ŋa^{55} ŋa^{31} ŋa^{53} 我自己

no^{53} 你——no^{53} no^{31} no^{53} 你自己

tɕʰi^{53} 他——tɕʰi^{53} tɕʰi^{31} tɕʰi^{53} 他自己

却域语反身代词和三身代词一样，也分单数、双数和多数，其中双数和多数的反身代词通过重叠三身人称代词来构成。例如（引自孙宏开等，2007：1067）：

ŋa^{35} tse^{53} 我俩——ŋa^{35} tse^{53} ŋa^{35} tse^{53} 我俩自己

ŋa^{35} ȵe^{55} 我们——ŋa^{35} ȵe^{55} ŋa^{35} ȵe^{55} 我们自己

na^{55} tse^{53} 你俩——na^{55} tse^{53} na^{55} tse^{53} 你俩自己

na^{35} ȵe^{55} 你们——na^{35} ȵe^{55} na^{35} ȵe^{55} 你们自己

tsɛ^{35} tse^{53} 他俩——tsɛ^{35} tse^{53} tsɛ^{35} tse^{53} 他俩自己

tsɛ^{35} ȵe^{55} 他们——tsɛ^{35} ȵe^{55} tsɛ^{35} ȵe^{55} 他们自己

仙岛语的反身代词"tʰu$^{55}_{自己}$"可以重叠，重叠后加在表人的名词、代词后表示"亲自"的意思，有强调的作用。例如（引自孙宏开等，2007：

799）：

（18） ȵaŋ³¹ tʰu⁵⁵tʰu⁵⁵ kz̞ai⁵⁵.
　　　 他　　自己　　　说．
（译文：他亲自说的。）

波拉语的第三人称代词单数主格"jɔ̃³¹他"加在表人的名词、人称代词后，表示"亲自"。重叠后，表示语气加强。例如（引自孙宏开等，2007：814）：

（19） tʃʰŋ³⁵sə̃³¹ ʒa³⁵ jɔ̃³¹（jɔ̃³¹） ti³⁵/⁵⁵ ɛ³¹.
　　　 医　生　　　他（他）　　说　（助）
（译文：医生亲自说的。）

（20） nɔ̃⁵⁵ jɔ̃³¹（jɔ̃³¹）　 tuŋ³⁵　ɛ³¹　i⁵⁵?
　　　 你　　他（他）　　　写　　（助）（助）
（译文：你亲自写的吗？）

覃静（2012）、罗伯东（泰国）（2008）都指出，泰语的人称代词、疑问代词都可重叠。代词重叠式表示的数量意义有两种，一是表示任指，一是表示数量增加，泛指全范围。例如（引自覃静，2012：30-31）：

khrai²谁——khrai²khrai²无论谁　nai¹哪——nai¹nai¹无论哪
rau²我们——rau²rau²我们

普米语的反身代词和三身代词一样，也分单数、双数、多数、集体4种。单数反身代词是运用附加法构成，双数反身代词是用完全重叠人称代词的方式构成，多数和集体反身代词也是用完全重叠的方式构成，但多数和集体代词中原来的附加成分在重叠时韵母会发生变化。例如：（引自孙宏开等，2007：875-876）

ɛ⁵⁵zã⁵⁵ɛ⁵⁵zã⁵⁵我俩自己　ɛ⁵⁵z̞ə⁵⁵ɛ⁵⁵z̞a⁵⁵我们自己　ɛ⁵⁵by⁵⁵ɛ⁵⁵ba⁵⁵我家自己
nɛ¹³zã⁵⁵nɛ¹³zã⁵⁵你俩自己 nɛ¹³z̞ə⁵⁵nɛ¹³z̞a⁵⁵你们自己 nɛ¹³by⁵⁵nɛ¹³ba⁵⁵你家自己
tə⁵⁵zã⁵⁵tə⁵⁵zã⁵⁵他俩自己　tə⁵⁵z̞ə⁵⁵tə⁵⁵z̞a⁵⁵他们自己　tə⁵⁵by⁵⁵tə⁵⁵ba⁵⁵他家自己

另外，尔苏语（孙宏开，2007：959）、木雅语（孙宏开等，2007：910-911）等构成反身代词其中一种方法是重叠人称代词的领格形式，虽然重叠方式和音变内容有所不同，但都是用重叠人称代词构成。

据王芳（2012：24）的研究，属于达罗毗荼语系的泰米尔语的反身代词也是用重叠人称代词的方式构成，如：avar 他——avar-avar　他自己（Parimalagantham，2009）。

2. 插入词缀式

还有一些藏缅语族语言，反身代词也是用重叠人称代词构成，但它们在重叠时，在两个重叠的人称代词中间要插入一个音节。属于这种构成方式的语言有拉祜语、傈僳语、怒苏语等。

邦朵拉祜语有一种语法形式可以表示代词的反身意义，即重叠的两个代词中间嵌入"qʰa⁵³"，在句中能充当主语、宾语等成分。例如（引自李春凤，2012：63-64）：

ŋa³¹ qʰa⁵³ ŋa³¹ 我自己　　ŋa³¹ xɯ³³ qʰa⁵³ ŋa³¹ xɯ³³ 我们自己
nɔ³¹ qʰa⁵³ nɔ³¹ 你自己　　nɔ³¹ xɯ³³ qʰa⁵³ nɔ³¹ xɯ³³ 你们自己
jɔ⁵³ qʰa⁵³ jɔ⁵³ 他自己　　jɔ⁵³ xɯ³³ qʰa⁵³ jɔ⁵³ xɯ³³ 他们自己

傈僳语中，有一种固有的反身代词形式，就是在重叠的人称代词中间嵌入"ti³⁵"等词缀，表示反身。例如（引自孙宏开等，2007：278）：

ŋua³³ ti³⁵ ŋua³³ 我自己　　ŋua³³ nu³¹ ti³⁵ ŋua³³ nu³¹ 我们自己
ʐo³¹ ti³⁵ ʐo³¹ 咱们自己
nu³³ ti³⁵ nu³³ 你自己　　nu³³ ua³¹ ti³⁵ nu³³ ua³¹ 你们自己
e⁵⁵ ti³⁵ e⁵⁵ 他/她自己　　e⁵⁵ ua³¹ ti³⁵ e⁵⁵ ua³¹ 他们/她们自己

柔若语中，人称反身代词采用人称代词重叠形式构成，重叠后中间插入"sã³¹"。例如（引自孙宏开等，2007：460）：

ŋo⁵⁵ 我—ŋo⁵⁵ sã³¹ ŋo⁵⁵ 我自己　　ȵau³¹ 你—ȵau³¹ sã³¹ ȵau³¹ 你自己
tu³⁵ 他— tu³⁵ sã³¹ tu³⁵ 他自己

怒苏语中，构成反身代词的其中一种方式是重叠人称代词，在中间插入"tua⁵³"。例如（引自孙宏开等，2007：478）：

单数

ŋa³⁵ tua⁵³ ŋa³⁵ 我自己　　ȵo⁵⁵ tua⁵³ ȵo⁵⁵ 你自己　　ʔȵo⁵⁵ tua⁵³ ʔȵo⁵⁵ 他自己

双数

ŋa³⁵ ku³¹ tua⁵³ ŋa³⁵ ku³¹ 我俩自己　　ȵo⁵⁵ ku³¹ tua⁵³ ȵo⁵⁵ ku³¹ 你俩自己
ʔȵo⁵⁵ ku³¹ tua⁵³ ʔȵo⁵⁵ ku³¹ 他俩自己

多数

ŋa³⁵ dɯ³¹ tua⁵³ ŋa³⁵ dɯ³¹ 我们自己　　ȵo⁵⁵ dɯ³¹ tua⁵³ ȵo⁵⁵ dɯ³¹ 你们自己
ʔȵo⁵⁵ dɯ³¹ tua⁵³ ʔȵo⁵⁵ dɯ³¹ 他们自己

孙宏开（1993，1996）指出，用重叠人称代词的方式构成反身代词是藏缅语反身代词构成的一种基本形式，目前有相当多的语言采用这种方式构成。用人称代词重叠表示反身，有强调"亲自"的语气在内。山西晋语中，虽然我们调查到的只有北区晋语部分方言点的第三人称单数代词重叠后做主语时有表示反身的意味，如大同话"她她也不知道放的哪啦她自己也不知道放在哪里了。""他他又懂得，也哄不了他自己也知道，瞒不住。"等，但总的来看，北区晋语领属位置上的单数人称代词重叠也和反身代词一样，有强调的意味。从这个角度讲，人称代词重叠表"强调"的功能是一致的。

（二）指示代词的重叠

哈尼语中，表数量的指示代词"çi^{55} dø^{55} 这些""ø^{55} dø^{55} 那些"和表性状的指示代词"çi^{55} me^{55} 这样""ø^{55} me^{55} 那样"可以重叠，重叠后一音节。代词重叠后表示强调语气或数量较多。例如（引自傅爱兰、李泽然，1996）：

(21) za^{31} gu^{31} çi^{55} dø^{55} dø^{55}, do^{31} dɔ^{33} na^{55} xa^{31} na^{33}！
　　 小孩　这些些　　话　很　听　肯
　　（译文：这些小孩，特听话!）　（赞叹）

(22) za^{31} gu^{31} ø^{55} dø^{55} dø^{55}, so^{31}　ɣa^{31} ma^{31} dzo^{55} na^{33}！
　　 小孩　那些些　　书　不　读　肯
　　（译文：那些小孩，不肯读书!）　（生气而无可奈何）

(23) çi^{55} me^{55} me^{55},　ma^{31} ne^{31} xɔ^{31} u^{55} ja^{31}！
　　 这　样　样　　不　像　话　（助）
　　（译文：竟会这样，真不像话!）　（生气）

(24) çi^{55} me^{55} me^{55}, ma^{31} tsʰɣ^{31} ma^{31} kʰa^{31}！
　　 这　样　样　　不　信　不　行
　　（译文：竟会这样，不信不行!）　（赞叹）

景颇语中，指代事物的指示代词能够部分重叠，重叠后在句中主要做主语和定语（修饰主语），此时的主语和定语一定是被强调的。例如（引自徐悉艰，1990）：

(25) n^{33} tai^{33} tai^{33}　ko^{31}　　naŋ^{33} kʰum^{31} laŋ^{33} kau^{55} nuʔ^{55}.

这（重叠）（结助）你 别 用 掉（句助）
(译文：这个啊，你别用掉!)

(26) kum³¹ ʒa³¹ tʰo⁵⁵ʒa³¹ ʒa³¹ ko³¹ ŋai³³ n⁵⁵ tut³¹ sã³³na³³.
马（上面）那（重叠）（结助）我 不 卖（句助）
(译文：上面那匹马啊，我不卖了。)

指代事物性状的指示代词能够部分重叠，重叠后在句中主要做定语（修饰被强调的主语）、状语，表示强调。例如：

(27) ʃa⁵⁵ lo⁵¹ lo³¹ ka⁵⁵ te²³¹ ko³¹ naŋ³³ kʰum³¹ sa³³ uʔ³¹!
那么（远）（重叠）地方 方向（结助）你 别 去（句助）
(译文：那么远的地方，你别去!)

(28) ʃi²⁵⁵ a²³¹ sum³³ ʒi³³ n⁵⁵ lo⁵¹ lo³¹ loʔ⁵⁵ ai³³ kʰʒai³³ ʒai⁵⁵.
他 的 绳子 这么（长）（重叠）长 的 尽 是
(译文：他的绳子尽是这么长的。)

基诺语的指示代词，二分为近指和远指，近指是"çe³这"，远指是"kʰə⁴那"。"çe³这"和"kʰə⁴那"都能完全重叠，重叠后表示"肯定""总是"等指示语气的加强或表示程度的加深。基诺语的指示代词的重叠形式多样，单音节都是完全重叠式，有的双音节重叠形式既可以完全重叠成 ABAB 式，也可以不完全重叠成 ABB 式。例如（引自盖兴之，1986：48-49，孙宏开等，2007：337-338）：

(29) çe³ çe³ lœ². （译文：就是这个。）
　　 这　这　个

(30) kʰə⁴² kʰə⁴² lœ². （译文：就是那个。）
　　 那　那　个

(31) çe³çe³ɣɯ¹lɔ⁴ a. （译文：总是这个来。）
　　 这这只来

(32) çe³pu³pu³xɤ⁴ a.（译文：就这么大。）
　　 这　么　大

(33) çe³lo³lo³ kʰœ⁴². （译文：就这么做。）
　　 这　么　做

(34) çe³lo³çe³lo³pə⁴.（译文：这么这么样打。）
　　 这么这么打

(35) $k^h\mathrm{ə}^{42}$ lo^3 $k^h\mathrm{ə}^{42}lo^3$ $k^h\mathrm{œ}^{42}$. （译文：那么那么样打。）
　　　那　么　　那　么　　做

格曼语中，指示代词单独做句子成分时，为了强调其指示作用，可以重叠使用。例如（引自孙宏开等，2007：591）：

(36) an^{55} an^{55} $\mathrm{ɕ}an^{55}$ $k\mathrm{ɯ}^{31}$ pam^{35}?
　　　这　这　什么　　做
　　（译文：这是干什么的？）

(37) $w\check{a}n^{35}$ $w\check{a}n^{35}$ $t\mathrm{ɯ}^{31}$ $p^h\mathrm{ɯ}n^{53}$ mai^{53},　$w\check{a}n^{35}$　$w\check{a}n^{35}$ du^{31} $\mathrm{ɹoŋ}^{35}$.
　　　那　那　草　不是　　　　那　　那　鸡爪谷
　　（译文：那不是草，那是鸡爪谷。）

柔若语指示代词分近指和远指，远指根据当地山势地理的方位分水平方、上方、下方，每个方位又分一般指和更远指。其中远指上方和下方的都是通过重叠一般指的形式构成更远指。远指上方的一般指是 vou^{55}，更远指是 $vou^{55}vou^{55}$；远指下方的一般指是 mou^{55}，更远指是 $mou^{55}mou^{55}$（见孙宏开等，2007：459）。

黎语的指示代词"ran^2每"只能用在量词的前面。"ran^2每"可以重叠，重叠后有加强语气的作用。例如（引自欧阳觉亚等，1980：24-25；孙宏开等，2007：1347）：

(38) ran^2 $tsu\mathrm{ː}n^1$ $zu\mathrm{ː}i^3$ $ts\mathrm{ɯ}^2$ $ka\mathrm{ː}i^3$.
　　　每　个　看　一　遍
　　（译文：每人看一遍。）

(39) $ran^2 ran^2 hwan^1$ $r\mathrm{ɯ}^3$ $lu\mathrm{ː}i^1$ nom^3 $a\mathrm{ː}p^7$.
　　　每　每　天　都　下　河　洗澡
　　（译文：每天都下河去洗澡。）

(40) na^1 $ɬau^3$ p^ha^3 o^1 $tsi\mathrm{ː}p^7 ran^2 ran^2 hwan^1$.
　　　他　二　个　学习　每　每　天
　　（译文：他们两人每天都学习。）

噶玛兰语的指示代词可重叠表示"任何东西"等意义（见孙宏开，2007：2273）。

由以上材料可见，藏缅语族语言指示事物、性状、方所等的指示代词也能重叠，重叠后多表示加强语气，有强调的作用。这一点和山西晋语指示代词重叠后的语用功能是一致的。

(三) 疑问代词的重叠

藏缅语族的大多数语言都存在疑问代词重叠的现象。

哈尼语中,疑问代词可以重叠,双音节代词可整体重叠,也可以重叠后一音节。代词重叠后表示强调语气或数量较多。例如(引自傅爱兰、李泽然,1996):

a^{31} so^{55}(a^{31})so^{55}谁谁?　　　xa^{55}mja̠^{33}(xa^{55})mja̠^{33}多少多少?

xa^{55}dẕi^{31}(xa^{55})dẕi^{31}什么什么?　　xa^{55}me^{55}(xa^{55})me^{55}怎样怎样?

xa^{55}dø^{55}(xa^{55})dø^{55}哪些哪些?　　xa^{55}tɕʰa^{33}(xa^{55})tɕʰa^{33}哪种哪种?

xa^{55}ge^{33}(xa^{55})ge^{33}哪儿哪儿?

基诺语的疑问代词个别的能重叠,重叠后表示程度的加深。例如(引自盖兴,1986:50;孙宏开,2007:337-338):

(41) kʰa^{1}lo^3　　ŋə^2　ȵa^2?
　　　 怎么样　　 是　 呢
　　　(译文:怎么样呢?)

(42) kʰa^{1}lo^{3}lo^3 ŋə^2　ȵa^2?
　　　 怎么样　　 是　 呢
　　　(译文:究竟怎么样呢?)

卡卓语疑问代词通过自身重叠表示复数。例如(引自孙宏开等,2007:431):

(43) xɑ^{33}ju^{24}　xɑ^{33}ju^{24}?
　　　 哪个　　 哪个
　　　(译文:哪几个(人)?)

(44) ne^{33}　xɑ^{33}ȵa^{55}　xɑ^{33}ȵa^{55}ji^{24}?
　　　 你　 哪里　　 哪里　 去
　　　(译文:你去哪些地方?)

柔若语代替人、处所等的疑问代词都可以重叠,重叠后表示多数。例如(引自孙宏开等,2007:459-460):

(45) ŋau^{31} nɛ̃^{31} pʰi^{33} te^{55} e^{31}　nɛ^{53}　kʰɛ^{35}kʰɛ^{35} o^{31} ŋɛ^{55}　o^{35}　nɛ^{53}?
　　　 你　 兰坪　 到达 (助词)　 谁　 谁　　 见　(助词)(语气)
　　　(译文:你到兰坪以后,看见了哪些人?)

(46) ŋau³¹ xou⁵³pɛ̃¹³ xou⁵³pɛ̃¹³ te⁵⁵ ko⁵⁵ ɛ³¹?
　　　你　　哪儿　　　哪儿　　　到　（助词）（语气）
　　（译文：你到过哪些地方？）

景颇语疑问代词指人或事物、指时间或处所、指方式或性质时都能重叠，重叠后表示复数，有"众多"的意思。例如（引自徐悉艰，1990）：

(47) kǎ³¹tai³³ tai³³ wa³¹mǎ⁵³sai³³?
　　　谁（重叠）　　　回（句助）
　　（译文：哪些人回去了？）

(48) kǎ³¹tɛʔ⁵⁵ tɛ̃ʔ⁵⁵ a³¹ lai³¹ ka̠³³ ʒe⁷⁵⁵?
　　　谁的（重叠）　的　书　是
　　（译文：是哪些人的书？）

(49) ʃi⁷⁵⁵ a⁷³¹ ʒai⁵⁵ kǎ³¹ʒa³¹ ʒa³¹ ʒe⁷⁵⁵ ni⁵¹?
　　　他的　的　东西　哪（重叠）　是（句助）
　　（译文：他的东西是哪些？）

(50) ʃi³³ kǎloi⁵⁵loi⁵⁵ naŋ⁵¹e³¹sa³³ ju³³ sa⁷⁵⁵?
　　　他　何时（重叠）　这　儿　来　过（句助）
　　（译文：他哪些时候来过这儿？）

(51) ʃan⁵⁵the³³ ko³¹ kǎ³¹naŋ⁵⁵ naŋ⁵⁵ na⁵⁵ mǎ³¹ ʃa³¹ ʒe⁷⁵⁵?
　　　他们（结助）哪儿（重叠）　的　人　是
　　（译文：他们都是哪儿的人？）

(52) naŋ³³niŋ³³nau³³ pʰe⁷⁵⁵ kǎ³¹niŋ³¹ niŋ³¹ ŋu⁵⁵tsu̠n³³ ni⁷³¹ni⁵¹?
　　　你　你兄弟（结助）怎么（重叠）（泛动）说（句助）
　　（译文：你对你兄弟怎么说的？）

傈僳语中，疑问代词可以重叠，重叠时一般只重叠词根，不重叠词头，重叠后表示复数。例如怒江傈僳语（引自李教昌，2018：117-119）：

(53) e⁵⁵ ɑ⁵⁵ʃɿ³¹ ʃɿ³¹ nu³³ ŋɑ³³?（译文：他要些什么？）
　　　他　什么　　　　要（助）

(54) ɑ⁴⁴ kuɑ⁴⁴ kuɑ⁴⁴ ȵɛ³⁵su⁴⁴mɑ³¹sɯ⁵⁵?
　　　哪　里　　　　住　人　不　知
　　（译文：不知道住着哪些地方的人？）

(55) a⁴⁴tʰɛ³¹　　tʰɛ³¹la³³？（译文：什么时候来？）
　　 何时　　　　来

(56) a³¹ ma³³ ma³³　ga³³？（译文：都是谁去？）
　　 谁　　　　　　去

怒苏语中，疑问代词可以完全重叠，重叠后表示多数。例如（引自孙宏开等，2007：478）：

(57) kʰe³¹ kʰe³¹　kʰa³⁵ba³¹ kʰa³⁵ba³¹　ie³⁵　tɕi³¹ gua³⁵　ne⁵⁵？
　　 谁　谁　　　哪儿　　哪儿　　　去　（助词）（语气）
　　（译文：哪些人要到哪些地方去？）

独龙语中，疑问代词重叠词根可以表示复数。例如（引自孙宏开等，2007：574）：

(58) a³¹mi⁵⁵mi⁵⁵　　a³¹deuŋ⁵³pɹǎ²⁵⁵？
　　 谁　　　　　　青稞　收割
　　（译文：哪些人在收割青稞？）

(59) mɔ⁵⁵i³¹kuŋ⁵⁵ɯ⁵⁵　dɔ³¹　tăŋ⁵³tăŋ⁵³　ɯ³¹ɹa⁵³　năm⁵⁵？
　　 贸易公司　　　（助词）什么什么　　东西　　买
　　（译文：贸易公司里卖些什么东西？）

木雅语的疑问代词可用重叠方式表示复数。例如（引自孙宏开等，2007：911）：

(60) ji³³sə⁵³　ne²⁴　　　　fiæ²⁴zə⁵³ fiæ²⁴zə⁵³　tʰɐ⁵³βy³³？
　　 昨天　　你（结构助词）什么　　什么　　　做
　　（译文：昨天你都做些什么了？）

阿侬语中，除代数量的疑问代词外，其他疑问代词可以重叠，重叠后表示多数。例如（引自孙宏开等，2007：636）：

kʰa⁵⁵ io⁷⁵⁵谁 —— kʰa⁵⁵ io⁷⁵⁵ kʰa⁵⁵ io⁷⁵⁵哪些人

kʰa⁵⁵ tʂʅ³¹什么—— kʰa⁵⁵ tʂʅ³¹ kʰa⁵⁵ tʂʅ³¹哪些东西

kʰa⁵⁵a³¹哪儿 —— kʰa⁵⁵a³¹ kʰa⁵⁵a³¹哪些地方

阿昌语中，疑问代词"xau⁵⁵谁""xoi⁵⁵哪"可以重叠表示复数，双音节疑问词重叠时，可完全重叠，也可部分重叠，只重叠后一音节。例如（引自戴庆厦，1985：36；孙宏开等，2007：745）：

(61) xau⁵⁵ xau⁵⁵ lɔ³⁵ ne²¹?
谁　谁　去（助）
(译文：哪些人去？)

(62) nuaŋ⁵⁵ ȵiŋ³¹ ʐua³⁵ xoi⁵⁵ xoi⁵⁵ ȵu⁵⁵?
你　　东西　哪　哪　拿
(译文：你拿哪些东西？)

(63) xoi⁵⁵ ʐu²⁵⁵ xoi⁵⁵ ʐu²⁵⁵　ni⁵⁵?
哪　个　哪　个　　在
(译文：哪些人在？)

(64) xoi⁵⁵ ʐu²⁵⁵ ʐu²⁵⁵　lɔ³⁵ ne²¹?
哪些个　　　　去（助）
(译文：哪些人去？)

载瓦语中，疑问代词"o⁵⁵ 谁、哪个人"重叠成"o⁵⁵ o⁵⁵"后意思是"哪些人"，表示复数（见孙宏开等，2007：761；朱艳华，2011：59 - 60）。

浪速语的疑问代词"kʰak⁵⁵ 谁""kʰă³¹ 哪""pɛ⁵⁵ 什么""kʰă³¹ mjɔ⁵⁵ 多少""kʰă³¹ mɛ³¹ 哪里"等都能重叠，其中单音节词是完全重叠，双音节词只重叠后一音节。重叠式表示多数，如"kʰak⁵⁵ 谁"重叠成"kʰak⁵⁵ kʰak⁵⁵"后意思是"哪些人"；"pɛ⁵⁵ 什么"重叠成"pɛ⁵⁵ pɛ⁵⁵"后意思是"一些什么"等。例如（引自孙宏开等，2007：781）：

(65) tʃən³¹ tsɔ³⁵　kʰă³¹ jauk⁵⁵ jauk⁵⁵　jɛ³⁵　ʒa⁵⁵?
学生　　　哪些　　　　　去　（助）
(译文：哪些学生去？)

(66) nɔ̃³¹　pɛ⁵⁵ pɛ⁵⁵　ŋɔ⁵⁵　ʒa⁵⁵?
你　一些什么　要　（助）
(译文：你要一些什么？)

(67) kʰă³¹ tʃuŋ³¹ tʃuŋ³¹　tʃɛ³⁵　kai³¹ ʒa⁵⁵?
哪几种　　　　　　最　好（助）
(译文：哪几种最好？)

波拉语中，疑问代词重叠表示多数。双音节疑问代词一般重叠后一音节。例如（引自孙宏开等，2007：814）：

kʰak⁵⁵ 谁 —— kʰak⁵⁵ kʰak⁵⁵ 哪（几个），

kʰǎk⁵⁵jauʔ³¹ᐟ⁵⁵ 哪个—— kʰǎk⁵⁵jauʔ³¹ᐟ⁵⁵ jauʔ³¹ᐟ⁵⁵ 哪些个

扎坝语的疑问代词重叠表示复数。例如（引自孙宏开等，2007：1008）：

(68) j¹³³nɪ⁵⁵ sʰə⁵⁵ sʰə⁵⁵ va³³?
昨天 谁 谁 来
（译文：昨天都来了些谁?）

(69) nʊ⁵⁵ ke⁵⁵ ke⁵⁵ tʌ³³-ji³³-na⁵⁵?
你 哪里 哪里 去过
（译文：你都去过些什么地方?）

彝语的疑问代词重叠有表示"全体、到处"和加强语势的作用。例如（引自陈士林等，1985：125）：

(70) kʰa³³di³³ kʰa³³di³³ ko³³ a²¹ la³³ sʅ³³.
谁 谁 不 来 还
（译文：）还有谁没有来?

(71) kʰa⁵⁵ kʰa⁵⁵ ŋɯ³³.
哪里 哪里 是
（译文：都在哪里?）

(72) kʰo²¹mu³³ kʰo²¹mu³³ ʂu³³?
怎么 怎么 办
（译文：怎么办?）

(73) tsʰo³³ kʰɯ²¹ȵi⁴⁴ kʰɯ²¹ȵi⁴⁴ la³³a²¹dʑi³³.
人 多少 多少 来 不知道
（译文：不知道都有多少人来。）

尔苏语的疑问代词重叠后表示复数或地点有广泛性。例如（引自孙宏开等，2007：959）：

(74) nɛ⁵⁵ kua⁵³ ʂɛ³³kɛ⁵⁵ duai⁵⁵ sɛ⁵⁵sɛ⁵⁵tɛ⁵⁵bɛ⁵⁵va⁵⁵ thɛ⁵⁵ ndoi³³·⁵³?
你 街 （助）去 谁谁 一 些 （助）（前加）见
（译文：你上街去，看见了哪些人?）

(75) dʒo⁵⁵tʰa⁵⁵ka⁵⁵kɛ⁵⁵ kʰa⁵⁵ kʰa⁵⁵ la⁵⁵zu⁵⁵dʒo⁵⁵.
河 这 条 （助）哪儿 哪儿 都 鱼 有
（译文：这条河里到处都有鱼。）

拉坞戎语疑问代词可以完全重叠，也可以部分重叠，重叠后表示复数。例如（引自孙宏开等，2007：1048）：

(76) ȵe⁵³ sə⁵³ sə   kʰe   æ – ræ – n？
     你 谁 谁   （向格）   （已行）说（2、单）
     （译文：你都告诉谁了？）

(77) ȵe⁵³   ŋə⁵⁵ lælæ⁵⁵   rə – çə – n   nɛ – zdir？
     你   何处（复数）   （趋向）去（2、单） 曾经
     （译文：你到过些什么地方？）

仓洛门巴语中有些疑问代词可以重叠，表示"不止一个"。例如（引自张济川，1986：58）：

(78) rok¹³ te⁵⁵   i⁵⁵ pi¹³ i⁵⁵ pi¹³   ka（¹³） mem¹³ ta¹³ tɕa⁵⁵ ka⁵⁵ ja？
     他们   谁 谁   （结构） 枪   有   呀
     （译文：他们都是谁有枪？）

(79) u⁵⁵ ȵu¹³ so⁵⁵ ŋo¹³ pa（¹³） o⁵⁵ pa¹³ o⁵⁵ pa¹³ ka（¹³） u⁵⁵ pʰa ja？
     那   人   们   哪里   哪里   来   呀
     （译文：那些人都是从哪里来的？）

(80) haŋ⁵⁵ haŋ⁵⁵   raŋ   tɕap⁵⁵ tɕʰum⁵⁵ ma？
     什么 什么   （助）准备   完
     （译文：什么都准备好了？）

(81) a⁵⁵ na¹³ ki（¹³） ko¹³ ma¹³ kai（¹³） an⁵⁵   haŋ⁵⁵ ten⁵⁵ haŋ⁵⁵ ten⁵⁵ a⁵⁵ wa
     姐   （结构）   以前   从   做   怎样   怎样   做
     ka（¹³）   jek¹³ pa la   mi．
     （助）   说 （助动）（语气）
     （译文：姐姐就从头一五一十地说了一遍。）

藏缅语中，疑问代词重叠都有增量的作用，所表示的事物由单数变为多数。马伟（2013：100 – 101）指出，属于阿尔泰语系突厥语族的撒拉语的疑问代词重叠后也可以表达复数意义。

对于藏缅语族语言代词重叠的作用，大多数学者认为代词重叠起"增量"或"强调"的作用。孙宏开（1996）指出："各种重叠形式表示的基本语法意义和其形式之间有密切的联系，即词的重叠（增加数量）基本上与其语法意义的增殖相一致。如疑问代词、形容词重叠的语法意义

直接表示量的增加。至于人称代词重叠表示反身,其本身就有强调'亲自'的语气在内,与指示代词重叠表示加强语气以及形容词重叠表示程度的加深等语法意义也是相通的"。张敏(1997)认为:"疑问代词的重叠在不少藏缅语族语言里(如哈尼语、门巴语、格曼语、怒语、阿昌语、景颇语)可表复数,人称和指示代词的重叠则表强调(见李永燧,1980,戴庆厦、徐悉艰,1992等)"。戴庆厦(2000)认为,景颇语的代词除了疑问代词重叠不表示强调外,其余多数能重叠表示强调。

李宇明(1996)认为:"'多数'是词语重叠数量变化的核心语法意义,汉语中的'谁、什么、哪里、哪儿、怎么'等;'这么、这么着、某、某人、如此'等代词重叠后表示虚指的多数,这与藏缅语族的一些语言(如藏语、傈僳语、载瓦语、景颇语等)用疑问代词重叠表示'复数'是同样的现象"。

第二节 代词连用的类型学比较

一 关于代词"连用"的相关研究

语言的线性序列中,同类词的连用是一种十分常见的现象,比如指人名词可以连用(陆俭明,2001:95-114),方位词可以连用(陆俭明,1994),处所词、时间词可以连用(马庆株1998:46-56),能愿动词可以连用(马庆株,1988)等。不过学界对连用现象的研究主要集中在副词上,如黄河(1990)、赖先刚(1994)、张谊生(1996)、钱竞(2005)、方清明(2012)等。目前对现代汉语代词连用讨论最多的是疑问代词的连用。唐燕玲(2011)讨论了疑问代词的同现现象,将两个或两个以上疑问代词同时出现在同一个句子中的现象称为"疑问代词同现"。这个界定更多地考虑了线性排列上的同现,对同现形式是否在同一语法结构中充当同一语法成分未作限定。因此,在"疑问代词同现"的讨论中,既有我们所说的疑问代词重叠,也有我们所说的疑问代词连用,还有一些只是两个疑问代词在线性排列上毗邻出现但并不在同一语法结构中,所以,唐燕玲(2011)对代词"同现"的界定范围比我们的重叠和连用稍微宽泛一些。虽然普通话中代词连用现象并不多见,但在汉语史上,代词的连用现象却时有出现。

二 代词连用的跨时代比较

（一）古代汉语的代词连用现象

据王海棻（1983），古代汉语中有两个代词（指示代词、人称代词、疑问代词）或同类或跨类连用的情况。代词连用大概有如下几类：A. 指示代词"此、是、彼、夫"和人称代词"其、厥"连用，构成"此其、此厥、是其、彼其、夫其、夫厥"等式。B. 两个指示代词连用，构成"夫此、是夫、此若"等式。C. 两个人称代词连用，构成"朕其、朕余、余朕"等式。D. 两个疑问代词连用，构成"孰谁、谁何、何谁"等式。E. 指示代词"其、伊"和疑问代词"谁、何"连用，构成"谁其、其谁、伊谁、伊何"等式。王文指出，连用的两个代词，其作用和意义跟其中某一个代词相当。例如：（以下 5 例转引自王海棻，1983）①

①有过于江上者，见人方引婴儿欲投之江中，婴儿啼。人问其故。曰："此其父善游。"（吕氏春秋·察今）

②变化代兴，谓之天德。天不言而人推高焉，地不言而人推厚焉，四时不言而百姓期焉，夫此有常，以至其诚者也；君子至德，嘿然而喻，未施而亲，不怒而威，夫此顺命，以慎其独者也。（荀子·不苟）

③朕余名之……　（吉日剑）

④女台（以）邮余朕身。　（叔夷钟）

⑤楚王身问之："子孰谁也？"　（战国策·楚策）

同义连用是古代汉语中很常见的一种词汇现象，代词连用最早在先秦彝铭中就已出现。如"朕余、余朕"都义同"朕"或"余"。周法高（1990：69-70）有关于"余"和"朕"连用的讨论："'朕余'者，犹今言'我自己'也"，"'余朕'，犹今言'我自己'"。王海棻（1983）指出："'我自己'只是在语气上较'我'更为强调些罢了。"类似的情况再如"拜稽首，取邲告朕吾二考。"（沈子它簋）"余""吾""朕"三个自称代词，《尔雅·释诂下》均释为"我也"。郭璞注："古者贵贱皆自称朕。"公元前 221 年，"朕"才专作皇帝的自称。这样，"朕吾""余朕""朕余"均为两个第一人称代词同义连用的情况。

---

① 为显见，我们在转引的原例中代词重叠或连用的形式下加了着重号。下同，不再说明。

(二) 近代汉语代词的连用现象

1. 早期白话中的"兀那""兀的(底)"和"兀谁"

早期白话中常见"兀那""兀的(底)""兀谁"等词,尤其是元、明时期。我们罗列几例可见。如:

"兀那"的用例:

兀那弹琵琶的是那位娘娘? (《元曲选·汉宫秋(一折)》)

是兀那载离恨的毡车,半坡里响。 (《元曲选·汉宫秋(三折)》)

兀那犯边的将军,你端的是何人也? (《老君堂》一折)

受了他五七日心惊胆怕,不似这两三程行得人力尽身乏。望见兀那野烟起处有人家。 (古今杂剧·元·《介子推》三折)

拜了祖坟,孩儿然后去兀那坟前,也拜几拜。 (明·《清平山堂话本·合同文字记》)

"兀的(底)"的用例:

比似他时,再相逢也,这的般愁,兀的般闷,终做话儿说。(《董西厢》卷六)

觑了他兀的模样,这般身分,若脱过这好郎君? (《调风月》一折)

兀的班人物,遭逢着怎般时势。(《伍员吹箫》三折)

鹊相庞儿谁有,兀底便笔描不就。(宋·张镃《夜游宫·美人词》)

"兀谁"的用例:

刚待不思量,兀谁管,今宵夜长? (元·杨果《太常引·长渊西去接连昌》)

我然是个官人,却待叫兀谁做"县君"。(《董西厢》卷七)

若论张叶,家住西村成都府,兀谁不识此人,兀谁不敬重此人。(《张协状元》一出)

张相[1955(2001重印:737–738)]释"兀那"条:"'兀'是词头,用以加强语气。'那'字本为指点辞,冠以'兀'字,则指点之语气加强而益觉得劲矣。"释"兀谁"条:"指点辞,犹云'谁'也。'谁'本为指点辞,冠以'兀'字,亦所以加强指点之语气也"。

龙潜庵(1985:45–46)将"兀那"释为:"指示代词。'兀'为发语词,无义。"将"兀的"释为"指示代词。这,这个。亦作'兀底'"。将"兀谁"解释为:"指'谁','兀'为发语词"。

《辞源》（一）（1986：268）将"兀那"解释为："指示代词。那，那个。兀是词头，可指人、地或事。""兀底"：指示代词，这个。"兀的"犹言"这""这个"，同"兀底"。"兀谁"，犹言"谁"。

　　上述各家大多认为其中的"兀"是"词头"或"发语词"，但也有学者持不同意见，认为"兀"是个指示代词。如张惠英（1993）认为，从语源上看，早期白话作品中"兀底（的）、兀那"的"兀"本是指示词，今山西很多地方仍用"兀"做远指词。从构词上看，由于"底、那"也是指示词（这在文献中较常见，不必赘述），所以"兀底、兀那"就是同义词的重合，"兀底、兀那"就是指示词"底、那"和"兀"的重合形式。张文中这里所说的"重合形式"事实上正是我们所说的指示代词的连用。同理，按张惠英先生的观点看，"兀谁"是指示代词和疑问代词的连用，只不过这里的"兀"此时已经虚化，如同现在很多北方话中的"那谁"和包括山西方言在内的西北方言中的"兀谁"，虚化为一个话题标记了。

　　2. 明清时期白话文献中代词的重叠和连用情况

　　张俊阁（2011）以明清时期具有山东方言背景的白话文献《金瓶梅词话》《醒世姻缘传》和《聊斋俚曲》为对象，考察了其中代词重叠和同义代词并列连用的现象，并做了共时的描述和历时的比较，发现代词重叠和同义代词并列连用的用例主要出现在指示代词这一小类，疑问代词的用例较少，人称代词没有重叠或连用的形式。这些白话文献中重叠或并列连用的指示代词主要有"如此如此、恁般恁般、这般这般、这等这等、各各、如此这般、这等如此、恁般如此"等形式。如：（以下用例均转引自张俊阁，2011）

　　西门庆假意净手起来，分付玳安，交他假意嚷将进来，只说：董姑娘在外来了，如此如此。玳安晓得了。（《金》54回709页）

　　白来创与谢希大、西门庆、两个妓女，这般这般，都定了计。（《金》54回709页）

　　晁大舍便这等这等；那唐氏绝不推辞，也就恁般恁般。（《醒》19回279页）

　　老侯两个看着一行人众各各的上了山轿，老侯两人方才上轿押后。（《醒》69回988页）

一伙子人瘸呀跛呀的，到了县里，见了老马，如此这般，苦口诉了一遍。(《聊·富贵神仙》4回1301页)

玳安如此这般："昨日爹来家，就替你说了。今日到衙门中，就开出你兄弟来放了。你往衙门首伺候。"(《金》76回1133页)

王姑子道："怎般如此，你不如把前头这孩子的房儿，借情跑出来使了罢。"(《金》40回502页)

人人说好，娘心喜欢，这等如此，才遂人心意。(《聊·磨难曲》16回1443页)

(素姐)心里想道："'义不主财，慈不主兵'，必定要如此如此，这般这般，不怕他远在万里，可以报我之仇，泄我之恨。"(《醒》89回1263页)

疑问代词重叠和并列连用的情况不是很多，所见有"奈何奈何、怎生奈何、那里那里、怎奈何、囃奈何、如何如何、怎的怎的"等。如：

守备说："夫人不早说，我已打了他十棍，怎生奈何?"(《金》94回1401页)

西门庆再三辞道："学生有服在家，奈何奈何?"(《金》65回889页)

做官的不成货，得了钱把生死移挪，世道如今怎奈何！(《聊·磨难曲》5回1390页)

人若是恼你囃不着，天若恼了时囃奈何？(《聊·姑妇曲》3回883页)

如今曾约前期不见来，都应是他在那里那里贪欢爱。(《金》43回544页)

(典史)教他如何如何，怎的怎的。　(《醒》14回209页)

张俊阁(2011)指出，明清时期白话文献中，代词重叠和同义代词并列连用在"组合形式上，无论指示代词还是疑问代词都既可同一个代词重叠使用，也可两个同义代词并列连用，还可两个同义代词各自先重叠然后并列连用。更有甚者，还出现了指示代词和疑问代词先各自重叠然后并列连用的形式。""无论是指示代词还是疑问代词，其重叠或并列连用的具体内容各不相同，其语义内涵对上下文和语境的依赖性较强，离开了特定的语用环境，代词重叠或同义代词并列连用的具体所指便无从理解。

同时，代词重叠（或同义代词的并列连用）与动词、形容词等的重叠一样，重叠形式里包含着一种量的观念在里面，多含有夸大的语义成分。""代词叠用或并列连用及其形式的多样化，使得语言表达更加错落有致，有效地增强了文章的韵律感和美感。而且这种形式具有明显的夸饰语气，有利于交代事件、拓展情节、刻画人物、渲染气氛，收到了较好的语用效果"。

三 代词连用的跨方言比较

（一）汉语方言指示代词的同类连用现象

据刘丹青等（2005）的研究，崇明方言指示词系统非常繁复，有7个单音指示词、7个复合指示词、19个表处所的指示词、10个表时间的指示词，专表程度和专表方式的指示词各有一个，彼此不同，且与表示"这/那"义的基本指示词没有词形上的联系。其中单音基本指示词共有6个，分近指、兼指、远指三类四组，我们照录如下（因调值不影响我们的分析，为行文方便，此处省录了调值）：

①吉［tɕiəʔ］——近指：这　　葛［kəʔ］——兼指：这/那
②讲［tɕiã］——近指：这　　港［kã］——远指：那
③□［ki］——兼指：这（个）/那（个）
④埃［ɛ］——远指：那

崇明话的一大特点是基本指示词可以两相组合成双音复合指示词，作用与单音指示词基本一致。但在复合时，②、④两组（"讲、港"和"埃"）只能做前字，不能做后字；①、③两组（"吉、葛"和□［ki］）只能做后字，不能做前字，且组合的两个指示词不能有远近冲突，但兼指远近的词（"葛"和□［ki］）与近指词和远指词都能组合。这样，复合形式就有了7个形式：讲吉、讲葛、讲□［ki］，港葛、港□［ki］，埃葛、埃□［ki］。复合指示词与相应的单音词相比看不出作用上的差别，都可以自由替换，单双音词的选用主要是语势、节律方面的差异。在距离范畴方面，复合指示词没有超出上述单音指示词系统。

刘丹青（2005）所说的崇明方言的"复合指示词"，张惠英（1993）称之为"重合形式"，她认为崇明话中的指示代词"革□［kəʔ ki］那，那个"和"吉□［tɕiəʔ ki］"都是指示词的重合。因为"□［ki］这，那"单用时是不分远近的指示词，大概是"个一"的合音，"革［kəʔ］"也是指示词，是"个"的阴入读法，"吉［tɕiəʔ］"是"革（个）"的腭化，用来和"革（个）"区别远近。

不管是称为"复合指示词"还是指示词的"重合形式"，我们认为崇明方言的这些双音节指示代词的构成基础都是指示代词连用后，因高频使用而词汇化成了一个复合词。

西北方言中也有指示代词连用的相关报道，如《清水县志》十二卷首一卷，1948年中的记录："哉个哉，犹言这个东西。歪个歪（歪上声），犹言那个"（莫超、尹雯，2011）。虽然现代西北方言研究中所见报道不多，但也未必是孤例，也有可能是已有研究描写比较简单，这种现象未能全面展示。

（二）汉语方言指示代词的异类连用现象

据黄晓雪（2009）的研究，安徽宿松方言指示词是三分系统，"这［tæ²¹］"近指，"那［n̩²¹］"较远指，"兀［vei²¹］"表更远指。指示词"这""兀"没有变调形式，"那"本读去声［n̩²¹］，读入声［n̩ʔ⁵］和阳平［n̩³⁵］都是去声的变读。"那"读变调时，主观性强，指示性弱。由本调"那"构成的指代词有"那里""那个""那些""那滴"等。"那"读变调时，"那个""那些""那滴"跟样态指示代词"那里"一样，也带有说话者对所言事件的主观评价，指示性较弱。由于表主观色彩的"那（里）""那个""那些""那滴"的指示性较弱，为了强化指示的意义，可在其前再加指示代词"这［tæ²¹］"或"那［n̩²¹］"，这就构成了"这那（里）""那那（里）""这那个""那那个""这那些""那那些""这那滴""那那滴"的形式，这时，第二个音节的"那"读轻声。从构成形式来看，宿松方言的上述形式就是我们所说的指示代词的连用，只不过这些形式中既有同类连用，也有异类连用。异类连用现象尤其值得我们注意，这是我们目前所见汉语方言材料中少见的一类连用现象。至于同类连用和异类连用后的语义如何，是否有别，黄文中未作描写。黄文指出，宿松方言的这种现象属于刘丹青（2001）所说的语法化中的强化现象。

四　代词连用的跨语言比较

格曼语中，有时为了强调指示作用，可以在名词前后同时加指示代词。例如（引自孙宏开等，2007：591）：

(1) wǎn³⁵ xai⁵⁵ tsaŋ³⁵ wǎn³⁵ min⁵⁵ bɹat⁵⁵ mu⁵³ tɕam⁵³ kam³⁵.
　　 那　（助词）人　 那　 眼睛　只　 一　 仅　 有
　　（译文：那个人只有一只眼睛）。

代替人的疑问代词"ȵa⁵⁵ 谁"在句中经常和人称代词"ȵo⁵³ 你"连用。例如：

(2) tɯ³¹ ɹuaŋ⁵⁵ ɹa⁵³ gɹam³⁵ nol⁵⁵ mǎn³¹ nin³¹，ȵa⁵⁵ ȵo⁵³ tai⁵⁵ mǎŋ⁵⁵？
　　 明天　　 　驮子　运　（后加）谁 你 去（后加）
　　（译文：明天运货，有谁去？）

达让语中，指示代词既可以加在名词前，又同时可加在名词后，以强调其指示作用。例如（引自孙宏开等，2007：613）：

(3) e⁵⁵ me⁵⁵ e⁵⁵ xaŋ³⁵ ka³¹ sa⁵⁵ ja³¹ jim⁵⁵.
　　 这　人　 这　 我　 认识　　 （助词）不
　　（译文：这个人我不认识。）

崩尼—博嘎尔语的指示代词与名词连用时，可以出现在名词的前面，也可以出现在名词的后面，甚至可以同时出现在名词的前面和后面。例如"这件衣服很长"有三种说法。例如（引自孙宏开 2007：674）：

(4) a. ɕiː eˈtɕe jaːro da
　　　 这　衣服　长　（尾助）

　　 b. eˈtɕe ɕiː jaːro da
　　　 衣服　这　长　（尾助）

　　 c. ɕiː eˈtɕe ɕiː jaːro da.
　　　 这　衣服　这　长　（尾助）

和（4）a、（4）b 的说法相比，（4）c 中指示代词同时出现在名词的前面和后面，有强调指示的作用。

第三节　代词重叠和连用的共性特点

跨语言研究表明，相较于汉语普通话，代词重叠广泛分布于藏缅语族的各语言中。不仅疑问代词可以重叠，人称代词和指示代词也能重叠。代词重叠无论在形式上还是意义上都和其他实词的重叠现象大体保持一致，未有创新。

一 代词重叠的共性特点

跨语言和跨方言考察表明，代词重叠的有以下几个共性特点：

首先，代词重叠现象分布不平衡。这种不平衡性具体表现为以下几个方面：

第一，语言或方言中分布不平衡。在把重叠作为一种重要语法手段的语言中，代词能否重叠分布得很不平衡。在民族语尤其是藏缅语中，很多语言中的代词都能重叠，分布比较广泛。在汉语中仅有个别方言报道，分布并不广泛，体现了代词重叠现象在地域分布上的不平衡。在其他语系的语言中暂未见相关报道。

第二，在整个词类系统中的分布不平衡。在以重叠为一种重要语法手段的语言中，代词所能代替的实词如名词、动词、形容词、副词等大都能重叠，而相较于其他词类而言，代词一般情况下不能重叠。

第三，在代词系统内部分布不平衡。研究显示，无论是汉语还是藏缅语族语言，代词重叠多集中在疑问代词这一小类，疑问代词重叠现象远远多于其他两个小类。对于其他两个小类而言，又因语言不同而有别。就目前所见材料，汉语方言中，指示代词重叠现象多于人称代词，而指示代词中又以指示方位、处所这一小类重叠为多，山西晋语和西北官话的不完全重叠倾向于 ABB 式，西南官话的不完全重叠倾向于 AAB 式。在藏缅语族语言中，人称代词的重叠多于指示代词的重叠。

造成以上我们看到的代词重叠的不平衡分布的原因有两个，一是该种语言或方言中确实不存在代词重叠的现象，另一个原因是因为我们用到的大多数材料是根据已有研究提供的，也有可能是已有的描写比较简单，很多现象未能全面报道。限于材料，我们在此只能就所见而言，做出一个大致的结论，不能做出精确的判断。

其次，代词重叠表示"增量"或"强调"义。就代词重叠所表示的语法意义而言，无论是汉语还是藏缅语族语言，无论是疑问代词，还是人称代词和指示代词，重叠多表示"增量"或"强调"。以往研究认为，疑问代词的重叠在不少藏缅语族语言里多表复数，人称和指示代词的重叠则表强调（张敏，1997），但我们也看到，除了表示"多数"意义外，哈尼语、基诺语、彝语等语言的疑问代词在重叠后都有加强语势或程度加深之意,晋语和部分官话中处所疑问代词"哪"重叠表确指。这些信息提示我们,疑问代词重叠在表"多数"义的同时,也有"强调"之义。方位、处所指代词重叠后可以表示更远指或更近指,其实也是一种"增量",表明指示代词重叠在表"强调"义的同时,也有"增量"之义。可见一些语言或方言中代词的重叠式同时具有这两种功能。

二 代词连用的共性特点

跨语言、跨方言及跨时代的材料显示,代词连用也是语言中存在的一种较为普遍的现象,连用的作用和重叠一样,大多也是为了强调。即使山西晋语中指示代词的跨类连用,即"事物指示代词+处所指示词"和"处所指示词+事物指示代词"也是如此,如文水话(转引自胡双宝,1988:89-90):

这□tsə$?^{312}$ ke^{423} 这儿

兀□uə$?^2$ ke^{423} 那儿

宰$^=$这□tsai^{423} tsə$?^{312-35}$ ke$^{423-21}$ 这里(强调)

外$^=$兀□uai^{423} uə$?^{2-35}$ ke$^{423-21}$ 那里(强调)

文水话的"宰$^=$ tsai^{423}"是"这槐$^=$ 这个 tsə$?^{423}$ xuai^2"的合音,"外$^=$ uai^{423}"是"兀槐$^=$ 那个 uə$?^2$ xuai^2"的合音。

指示事物的代词和指示处所的代词连用在很多语言中存在。如法语,单纯的指示词在使用上往往会再带上指示处所的词:

cetti maison-ci   cetti maison-là

这 房子 这儿这所房子   这 房子 那儿那所房子

本来 cetti 就是近指指示词,但现代法语常在名词后再加处所指示词(i) ci 和 là,加 là 的组合表远指,前面的近指词 cetit 已不起近指作用,指示作用基本上被指示处所的词取代。刘丹青等(2005)认为,法语中在已出现指示词的情况下再用其他指示词(特别是处所指示词)是为了强化指示表达。

三 词汇化是汉语代词连用和重叠的发展趋势

前文可见,不仅在现代汉语方言里,在汉语史上也有代词连用的情形，不过，代词连用的结果大多是经过词汇化后变成了一个词。

(一) 代词连用的词汇化

1. 汉语史上代词连用的词汇化

王海棻（1983）认为："古汉语中，连用的两个代词（分别用 A、B 表示）所表示的概念不是 A、B 所表示的两个概念的总和，而是 A（或 B）所单独表示的概念，'AB'所具有的语法功能也与 A（或 B）无异，或充当主语、谓语，或充当修饰语。既如此，我们有理由认为'AB'已粘合为一个词了，这种词，可以称为复合代词"。也就是说，古汉语的复合代词"AB"其实是由两个单独的代词"A"和"B"连用后经词汇化而成的。连用的两个代词 A 和 B 可以是同义或等义（如"此若、朕余、余朕"），也可以是近义或异义（如"此若"等三词以外的其余各词）。王文认为前一种是构词法中的同义叠用，后一种则是复词偏义。而先由两个同义或等义、近义或异义的词连用再词汇化成词的方式，在汉语其他实词类如名词、动词、形容词中都极为常见，自不待言，就是在副词、疑问副词、连词和助动词中也经常遇到，从而构成复合虚词的重要组成部分。

近代汉语中广泛存在的"兀那""兀谁"，结合山西晋语中的保留情况，我们赞同张惠英（1993）的看法，认为"兀底、兀那"就是同义词的重合，"兀底、兀那"就是指示词"底、那"和"兀"的重合形式，后因高频连用使用，发生了词汇化，变成了一个词。

2. 汉语方言代词连用的词汇化

据刘丹青等（2005），崇明话的一大特点是基本指示词可以两相组合成双音复合指示词，崇明话复合指示词有 7 个形式：讲吉、讲葛、讲□[ki]，港葛、港□[ki]，埃葛、埃□[ki]。它们的作用与单音指示词基本一致。单音指示词两相组合（即连用）后应该也是因高频连用使用发生了词汇化，变成了独立的词。

(二) 汉语方言中代词重叠的词汇化

从前文可知，汉语方言中代词的重叠式不论是完全重叠，还是部分重叠，大多都已经发生了词汇化，变成了一个独立的词。北区晋语处所指代词的重叠式和基式相比，语义和句法功能都不变。当重叠式和基式同时出现时，重叠式较基式所指的处所更具体确定，有强调所指处所的意味，如大同_云州区 方言：

　　甲：你就站这儿［tʂar⁵⁴］等着_你就站在这里等着。

　　乙：站哪_站在哪儿？

　　甲：（用脚划个圈）就这儿这儿［tʂar⁵⁴tʂar³⁰］_就站在这个地方。

　　这种情况下，重叠式不能换成相应的基式。事实上，目前更常用的情况是处所指代词的重叠式单独出现，语义上也没有特别强调的意味，相当于普通话的"这儿"和"那儿"，完全可以替换成基式，如大同_云州区方言："咱们这儿这儿也有个十来度，人家临汾那儿那儿温度高_咱们这里气温就是个十来度，临汾那里气温高一些。"这表明北区晋语处所代词的重叠式正处于词汇化的进程当中。地理上和晋北邻近的内蒙古晋语丰镇话与北区晋语相似，处所代词既有基式"这儿"和"那儿"，也有相应的重叠式。重叠式也有两种，分别是："这儿这儿，这这儿"与"那儿那儿，那那儿"（薛宏武，2005），重叠式比基式所指位置更具体确定。邢向东（2001）研究的陕北神木方言中，贺家川话处所代词既有基式"这儿"和"那儿"，也有重叠式"这儿这儿"和"那儿那儿"；而神木话只有重叠式"这儿这儿"和"那儿那儿"，没有相应的基式。这表明贺家川话处所代词重叠式处于词汇化过程中，神木话处所代词重叠式已经完成了词汇化而固化成一个词了。据孙立新（2008），属中原官话的陕西户县话的处所代词近指用"这儿"，远指用"兀儿"，但在表确指时处所代词必须重叠，近指用重叠式"这儿这儿"，远指用"兀儿兀儿"。重叠式较基式指代的处所更具体，如"这儿"重叠成"这儿这儿"后指"这个具体地方"。从薛、孙两位先生提供的材料看，丰镇话和户县话处所代词的重叠式还没有开始词汇化。跨方言比较显示，北区晋语处所代词能重叠这一现象不仅在晋语中具有一定的普遍性，在汉语北方方言中也有一定的普遍性，且处所代词的重叠式都存在着不同程度的词汇化现象，只是词汇化的速度有所不同。就以上方言而言，神木话处所代词重叠式的词汇化速度最快，贺家川话与北区晋语稍慢一些，丰镇话和户县话处所代词重叠式的词汇化速度最慢。北区晋语处所指代词的重叠式目前正处在词汇化过程中，这意味着用重叠这种手段来强化指代的作用开始逐渐减弱，可能又会产生新的机制来进行补偿。由于受汉语词双音节化等方面的制约，北区晋语指代词的重叠式发生了词汇化，而连用式目前还是以偏正短语的形式存在，没有任何词汇化的迹象。

四 代词重叠和连用的动因

Hiraga（1994：11）将重叠看作数量类象性的一种实例。他提出一般所谓的数量象似性（quantity iconicity）为形式上的量和语义上的量之间的关系。即更多的形式表示更多的语义。比如，单词的反复、重复、重叠表示其单词的复数、强度、延续等。数量象似性为语言形态量和语义量之间具有相关关系。这里所谓的量包括语义上的程度（degree）和强度。据张敏（1997）的研究，首次基于对汉语的观察明确提出"重叠动因"概念的是戴浩一（Tai，1993）。Tai（1993）认为汉语句法在时间，空间数量等方面体现象似性。他指出："现实生活中，我们会将两个或多个相同的物体归在一起，会在一段时间内重复相同的动作，会表达某种状态的程度的加深。若语言在词法和句法构造上用重叠或重复的形式去表达这些意义，就可以说这种结构是以类象的方式构造而成的。"他将这种重叠动因定义为："语言表达形式的重叠对应于概念领域的重叠。"张敏（1997）指出："各语言重叠式中形式-意义对应的普遍性可以看做'形式越多，内容越多'的数量类象性的一种特殊的反映：更多的相同的形式（重叠）代表更多的相同的内容（名词复数、多量、动作重复、性状增强等）。"李宇明（1996）指出词语重叠的主要表意功能是"调量"，使基式所表达的物量、数量、动量、度量向加大或减小两个维度上发生变化。

根据数量象似性原则"形式越多、内容越多"，即语言单位更多、更长往往表达更多的意义：所指数量更多、范围更大、意义更强。从形式上来讲，代词重叠和连用都是指语言单位的复现。经过重叠和连用操作后，相较于基式，代词的重叠式和连用式的语符数量都得到了增加。语符数量的增加直接导致了概念领域中意义的增量，这两者之间存在着一种对应关系。从认知语言学的角度来看，这是数量象似性作用的结果。山西晋语代词的重叠和连用主要体现了语言象似性中的数量象似性原则：语言单位的数量与所表示的概念的量和复杂程度成正比。所以，数量象似性是山西晋语代词重叠和连用最重要的动因。从重叠式和连用式所负载的语义角度来看，"增量"和"强调"是山西晋语代词重叠和连用的核心语义。

第 七 章

北区晋语代词的语法化及其语音形式

语法化是语言学家长期关注的热点问题之一。沈家煊（1994）指出："'语法化（Grammaticalization）'通常指语言中意义实在的词转化为无实在意义、表语法功能的成分这样一种过程或现象。中国的传统语言学称之为'实词虚化'。……不过'虚化'主要是针对词义的变化由实而虚，'语法化'一词则偏重于语法范畴和语法成分的产生和形成。因此，'语法化'要比'虚化'的范围要广一些。"刘丹青（2003：85）也指出："'虚化'抓住了'语法化'的一个重要方面，但对语法化的复杂过程反映得不够全面。语法化带来的不单是语义上的虚化，还带来了语音上的弱化、语法上尤其是搭配上的泛化、语用上的淡化。"江蓝生（2008：27）指出："语法化通常包括虚化（有实在意义的词演变为意义空灵的语法成分的过程）和词汇化（短语或词组逐渐凝固或变得紧凑而变为单词的过程）两个重要方面。"关于语法化和词汇化的关系，刘丹青（2018）也认为，"语法化有时以词汇化为前提，两者并不排斥"。我们将以上述各家的观点为立论来讨论山西晋语代词的语法化。因调查时间及调查者语感等方面的影响，本书对山西晋语代词语法化的讨论主要限于北区晋语。事实上，从已有研究材料来看，有些语法化现象不仅在北区晋语存在，在其他晋语点也都不同程度地存在着，所以从某种意义上讲，北区晋语代词的语法化现象在晋语区也具有一定的代表性。

解惠全（1987）指出，汉语的虚词大部分来自实词。实词中"代词也可以虚化，有虚化为副词的，如：莫、或等；有虚化为连词的，如：斯、是等，有虚化为助词的，如：然、若、尔等"。即代词的虚化过程有：代词＞副词，代词＞连词，代词＞助词等。考察实词虚化最可靠的办法是依据历时材料来证明其演变的过程,但由于方言中缺少书面历时材料,要证明这个演变过程实非易事。正如宗守云(2018:32)指出,张家口晋语疑问代词"咋""咋么"和"咋闹"都有不定代词的用法,其不定代词的用法是从疑问代词发展来的,但"作为方言语法成分,没有特别直接的历时材料来说明其演变过程"。"依据语法单向性原则,疑问代词可以演变为不定代词(Heine & Kuteva 2012),有许多跨语言的事实可以说明。"因此"咋""咋么"和"咋闹"只能通过"疑问代词＞不定代词"这样的理论可能性作出分析,而且"这样的分析应该是合理的、正确的"。在北区晋语中,人称代词的语法化主要体现在虚指、泛指等语义虚化和语用淡化等方面,指示代词和疑问代词有虚化为副词和连词的情况。人称代词和指示代词还有指代义弱化的情况。我们认为,词义弱化和词义虚化密切相关,因此,我们将语义弱化也纳入了语法化范畴中。我们将依据汉语史上代词的演变方向及结果的理论事实——代词＞副词、代词＞连词、代词＞助词,结合北区晋语代词的语音变化和语义表现即音变和义变之间的互动关系,通过语音形式所代表的语义强弱来旁证代词所发生的语法化。

语法化往往伴随着音变,汉语研究中关于这方面的研究成果不少,但较为零散。李小军(2016)首次系统地探讨了语法化演变中音变与义变的互动关系。语法化过程中最常见的音变现象是语音弱化。李小军(2016:11)指出:"语音弱化已经被视为语法化的一个基本规律而不言自明。"北区晋语中,语法化后的语音发生了弱化,弱化的表现是韵母央化,声调促化。

第一节 北区晋语人称代词的语法化及其语音形式

由前文可知,北区晋语中,三身代词单数做主、宾语和普通名词的领属语时一般分别读舒声"我[vo]""你[ni]""他[tʰa]";做亲属关系名词的领属语时,韵母央化,读促声,分别为"我[vəʔ]""你[niəʔ]""他[tʰəʔ]"。不过,做主、宾语时也有舒、促两读的情况。可见,北区晋语三身人称代词单数都能舒、促两读。其中的舒声促化既有语义的影响——语义虚化或弱化，也有语用的影响。

一　人称代词的语义虚化及其语音形式

人称代词的虚化现象在汉语普通话和其他方言中都有体现。在北区晋语中，人称代词的虚化主要是第二人称代词"你"和第三人称代词"他"。

（一）"你"的虚化及语音形式

第二人称代词"你[ni]"虚化的表现为"你"表泛指和虚指。"你"虚化后的语音发生变化，读为促声"[niəʔ]"。

1. "你"表泛指

"你"表泛指分以下几种情况：

A. "你"后面常加"人"或"别人"，构成同位短语，泛指"别人"等。例如山阴方言：

（1）你[niəʔ]人不说，人家多会儿也不动 别人不说，他什么时候也不会主动做。

（2）人家那从来也不叫你[niəʔ]别人说 他从来也不愿意让别人指教。

（3）你[niəʔ]人又说不住他，就由他哩 别人都说服不了他，就由着他自己呢。

B. "你"既指对方，也包括自己，实际上等于"咱们"，常和表他称的代词"人家"对举着说。例如大同云州区方言：

（4）家[tɕiɛ]叫你[niəʔ]哩，你[niəʔ]还能不去 人家请咱们呢，咱们能不去吗？

（5）你[niəʔ]不说给家哇，说你不说给。你[niəʔ]说给哇，家也不一定来 咱们不通知人家吧，人家嫌你不通知。咱们通知人家吧，人家也不一定来。

C. "你"不指对方，而是指说话人自己。例如右玉方言：

（6）你[niəʔ]不着咋呀，迟早也得着哩 我不做怎么办，迟早也得我做呢。

（7）人家硬和你[niəʔ]没完，你[niəʔ]有啥办法哩 人家非要和我没完没了，我有什么办法呢。

（8）把你[niəʔ]那人就气死呀 把我快气死了。

2. "你"表虚指

"你"表虚指，常用在动词"管"后，例如山阴方言：

（9）她那脾气上来子哩还管你［niəʔ］天王老子哩，先发完再说她的脾气一上来就不管不顾，先发泄完再说。

（10）管你［niəʔ］三七二十一哩，我先吃饱为原则不管三七二十一了，我得吃饱才行。

（11）这会儿这社会，说你［niəʔ］不待动哇，待动了咋也能过了现在的社会，怕的是懒惰，只要勤快就能生活了。

（12）（你［niəʔ］）就说这人哇，一有钱了就不知道一个儿姓啥啦就说这人吧，一旦有钱了就不知道自己姓啥了。

（13）（你［niəʔ］）这会儿这人，就说钱哩，有钱咋也行现在的人，只看重钱，有了钱怎么都行。

"你"在近代汉语里就有了虚指的用法，吕叔湘（1985：22-23）指出虚指的"你"跟前面的动词结合是有高度熟语性的，只能跟"任、凭、随、饶、管"之类的动词结合，如"任你天地移，我畅岩中坐。""饶你奸似鬼，吃了洗脚水。"等。这个"你"字仿佛以读者为对象，实际上无所称代。在北区晋语中，虚化的"你"不是非得用在动词"管"之后，如例（9）、（10），也可以用在其他动词后，如例（11），还可以直接用在句首，如例（12）、（13）。在例（12）、（13）中，一方面也是以听话人为心理对象，但从另一方面看，"你"的有无对句义已经没有多大影响了。一个重要标志就是实无所指的"你"可以删除而不会影响到句子的意义。张伯江、方梅（1996：176-177）认为产生这种用法的力量来自两方面：第一，"你"在语境里经常用作指虚设的对象，这个虚设的对象跟语境里的任何实体都没有同指关系。第二，人称代词用作同位性偏正结构的前项一般是体现其区别功能的。如例（13）"你"指的就是"这会儿这人"。这样，一方面是"你"确有虚设用法，另一方面是同位结构中"你"的弱化倾向，两相结合，实无所指的"你"的产生就是很自然的。因此，这种实无所指的用法实际是话语里设置虚设对象用法的延伸。

(二)"他"的虚指及语音形式

普通话中，"他"表虚指时常做宾语，不仅可以做及物动词的宾语，也可以做不及物动词的宾语。朱德熙（1999：121）把这种宾语称作"虚指宾语"。北区晋语中，无所指代的"他"也常做宾语，读为促声"［tʰəʔ］"。例如大同云州区方言：

(14) 明年咱也盖他［tʰəʔ］俩间房哇明年咱们也盖几间房吧。

(15) 你也发他［tʰəʔ］篇试试你也发篇论文试试。

(16) 不待去他［tʰəʔ］啦不想去了。

(17) 估计飞机就这几个人不飞他［tʰəʔ］啦，取消算啦大概飞机因为就这么几个乘客不飞了，取消飞行算了。

再如山阴方言：

(18) 等把这点儿营生做完，我要饱饱儿睡（上）他［tʰəʔ］两三天把这点儿活儿干完后，我要好好睡几天。

(19) 缓（上）他［tʰəʔ］俩天哇休息几天吧。

(20) 咱去哪耍（上）他［tʰəʔ］会儿去咱们到哪儿玩儿一会儿去。

由上举各例可见，北区晋语中，此类用法的"他"也实无所指，不再具有指称的功能，它的有无对句义已经没有多大影响了，删除"他"也不会影响到句子的意义。不过，北区晋语中，虚指的"他"不仅仅是为了凑音节而存在，因为"他"不仅仅用在单音节动词后，也可以用在动词短语后，比如例（18）—（20）中，单音节动词后都可跟补语"上［ʂəʔ］"。我们觉得，此类用法的"他［tʰəʔ］"虽然删除前后不影响句子的意义表达，但加上"他［tʰəʔ］"有加强语气的作用。

"他"表虚指在汉语里是很普遍的现象，而且在近代汉语中就已存在。吕叔湘（1985：28-32）认为近代汉语虚指的"他"是由指事的"他"引申而来的，并将虚指的"他"分为三类，其中第二类如"画他几枝"等结构，"从形式上看，也许可以或应该解释为双宾语句子，可要是从'他'字的作用方面看，它既然无所称代，实在是前面动词的附属物。这些例句里头的动词都是单音词，这个'他'字可以凑一个音节"。现代汉语保留下了这种用法。丁声树等（1979：145）提到："'他'有时候放在动词跟数量宾语之间，空无所指。如'等回国后，我非捞捞本不可，睡他十天十夜，吃饭你们也别叫我。'这类'他'字没有实际的意义，只有加重语气的作用。"朱德熙（1999：121）提到："双宾语格式里的人称代词'他'充任宾语有时也是虚指的，如：'唱他一段，睡他一会儿。'"

二 人称代词的语义弱化及其语音形式

三身人称代词单数做亲属名词的领属语时，一般情况下都读促声，这时候的语义重心是亲属关系名词，领属代词的称代义较弱；读舒声时，强调的是领属，这时候的语义重心是领属代词，领属代词的称代义很强。这种情况在北区晋语中非常普遍。我们以山阴方言为例说明，试比较：

（1）a. 我［vəʔ］妈是老师。

　　　b. 我［vo］妈是老师。

（2）a. 你［niəʔ］爸爸退了没你爸退休了没有？

　　　b. 你［ni］爸爸退了没你爸退休了没有？

（3）a. 他［tʰəʔ］爸爸我可惯哩我和他爸特别熟。

　　　b. 他［tʰa］爸爸我可惯哩我和他爸特别熟。

（4）a. 我［vo］妈是我［vo］妈，你［ni］妈是你［ni］妈，不一样。

　　　*b. 我［vəʔ］妈是我［vəʔ］妈，你［niəʔ］妈是你［niəʔ］妈，不一样。

（5）弟：妈妈，抱抱妈妈，抱抱我。

　　　姐：这是我［vo］妈，不是你［ni］妈，我不叫抱你这是我妈妈，不是你妈妈，我不让她抱你。

例（1）—（3）中的 a、b 在山阴方言中都能说，可以互换着用，句子的意思不变。一般情况下常说 a 句，a 句的语义重心是亲属关系名词，信息的焦点是亲属关系，领属语不是双方关注的焦点。在日常交际中，领属代词的读音甚至还能进一步弱化以致失落韵母。比如一位刚回家的孩子问在家的父亲："我［vəʔ］妈哩我妈呢？"其中的"我［vəʔ］"的读音甚至可以说成"我［v］"。因为对交际双方而言，"妈"的领属"我"是不需要强调的，所以领属代词"我"即使弱化到只剩一个辅音成音节也不至于产生歧义。b 句一般情况下不说，除非是特别强调领属时才会这样说。比如例（1）b 强调的是领属"我"，核心名词"妈"是"我"的，不是别人的。这样说时，语义重心是领属，即说话人强调的信息是领属代词，这时领属代词只能读舒声"［vo］"，这个对比在例（4）、（5）中表现得就很明显。例（4）的语境是两口子吵架，一定要分出个"你""我"来。这时的"你""我"只能分别用舒声"［ni］"和"［vo］"。在这种语境下，"你""我"是不能说成促声的；例（5）的语境是姐姐戏逗小弟弟，为了让弟弟表现出着急样，姐姐专门强调"妈妈"的领属是"我"，不是"你",用的是舒声读音。若用了促声读音,则变成了一个客观陈述,不再适合在这个语境中交际。

有时,为了更加强调领属,在读舒声的领属代词后可再加结构助词"的"。例如:

(6) a. 他[tʰəʔ]爷爷和你[niəʔ]爷爷是亲叔伯弟兄哩_{他的爷爷和你的爷爷是堂兄弟。}

b. 他[tʰa](的)爷爷和你[ni](的)爷爷是亲叔伯弟兄哩_{他的爷爷和你的爷爷是堂兄弟。}

例(6)的 a、b 两句表达的意思是一样的,只不过 a 句是客观陈述,平铺直叙。b 句中"他""你"读舒声是强调领属,加了结构助词"的"以后,强调领属的意味就更重了。说话人强调领属的真实意图是要让听话人弄清楚"他"和"你"的亲属关系。这种说法对作为核心名词的亲属名词也是有要求的:一般来说,比较亲近或简单的亲属关系不用这样强调,加"的"的强调用法大多用于关系比较远或比较复杂的亲属。山西晋语中,亲属领属结构中,当领者是人称代词时,不管领者读舒声还是促声,一般情况下,领者和属者之间是不加领属标记"的"的,加"的"是有条件限制的,比如哭天抢地时才会说"我的那个妈呀""我的那个爹呀"等等。

可见,北区晋语中,三身人称代词单数的舒促两读主要是用来区分语义强弱的。就三身人称代词单数做亲属关系名词的领属语而言,领属若是语义表达的重心时,领属代词必须读舒声;若不需强调领属时,亲属关系是表达重心时,领属代词就会促化读为入声。李小军(2016:11)指出:"语音弱化还可以从语义表达的重要性来解释。语言表达存在象似性(iconicity),一个语言单位在语义表达中的重要性与其语音形式成正比。"若信息负载量小,语音形式就不太重要,往往会语音弱化。北区晋语领属代词的舒促两读充分体现出了语音和语义的象似性。

三 负面评价构式中的代词及其语音形式

(一)"你"在负面评价构式中舒声促化

在表示责怪、埋怨、嗔怪、斥责、詈骂等负面评价的构式中(方梅,2017),第二人称代词"你"的词汇义减弱,一般读促声。例如大同_{云州区}

方言：

(1) a. 你［niəʔ］看［kʰəʔ］你［niəʔ］那［nəʔ］点儿样儿！

例（1）a 表达的是说话人对听话人的责骂、不满等情绪。在此表达式中，其构成成分"你""看""那"都能舒入两读。读舒声时，(1) a 就说成了（1）a′：

(1) a′. 你［ni］看［kʰæ］你［ni］那［nɛe］点儿样儿！

(1) a′中的"看［kʰæ］"具有一定的概念意义"观看、观察"，"你［ni］"直指听话者，句子的客观意义是说话者希望听话者听到所说内容后自我观察以便自我反省，表达的是说话者对听话者严重的不满和强烈的指责，经常出现在正面言语冲突甚至是手指着鼻子大骂的场合；在（1）a 中，"看［kʰəʔ］"基本失去了概念意义，"你［niəʔ］"在指称意义减弱的同时增强了主观性。"看［kʰəʔ］"作为一个功能词附着在"你［niəʔ］"的后边，"你［niəʔ］看［kʰəʔ］"逐渐语法化为一个话语标记。(1) a 中，说话者既不要求对方真的"看"什么，也未必希望听话人听到所说内容，只是表达说话者对听话者的抱怨情绪，不满和责骂的强度降低，而且常常是转身说或小声咕哝，一般不会引起正面冲突。相较于(1) a′通过舒声来强化语用功能，(1) a 舒声促化后的语用功能就大大淡化了。另外，在这个表达式中，"看"可重叠为"看看"，且基式和重叠式都可省略；前后两个"你"也都可省略。省略的成分越多，责骂的强度越低。此表达式因省略形成了以下多种变式：

(1) b. 你［niəʔ］看［kʰəʔ］看［kʰəʔ］你［niəʔ］那［nəʔ］点儿样儿。

c. 看［kʰəʔ］你［niəʔ］那［nəʔ］点儿样儿！

d. 看［kʰəʔ］那［nəʔ］点样儿！

e. 那［nəʔ］点样儿么！

(2) a.（看［kʰəʔ］）把你［niəʔ］兴得看把你兴高采烈得！（表示嗔怪）

b.（看［kʰəʔ］）把你［niəʔ］愁得！（表面怨怪，实际关心）

c.（看［kʰəʔ］）把你［niəʔ］爹得圆的看把你趾高气扬得！（以上表示责骂）

例（2）表示说话人对所述事件或听话人嗔怪、埋怨、责骂等情绪（武玉芳，2010：172）。这个表达式中，话语标记"看"只读促声

"[kʰəʔ]",也可重叠为"看看[kʰəʔ kʰəʔ]",且都可省略;和例(1)一样,为了避免发生冲突,第二人称代词"你"促读为[niəʔ],指称意义减弱,主观性增强。"你"甚至可被替换为虚指代词"这[tʂəʔ]"或"那[nəʔ]",如(2)b可以说成"(看[kʰəʔ])把这[tʂəʔ]愁得!",(2)c可以说成"(看[kʰəʔ])把那[nəʔ]夌得圆的!"。

(3) a. 我把你[niəʔ]个[kəʔ]挨刀货!
    b. 把你[niəʔ]个[kəʔ]挨刀货!
    c. 你[niəʔ]个[kəʔ]挨刀货!
    d. 个[kəʔ]挨刀货!

例(3)用于詈骂的场合。其中代词"我"读舒声[vo],"你"促读为[niəʔ],促读的原因和例(1)、(2)相同,不赘。在这个表达式中,构成成分"我"常常省略,"把"和"你"也可省略。因此,此表达式因省略也形成多种变式,省略的成分越多,责骂的强度越低。

(4) a. 吃你[niəʔ]的饭哇,热饭也捂不住嘴_{吃你的饭吧,热饭也捂不住嘴}!
    b. 好好儿开你[niəʔ]的车哇,少说_{好好儿开车吧,少啰嗦}。

例(4)表示说话人对听话人的命令、不耐烦、不满等消极情绪。

上例(1)—(2)都是表达负面评价甚至詈骂的表达式,其中第二人称代词"你"通过促读,淡化了对"你"的直指,减弱了"你"的指代义,增强了主观性,既可以避免引起正面或更激烈的冲突,又表达了说话人的主观评价。

(二) 第三人称代词"他"表达轻贬意义时舒声促化

第三人称代词"他"除了前文所述在亲属领属位置上有舒促两读外,在主、宾语位置上也有舒促两读的情况。一般情况下,读舒声时是客观表述,舒声促化后常表示说话人的态度,表示说话人对"他"的不满、不喜欢或者轻视、冷淡等情绪,是语用淡化的一种表现。如大同方言:

(6) 他[tʰa]去哪啦?(客观询问)
(7) 他[tʰəʔ]去哪啦?(说话人对"他"不满。)
(8) 你说给他[tʰa]了没?(客观询问)
(9) 你说给他[tʰəʔ]了没?(说话人对"他"不满。)
(10) 说也不待说他[tʰəʔ]_{说也不想说他}。

事实上，在表达负面评价或表达轻贬意义时，三身人称代词单数都有可能舒声促化。如在动词"管"后做宾语时：

(11) a. 管我［vəʔ］的哩。（表示不满）
　　　b. 管你［niəʔ］的哩。（表示无奈）
　　　c. 管他［tʰəʔ］的哩。（表示不关心、冷漠、与己无关等）

由上可见，人称代词读舒声是强化语用功能，促声是语用淡化后的语音形式，体现了语用和语音之间的象似性。

四　关于三身人称代词单数读促声的讨论

三身人称代词单数在亲属关系名词前作领属语常读促声，这在晋语中是一个比较普遍的现象。据刘育林（1989）、黑维强（2016：389-390）的研究，陕北绥德方言三身人称代词单数"我［ŋa²¹³］""你［ni²¹³］""他［tʰa²¹³］"在亲属称谓词前表示领属关系时，分别读为"我［ŋəʔ³］""你［niəʔ³］""他［tʰəʔ³］"。看来，绥德方言和北区晋语一样，三身人称代词单数做亲属名词的领属语时读音也发生了促化。关于领属代词读促声的原因，黑维强（2016：389-390）认为是"单数领属代词读的舒声与结构助词'的［təʔ³］/［tiəʔ³］'的合音"，并认为在"'我'、'你'、'他'与亲属称谓词之间出现'的'的情况下，就要读它的本音，即舒声音，不能读促化音。这可以从反面证明促化音的确是与'的'合音的结果"。如果单从音理上讲，"合音说"也能成立。就北区晋语而言，我们不认为领属代词读促声是其相应的舒声音和助词"的"合音，理由有如下两点：

第一，据我们调查，北区晋语的亲属领属结构中，当领者是人称代词时，领者和属者之间是不需要标记的，亲属领属结构是直接组合。这一点和汉语普通话及大多数方言一致。正如刘丹青（2013）指出的："汉语及其方言领属结构的特点之一是存在不需要标记的直接邻接式（juxtaposition）的领属结构。有直接组合领属结构的方言，直接邻接只适合于部分领属结构。充当核心的主要限于亲属关系名词以及表示社会关系、社会角色和群体、机构的名词，充当领属语的主要是人称代词。"陈振宇、叶婧婷（2014）也指出："汉语（包括大多数的方言）采用带有附着性助词（如"的"）的结构作为无标记的表达式，但如果领有者是人（用人称代词表示），并且有特别关系的话，也会采用简单的直接组合结构。"在北区晋语中，亲属领属结构正是直接邻接、直接组合的结构，而且领有者只能是人称代词单数，和属者中间一般不需要加入任何标记。加了标记"的"反而是特殊的、强化的表达。如果我们承认了亲属领属代词读促声是代词的舒声和结构助词"的"的合音，就意味着说北区晋语亲属领属结构是有标记的，而且这个标记还是必有的，领属是语义表达的重心。这显然与事实不符。

第二，北区晋语单数人称代词读促声并非只在亲属领属这个位置上发生，它们在主、宾语位置上读音也可能发生促化。由前文可知，人称代词促读和其语法化即语义虚化、弱化等有关。代词的舒、促两读和其他词类的舒、促两读情况是一致的，是成系统的，都是读舒声表实义，读促声表语义虚化、弱化或语用上有轻贬、斥责之意。这一点从前文中就可清楚地看出。

不论是跨方言比较，还是从词类系统的角度看，我们认为人称代词的舒声促化是语法化的结果，是语法化后的语音弱化形式。三身人称代词单数读舒声时的称代义都很强，读促声都是它们语义弱化后的语音表现，体现了语义与语音之间的象似性。

北区晋语中，三身人称代词单数的促读，是人称代词连用和重叠的物质基础。前文已经讨论过，北区晋语人称代词的重叠或连用，主要发生在亲属领属结构里。重叠和连用的主要功能就是强调领属。如果领属代词读的促声是领属代词的舒声和"的"的合音，按照北区晋语亲属结构的表达，应该是强强联合，不需要再通过重叠或连用这些手段来加强领属义了。这显然也与事实不符。

第二节　北区晋语指示代词的语法化及其语音形式

一　指示代词语义弱化及其语音形式

北区晋语的指示代词二分，近指"这"和远指"那"都有舒、促两种读音形式，一般说来，指示性强即确切指示时读舒声，指示性弱即一般指示时读促声。如大同云州区方言的"这"有［tʂʅ］和［tʂəʔ］两种读

音,"那"有[nɛe]和[nəʔ]两种读音。试比较:

(1) a. 这[tʂəʔ]忽阑儿还没干哩这儿还没干呢。(一般的指示)
    b. 这[tʂʅ]忽阑儿还没干哩这儿还没干呢。(确切的指示)
(2) 甲:给我把那[nəʔ]本书递过来。(一般的指示)
    乙:哪本?
    甲:桌子上放的那[nɛe]本。(确切的指示)

再如山阴方言:

(3) a. 这[tʂəʔ]是啥?
    b. 这[tʂɔ]是啥?
(4) a. 这[tʂəʔ]两个西瓜给你。
    b. 这[tʂʅ]两个西瓜给你。
(5) a. 那[nəʔ]是啥?
    b. 那[nɔ]是啥?
(6) a. 那[nəʔ]两个西瓜给你。
    b. 那[nɛe]两个西瓜给你。

山阴方言中,读促声的"这[tʂəʔ]""那[nəʔ]"不管是直接修饰限定名词如例(3)a、(5)a,还是与数量短语组合后修饰限定名词如例(4)a、(6)a,都没有相应的读舒声的b句表达的指示性强,各例a、b句表达的差别就在于指示义的强弱。也就是说,指示代词舒、促两读的作用在于区分指示义的强弱,指示性强时读舒声,指示义弱时舒声促化,读相应的促声。

二 指示代词的虚化及其语音形式

(一) 指示代词"这/那"虚化为通指标志

北区晋语中,指示代词"这/那"后面的名词或名词短语一般为定指性成分,指代具体的人或物,是实有所指。除此之外,我们发现北区晋语中,"这/那"后面的名词性成分不是有定的。"这/那+名"中的"这/那"不能用"这个/那个"或"这些/那些"替换。例如大同云州区方言:

(1) 这[tʂəʔ]人呀,没啥也不能没钱,有啥也不能有病人哪,没啥也别没钱,有啥也别有病。
(2) 这[tʂəʔ]东西不好能退换哩,人可不能随便退换东西(买了)不好的话可以自由退换，人（结婚了）不好的话不容易随便退换。（奉劝人们结婚选对象一定要慎重。）

（3）没那［nəʔ］金刚钻就甭揽那［nəʔ］瓷器活儿。

以上所举例子里的"这/那"所指示的名词性成分，并不是对上文说到的某个人或事物的回指，而是对上文说过的事的一种评论，意思是说"这一类人或事物都是如此"。这类名词一般被称为通指或类指（generic）成分。[①] 上面例（1）、（2）中的"这人""这东西"并非指语境中出现的某个人或某样东西，而是指所有的人或东西；例（3）中的"那金刚钻"和"那瓷器活儿"也不是指语境中出现的某个"金刚钻"和"瓷器活儿"，而是指类似"金刚钻"和"瓷器活儿"的东西。我们认为这里的"这/那"所修饰的成分是说话人引出的一个话题，这个话题是和上文的某个事物相关的，即上文事物所属的类别，二者之间是类与个体的关系。"这/那"的指别作用虚化，成为一个通指成分的标志。

在北区晋语里，作为通称标志的"这/那"只能读促声"［tʂəʔ］/［nəʔ］"，不能读相应的舒声。张伯江、方梅（1996：156 - 157）指出，北京口语中表通指的"这/那"总是轻读，读为"zhe/na"，没有像表指别的"zhèi/nèi"的读法。并认为"这个轻读的作为通指标志的'这/那'明显是从表指称意义的'这/那'虚化而来的"。我们认为，北区晋语当与北京口语一样，表通指的"这/那"也是从表指称意义的"这/那"虚化而来的。

（二）指示代词虚化为连词

1."这了""那了"虚化为连词

北区晋语指示代词"这""那"还可以和助词"了"组合成"这了""那了"，代替某种已成为现实的情况。"这了""那了"前面常可加连词"要（是）"，后面可加助词"哩"，意思相当于普通话的"既然这样的话""既然那样的话"。连词"要（是）"用于前一小句，"这了""那了"位于连词后，指代已成为的现实，后一小句根据这个理由推出结果，

[①] 通指成分不指称语境中某一个或某几个个体的人或事物，跟单指（individaulity）相对。汉语里通指成分典型的用法是在名词前加"这种，这类"一类词，而不能加"这个，这几个"等。参见张伯江、方梅（1996：156 - 157）。

常用"就、也、还"呼应，构成一个因果推论复句。例如山阴方言：

(4) a. 要（是）这了哩，咱就先去看看_{既然这样，咱们先去看看}。

(5) a. 要（是）这了哩，我倒啥也不用说啦_{既然这样，我就什么都不用说了}。

(6) a. 要（是）那了哩，咱倒不说啦_{要是那样的话，咱们就不用说了}。

(7) a. 要（是）那了哩，你就先去哇_{既然那样，你就先去吧}。

以上例句中的"这"和"那"在山阴方言里都有两种读音，一种是分别读舒声"这［tʂɔ］"和"那［nɔ］"，另一种是读促声"这［tʂəʔ］"和"那［nəʔ］"。一般来说，读舒声比读促声的语气要强。

另外，以上例句在山阴方言中都还有另外一种说法，那就是"这了""那了"直接用在句首，指代已成为的现实，后面常用副词"就、倒"等呼应，和加了连词"要（是）"的意思一样。即上举各例可以如下说：

(4) b. 这了就先去看看_{既然这样，先去看看}。

(5) b. 这了倒啥也不用说了_{既然这样，就什么都不用说了}。

(6) b. 那了咱倒不说了_{要是那样的话，咱们就不用说了}。

(7) b. 那了你就先去哇_{既然那样，你就先去吧}。

两相对照，可以看出，(4) b—(7) b看似单句，实则是由复句(4) a—(7) a紧缩而来的。

2. "那（么）"虚化为连词

和前文"这了""那了"虚化为连词的语义演变相关，北区晋语中，"那（么）"也可以代替某种情况，前面可加连词"要（是）"，提出已成为的现实，意思相当于"既然那样"，后一小句根据这个现实做的推论可以用反问的形式表示，全句的意思相当于"既然这/那样，为什么（怎么）……"但"既然这/那样"常常省略，"这/那（么）"就置于表反问的后一小句的句首了。表反问时还常带疑问代词"咋［tsaʔ］"，这个"咋"也可省略。用于这种用法的"这么"没有"那么"多。"那么"常可换说成"那"，但"那么"比"那"的语气强烈。全句有责怪、埋怨对方的意思。例如山阴方言：

(8) 这［tʂɔ］么你就敢应承人家_{（既然这样，）你还敢答应大家？}

(9) 那［nɔ］（么［məʔ］）你不早说_{（既然那样，）你为什么不早点说？}

(10) 那［nəʔ］／［nɔ］（咋）你不早说_{（既然那样，）你怎么不早说？}

(11) 那［nəʔ］/［nɔ］（么［məʔ］）他不来（既然那样，）他为什么不来？

(12) 那［nəʔ］/［nɔ］（咋）他不来（既然那样，）他为什么不来？

(13) 那［nəʔ］/［nɔ］么［məʔ］你不去既然那样，你为什么不去？

以上例句中的"这/那"在山阴方言里都有两种读音，一种是读舒声"［tʂɔ］/［nɔ］"，另一种是读促声"［tʂəʔ］/［nəʔ］"。一般来说，读舒声比读促声的语气要强。除山阴方言外，北区晋语其他方言如大同等方言只有促声的说法。

吕叔湘（1985：292-293）在"'既这么着'，'要这么着'"一节中讲道："有许多小句是用一个连词加'这么'、'那么'组成的。这种小句都是复句的第一小句，所用的连词以'既然'和'要是'为最多。"例如（以下4例均转引自吕叔湘1985：293）：

既这么着，为什么不请进来我也见见呢？（红7.13）

既这么着，偺们都过去看看。（红82.22）

既那么着，快睡去罢。（儿34.2）

真要这么着，我就先给姐姐磕头。（儿40.27）

吕叔湘指出，在以上的例子里，连接的作用是由连词"既""要"来行使的。"可是很早已有省去那个连词的句法，于是'这么'、'那么'就兼有连接的作用，甚至不妨本身算是一种连词。用作连词，'那么'很多。在现代，几乎只用'那么'，很少用'这么'的。'那么'也常常说成'那'。"（吕叔湘，1985：293）例如：

这等，我过去。（元7.1.2）

这样还是我去吧。（冰心，集225）

那么着，咱们说开了……（儿29.33）

那们我就先躺一躺儿。（聊2.14）

由上可知，吕叔湘认为"这么/那么"变成连词的原因，是因为其前面原来起连接作用的连词早已省略，紧跟其后的"这么/那么"就兼有了连接的作用，变成了连词。从北区晋语的事实看，吕叔湘的看法可谓真知灼见。北区晋语中，"那（么）"前也是早已省略了连词，但"这了""那了"前的连词存在与否两可，处于并行阶段。这也可以充分证明"那（么）"的前身是"既然那么（样）"之类的表达，也可说明"那（么）"

比"这了""那了"虚化的速度要快一些。

张俊阁（2011）以明清时期具有山东方言背景的文献材料为基础，讨论了明清山东方言指示词"这""那"与"这么""那么"及其连词化问题，指出明清山东方言中"这""那"的语法化与其特定的句法位置和语言环境是分不开的。"这""那"用在句子或分句的开头，复指前文所说的内容。当前一句子或分句有表假设的词语时，从表义的连贯性来说，后一句子或分句则表示由前面的假设所造成的结果，这种"条件—结果"的语义句法环境对"这""那"进一步虚化起到了催化作用，"这""那"最终由指示代词发展成为起话语连接作用、引进表结果和判断的句子的连词。而"那么"从指示代词语法化为连词与分句"那么着"的虚化、连词化不无关系。

北区晋语中，"这了""那了""那（么）"的连词化也和其意义虚化及特殊的句法位置有关。"这了""那了""那（么）"等位于推论因果复句前一分句连词"既然、要（是）"后，是它们的早期位置，陈述的是既成事实。当连词省略后，它们就处于句首的位置，开始起承接作用，表明前后两句的因果（或条件—结果）关系，从而紧缩成现在的由既成事实得出推论的简单句。因而"这了""那了""那（么）"已不再是指示代词而是一个连词了。

北京口语里的"那"也有类似北区晋语的用法，既可作代词，也可作连词。张伯江、方梅（1996：176－177）认为："'那'在口语里可以表示推衍关系，或引进表后果的小句，在句与句之间起连接作用，与书面语里的'那么'相当。如：'怎么，你不去了？那我也不去了。'"对于连词"那"的来源，张、方二位先生认为这类用法的"那"是由句首用作复指的代词"那"虚化而来的。并且在北京口语里，代词的"那"和连词的"那"在语音上也有区别，连词"那"一般说成 nà，而不说 nèi。

陕北神木方言也有类似的用法，不过邢向东（2002：551－553）认为此种用法的"那［nəʔ⁴］"和"那么［nəʔ²məʔ⁴］"是疑问语气副词。"那"用于承接对方或上句的反问，表示逆转性承接关系。如"一圪瘩炭二百来斤，那能背动嘞？""甲：我是不愿意和这号人打交道。乙：那你叫我去嘞？""那么"同样用于承接对方的反问句，表示逆接关系，但它不是直接表示反问，而是从已经出现的情况推断"应该/不应该干什么"，往往带有批评、责怪对方的意味。如"甲：我早就知道去了出事也。乙：那么你还跟上去嘞？""甲：拉一吨炭能挣三十来块。乙：那么你不包下？"

3. 指示代词"那会儿"虚化为虚拟语气标记

普通话中，时间指代词"那会儿"可称代过去或将来的某个时间。在北区晋语中，指示代词"那会儿"只指过去的某个时间，它可以用在动词前或句首做时间状语，也可以做主语、定语，还可以用在其他词语之后做中心语，使所说的时间更明确。例如大同_{云州区}方言：

（14）她那个女儿那会儿不是和你们同学［呢啊］_{她女儿以前不是和你是同学吗？}

（15）那会儿我就是想的她连个女儿也没，跟前没人招呼，在医院守了她一黑夜_{我当时想的是她连个女儿也没有，身边没人照顾，在医院照顾了她一晚上。}

（16）那会儿是那会儿，能还和这会儿一样_{以前是以前，能和现在一样吗？}

（17）那会儿的事我倒是都还记得呢_{那个时候的事我倒是都记着呢。}

（18）我妈年轻那会儿可灵哩_{我妈年轻时候很聪明。}

（19）他小那会儿就可顽哩_{他小的时候就很调皮。}

"那会儿"指代时间时，可以指过去的某个确切时间段，相当于"以前""过去""当初"等意思，如例（14）—（17）。也可以指过去的某一参照时间，相当于"……的时候"，如例（18）、（19）。例（14）—（19）中，时间指代词"那会儿"中的"那"有舒促两读的情况，舒声读［nɛe］，促声读［nəʔ］，读舒声比促声更具强调指示的作用。

北区晋语中，"那会儿"除了上述种种指代时间的用法外，还有以下用法，我们还以大同_{云州区}方言为例：

（20）那会儿你先走，你看这阵儿谁也走不了啦_{当时你该先走，你看现在谁也走不成了。}

（21）那会儿（忘了）不应说给她（似的）_{当初别告诉她就好了。}

（22）那会儿叫上你似的_{当初该叫上你。}

（23）那会儿（忘了）叫上你啦_{当初应该叫上你。}

（24）你再往前走走那会儿_{你当时再往前走一走就好了。}

以上各句的"那会儿"都能换说成"哪如"或"哪顶如"，表示说话人对自己过去的行为表示后悔，意思是"当初要是……就好了"，有"悔不当初"的遗憾。说话人希望事件过去未曾发生，但实际上已经发生了。邢向东（2005a）将这类句子称为"愿望类虚拟句"，"愿望类虚拟主要是对已然事态的虚拟，是对已然事实相悖的主观愿望的表达。因此，该类句子叙述的事件，都是说话人希望（曾经）发生的。其中肯定句假设事件是过去应当发生的（实际上并未发生），否定句假设事件过去从未发生过（实际上已经发生）。说话人带着遗憾的语气把这个情况陈述出来，就构成了愿望类虚拟句。"郭利霞（2015）指出，对过去事件的虚拟实际是对过去事件做出相反的假设，普通话常用"要是……就好了"表达。上举各例的"那会儿"虽不指代过去的某个确切的时间段或时间点，却泛化成了"当初"的意思。因"那会儿"能换说成"哪如"或"哪顶如"，"那会儿"便有了"悔不当初"的意思。于是在表过去时间"当初"的语义基础上，"那会儿"发展出了表过去虚拟语气的用法。例如山阴方言：

（25）——他要哩我没给他_{他要呢，我没给他}。

　　——a. 那会儿给给他_{给了他就好了}。

　　　b. 给给他那会儿_{给了他就好了}。

（26）——我这俩日尽咳嗽呢_{我这几天老咳嗽}。

　　——a. 那会儿去医院看看_{应该去医院看看}。

　　　b. 去医院看看那会儿_{应该去医院看看}。

例（25）、（26）中的"那会儿"已经没有表过去的时间的意义了，完全虚化为一个过去虚拟标记了。郭利霞（2015）认为，做句首或谓词性结构之前的时间状语，是"那会儿"能从时间状语转化为过去虚拟标志得以实现的句法位置，所以位于句首或谓词性结构之前就成了"那会儿"在虚拟句中默认的句法位置。据我们调查，作为过去虚拟语气标志，"那会儿"不仅可以位于句首或谓词性结构之前，如（25）a、（26）a，还可以位于句尾，如（25）b、（26）b，但做时间状语的"那会儿"一般不能移位于句尾。据我们的语感，"那会儿"位于句尾时，"遗憾"的语气更强一些。

从时间词发展成为虚拟标记，在类型学上非常普遍，强星娜、唐正大（2009）指出上海话的"慢慢叫"就是从时间状语语法化为虚拟标记的。

北区晋语中,"那会儿"虚化为虚拟语气标记后,其中的"那"只能读促声[nəʔ],一般不能读作舒声[nɛe]。

第三节 北区晋语疑问代词的语法化和词汇化

一 "哪么(儿)[na mʌr]"的语法化

北区晋语中,指示方式时有的方言点用"这[tʂəu]这么""那[nəu]那么",如山阴、大同等,有的方言点用"这么""那么",如天镇、阳高等。询问方式时用疑问代词"咋[tsa]怎么""咋么"。"咋""咋么"指代方式时可以用于任指,后面常用"也"呼应,前面可用"不管、不论"等。例如大同_{云州区}方言:

(1)你咋说家[tɕiɛ]也不听_{你怎么说人家都不听}。

(2)咋着[tʂaʔ]也着[tʂaʔ]不好啦_{怎么弄都弄不好了}。

(3)a. 不管咋也得去看看_{不管怎样都得去看看}。

　　b. 咋也得去看看_{怎么也得去看看}。

疑问词"哪[na]"用于疑问时,表示要求在同类事物中加以确指,如"你说的是哪个?"。"哪[na]"也可以用于任指,表示任何一个,后面常有"也"呼应,前面也可用"不管、不论"等。例如山阴方言:

(4)哪个也行,你看哇_{哪个都可以,你定吧}。

(5)不管哪个,你看哇_{哪个都可以,你定吧}。

用于任指时,"哪"前面可加介词"跟、从"等,指代方式。例如:

(6)a. 不管跟哪也得去看看哩_{不管怎样都得去看看}。

连词"不管、不论"常常可以省略,(6)a可以简说成:

(6)b. 跟哪也得去看看哩_{不管怎样都得去看看呢}。

甚至前面的介词"跟、从"也可以省略,这样(6)b就可以如下说:

(6)c. 哪也得去看看哩_{不管怎样都得去看看呢}。

我们看到,(6)a、b、c三种说法表示的意思完全一样,但从(6)a—(6)c一步步省略,致使"哪"获得了任指表方式的意义,而和原本表方式的疑问词"咋"在任指这个意义上中和,可以互相替换,即(3)b和(6)c可以换说,意思不变。

吕叔湘（1985：295）曾说："有意思的是，疑问代词里跟'这里''那里'相应的是'哪里'，而跟'这么''那么'相应的是'怎么'而不是'哪么'。"北区晋语中，因"哪"可以指代方式，"哪"也就和"这么""那么""怎么"一样，可以和"么"组合成词"哪么"，和"这么""那么"相对应。有的方言点如山阴方言中的"哪么"还可以儿化，我们统一记为"哪么（儿）"。"哪么（儿）"的意思相当于普通话"怎么（着）"的任指用法，有"不管/无论怎么"的意思，后头常有"也"来呼应，意思相当于副词"反正"，表示排除任何条件（即在任何情况下都是这样）的肯定语气。至此，"哪么（儿）"转变成了一个语气副词。如右玉方言：

（7）哪么（儿）也得把高中上完哩_{怎么着也得把高中上完吧}。

（8）哪么（儿）也不能叫你赔钱_{怎么着也不能让你赔钱}。

再如山阴方言：

（9）哪么（儿）也得走哩，就早些儿走哇_{反正也得走呢，就早点走吧}。

（10）哪么（儿）我也得去哩_{反正我也得去呢}。

和"反正"一样，"哪么（儿）"也有排他性总结作用。张谊生（2000：58）指出，"总结就是对事实和现象提出概括性的结论"，"表排他性总结的主要有'反正、左右、高低、横竖、长短、好歹'等"。相当于"肯定、确实"。例如大同_{云州区}方言：

（11）哪么人谁也是盼好的哩_{总之人谁都是盼着好呢}。

（12）哪么人家那人也灵_{总之他很聪明}。

（13）不去一下哪么也不歇心_{不去一下总是不放心}。

"哪么（儿）"还可以构成一种构式"哪么（儿）也是个哪么（儿）了"，表示在任何条件下结果或结论都不会改变。表达了说话人不管不顾、要豁出去的主观态度，意思相当于"反正已经这样了，不管那么多了"。有强调"不管/无论怎么"语气的作用。例如山阴方言：

（14）哪么儿也是个哪么儿啦，就跟这［tʂəu］做哇_{不管那么多了，就这样做吧}。

（15）哪么儿也是个哪么儿啦，走他哇_{不管那么多了，走吧}。

北区晋语中，"哪么（儿）"也有舒促两种读法，舒声读［na］，促声读［nəʔ］，读舒声比促声表达的语气强烈。

山阴方言中，这种用法的"哪么儿"还可以换说成"哪个儿[na kar]"。"哪个儿"中的"哪"只能读舒声[na]。例如：

（16）哪个儿你也得占他一头儿哩，哪头儿也不占找他做啥哩（找对象）反正你得图一头，一头都图不上找他干吗。

（17）哪个儿谁也是盼娃娃们好哩人都是盼自己的孩子好呢。

二 "啥不啥""甚不甚""咋不咋"的词汇化

吕叔湘（1985：304）指出："'怎么'的形式跟'什么'多少有点平行：早期多作'怎'，跟'什么'作'甚'一样；现代则以'怎么'为主，虽然'怎'字单用有时候还看得见，不像'甚'字单用几乎已经绝迹。"吕叔湘（1985：151-152）又说："近代汉语的疑问指代词都有疑问和虚指两种用法。二者的分别是，期待回答的是疑问用法，不期待回答的是虚指用法。从虚指用法又发展出一种任指用法。"北区晋语中，"怎么"一般都合音成"咋"；"什么"在有的方言点作"啥"，如大同、山阴、朔州等，大部分方言点都作"甚"。"咋""啥""甚"除了表疑问外，都有虚指和任指的用法。"咋"的任指用法如山阴方言：

（1）——咋和她说哩怎么和她说呢？

——a. 咋说都能哩怎么说都行。

b. 不管咋说都能不管怎么说都行。

"啥"的任指用法如大同云州区方言：

（2）他啥也记得他什么都记得。

（3）他啥也没吃就走啦他什么也没吃就走了。

（4）我啥东西也没买。

（5）——晌午吃啥呀中午吃什么？

——a. 啥也行什么都行。

b. 不管啥随便。

"甚"的任指用法如天镇方言：

（6）他甚也记得。

（7）他甚也没吃就走了。

（8）我甚东西也没买。

（9）——晌午吃甚呀？

——a. 甚也行。
　　b. 不管甚。

"咋""啥""甚"表任指时一般都有形式标志，要么是在"咋""啥""甚"前面加上"不管、不拘"等词语，如（1）b、（5）b、（9）b，要么是在其后加"也"来呼应，不管是肯定式还是否定式。如例（6）、（7）等。表任指的"咋""啥""甚"都可以和其否定式叠合连用成"咋不咋""啥不啥""甚不甚"，由代词变成了副词，表示的是陈述语气，意思是"无论如何，不管怎么样"。例如山阴方言：

（10）啥不啥你明儿来哇不管怎么样你明天得来呢。

（11）管他啥不啥哩，你明儿来哇不管怎么样你明天来吧。

（12）咋不咋你明儿得来哩不管怎么样你明天得来呢。

（13）管他咋不咋，你明儿来哇不管怎么样，你明天来吧。

再如天镇方言：

（14）甚不甚可回来咧不管怎么样可算回来了。

（15）甚不甚先吃饭哇不管怎么样先吃饭吧。

陕北晋语神木方言也有"甚不甚"的说法。邢向东（2002：550）指出："甚不甚 [ʂɤ̃⁵³ pəʔ⁴ ʂɤ̃⁵³] 由疑问代词的反复问形式凝固而成的，表示'不管怎么样'，'先……再说'"。表陈述语气。例如：（以下两例转引自邢向东2002：550）

（16）甚不甚先把狗的告下去再说。

（17）甚不甚先把这和尚小子安顿住。

从例（10）—（13）可以看出，"啥不啥"和"咋不咋"前面可以加上表否定义的"管他"（意思是"不管怎么样"），也可以不加，意思都相当于"不管怎么样"。如同前文所指出的，"啥"和"咋"在表任指的意义上意义已经中和，"咋"和"啥"已没有分别，甚至可以换说，所以例（10）—（13）所表达的意思完全一样，而例（10）和（12）、（11）和（13）可以互换着说，意思不变。

值得注意的是，北区晋语的"咋不咋""啥不啥""甚不甚"目前已由联合短语完全词汇化成了一个词。所谓词汇化，指的是"从非词汇单位变为词汇单位的过程"（董秀芳，2013：2）。"咋不咋""啥不啥""甚不甚"都是由其肯定式和否定式构成的代词联合短语，或者说是肯定和否定式叠合连用而成，因其高频使用而被词汇化为一个凝固的词。它们和"好不好"的词汇化过程（谭毅，2010）有些类似，是在句法、语义和认知等多方面因素的作用下完成的。线性序列的叠合连用为它们提供了句法上构成的前提条件，语义上的相反引申为其词汇化提供了可能。从认知上来讲，当两个相互独立的语言成分在线性序列上高频紧邻出现时，语言使用者就倾向于将它们作为一个整体来记忆，而对其内部的结构则不再加以分析，"咋不咋""啥不啥""甚不甚"就不表示在肯定或否定中选择其中一方，而是表示"兼有（或者）"，这样就变成了"无论如何、不管怎么样"的任指义。"咋"和"不咋"等都是属于同一认知域里的两个对立概念，两者对举统摄来指称全部，是通过用部分带整体的转喻模式来完成的，体现了认知过程的"部分—整体"的意象图示。

"咋不咋""啥不啥""甚不甚"的副词化和一些反义联合短语如"长短、横竖、左右、反正、贵贱、高低、好歹"等的副词化基础相同（李宗江，2009）。太田辰夫（2003：268）认为："（好歹）这个词是从'好也罢歹也罢'的意义引申为无论如何、不管怎样的意思的。"从语义场的角度来看，不管是反义的两个词联合，如"好歹"，还是肯定和否定的叠合连用，如"咋"和"不咋"，它们都是同一个语义场的对立两极。在转喻思维的作用下，人们很容易用它们来指代所有情况。如"好歹"表示的"好也罢歹也罢、无论好与歹"便引申成为"无论如何、不管怎样"。"咋不咋""啥不啥""甚不甚"的"无论如何、不管怎样"义亦是如此而来。

结　　语

　　深入田野调查，经常会有意外的收获。发现山西晋语代词能重叠和连用这个问题也实属偶然，有一种无心插柳的感觉。2008年春，为了了解不同年龄、性别、职业、受教育程度等社会变量对方言区人们语言使用的影响，尤其是对一些具有方言特色成分的使用变化，我们在晋北的大同、山阴等地进行了社会语言学调查。在大同云州区（原大同县）西坪镇调查第二人称代词尊称形式"您儿"的使用情况时，一位被调查对象说："我我老妈这会儿也叫我我叔叔'您儿'哩我伯母现在还用'您'称呼我叔叔呢。"此话一出，一下子引起我们的惊觉。尽管笔者的母语也有此说法，但之前竟然习焉不察。这次调查最大的收获，是我们发现北区晋语的人称代词可以重叠使用。随后我们以大同和山阴两个方言点为中心，对周边方言点进行了专项摸排调查，发现这种现象在大同、朔州一带的方言中普遍存在。在进一步的调查中，我们又发现了在该区域方言中还存在人称代词单复数连用的现象、指示代词重叠和连用的现象等。这使我们充分认识到，北区晋语代词的重叠和连用现象是具有系统性的。我们感兴趣的是，这种现象只分布在晋北一带的方言中，还是有更大范围的分布？这是一个值得进一步扩大调查并深入研究的问题。本书从地理分区的角度对山西晋语代词进行了较为系统的调查研究，观察各个代词的地理分布，探讨它们的历史来源，试图厘清以往研究中代词记录的歧异。通过跨时代、跨语言、跨方言比较，挖掘代词连用和重叠的类型学特征。经过研究，我们获得了一些粗浅认识，但依然存在很多不足。

一 山西晋语代词的形式复杂多样

1. 人称代词复数形式叠床架屋

山西晋语尤其是中区晋语、西区晋语和东南区晋语,第一、二人称代词的复数形式的词根多是由单数代词形式和复数词尾合音而成,复数词尾主要有"们""家",西区晋语还有一个常用词尾"弭"。我们在判定某个代词合音式到底是其单数形式和哪个复数词尾合音的时候,不仅要考虑语音是否对应得上,还需关照该方言代词的整个系统以及周边方言的代词系统;不能仅考虑一时一地,还得结合代词的地理扩散的可能性。这样得出的结论才更为可靠。合音式由于形式的简化,其复数意义被逐渐磨蚀掉了,故其后可再附加相同的复数词尾,也可附加不同的复数词尾,再构成新的复数形式,造成了叠床架屋的结果。叠床架屋背后的动因主要是为了强化代词的复数意义。

2. 指示代词合音多种多样

指示代词的合音现象多而复杂。虽然在缺乏历史证据的情况下——确定其来源并非易事,但以往研究中已经确定了的合音形式,在以后的记录中便不需再用同音字代替,比如在山西晋语中常见的指示代词同音字"宰""外/崴/未"等,一般认为是"这一""兀一"或"这块⁼/槐⁼""兀块⁼/槐⁼"的合音。我们知道,北京话中,"这"和"那"分别都有两个读音,"这"读作"zhè"和"zhèi","那"读作"nà"和"nèi"。一般认为,"zhèi"和"nèi"分别是"这一"和"那一"的合音,但在北京话中,合音式也未用同音字代替,而仍然记作本字。我们不妨就像北京话那样,将山西晋语的代词合音式也记为相应的指示代词并注上国际音标,也可在其右下角用数字编号,以示区别。如"这₂ [tsai]""兀₂ [vai]"等;或者直接将其记为合音前的两个音节,用方括号 [ ] 表示,并标注国际音标,如"[这块⁼] [tsai]""[兀槐⁼] [vai]"等。

二 "雁门关一线"是一条重要的方言地理分界线

通过在山西各县区密集布点进行的田野调查,我们发现"雁门关一线"是一条重要的方言地理分界线,这条线穿过代县、繁峙、宁武、神池、五寨、偏关等方言点,山西晋语代词在这条线上形成了较为明显的南北对立分布，主要体现在：

1. 第一人称代词"我"的读音

雁门关一线及以北"我"的声母一般是"v"，读音和普通话相近；雁门关一线以南"我"的声母是"ŋ"，读音保留中古时期"我"的读音。

2. 第一人称代词"俺"的读音

雁门关一线及以北"俺"的声母是"n"，雁门关一线以南"俺"的声母是"ŋ"。这个分布正和中古影、疑母字声母的读音类型的地理分布大致一致。另外，在"俺"和"我"的地理分布上，还存在着一条南北对立的地理分界线——桑干河，基本以流经山阴县和应县的桑干河为界，桑干河南广泛分布着"俺"，且和"我"共存；桑干河北只有"我"，不见"俺"的踪迹。

3. 第二、三人称代词尊称形式的使用

雁门关一线以北，第二、三人称代词有专门的尊称形式；雁门关一线及以南，第二、三人称代词基本没有专门的尊称形式。

4. "亲属—集体名词"领属代词的使用

雁门关一线及以北，"亲属—集体名词"领属代词的使用基本同普通话，即家庭亲属关系名词主要用人称代词单数做领属语，社会关系、社会机构、群体、集体等名词主要用人称代词复数做领属语；雁门关一线以南，当核心名词是"亲属—集体名词"时，第一、二人称代词普遍用复数词根做领属语。

5. 近指和远指的对立

雁门关一线及以北，近指和远指是"这"和"那"的对立，同普通话；雁门关一线以南，从原平开始，近指和远指是"这"和"兀"的对立，有的方言同时叠置了远指代词"那"。从此，在山西晋语区，近指和远指形成了"这—那""这—（那）—兀"的对立局面。

6. 问事、物的疑问代词"啥"和"甚"的使用

询问事、物的疑问代词，在雁门关一线以北，除最北边受周边晋语张呼片影响的天镇、阳高两个方言点用"甚"外，其余都用"啥"；雁门关一线及以南大多用"甚"。

三　山西晋语代词连用和重叠现象存在不平衡

1. 人称代词连用和重叠的地理分布不平衡

北区晋语中三身人称代词单数做亲属名词的领属语时可以重叠，第三人称单数做主语时也可以重叠，重叠后都有强调指代的作用；北区晋语的三身人称代词做亲属关系名词的领属语时还可以单复数连用，其中复数形式主要起语用作用，单数形式是句法—语义的主要承担者。北区晋语中三身人称代词重叠和连用的动因是为了强调领属代词。这种现象之所以只分布在晋北，和北区晋语亲属关系名词的领属代词的读音常常发生促化密切相关。北区晋语中三身人称代词重叠和连用常表示说话人的一种主观评价。跨语言、跨方言研究表明，人称代词的单复数连用现象在语言中并不普遍，目前我们只发现在北区晋语中存在；人称代词的重叠现象在藏缅语族中广泛存在，重叠后主要表反身意义，起强调作用。北区晋语人称代词重叠表强调体现了人类语言的一些共性。

2. 指示代词连用和重叠的系统内部不平衡

山西晋语中的部分指示代词可以重叠，分完全重叠和不完全重叠两种。完全重叠主要是指代人、物和指代方所的代词，不完全重叠主要是指示时间、数量、程度等的指示代词。跨语言、跨方言研究表明，藏缅语族语言、汉语方言中的晋语和西北官话的不完全重叠倾向于 ABB 式，西南官话的不完全重叠倾向于 AAB 式。重叠式和基式相比有明显的强调作用；山西晋语中广泛存在指示代词连用的现象。山西晋语指代人、物的代词可以同类连用，也可以和指代处所的代词连用。指代人、物的代词连用后，前一个重在指示，后一个重在代替；指代人、物的代词和指代处所的代词连用后，处所指示取代普通指示，仍然指代人、物，不指示处所。

3. 疑问代词连用和重叠的系统内部不平衡

疑问代词的重叠主要是问人的和问方所的疑问代词。问人的"谁"一般都是三叠式，表示任指，这和普通话中疑问代词表任指时的重叠是一致的；问方所的疑问代词"哪"重叠后还表疑问，这和方所指代词能完全重叠也是一致的。跨语言、跨方言研究表明，疑问代词重叠在人类语言中普遍存在，是人类语言的一个共性特点。疑问代词重叠主要分两种情况，一是疑问代词在表达本义即表疑问时重叠，如藏缅语族语言疑问代词的重叠，重叠后仍表疑问，表多数；二是疑问代词在语义虚化后即表任指时的重叠，如汉语普通话及汉语的大部分方言。山西晋语疑问代词的连用分两种情况：一是肯定式和否定式的连用，连用后表示的是"无论/不管怎样……"等意思，这和汉语中部分反义语素构成的并列式合成词的语义基础和认知功能是一致的；二是跨类连用，主要是疑问代词和人称代词、指示代词的连用。山西晋语疑问代词的连用式最终都发生了词汇化和语法化。

四　山西晋语代词的连用和重叠是一个连续统

山西晋语代词的重叠和连用是一个连续统，它们有一样的语义基础，重叠是连续统的一端，连用是连续统的另一端。重叠和连用都表示增量，符合"数量象似动因"，即形式越多内容越多。山西晋语代词的重叠和动词、形容词等词类的重叠后的语用功能一致，也和藏缅语族代词重叠的语用功能一致；山西晋语代词的连用和汉语其他词类如形容词、副词等的同类连用的语用功能一致。山西晋语代词的连用和重叠体现出了语言的一些共性。

五　北区晋语代词语法化后发生舒声促化

北区晋语代词语法化，包括代词语义的虚化、泛化、弱化及语用上的淡化。北区晋语代词的语法化和其他词类一样，在语音上都有表现，一般是语法化前读舒声，语法化后一般都发生舒声促化，读作促声，这在北区晋语里非常系统而整齐，体现了语音和语义、语用之间的象似性。汉字由于具有非表音性的特点，语法化进程在书面语中无法以语音形式体现出来。在北区晋语中，舒、促两读清楚地将语法化进程显现了出来——语法化前读舒声，语法化后读促声，为汉语的语法化提供了语音上的证明，为我们观察语法化的进程提供了一个鲜活的材料。北区晋语代词促读是其能够重叠和连用的物质基础。

六　研究存在的不足

本研究仍存在很多不足，主要表现在以下几个方面：

1. 调查不够全面细致。虽然我们也曾赴山西省外做过调查，但由于方言语法调查的特殊性，我们的调查成果甚微。即使我们将调查中心定在了山西晋语区，由于方言代词本身的复杂性，加上调查者语感的局限，我们在北区晋语调查得最为深入细致，东南区晋语调查得最不全面。另外，我们的发音人一部分是在校大学生和硕士研究生，年龄偏小，虽然我们先培训他们调查过各自家里的老人，希望能调查到最地道的说法，但还有可能会漏掉一些老派的说法。这些问题虽然不会影响到我们的基本结论，但可能会影响到对某些具体问题的分析。

2. 描写不够详尽。有些材料还只是初步整理，描写相对粗疏。比如对东南区晋语指示代词和疑问代词的描写等。

3. 解释不够充分。要说明语法现象的历史发展，最好能说明区域系统的变化过程，比如某些代词的语法化过程等。由于缺少很明确的以山西晋语为基础的历史文献材料，想串起某个代词语法演变的每个环节比较困难，因而我们对代词的语法演变过程解释略显不足。我们认为，山西晋语的代词与近代汉语有诸多联系，有些代词形式直接源于近代汉语。本书的历时考察也就是基于这样的前提。我们不强求解释语法化演变过程，主要是从语法化前后的语音变化来对某些现象进行说明。另外，对山西晋语代词连用和重叠的语言类型学解释不足。我们所谓的类型学研究其实只是一种类型学视野，从跨语言、跨方言、跨历史的角度去考察了代词连用和重叠现象的共性和差异，与周边方言以及其他相关方言的比较分析不足，也没有较为系统的外部比较研究，更没有上升到语言类型学理论解释。

参考文献

白云、石琦：《山西左权方言人称代词复数形式"X 都/X 都们"》，《汉语学报》2014 年第 1 期。

［英］伯纳德·科姆里著，沈家煊、罗天华译：《语言共性和语言类型》（第二版），北京大学出版社 2010 年版。

曹志耘：《〈汉语方言地图集〉前言》，《语言教学与研究》2008 年第 2 期。

曹志耘：《汉语方言地图集·语法卷》，商务印书馆 2008 年版。

曹志耘：《汉语方言的地理分布类型》，《语言教学与研究》2011 年第 5 期。

曹凤霞：《建国后国内汉语方言代词研究综述》，《吉林师范大学学报》2004 年第 4 期。

陈士林、边仕明、李秀清编著：《彝语简志》，民族出版社 1985 年版。

陈淑梅：《关于疑问代词活用的笼统指》，《华中师范大学学报》（人文社会科学版）1998 年第 1 期。

陈玉洁：《人称代词复数形式单数化的类型意义》，《语言教学与研究》2008 年第 5 期。

陈玉洁：《汉语指示词的类型学研究》，中国社会科学出版社 2010 年版。

陈振宇、叶婧婷：《从"领属"到"立场"——汉语中以人称代词为所有者的直接组合结构》，《语言科学》2014 年第 2 期。

戴庆厦：《阿昌语简志》，民族出版社 1985 年版。

戴庆厦、黄布凡等：《藏缅语十五种》，北京燕山出版社 1991 年版。

戴庆厦：《景颇语重叠式的特点及其成因》，《语言研究》2000 年第 1 期。

戴浩一、薛凤生主编：《功能主义与汉语语法》，北京语言学院出版社 1994 年版。

戴昭铭：《历史音变和吴方言人称代词复数形式的来历》，《中国语文》 2000 年第 5 期。

戴昭铭：《浙江天台方言的代词》，《方言》2003 年第 4 期。

戴昭铭：《弱化、促化、虚化和语法化——吴方言中一种重要的演变现象》，《汉语学报》2004 年第 2 期。

董育宁：《山西晋语指示代词的几个特点》，《晋东南师范专科学校学报》 2002 年第 6 期。

董淑慧、宋春芝：《疑问代词重叠式的语义功能》，《南开语言学刊》2011 年第 2 期。

董秀芳：《词汇化：汉语双音词的衍生和发展》（修订本），商务印书馆 2013 年版。

董秀芳：《代词的主客观分工》，《语言研究》2014 年第 3 期。

董秀芳：《主观性表达在汉语中的凸显性及其表现特征》，《语言科学》 2016 年第 6 期。

丁声树等：《现代汉语语法讲话》，商务印书馆 1979 年版。

杜慧珍：《忻州方言代词研究》，山西师范大学，硕士学位论文，2017 年。

范晓林：《晋北方言领属代词的重叠》，《中国语文》2012 年第 1 期。

方一新、曾丹：《反义复合词"好歹"的语法化及主观化》，《浙江大学学报》（人文社会科学版）2007 年第 1 期。

方清明：《现代汉语副词连用频率考察》，《汉语学报》2012 年第 3 期。

方梅：《自然口语中弱化连词的话语标记功能》，《中国语文》2000 年第 5 期。

方梅：《指示词"这"和"那"在北京话中的语法化》，《中国语文》2002 年第 4 期。

方梅：《单音指示词与双音指示词的功能差异——"这"与"这个"、"那"与"那个"》，《世界汉语教学》2016 年第 2 期。

方梅：《负面评价表达的规约化》，《中国语文》2017 年第 2 期。

冯春田：《近代汉语语法问题研究》，山东教育出版社 2000 年版。

冯子伟：《黎城方言代词研究》，山西师范大学，硕士学位论文，2010 年。

傅爱兰、李泽然：《哈尼语的重叠式》，《语言研究》1996年第1期。

付欣晴：《汉语方言重叠式比较研究》，华中师范大学，博士学位论文，2013年。

范慧琴：《定襄方言语法研究》，语文出版社2007年版。

盖兴之：《基诺语简志》，民族出版社1986年版。

高培培：《邯郸方言代词研究》，河北师范大学，硕士学位论文，2013年。

郭校珍：《娄烦方言的人称代词》，《语文研究》1997年第2期。

郭校珍、张宪平：《娄烦方言研究》，山西人民出版社2005年版。

郭校珍：《山西晋语语法专题研究》，华东师范大学出版社2008年版。

郭利霞：《山西山阴方言的过去虚拟标记》，《语文研究》2015年第2期。

郭利霞：《汉语方言疑问句比较研究——以晋陕蒙三地为例》，南开大学大学出版社2015年版。

郭丽峰：《山西晋语吕梁片方言代词研究》，山西师范大学，硕士学位论文，2018年。

韩沛玲、崔蕊：《晋语五台方言中的"们"——兼谈人称代词复数形式指称单数概念的动因及机制》，《南开语言学刊》2015年第2期。

韩晓：《河南济源方言代词研究》，陕西师范大学，硕士学位论文，2015年。

韩东：《盂县方言内部重叠式的比较》，山西师范大学，硕士学位论文，2012年。

侯精一、温端政主编：《山西方言调查研究报告》，山西高校联合出版社1993年版。

侯精一：《现代晋语的研究》，商务印书馆1999年版。

贺巍：《晋语舒声促化的类别》，《方言》1996年第1期。

河北省地方志编纂委员会：《河北省志》（第89卷 方言志），方志出版社2005年版。

黑维强：《绥德方言调查研究》，北京师范大学出版社2016年版。

胡明扬：《海盐通圆方言的代词》，《中国语文》1957年第6期。

胡双宝：《文水话的量词、代词和名词》，《语文研究》1983年第1期。

胡双宝：《文水方言志》，语文出版社1988年版。

华玉明：《代词重叠》，《邵阳师专学报》1994年第6期。

华玉明：《代词的重叠用法及其表意特点》，《湖南师范大学社会科学学报》2001年第5期。

华玉明：《汉语重叠研究》，湖南人民出版社2003年版。

黄晓雪：《安徽宿松方言的"那里"和"那"》，《中国语文》2009年第3期。

霍小芳：《蒲县方言的指示代词》，《忻州师范学院学报》2004年第3期。

金锡谟等编著：《汉语代词例解》，书目文献出版社1983年版。

蒋绍愚：《近代汉语研究概况》，北京大学出版社1994年版。

蒋绍愚、曹广顺：《近代汉语语法史研究综述》，商务印书馆2005年版。

江蓝生：《〈燕京妇语〉所反映的清末北京话特色》（上），《语文研究》1994年第4期。

江蓝生：《〈燕京妇语〉所反映的清末北京话特色》（下），《语文研究》1995年第1期。

江蓝生：《说"麽"与"们"同源》，《中国语文》1995年第3期。

江蓝生：《近代汉语研究新论》，商务印书馆2008年版。

江蓝生：《再论"们"的语源是"物"》，《中国语文》2018年第3期。

康彩云：《山西柳林方言的人称代词》，《晋中学院学报》2012年第4期。

赖先刚：《副词的连用问题》，《汉语学习》1994年第2期。

龙潜庵：《宋元语言词典》，上海辞书出版社1985年版。

李荣：《语音演变规律的例外》，《中国语文》1965年第2期。

李启群：《吉首方言的重叠式》，《吉首大学学报》1994年第3期。

李宇明：《论词语重叠的意义》，《世界汉语教学》1996年第1期。

李小平：《山西临县方言亲属领格代词"弭"的复数性》，《中国语文》1999年第4期。

李如龙、张双庆：《代词》，暨南大学出版社1999年版。

李如龙：《汉语方言的比较研究》，商务印书馆2001年版。

李珊：《动词重叠式研究》，语文出版社2003年版。

李延梅：《晋语子长方言的代词》，《西北大学学报》（哲学社会科学版）2005年第2期。

李蓝：《汉语的人称代词复数表示法》，《方言》2008年第3期。

李宗江：《若干反义联合短语的副词化》，《南京师范大学文学院学报》

2009年第1期。

李建校：《陕北晋语入声韵的读音类型和演变规律研究》，《晋中学院学报》2010年第1期。

李炜、和丹丹：《北京话"您"的历时考察及相关问题》，《方言》2011年第2期。

李思旭：《从词汇化、语法化看话语标记的形成——兼谈话语标记的来源问题》，《世界汉语教学》2012年第3期。

李小军：《语法化演变中音变对义变的影响》，《汉语学报》2014年第2期。

李小军：《汉语人称代词复数表示法的演化趋势及特征——从语音弱化与标记化的角度看》，《中国语言学报》第十六期，商务印书馆2014年版。

李小军：《汉语语法化演变中的音变及音义互动关系》，中国社会科学出版社2016年版。

李娜：《山西长子方言代词研究》，山西大学，硕士学位论文，2015年。

李教昌：《怒江傈僳语参考语法》，上海师范大学，博士学位论文，2018年。

梁建青：《文水方言语法研究》，西南大学，硕士学位论文，2006年。

刘丹青：《亲属关系名词的综合研究》，《语文研究》1983年第4期。

刘丹青：《汉藏语系重叠形式的分析模式》，《语言研究》1988年第1期。

刘丹青：《语法化中的更新、强化与叠加》，《语言研究》2001年第2期。

刘丹青：《语言类型学与汉语研究》，《世界汉语教学》2003年第4期。

刘丹青：《语序类型学与介词理论》，商务印书馆2003年版（2013.10重印）。

刘丹青、刘海燕：《崇明方言的指示词——繁复的系统及其背后的语言共性》，《方言》2005年第2期。

刘丹青：《语法调查研究手册》，上海教育出版社2008年版。

刘丹青：《语法化理论与汉语方言语法研究》，《方言》2009年第2期。

刘丹青：《原生重叠和次生重叠：重叠式历时来源的多样性》，《方言》2012年第1期。

刘丹青：《名词性短语的类型学研究》，商务印书馆2012年版。

刘丹青：《汉语方言领属结构的语法库藏类型》，《语言研究集刊》（第十辑），上海辞书出版社 2013 年版。

刘丹青、唐正大等：《汉语方言语法调查问卷》，《方言》2017 年第 1 期。

刘丹青：《汉语指代词的若干库藏类型学特征》，《语言研究集刊》（第十八辑），上海辞书出版社 2017 年版。

刘丹青讲授、曹瑞炯整理：《语言类型学》，中西书局 2017 年版。

刘丹青：《从吴江话的"也讲个/嘞"看语法化的库藏制约》，《语言研究》2018 年第 3 期。

刘育林：《陕北话漫谈（一）》，《延安大学学报》（社会科学版）1989 年第 2 期。

刘坚、曹广顺、吴福祥：《论诱发汉语词汇语法化的若干因素》，《中国语文》1995 年第 3 期。

刘云：《北京话敬称代词"您"考源》，《北京社会科学》2009 年第 3 期。

刘云、周晨萌：《释"您"》，《语言教学与研究》2013 年第 5 期。

刘金凤：《汉语指示词语法化的语义制约条件》，上海外国语大学，博士学位论文，2017 年。

林祥楣：《代词》，新知识出版社 1958 年版。

陆俭明：《同类词连用规则刍议》，《中国语文》1994 年第 5 期。

陆俭明：《关于汉语方言语法调查研究之管见》，《语言科学》2004 年第 2 期。

卢小群：《湖南土话代词研究》，中国社会科学出版社 2004 年版。

雒鹏：《甘肃方言第三人称代词》，《西北师大学报》（社会科学版）2006 年第 1 期。

罗伯东（泰国）：《汉泰重叠式比较研究》，广西师范大学，硕士学位论文，2008 年。

吕叔湘主编：《现代汉语八百词》，商务印书馆 1981 年版。

吕叔湘：《近代汉语指代词》，学林出版社 1985 年版。

吕叔湘：《指示代词的二分法和三分法》，《中国语文》1990 年第 6 期。

吕叔湘：《汉语语法论文集》（增订本），商务印书馆 1999 年版。

马文忠：《大同方言舒声字的促变》，《语文研究》1985 年第 3 期。

吕美红：《翼城方言研究》，苏州大学，硕士学位论文，2006 年。

马庆株:《能愿动词的连用》,《语言研究》1988年第1期。

马庆株:《汉语语义语法范畴问题》,北京语言文化大学出版社1998年版,

马庆株:《关于重叠的若干问题:重叠(含叠用)、层次与隐喻》,《汉语学报》2000年第1期。

马辉:2016《彝语重叠词词法研究》,《贵州工程应用技术学院学报》2016年第4期。

马伟:《撒拉语形态研究》,中央民族大学,博士学位论文,2013年。

莫超、尹雯:《近代西北方志方言文献中的代词》,《河西学院学报》2011年第1期。

梅祖麟:《关于近代汉语指代词——读吕著〈近代汉语指代词〉》,《中国语文》1986年第6期。

欧阳觉亚、郑贻青编著:《黎语简志》,民族出版社1980年版。

裴瑞玲、王跟国:《灵丘方言中的第二人称敬称代词及其文化信息》,《山西档案》2013年第3期。

裴瑞玲、王跟国:《汉语单数人称代词音变式的功能演变及性质》,《语言研究》2015年第4期。

潘家懿、辛菊、王临惠:《翼城方言简志》,《山西师大学报》(社会科学版)1989年第3期。

潘悟云:《汉语否定词考源——兼论虚词考本字的基本方法》,《中国语文》2002年第4期。

彭晓辉:《现代汉语方言复数标记研究述评》,《湘潭师范学院学报》(社会科学版)2009年第5期。

彭晓辉:《汉语方言复数标记系统研究》,湖南师范大学,博士学位论文,2008年。

平山久雄:《论"我"字例外音变的原因》,《中国语文》1987年第6期。

乔全生:《山西方言人称代词的几个特点》,《中国语文》1996年第1期。

乔全生:《晋方言语法研究》,商务印书馆2000年版。

乔全生、王晓燕:《中阳方言的人称代词》,《山西大学学报》(哲学社会科学版)2003年第1期。

乔全生:《晋方言语音史研究》,中华书局2008年版。

乔全生、余跃龙：《文水方言百年来的元音高化》，《山西大学学报》（哲学社会科学版）2009年第3期。

乔全生、崔容：《晋方言与官话非同步发展（三）——见组细音字的超前演变》，《汉语学报》2013年第2期。

钱兢：《现代汉语范围副词的连用》，《汉语学习》2005年第2期。

强星娜、唐正大：《从时间状语到虚拟标记——以上海话"慢慢叫"的语法化为例》《语言研究》2009年第2期。

强星娜、唐正大：《上海话过去虚拟标记"蛮好"——兼论汉语方言过去虚拟表达的类型》，《中国语文》2011年第2期。

瞿霭堂、劲松：《论汉藏语言的共性和类型》，《民族语文》1998年第4期。

宋秀令：《汾阳方言的人称代词》，《语文研究》1992年第1期。

宋秀令：《汾阳方言的指示代词与疑问代词》，《山西大学学报》（哲学社会科学版）1994年第1期。

孙宏开：《试论藏缅语中的反身代词》，《民族语文》1993年第6期。

孙宏开：《论藏缅语的语法形式》，《民族语文》1996年第2期。

孙宏开、胡增益、黄行主编：《中国的语言》，商务印书馆2007年版。

孙小花：《五台方言的人称代词"们"》，《太原教育学院学报》2001年第2期。

孙宜志：《安庆三县市江淮官话的归属》，《方言》2006年第2期。

孙景涛：《古汉语重叠构词法研究》，上海教育出版社2008年版。

孙立新：《户县话重叠构词的几个问题》，《汉语学报》2008年第1期。

孙立新：《关中方言代词研究》，三秦出版社2010年版。

沈家煊：《"语法化"研究综观》，《外语教学与研究》1994年第4期。

沈家煊：《实词虚化的机制——〈演化而来的语法〉评介》，《当代语言学》1998年第3期。

沈家煊：《语言的"主观性"和"主观化"》，《外语教学与研究》（外国语文双月刊）2001年第4期。

沈家煊：《汉语词类的主观性》，《外语教学与研究》（外国语文双月刊）2015年第5期。

沈明：《晋语的分区（稿）》，《方言》2006年第4期。

沈明：《山西省的汉语方言》，《方言》2008 年第 4 期。

沈明：《山西岚县方言音系》，《方言》2009 年第 4 期。

沈明：《晋语果摄字今读鼻音韵的成因》，《方言》2011 年第 4 期。

盛益民：《吴语人称代词复数标记来源的类型学考察》，《语言学论丛》第四十八辑，商务印书馆 2013 年版。

石毓智：《试论汉语的句法重叠》，《语言研究》1996 年第 2 期。

史秀菊：《山西晋语区与官话区人称代词之比较》，《晋中学院学报》2010 年第 4 期。

史秀菊：《山西方言人称代词复数的表现形式》，《方言》2010 年第 4 期。

史秀菊、史荣：《山西绛县方言指示代词"这、乃、兀"与结构助词"的"的语法共性》，《中北大学学报》（社会科学版）2016 年第 1 期。

史荣：《语言接触视野下的绛县方言指示代词研究》，山西大学，硕士学位论文，2016 年。

苏俊波：《丹江方言语法研究》，华中师范大学，博士学位论文，2007 年。

太田辰夫：《中国语历史文法》，北京大学出版社 2003 年版。

谭毅：《"好不好"的虚化问题》，《渤海大学学报》2010 年第 4 期。

覃静：《壮泰重叠式对比研究》，广西民族大学，硕士学位论文，2013 年。

唐正大：《关中方言第三人称指称形式的类型学研究》，《方言》2005 年第 2 期。

唐正大：《认同与拥有——陕西关中方言的亲属领属及社会关系领属的格式语义》，《语言科学》2014 年第 4 期。

唐燕玲：《疑问代词同现研究》，外语教学与研究出版社 2011 年版。

汪化云：《汉语方言指示代词三分现象初探》，《语言研究》2002 年第 2 期。

汪化云：《汉语方言代词论略》，巴蜀书社 2008 年版。

汪化云：《省略构成的人称代词复数标记》，《方言》2011 年第 1 期。

王海棻：《古汉语代词连用现象试析》，《天津师大学报》1983 年第 6 期。

王力：《汉语语音史》，中国社会科学出版社 1985 年版。

王洪君：《入声韵在山西方言中的演变》，《语文研究》1990 年第 1 期。

王洪君：《阳声韵在山西方言中的演变（上）》，《语文研究》1991 年第 4 期。

王洪君：《阳声韵在山西方言中的演变（下）》，《语文研究》1992年第1期。

王福堂：《汉语方言语音的演变和层次》，语文出版社2005年版。

王文卿：《晋源方言研究》，语文出版社2007年版。

王春玲：《汉语人称代词复数形式的综合考察》，《宁夏大学学报》（人文社会科学版）2008年第2期。

王双成：《西宁方言的重叠式》，《青海师范大学民族师范学院学报》2008年第1期。

王秀丽：《金文词汇同义连用现象探究》，《宁夏大学学报》（人文社会科学版）2012年第6期。

王锡丽、吴继章：《冀南晋语人称代词复数标记"－都"历史探源》，《河北师范大学学报》2015年第6期。

王永芬：《汉语方言人称代词复数表现形式研究》，湘潭大学，硕士学位论文，2007年。

王芳：《重叠多功能模式的类型学研究》，南开大学，博士学位论文，2012年。

王琼：《并州片晋语语音研究》，北京大学，博士学位论文，2012年。

王娟之：《甘肃汉语方言指示代词研究》，西北师范大学，硕士学位论文，2014年。

王慧慧：《山西离石方言代词研究》，山西师范大学，硕士学位论文，2015年。

温旭霞：《宁武方言的代词研究》，山西大学，硕士学位论文，2010年。

吴福祥：《尝试态助词"看"的历史考察》，《语言研究》1995年第2期。

吴福祥：《汉语语法化研究的当前课题》，《语言科学》2005年第2期。

吴福祥主编：《汉语语法化研究》，商务印书馆2005年版。

吴福祥：《汉语方言里与趋向动词相关的几种语法化模式》，《方言》2010年第2期。

吴福祥：《汉语方言中的若干逆语法化现象》，《中国语文》2017年第3期。

伍云姬主编：《湖南方言的代词》，湖南师范大学出版社2000年版。

伍和忠：《荔浦方言双音名词的AAB式重叠》，《玉林师范学院学报》（哲学社会科学）2006 年第 1 期。

武玉芳：《山西大同县东南部方言及其变异研究》，中国社会科学出版社 2010 年版。

武玉芳：《晋北方言领属代词复数和单数的连用》，《方言》2016 年第 2 期。

武玉芳：《山西方言"人家"义代词的形式及其连用》，《中国语言学报》2016 年第 17 期。

解惠全：《谈实词的虚化》，载吴福祥主编《汉语语法化研究》，商务印书馆 2005 年版。

谢俊英：《汉语人称代词"您"的变异研究》，《语文研究》1993 年第 4 期。

邢公碗主编：《现代汉语教程》，南开大学出版社 1994 年版。

邢福义：《汉语语法学》，长春东北师范大学出版社 1996 年版。

邢向东：《说"我咱"和"你咱"》，《中国语文》2000 年第 2 期。

邢向东：《神木方言的代词》，《方言》2001 年第 4 期。

邢向东：《神木方言研究》，中华书局 2002 年版。

邢向东：《陕北晋语沿河方言愿望类虚拟语气的表达手段》，《语文研究》2005 年第 2 期。

邢向东：《陕北晋语沿河方言的指示代词及来源》，《陕西师范大学学报》2005 年第 2 期。

邢向东：《陕北晋语语法比较研究》，商务印书馆 2006 年版。

邢向东等：《秦晋两省沿河方言比较研究》，商务印书馆 2012 年版。

邢向东：《晋语的"底"系指代词及其来源》，《汉语学报》2020 年第 2 期。

薛宏武：《内蒙丰镇话指示代词》，《新疆大学学报》（哲学·人文社会科学版）2005 年第 6 期。

徐悉艰：《景颇语的重叠式》，《民族语文》1990 年第 3 期。

徐默凡：《论疑问代词指代用法的重叠》，《语言教学与研究》2010 年第 4 期。

徐丹主编：《量与复数的研究——中国境内语言的跨时空考察》，商务印书馆 2010 年版。

许宝华、汤珍珠主编：《上海市区方言志》，上海教育出版社1988年版。

姚菊芳：《山西繁峙方言代词研究》，山西师范大学，硕士学位论文，2013年。

杨增武：《山阴方言的人称代词和指示代词》，《语文研究》1982年第2期。

杨增武：《山阴方言的舒入两读字》，《山西大学学报》（哲学社会科学版）2006年第2期。

杨勇：《高程度副词的语义磨蚀及其补偿机制》，《汉语学报》2017年第1期。

尹世超：《"谁"的重叠用法》，《中国语文天地》1987年第4期。

尹钟宏：《代词构成的重叠短语》，《云梦学刊》2008年第2期。

于细良：《疑问代词的重叠用法》，《中国语文》1964年第4期。

俞敏：《古汉语的人称代词》，载《俞敏语言学论文集》，黑龙江人民出版社1989年版。

俞理明：《汉语称人代词内部系统的历史发展》，《古汉语研究》1999年第2期。

余跃龙：《山西晋语量词"个/块"的地理分布特征》，《汉语学报》2014年第4期。

袁俊芳：《保德方言研究》，山西人民出版社2006年版。

赵变亲：《晋南中原官话的人称代词》，《方言》2012年第2期。

赵元任著，吕叔湘译：《汉语口语语法》，商务印书馆2001年版。

张相：《诗词曲语辞汇释》，中华书局1955年版（2001重印）。

张济川：《仓洛门巴语简志》，民族出版社1986年版。

张敏：《从类型学和认知语法的角度看汉语重叠现象》，《国外语言学》1997年第2期。

张敏：《认知语言学与汉语名词短语》，中国社会科学出版社1998年版。

张敏：《汉语方言重叠式语义模式的研究》，《中国语文研究》2001年第1期。

张惠英：《"兀底、兀那"考》，《方言》1993年第4期。

张惠英：《汉语方言代词研究》，《方言》1997年第2期。

张惠英：《汉语方言代词研究》，语文出版社2001年版。

张维佳：《山西晋语指示代词三分系统的来源》，《中国语文》2005年第5期。

张俊阁：《汉语第一人称代词"俺"的来源》，《河北大学学报》（哲学社会科学版）2007年第1期。

张俊阁：《明清山东方言代词研究》，齐鲁书社2011年版。

张谊生：《副词的连用类别和共现顺序》，《烟台大学学报》（哲学社会科学版）1996年第2期。

张谊生：《现代汉语副词研究》，学林出版社2000年版。

张谊生：《语法化现象在不同层面中的句法表现》，《语文研究》2010年第4期。

张谊生：《试论叠加、强化的方式、类型与后果》，《中国语文》2012年第2期。

张伯江、方梅：《汉语功能语法研究》，江西教育出版社1996年版。

张伯江：《汉语限定成分的语用属性》，《中国语文》2010年第3期。

张蓉：《晋语并州片代词研究》，山西师范大学，硕士学位论文，2016年。

周法高：《中国古代语法·称代编》，中华书局1990年版。

周利芳：《内蒙古丰镇话的人称代词［nia?^{54}/nie^{53}］》，《语文研究》2004年第3期。

周敏莉：《汉语方言指示词研究述评》，《西华大学学报》（哲学社会科学版）2017年第3期。

中国社会科学院、澳大利亚人文科学院：《中国语言地图集》，香港朗文（远东）出版有限公司1987年版。

郑张尚芳：《方言中的舒声促化现象说略》，《语文研究》1990年第2期。

朱德熙：《语法讲义》，商务印书馆1999年版。

宗守云：《河北涿怀话的两套近指和远指代词》，《中国语文》2005年第4期。

宗守云：《试论"不怎么"的语义表现和语用功能》，《广西师范大学学报》（哲学社会科学版）2009年第4期。

宗守云、唐正大：《河北涿怀方言的两个反身代词"一个儿"和"个人儿"》，《语文研究》2016年第2期。

宗守云：《论方言语法研究的框架参照和语感诉求》，《上海师范大学学报》(哲学社会科学版) 2016 年第 2 期。

宗守云:《张家口晋语语法研究》,商务印书馆 2018 年版。

朱艳华:《载瓦语参考语法》,中央民族大学,博士学位论文,2011 年。

Hiraga, Masako K. , 1994, Diagnams and Metaphors: Iconic Aspects in Language, *Journal of Pragmatics* 22.

Inkelas, Sharon, 2006, Reduplication, In Keith Brown (ed.) *Encyclopedia of Language and Linguistics*, Oxford: Elsevier.

后　　记

　　代词的连用和重叠是一个很有意思的问题，笔者对这一问题的关注始于2008年，当时正在做山西大同东南部方言变异方面的调查，调查中偶然发现了大同云州区方言人称代词和指示代词的重叠现象。这是一个普通话里没有的现象，也是学界以往没有特别关注过的现象，这引起了笔者极大的兴趣。随后几年，笔者在做方言调查时一直把这个问题作为专项进行调查，收集了部分材料。2013年有幸以"晋方言代词连用和重叠的类型学研究"为题申请到了国家社科基金一般项目。项目的获批，为后续的调查研究提供了相对充足的经费，给我们的研究带来了相当大的热情和动力，但同时也带来了极大的研究压力。经过几年坚持不懈的努力，项目成果即将面世。在此，对项目的资助机构表示由衷的感谢！

　　本书的内容是在该项目结项成果的基础上修改完善的。为了使全书具有整体性，对部分内容进行了增删和调整。为了体现内容上的内在联系，笔者将课题立项的部分前期研究也放进了本书。完成项目的这几年，我们曾以书稿的部分章节内容参加了学术会议，部分内容在一些专业刊物上发表，得到了很多宝贵的建议，此次成书在内容上略作了增删。

　　感谢所有曾为本书的研究工作提出意见和建议的先生们！感谢项目结项时匿名鉴定专家提出的宝贵建议和意见！感谢所有为本书写作提供语料的发音人！感谢陪我一起深入田野调查的同学和朋友！感谢所有为完成项目给予我帮助的人！

感谢我的家人，感谢他们对我一贯的理解、宽容和支持！

囿于识见，书中难免差误。敬请方家批评指正！

武玉芳

2022 年 4 月 30 日